公共行政的概念

张康之 张乾友 ■ 等著

中国社会科学出版社

图书在版编目（CIP）数据

公共行政的概念/张康之，张乾友等著. —北京：中国社会科学出版社，2013.3（2015.4 重印）

ISBN 978-7-5161-2243-3

Ⅰ.①公⋯ Ⅱ.①张⋯ ②张⋯ Ⅲ.①行政学—研究 Ⅳ.①D035

中国版本图书馆 CIP 数据核字（2013）第 048596 号

出 版 人	赵剑英
责任编辑	王 茵
责任校对	韩海超
责任印制	王 超
出 版	中国社会科学出版社
社 址	北京鼓楼西大街甲 158 号（邮编 100720）
网 址	http://www.csspw.cn
发 行 部	010-84083685
门 市 部	010-84029450
经 销	新华书店及其他书店
印 刷	北京君升印刷有限公司
装 订	廊坊市广阳区广增装订厂
版 次	2013 年 3 月第 1 版
印 次	2015 年 4 月第 2 次印刷
开 本	710×1000 1/16
印 张	23.25
插 页	2
字 数	372 千字
定 价	69.00 元

凡购买中国社会科学出版社图书，如有质量问题请与本社联系调换
电话：010-84083683
版权所有 侵权必究

目　录

第一章　公共、行政与公共行政 …………………………… (1)
　第一节　"公共"概念的建构史 …………………………… (2)
　　一　从 common good 到 public interest ……………… (2)
　　二　理论发展史上的公共概念 ……………………… (8)
　　三　公意、公共舆论与公众 ………………………… (14)
　第二节　"行政"概念的演进 ……………………………… (21)
　　一　从"执行"中演化出"行政" …………………… (21)
　　二　三权分立中的"行政" …………………………… (28)
　　三　从"executive"到"administration" …………… (33)
　　四　"政治—行政"二分中的"行政" ……………… (38)
　第三节　"公共行政"的确切含义 ………………………… (43)
　　一　澄清公共行政的概念 …………………………… (43)
　　二　公共行政基本原则的确立 ……………………… (47)
　　三　公共行政研究的最初进展 ……………………… (50)

第二章　公共行政的概念与研究 …………………………… (55)
　第一节　不同语言中的"公共行政" ……………………… (56)
　　一　英语中的"公共行政" …………………………… (56)
　　二　法语中的"公共行政" …………………………… (61)
　　三　德语中的"公共行政" …………………………… (65)
　　四　威尔逊时期的"公共行政" ……………………… (70)
　　五　威尔逊之后的"公共行政" ……………………… (74)
　第二节　公共行政学的发生史 ……………………………… (77)
　　一　公共行政的发生过程 …………………………… (77)
　　二　对英国经验的借鉴与反思 ……………………… (82)

2　公共行政的概念

　　　　三　威尔逊对公共行政（学）的规划 …………………（87）
　　第三节　公共行政学的研究及其教育 ……………………（92）
　　　　一　市政研究运动 …………………………………（92）
　　　　二　公共行政研究中的跨国行动 …………………（98）
　　　　三　为公共行政的领域划界 ………………………（104）
第三章　公共行政概念的经典含义 …………………………（110）
　　第一节　三维视角中的公共行政概念 ……………………（111）
　　　　一　在科学与伦理之间 ……………………………（111）
　　　　二　在政治与行政之间 ……………………………（116）
　　　　三　私人行政的参照系 ……………………………（123）
　　第二节　三种取向中的"公共行政"定义 ………………（129）
　　　　一　公共行政的管理内涵 …………………………（129）
　　　　二　政治与行政关系中的公共行政 ………………（134）
　　　　三　定义公共行政的中间路线 ……………………（139）
　　第三节　公共行政概念出现变异 …………………………（145）
　　　　一　public administration ……………………………（145）
　　　　二　administrative management ……………………（151）
　　　　三　public management ………………………………（158）
　　　　四　对 public management 的不同理解 ……………（164）
第四章　公共行政及其研究的转向 …………………………（171）
　　第一节　发掘公共行政的"公共"内涵 …………………（172）
　　　　一　"政治—行政二分原则"受到质疑 …………（172）
　　　　二　肩负价值追求的公共行政 ……………………（179）
　　　　三　走向开放的公共行政学 ………………………（185）
　　第二节　行政裁量之争 ……………………………………（191）
　　　　一　行政裁量的理论确认 …………………………（191）
　　　　二　行政裁量引发的论辩 …………………………（196）
　　　　三　"事实—价值"二分 …………………………（202）
　　第三节　战后公共行政的主题嬗变 ………………………（208）
　　　　一　公共行政学的政策视角 ………………………（208）
　　　　二　公共行政学的公共意识 ………………………（216）
　　　　三　公共行政学的危机 ……………………………（222）

第五章 从"新公共行政"到"新公共管理" (227)

第一节 "新公共行政运动"的追求 (228)
一 新公共行政运动的孕育期 (228)
二 刷新公共行政的概念 (234)
三 公共行政的"公共"方面 (241)
四 新公共行政的认同危机 (246)

第二节 "公共管理"概念的再兴 (252)
一 起源于政策学院的公共管理 (252)
二 作为研究主题的公共管理 (258)
三 公共管理研究的两种途径 (262)
四 公共管理概念的多重含义 (268)

第三节 "新公共管理运动"与公共管理 (273)
一 英国的公共管理研究 (273)
二 何谓"新公共管理" (278)
三 公共管理概念的多元建构 (283)

第六章 多元语境中的公共行政 (291)

第一节 合法性视角中的公共行政 (292)
一 公共行政的宪法合法性 (292)
二 公共行政的民主合法性 (299)
三 公共行政合法化的其他路径 (304)

第二节 公共性视角下的公共行政 (311)
一 公民主义兴起中的新定义 (311)
二 行政伦理研究的影响 (316)
三 新公共管理运动之后 (321)

第三节 "后现代主义"语境中的公共行政 (325)
一 在"后现代转向"之中 (325)
二 现代主义与后现代主义的交锋 (332)
三 "反行政"所进行的解构 (336)

参考文献 (343)

后记 (364)

第一章 公共、行政与公共行政

　　概念是学术研究由以展开的工具，要促进学术研究水平的不断提高，任何学科都必须对它的基本概念有着共识性的理解。"公共行政"是公共行政乃至整个公共管理学科的基本概念，然而，在"什么是公共行政"的问题上，学者们却众说纷纭、莫衷一是，严重阻碍了公共行政学者之间的相互对话与公共行政学科的发展。从字面上看，公共行政的概念是由"公共"与"行政"合成的，因此，要把握"公共行政"一词的确切含义，首先需要理解"公共"与"行政"的准确内涵。历史地看，尽管"公共"一词古已有之，但作为一个学术概念，则是由学者们在工业化、现代化过程中建构起来的，是在从农业社会向工业社会转型过程中出现的一项科学成果，是对农业社会中"共同"观念的一种替代与超越。或者说，公共性是现代性的基本表现之一，只有在现代性的社会治理中才会拥有公共性的内容。相比之下，"行政"则具有更多泛历史主义的特征，无论是在农业社会还是在工业社会，都需要通过行政活动来实现社会治理。

　　不过，在不同历史时期中，行政的概念也是不同的。每一个历史阶段都会将其基本的社会现实以及社会治理要求赋予行政，从而使行政具有不同的历史内涵。总的来说，伴随着工业化、现代化过程中的权力分化，行政的概念经历了从"执行"到"行政"的演变，并最终在政治与行政的分化中定型。通过对公共和行政概念的考察，我们发现，公共行政的概念所对应的是特定的行政模式，实际上所指的是一种在工业化、现代化过程中建立起来的管理行政，存在于农业社会中的那种统治行政是不能被称为公共行政的。但是，管理行政亦非公共行政的完成形态。因为，管理行政仅仅具有了形式上的公共性，作为形式公共性与实质公共性相统一的公共行政将会在后工业化的进程中展露身影。今天，

2　公共行政的概念

我们需要建构的正是一种形式公共性与实质公共性相统一的公共行政，在与管理行政的历史对应中，它被称作"服务行政"。

第一节　"公共"概念的建构史

一　从 common good 到 public interest

在现代社会，我们时时处处都可以感受到"公共"一词存在于我们的社会生活之中：帮助我们出行的是公共交通，保障我们健康的是公共医疗，甚至政府所提供的公共服务也是社会正常运转须臾不可缺少的因素。我们也许难以想象，如果把所有这些用"公共"一词来加以定义的事项都换了名称，或者把它们统统用"私人"来加以定义，我们的社会将变成什么样子？这表明，我们生活在一个具有"公共性"的时代中，正是具有"公共性"的事项维持着我们社会的健康运行。因此，我们这个时代的社会治理体系及其过程也都需要把维护具有公共性的社会事项作为其基本内容，而且，我们这个时代的社会治理体系也只有在维护这些具有公共性的事项中才能使自己获得公共性。人们往往把我们这个时代的社会治理称作"公共治理"，把开展具体的社会治理活动的行为及其过程称作"公共行政"，在很大程度上，就是因为我们的社会治理体系每日每时都在维护所有具有公共性的社会事项方面发挥着不可或缺的作用。不过，我们需要看到，所有这些与"公共"一词相关的社会事项都是历史建构的结果，是在工业化、现代化的过程中历史地建构起来的。如果说"公共"一词古已有之的话，那么，它作为一种观念，作为一个用来进行学术叙事的概念，则是在现代化的过程中被发明的。

从词源上看，英语中的"public"与古罗马人所说的"res publica"（直译"公共事务"，亦作"共和国"）有着显而易见的联系。马修斯（David Mathews）更是认为，英语中的"public"以及"common"是直接起源于希腊语中的"pubes"与"koinon"的。① 但是，这些词源上的关系能否证明古代希腊人与罗马人的头脑中已经具备了现代英国人的

---

① David Mathews, "The Public in Practice and Theory," *Public Administration Review*, Vol. 44, Special Issue: Citizenship and Public Administration (Mar., 1984), pp. 120–125.

"公共"观念呢？我们认为，答案应当是否定的。显而易见，无论是公共的概念还是公共的观念，都不可能产生于古希腊和古罗马，而且也不可能出现在中世纪，公共的观念是在现代化的过程中逐渐生成的，而作为学术概念的"公共"一词，也只是近代学者们用以进行理论探索和学术研究的工具。

根据哈贝马斯的考察，"在英国，从17世纪中叶开始使用'公共'（public）一词，但到当时为止，常用来代替'公共'的一般是'世界'或'人类'。同样，法语中的'公共'（le Public）一词最早也是用来描绘格林词典中所说的'公众'（publikum），而'公众'一词是18世纪在德国开始出现并从柏林传播开来的；到这个时候为止，人们一般都说'阅读世界'，或干脆就叫世界（今天来看就是指全世界）。阿德隆（Adelung）把在公共场所围绕着一位演说家或表演家而形成的公众和从事阅读的公众区别了开来；但无论是哪种公众，都是在'进行批判'。公众范围内的公断，则具有'公共性'（publizität）。17世纪末，法语中的'publicité'一词被借用到英语里，成了'publicity'；德国直到18世纪才有这个词。批判本身表现为'公众舆论'，而德语的'公众舆论'（öffentliche meinung）一词是模仿法语'opinion publique'在18世纪下半叶造出来的。英语中的'public opinion'大概也是在这个时候出现的。不过，在此之前，英语里早就有'general opinion'这个说法了"①。根据这段描述，在英语、法语和德语这三种较为现代的欧洲语言中，"公共"和"公共性"的概念都是在17世纪以后产生的，当它以名词的形式出现时——如"the public"——则是指当时正在形成之中的公众。

梅尔顿（James Van Horn Melton）认为，"public"在古罗马时期和中世纪后期或近代早期有着不同的含义，在近代早期所具有的是"公众"的含义，而在古罗马时期则具有"公共"的含义。梅尔顿说："public在更加晚近的时候获得了一种含义，使我们可以在受众（audi-

---

① ［德］哈贝马斯：《公共领域的结构转型》，曹卫东等译，学林出版社1999年版，第24—25页。部分原文参照英文版进行了补充，见Jürgen Habermas, *The Structural Transformation of the Public Sphere*, Translated by Thomas Burger with the Assistance of Frederick Lawrence, Massachusetts: The MIT Press, 1989, p. 26。

ence)的含义上使用它，比如我们可以说一本书、一场音乐会、一幕戏剧或一场画展的公众。读众（reading public）、听众（music public）、观众（theater public）——这样的用法从17世纪开始出现，并在18世纪变得流行。不同于早前的含义，这些用法与国家权威的行使无关。它们所指的是由私人性个体所构成的公众，在对他们所读到、观察到或体验到的事物进行评价。"① 从梅尔顿的这段话中，我们看到public在先前还有另一种含义，这种"早前的含义"所指的是古罗马的"公共"概念。根据梅尔顿的考察，"'public'拥有一段漫长的历史。在古代罗马，作为形容词的publicus可以指称一个由公民或臣民构成的集体（像在res publica中一样）及其财产。罗马人还将publicus与私人家庭领域对比，以表示诸如街道、广场和剧场等公共空间。作为名词的publicum带有更为具体的政治含义，指称国家的领土、财产或收入。公共与国家之间的这种联系在近代早期的欧洲——王朝国家建设的古典时期——重新获得流行，并一直延续到了今天：候选人为了公职而竞争，国家机构坐落于公共建筑之中，国家公园是公共财产"②。

比较梅尔顿与哈贝马斯对"public"的不同认识，可以发现，哈贝马斯的理解更有历史感，或者说，更加合乎历史发展的实际情况。因为，在哈贝马斯那里，公共的概念是作为公众兴起的结果而被人们发明出来的，而这样的公众又是由"启蒙运动"中大众阅读及其公众舆论所造就的。如果把公众舆论的出现看成资产阶级革命的一项重要的支持因素的话，那么，公共概念的发明也应当被视作资产阶级革命的成果。显然，哈贝马斯是了解罗马人发明了"res publica"的概念的。事实上，在《公共领域的结构转型》中，哈贝马斯对"公共"一词在古代世界中的起源问题也作了必要的回顾，但他却没有像阿伦特那样去到古希腊的集会广场agora上去寻找公共领域的起源，更不把古典世界中的"公共"视作现代公共概念的前身。这表明，哈贝马斯非常清楚地认识到了罗马人所使用的"publica"、"publicus"、"publicum"等概念是不

---

① James Van Horn Melton, *The Rise of the Public in Enlightenment Europe*, Cambridge: Cambridge University Press, 2001, p. 1.
② Ibid..

同于现代人所理解的"公共"的。所以,哈贝马斯努力去把握中世纪后期以来的历史赋予公共概念的那些内涵。

可以肯定,从古罗马语中的"publicus"到现代英语中的"public"的转变,绝不仅仅是一个语词以及其含义变迁的问题,而是反映了社会形态及其社会治理方式的根本性变革,即反映了从农业社会向工业社会、从共同生活向公共生活的转变。在历史演变的过程中去认识公共的概念,显然是一个可取的视角。因而,我们认为哈贝马斯的观点是更加合乎历史实际的。尽管古代世界中也存在着许多类似于公共的词汇,但其真实所指则是可以用现代词汇中的"共同"一词来加以置换的,也就是说,是可以归入"共同"的范畴之中的。只是到了现代,我们才把"公共"一词与社会治理方面的事务联系在一起,用来描述甚至定义社会治理方面的事务。我们认为,在人类历史上的农业社会历史阶段中,是不存在作为一个现代概念的"公共"一词所指称的东西的,当人们用相关的词语去描述或定义某些事务时,其真实含义是指那些属于"共同的"或"共有的"事务,而不是指领域分化条件下的特定领域中的存在物或事务。所以,在从农业社会向工业社会的转型过程中,也包含着从"共同"向"公共"转型的内容,具体地说,包含着从"common good"向"public interest"的转型。

道格拉斯(Bruce Douglass)的研究发现,"common good"是一个普遍使用于前现代世界的词组。在整个前现代的时期中,common good "被视为国家的一个目的——事实上是国家的最高目的。它是全部政府活动的一个象征。除了服务于 common good 以外,国家没有其他目标。一个好的统治者的全部所作所为大概都会被引向这一目的"①。道格拉斯特别注意到:"common good 包含许多特定的目标,它们旨在促进普遍的人类福祉——比如和平、秩序、繁荣、正义以及共同体。因此,当政府不仅增进其自身的福祉,而且增进了更广大的社会福祉时,就有效地促进了 common good。"② 也就是说,common good 是共同体的一种共

---

① Bruce Douglass, "The Common Good and the Public Interest," *Political Theory*, Vol. 8, No. 1 (Feb., 1980), pp. 103 – 117.

② Ibid..

同的善业，而政府则是被用来促进这一善业的工具。从 common good 的视角出发，道格拉斯看到的是，"中世纪作家们写道，当政治社会是井然有序且运行顺畅的时候，它就像一个有机体，它的各个部分处在彼此多方交叉的互动关系中，不仅能够促进各自相互的福祉，而且对一个更大整体的维持作出了贡献"①。

common good 向共同体成员所提出的要求是，如果共同的福祉与个体的福祉发生了冲突的话，后者就需要为前者让路。当然，由于共同体本身对于它的成员也具有一种我们今天已经无法感受到的无微不至的关怀（希腊语中的 koinon 来源于另一个词 kom – ois，即关怀②），因此共同的福祉也就同时意味着共同体成员个人的福祉。一般情况下，这种共同福祉的获得并不需要共同体的成员随时随地作出无条件的牺牲，只有在共同体处于危机的状态下，才可能会要求共同体成员作出某种牺牲。即使出现了这种状况，也只能证明共同体成员的个人福祉是与共同的福祉密切地联系在一起的，是一种"倾巢之下无完卵"的状况。也就是说，由于人们形成了根深蒂固的共同体意识，因此当他为共同福祉作出牺牲时，也往往不认为自己是在牺牲。这是一种个体意识没有萌芽的状态，是私人利益没有觉醒的状态。在这样一种共同体生活中，当一个人决定要做出某事时，影响他行为选择的因素往往是这件事情是否能给共同体带来好处，而不是其是否符合他自己个人的利益。在这里，共同体被置于优先于个人的地位上。

然而，在绝对国家生成的过程中，情况发生了变化。"随着中世纪封建主义的垮台与民族君主国家的兴起，common good 越来越多地与君主利益以及该民族在国际政治中的名望与权力联系到了一起。此外，它还开始被用来替王室因资助对外探险而征召其臣民的生命与财产的行为辩护。"③ 也就是说，随着君主及其王室攫取了共同体的主权，他们也

---

① Bruce Douglass, "The Common Good and the Public Interest," *Political Theory*, Vol. 8, No. 1 (Feb., 1980), pp. 103–117.

② David Mathews, "The Public in Practice and Theory," *Public Administration Review*, Vol. 44, Special Issue: Citizenship and Public Administration (Mar., 1984), pp. 120–125.

③ Bruce Douglass, "The Common Good and the Public Interest," *Political Theory*, Vol. 8, No. 1 (Feb., 1980), pp. 103–117.

随之掌握了 common good 的解释权,并把它与王室的特定利益等同了起来,使 common good 变成了王室利益的代名词。在这种情况下,新兴的资产阶级要实现自己的利益诉求,势必要与王室所把持的 common good 话语相对抗。于是,新兴资产阶级发明了新的概念武器,这就是反王室的 public interest 一词。"由此就产生了 public interest 的概念。特别是在17 世纪中期英格兰的动荡历史中,这种语言和观念上的转变非常明显。"①

所以,"public interest" 一词有着不同于"common good" 的内涵,或者说,"public interest" 所代表的是一种全新的观念,在直接的意义上,是与王室所解释的"common good" 相对立的,而在其更为深层的含义中,则反映了社会的转型和历史的变革,标志着封建共同体的解体和个体意识的生成。毫无疑问,"public interest" 一词意味着人们开始在分散的、孤立的个体之间寻求一种具有 public 属性的东西,而首当其冲的就是 interest,它不是可以由王室加以掌握和控制的 good。与 common good 不同,public interest 具有一种明显的个体取向。"至少在最初的时候,那些言说着利益语言的人往往是根据个体公民的私人福祉来定义政府的目的的,他们尤其关心物质上的幸福——也就是财产和财产权。与那些到处宣扬国王特权和民族荣誉的人针锋相对,他们则宣扬 public interest——它的首要的和最重要的含义是指通过培育私人财产而带来的繁荣。"②

也就是说,尽管带有 public 的定语,但 public interest 最终是以个体的利益为出发点的,是包含在个体利益之中的公共性因素。所以,在"public interest" 一词中,是包含着个体利益觉醒的内容的。进一步说,从 common good 向 public interest 的转变,也就是共同体为个体所取代的过程。其实,西欧的客观历史进程经历了这样一个一波三折的过程:由于绝对国家的出现,王室/君主攫取了主权,原有的政治共同体受到了破坏,从而使作为共同福祉的 common good 受到了王室利益的篡改,使

---

① Bruce Douglass, "The Common Good and the Public Interest," *Political Theory*, Vol. 8, No. 1 (Feb., 1980), pp. 103–117.

② Ibid..

大量无法在新的 common good 中得到体现的社会成员作为个体而被释放了出来。当这些个体联合起来反抗王室/君主的时候，就形成了一种存在于个体之间的 public interest。"由此，利益的观念作为一场针对王室需求的自由的和民主的反抗运动的一部分而产生了影响。"[①] 在利益观念的影响下，原来共同体成员间以友爱形式出现的亲密关系也就变成了个体间冷冰冰的利益关系，之所以这种冷冰冰的利益关系没有使人们隔离开来，是因为在这种利益关系之中又包含着一种 public interest。

总的说来，"public interest" 这个概念从一开始产生的时候就是根源于个体利益的，用这个概念去反对那种反映了王室利益的 common good，实际上也包含了告别传统的共同福祉的含义。当然，在绝对国家形成之前的漫长历史中，common good 是否真的意味着一种共同福祉，也是一个值得怀疑的问题。因为，如果说在农业社会的历史阶段中存在着奴隶社会和封建社会的话，那么，这两种社会形态中的共同体尽管都是同质性的共同体，却是以等级制的社会结构形式出现的。在等级制的条件下，common good 可能只在极少的情况下才意味着共同福祉。所以，在 public interest 出现之前，common good 基本上是作为统治者的 good 而存在的，只是因为统治者往往被看作是共同体的化身，同时被统治者又缺乏个体意识，才使共同体成员误以为统治者所把持的 good 是 common good。随着个体意识的觉醒，这种同质性状态也就被打破了，"common good" 概念也因而失去了意义，并在个体意识的理性化过程中发现了 public interest。所以，以 interest 的定语形式出现的 "public"，本身就是在现代化的过程中产生的。或者说，它的出现本身就标志着人类历史进入了现代化的进程。

二 理论发展史上的公共概念

在每一次历史转型的时期，人们在使用概念上都会表现出极大的随意性。这时，虽然新的概念被建构了起来，但更多的人还是习惯于使用旧的概念，即便人们接受了新的概念，也会用新的概念去定义旧的事

[①] Bruce Douglass, "The Common Good and the Public Interest," *Political Theory*, Vol. 8, No. 1 (Feb., 1980), pp. 103–117.

物。也就是说，不仅在我们这个时代会有人去谈论所谓奴隶社会的公共行政、封建社会的公共行政，在历史上的一些历史转型时期也存在着类似的情况。当"public interest"的概念被提出之后，很多人是不理解"public"与"common"之间的区别的，直到20世纪后期，一些不具备历史意识的学者依然弄不清它们之间的区别。其实，如果人们具有基本的历史意识的话，就可以看到"common good"与"public interest"的区别是非常清晰的。

从字面上看，"common good"在通俗的意义上可以被理解为"对大家都好的事情"，是一种非常笼统的价值判断，农业社会家元共同体的成员往往就是根据这种笼统的价值判断来决定他们的行为选择的。随着利益意识的觉醒，人们开始关注那些有益于个人利益实现的事情，这种事情不是存在于人的感觉之中的，而是在理性的分析和认识过程中才能发现的事情，它就是存在于个人利益之中的具有普遍性的公共利益。从社会构成的角度看，近代社会与此前的社会之间的根本区别在于个体的人的出现，由于个体的人的出现而使农业社会的同质性共同体瓦解了，这是一个基本的历史事实。

但是，并不是所有的学者都具有这种历史意识，所以，他们并不理解近代社会与其之前的社会之间存在着的这种区别，因而，他们也就不理解特殊与普遍、私人与公共之间的辩证法。结果，一些学者就把"common good"和"public interest"混同了。特别是在不同语言版本的文献中，我们经常发现，一种语言版本中的"good"在另一种语言版本中往往被翻译成了"interest"，而前者中另一个地方的"interest"在后者中又被翻译成了"good"。同样，随着使用频次的增多，"common"与"public"的区别也开始变得模糊了起来，学者们经常会在同一个句子或段落中混同使用这两个概念。这为我们判断作者的意图增加了难度，如果不能在前述理论范畴的意义上去区分"common good"和"public interest"，甚至会让我们无法正确地理解历史。

其实，正如马克思所说的，"人是社会关系的总和"。在农业社会的微观生活中，这种社会关系主要就是共同体成员间的亲缘关系，或者说，农业社会中的人们生活在一种家元共同体之中，这种共同体阻碍了他们成长为独立的个体，也阻碍了他们与其他共同体及其成员的相互承认与接纳。所以，家元共同体中的人们只能看到共同体自身的 common good，而看不到个人与个人之间、共同体与共同体之间的 public interest。但是，当中世纪后期开始造就个体的人的时候，同质性的家元共同体也就遭遇了一波又一波的挑战，并最终解体。在家元共同体解体之后，个体的人面对着全然陌生的环境，在个人的利益追求中与他人开展激烈的竞争，陷入了霍布斯所说的"自然状态"之中。

"自然状态"是人的一种不同于农业社会的新型社会关系。"社会契约论"的历史贡献也就在于从理论上承认了这种关系，并确认了个体的人在这种关系中的先在性地位，从而为个人的利益与财产权争取到了一种自然法上的价值，使它们获得了相对于共同体——尤其是国家——需要的优先性。在进一步的逻辑延伸之中，个体的人出于自我持存的需要而彼此订约，自愿地将归其所有的部分自然权利让渡了出来，形成了一种"主权"。为了说明这种主权不是绝对君主所宣称的那种主权，就需要强化这种主权的来源观念，即指出这种主权是每一个个体的部分自然权利让渡出来后凝结而成的，属于"人民主权"。但是，每一个人所让渡出来的都不是其完整的权利，而是部分的权利；而这种"部分的权利"又是无法形象地图绘出来的，只是一种抽象意义上的权利。所以，由这些抽象的权利结成的"主权"也是一种抽象的存在。如果它仅仅是一种抽象性的存在的话，那是没有什么意义的，所以，必须与一些被选拔出来的人结合起来。这种结合的结果，就是主权被转化为一种权力。如果说人民主权的概念中还包含着某些 common 的话，那么，当主权转化为权力后，就完全清除了 common 的内涵，从而成为一种具有 public 属性的权力，它就是公共权力。另一方面，个体的人也因其让渡出了部分权利而实现了身份的转换，即转变为"公民"。就人是个体的人而言，他拥有属于他个人的一切；就他是公民来看，则是"公共人"，必须参与到公共生活之中，必须在公共生活之中体现出他的"公共人格"。这样一来，"common"一词只有在描述一些微小的群体形态时才有着应用的价值，而在公共生活的广大空间中已没有可以放置的场所了。

在近代思想史上，霍布斯是较早努力从绝对国家中去发现"公共性"的思想家，他在区分"王室家臣"与"政府大臣"时提出了"公共大臣"的概念。"公共大臣（publique minister）是主权者（不论是君主还是议会）用于任何事务并在该事务中有权代表国家人格的人。拥有主权的人或会议都代表着两重人格（persons），用更普通的话来说便是具有两重身份（capacities），一重自然身份，另一重政治身份（比如君主不仅具有国家的人格，而且具有自然人的人格；一个主权会议也不仅具有国家人格，而且具有会议的人格）；所以，为主权者的自然身份充当臣仆的人便不是公共大臣，只有帮助主权者管理公共事务的人才是公共大臣。"[1] 在这里，霍布斯是根据主权的应用来定义"公共"的，只有根据主权的需要或要求去从事反映主权和代表主权的活动时，他的活动才能被认为是一种公共事务，也只有服务于这种公共事务的大臣才能被视为公共大臣。分开来说，"其所以是大臣，是因为他们所服务的是那一代表者人格（person representative），并且不能做出违抗他的命令或做没有他的权力为根据的事情；其所以是公共的，是因为他们所服务的是他的政治身份"[2]。

显然，霍布斯是把"公共"与"主权"这两个概念联系在一起进行考察的，根据他的思想，这两个概念是相互印证的。比如，霍布斯在对"诉讼"以及"罪行"的判断中就作出了这样的区分："我所谓的民诉（common pleas）是指原告被告双方都是臣民的诉讼，而在公诉（Publique Pleas）（也称王室诉讼）中，原告则是主权者。"[3] 当一些罪行既可以引发民诉也可以引发公诉的时候，就以诉讼者的身份而定，根据霍布斯的意见，"由于几乎所有罪行都不但对某些私人，而且对国家也造成了侵害，所以，当同一罪行以国家的名义起诉时就称为公罪（Publique Crime），以私人名义起诉时就称为私罪（private crime）。相应提出的诉讼则称为公诉（judicia publica, pleas of the crown）或私诉（private pleas）。比如在一个谋杀案的诉讼中，如果控告者是私人，就称为私诉；如果控告者是主权者，就称为公诉"[4]。同样，在谈到"敬拜"的问题时，霍布斯认为"敬拜也有公共的和私人的两种。前者是

---

[1] Thomas Hobbes, *Leviathan*, Cambridge: Cambridge University Press, 1904, p. 170.
[2] Ibid., p. 171.
[3] Ibid., p. 173.
[4] Ibid., p. 223.

国家作为一个人而进行的敬拜，后者则是个人所表示的敬拜"①。不仅如此，甚至对于异端的"宗教裁判"也被纳入了以主权为据的公私二分之中："异端就是违反公共人格（publique person）——国家代表者——下令教诲的学说而顽固坚持的私人见解。"②

　　霍布斯的上述意见是非常重要的，因为，在启蒙的时代，用公与私的视角去看问题是理论建构的起点。只有在公与私之间作出了区分，才有可能再去谈论社会契约论的其他主题。在某种意义上，霍布斯的启蒙先行者地位也恰恰是因为其在公与私之间作出区分而奠定的。尽管今天看来他在公与私之间所作的区分并不准确，但其思想的现代性特征已经表露无遗。而且，最难能可贵的是，他已经把"公共"一词与国家——霍布斯、洛克以及他们同时代的其他英国学者大都是用"common wealth"而不是"state"来指称国家的——联系在了一起，认为"公共（publique）一词总是要么指称国家人格本身，要么便是指称由国家所有的事物，对此，任何私人都不能主张其所有权"③。

　　在启蒙思想家中，孟德斯鸠是最早明确地根据财产权来定义公共利益的。在讨论共和国中的品德时，孟德斯鸠使用了"l'intérêt public"的概念，他认为："我们可以给这种品德下一个定义，就是热爱法律与祖国。这种爱要求人们不断地在他个人的利益面前选择 l'intérêt public。它是一切私人品德的根源，所谓私德不过就是这种选择本身。"④但在具体定义公共利益的时候，孟德斯鸠则使用了"bien public"的概念："政治法使人类获得自由；民法使人类获得财产。我们已经说过，自由的法律是国家施政的法律；应该仅仅依据关于财产的法律裁决的事项，就不应该依据自由的法律裁决。如果说，bien particulier 应该向 bien public 让步，那就是荒谬背理之论。这仅仅在国家施政的问题上，也就是说，在公民自由的问题上，是如此；在财产所有权的问题上就不是如

---

① Thomas Hobbes, *Leviathan*, Cambridge: Cambridge University Press, 1904, p. 263.
② Ibid., p. 428.
③ Ibid., p. 302.
④ Charles de Secondat, baron de Montesquieu, *Esprit Des Lois*, Paris: Librairie De Firmin Didot FrÈres, 1849, p. 31.

此，因为 bien public 永远是：每一个人永恒不变地保有民法所给予的财产。"①

在翻译的时候，法语中的"bien"通常对应的是英语中的"good"，就孟德斯鸠上述这段话来看，《论法的精神》的第一个英译本是将"bien"译作"good"的，② 而中文译本则将其译为"利益"。应当承认，这两种翻译都是可以接受的，因为，孟德斯鸠在使用"bien"和"intérêt"的时候，并没有要把它们严格区分开的意思。比如，在谈到查士丁尼法典关于禁止解除婚姻的规定时，孟德斯鸠写道："他使一个妇女不能结婚，从而损害了 bien public；他使她受到无数危险的威胁，从而又损害了 l'intérêt particulier。"③ 可见，孟德斯鸠更多的是在行文的美学意义上来使用"bien"和"intérêt"的。显然，由于孟德斯鸠的写作主要是以古罗马为参照对象的，以至于他受到了其感染而根据 common good 的传统使用"bien"的概念。尽管如此，他在使用"bien"这个词语时，在大多数情况下是赋予了其"public interest"的含义。

卢梭提出了公意（volonté générale）的概念，也同样对公共利益发表了自己的看法。但是，卢梭所理解的公共利益（l'intérêt public）不像是在权利让渡过程中所形成的一个抽象概念，而更多地具有道格拉斯所说的那种对抗性的特征。比如，在谈到法国的三级会议时，卢梭写道："爱国心的冷却、私人利益的活跃、国家的庞大、征服、政府的滥用权力，所有这些都可以使我们想象到国家议会中人民的议员或代表的来历。他们也就是某些国家里人们所公然称为的第三等级。这样竟把两个等级的特殊利益（l'intérêt particulier）摆在了第一位和第二位；而

---

① Charles de Secondat, baron de Montesquieu, *Esprit Des Lois*, Paris：Librairie De Firmin Didot Frères, 1849, p. 410. 译文采自［法］孟德斯鸠《论法的精神》，下册，张雁深译，商务印书馆 1995 年版，第 189—190 页。

② Charles de Secondat, baron de Montesquieu, *The Spirit of Laws*, Translated by Thomas Nugent, Vol. 2, Fifth Edition, London：J. Nourse and P. Vaillant, 1773, p. 240.

③ Charles de Secondat, baron de Montesquieu, *Esprit Des Lois*, Paris：Librairie De Firmin Didot Frères, 1849, p. 404. 译文采自［法］孟德斯鸠《论法的精神》，下册，张雁深译，商务印书馆 1995 年版，第 182 页。

l'intérêt public 却只占第三位。"① 显然，卢梭在这里所使用的"l'intérêt public"是一个相对于此前作为王室利益的 common good——在这里具体体现为前两大等级的 l'intérêt particulier——的革命性概念，而不像是孟德斯鸠所描述的那样属于一种治理意义上的概念。

在卢梭这里，作为治理概念的公共利益反而是 intérêt commun 或 bien commun："以上所确立原则之首先而最重要的结果，便是唯有公意才能够按照国家创制的目的——bien commun——来指导国家的各种力量；因为，如果说个别利益的对立使得社会的建立成为必要，那么，就正是这些个别利益的一致才使得社会的建立成为可能。正是这些不同利益的共同之点，才形成了社会的联系；如果所有这些利益之间并不具有某些一致之点的话，那就没有任何社会可以存在了。因此，治理社会就应当完全根据这种 intérêt commun。"② 从卢梭的这些论述中可以看到，经历过市民社会与王室、贵族的持久较量之后，启蒙思想家们所看到的是主权者业已形成的现实，他们正是在这一前提下去进行著述的。因此，他们所思考的对象都不再是"共同"问题，而是公共问题了，都是可以被纳入 public interest 而不是 common good 的理论范畴之中的。

三 公意、公共舆论与公众

如前所述，"公众"是在工业化的过程中出现的，它可以被看作是工业化的一项成果。然而，在早期启蒙思想家们的理论叙述中，公众的地位却没有得到应有的体现。不过，对于公众这一新的历史现象，如果说启蒙思想家完全没有关注到的话，也是不合乎事实的。事实上，在启蒙思想家们的伟大作品中，公众的概念——如 the public、le public——还是随时都可以看到的，这说明启蒙思想家们看到了公众的存在，只是他们还没有意识到公众的出现对于理论建构的意义。

另一方面，从逻辑上来看，既然霍布斯在个体的人的基础上设定了"自然状态"，那么，如果再把公众作为一个向量引入的话，就会

---

① Jean‑Jacques Rousseau, *Du Contract Social*, Paris：Librairie Georges Bellais, 1903, p. 261. 译文采自［法］卢梭《社会契约论》，何兆武译，商务印书馆 2005 年版，第 120 页。
② Jean‑Jacques Rousseau, *Du Contract Social*, Paris：Librairie Georges Bellais, 1903, p. 145.

对自然状态的假定造成冲击。因为，公众已经是个体的整合形态了，公众中必然会包含着一些后来被康德所确认的实践理性，个体必然会在公众中得到改造。所以，引入公众的概念就会冲淡个体的革命性意涵，以至于在公众的形成已经是一种不容否认的现实这样一个历史条件下却受到了启蒙思想家们的忽略。也就是说，启蒙思想家们是出于理论推演的需要而有意识地忽略了公众的重要性，目的是使从自然状态中推演出来的社会图谱有着更为清晰的线条。如果我们这一推测是正确的，也就可以理解为什么今天许多思想家把启蒙思想归入机械论的范畴中了。也就是说，启蒙思想家们为了使理论变得尽可能简单一些而不得不舍弃某些因素，尽管他们关于公共概念的理论建构极有可能是被现实中公众的出现而催生的，但在理论叙述中，他们却必须将公众置于一旁。这是因为，只有这样，他们才能实现与过往理论的决裂。

关于这一点，我们还需要从近代早期的时代需求中去加以认识。虽然经历了文艺复兴运动，但是，启蒙思想家们所处的时代依然承担着非常繁重的批判任务。尽管后人较多地从建构的方面来理解启蒙思想家们的贡献，而且，他们也确实努力去绘制新世界的图景，而对旧世界的致命一击，依然是启蒙思想家们放在首位的任务。显然，对旧世界的批判所面对的是一个同质性的家元共同体，能够对家元共同体造成毁灭性攻击的，无疑是个体的人。相对而言，公众的社会建构意义则要更大一些。正是由于这个原因，启蒙思想家们给予了个体的人以更多的重视，是把个体的人作为理论叙述的逻辑起点的。至于其他因素，要么受到排斥，要么被有意识地加以忽略，其中，公众就成了他们有意忽略的因素。可是，在历史演进的实践中，个体的人与公众之间不仅不像在理论上那样相互排斥，反而是共在的。社会朝着个体的人的方向分化得越充分，公众的成长也就越迅速。到了卢梭开始著述的时候，公众已经发育得非常巨大，以至于卢梭再也无法忽略公众了，而是不得不对公众作出理论思考。

在契约论思想家中，卢梭可以说是第一个对公众表达了公开承认的思想家，他看到了 l'opinion publique 的存在，并试图从此出发去进行他的制度构想。在谈到古罗马掌管风纪的监察官制时，卢梭写道："正如法律是公意（volonté générale）的宣告，监察官则是公共判断（jugement public）的宣告。"① 这种判断通过监察官的宣告而成为了 l'opinion publique。在卢梭看来，"l'opinion publique 是绝不会屈服于强制力的，所以在为了代表它而设置的法庭里，并不需要有丝毫强制力的痕迹"②。也就是说，l'opinion publique 应当通过监察官制度而得到确认。而且，由于 l'opinion publique 主要是一个风纪的问题，因此监察官制度也应当是一种柔性的制度，而不是强制性的制度。对于监察官制度，卢梭着墨不多，他对"l'opinion publique"概念使用得也较少，甚至还有一次是以 l'opinion commune 的表达形式出现的。③ 但是，"l'opinion publique"概念在理论发展史上的意义却是非常重大的。特别是到了 20 世纪，当民意测验成为政府与其他政治团体制定与调整行动纲领的基本依据时，l'opinion publique 也开始作为公众舆论而得到了人们的普遍关注，甚至成了多学科研究的对象。

我们知道，在国家起源的问题上，卢梭与霍布斯的解释是基本一致的，而且他们二人都是绝对主权论者。不同的是，在 17 世纪，霍布斯只能观察或者说想象国家的起源，而看不到常态的现代社会治理过程，所以，对他来说，主权意志的形成是一个一次性的过程，在这之后，就再也不会发生改变。到了卢梭的时代，主权国家至少在英国已经变成了现实，所以卢梭得以观察到了霍布斯所无法预见的常态社会治理过程，特别是看到了以选举和投票活动为基本内容的主权国家运行过程。所以，卢梭从中发现，在国家形成之后，公意实际上是通过投票而得到表达的。在投票的时候，选民们所表达的既是一种意志，也是一种意见，当这些意见汇集到一起的时候，就形成了一种舆论，这就是 l'opinion publique。

也就是说，到了卢梭的年代，作为抽象概念的公意或者说主权意志已经获得了非常确定的内涵，也有了明确的形式，它就是 l'opinion publique。在今天，这一范畴甚至已经具体到可以通过数字——支持率——

---

① Jean–Jacques Rousseau, *Du Contract Social*, Paris: Librairie Georges Bellais, 1903, p. 312.

② Ibid., p. 314.

③ Ibid..

来进行衡量了。需要注意的是，在卢梭这里，l'opinion publique 并不是公共舆论，而是充满了分歧的，只能说是不同公众的意见，这种意见以舆论的形式对国家的政策施加影响，所反映的也只是不同的公众对国家政策的影响。但是，由于卢梭注意到了公众舆论这一现象，也就从中发现了"公众"。在某种意义上，可以说卢梭是从舆论的视角出发发现了公众，并对公众作出了理论上的确认。也许正是因为看到了公众及其在政治生活中的舆论活动，卢梭才在进一步的思考中提出了公意（volonté générale）的概念，并努力去把公意与公众舆论区别开来，以表明公意更加纯洁和可靠。我们也可以把卢梭的公意理解成公众舆论的升华，是对作为不同公众的舆论的超越。

在卢梭之后，黑格尔也对公众舆论给予了关注。黑格尔由于掌握了特殊性与普遍性的辩证法，从而能够对卢梭的公众舆论加以提升，并进一步形成了公共舆论的概念。黑格尔认为："开放这种认识的机会具有更普遍的一面，即公共舆论初次达到真实的思想并洞悉国家及其事务的情况和概念，从而初次具有能力来对它们作出更合乎理性的判断。此外，它又因而获悉并学会尊重国家当局和官吏的业务、才能、操行和技能。"① 根据黑格尔的意见，司法公开有利于增强公共舆论（öffentliche meinung）的理性，从而增强其与国家互动的有效性，所以，司法公开可以成为特殊性通向普遍性的一个工具。不仅如此，黑格尔还对公共舆论的起源进行了探究，认为公共舆论是基于个体的言论自由而生成的："个人所享有的形式的主观自由在于，对普遍事务具有他特有的判断、意见和建议，并予以表达。这种自由，集合地表现为我们所称的公共舆论。在其中，绝对的普遍物、实体性的东西和真实的东西，跟它们的对立物即多数人独特的和特殊的意见相联系。因此这种实存是经常存在的自相矛盾，知识成为现象，不论本质的东西和非本质的东西一同直接存在着。"② 这样一来，卢梭的公众到了黑格尔这里就被看成是个体之间的一种偶然的或者说自由的联系，而存在于公众之中的公共则是个体之间的一种必然联系。所以，公共舆论是个体以及作为个体的集合形态的

---

① ［德］黑格尔：《法哲学原理》，范扬、张企泰译，商务印书馆1979年版，第331页。
② 同上书，第331—332页。

公众通向普遍性的中介。在指向国家制度的时候，也就同时赋予了国家制度以公共性。

根据黑格尔的定义，"公共舆论是人民表达他们意志和意见的无机方式。在国家中现实地肯定自己的东西当然须用有机的方式表现出来，国家制度中的各个部分就是这样的"①。作为一种无机（unorganische）的存在，公共舆论是不能代表真理的，"因此，公共舆论又值得重视，又不值一顾。不值一顾的是它的具体意识和具体表达，值得重视的是在那具体表达中只是隐隐约约地映现着的本质基础。既然公共舆论本身不具有区别的标准，也没有能力把其自身中实体性的东西提高到确定的知识，所以脱离公共舆论而独立乃是取得某种伟大的和合乎理性的成就（不论在现实生活或科学方面）的第一个形式上的条件。这种成就可以保得住事后将为公共舆论所嘉纳和承认，而变成公共舆论本身的一种成见"②。所以，对于社会治理而言，既需要重视公共舆论，又必须实现对公共舆论的超越，要努力剔除公共舆论之中的那些特殊性的和非理性的内容，让其中那些具有普遍性的因素有益于国家制度。也就是说，öffentliche meinung 中包含公众舆论的方面，但是，对于国家而言，则必须在其治理活动中识别出公共舆论，而不是以公众舆论为依据去开展治理活动。只有当国家以公共舆论为治理依据的时候，才能使自身成为具有普遍性的存在。换句话说，公共舆论是舆论的理想形态，现代国家的社会治理活动应当以公共舆论为建构的依据。但在现实中，舆论经常是以公众舆论的形式出现的，在这种情况下，国家必须从公众舆论中发现属于公共舆论的内容，否则，就可能使社会治理活动变成某一部分公众实现其利益的工具。所以，只有当国家从公众舆论中发现了公共舆论，才能赋予社会治理活动以公共性。

如果对卢梭和黑格尔进行比较的话，就会发现，当卢梭把"公意"与"公众舆论"区别开来的时候，所看到的是公众舆论包含着褊狭意见的一面，从而主张超越公众舆论，要求把公意作为社会治理的可靠资源。但是，公意在社会治理过程中的可靠性是由什么决定的？卢梭显然

---

① ［德］黑格尔：《法哲学原理》，范扬、张企泰译，商务印书馆1979年版，第332页。
② 同上书，第334页。

没有解决这个问题。黑格尔有所不同，他是运用特殊性与普遍性的辩证法来处理这个问题的。当黑格尔提出了公共舆论的概念时，实际上是赋予了公共舆论双重内容，即把特殊性和普遍性都赋予了公共舆论。公共舆论中的特殊性一面是来自市民社会的，反映的是市民社会中各种各样的特殊性的要求，而公共舆论中的普遍性一面则是属于国家的，是合乎国家的需要的。由此看来，"公共"一词正是在黑格尔这位辩证法大师的笔下才有了自己确定的内容，卢梭的"公意"也只有在黑格尔确认了"公共"一词的准确含义之后，才能被解读成"公共意志"或"公共意见"，而在卢梭那里，还是一个非常模糊的概念。

当我们把视线转向英国的时候，就会发现，在英国的思想家那里，一直没有把"公众"提升为"公共"。这一点在密尔那里表现得尤为清晰。密尔在《论自由》中这样写道："说句清醒的真话，不论对于实在的或设想的精神优异性怎样宣称崇敬甚至实际予以崇敬，现在遍世界中事物的一般趋势是把平凡性造成人类占上风的势力。在古代历史里，在中世纪间，以及以逐渐减弱的程度在由封建社会到当前时代的漫长过渡中，个人自身就是一个势力；如果他具有宏大的才智或者具有崇高的社会地位，他就更是一个可观的势力。到现在，个人却消失在人群之中了。在政治中，若还说什么公众意见现在统治着世界，那几乎是多余的废话了。唯一实称其名的势力，只是群众的势力，或者是作为表达群众倾向或群众本能的机关的政府的势力。这一点，在私人生活方面的道德关系及社会关系中和在公众事务中是一样真实的。有些人，其意见假公众意见之名而行，却并非总是同一类的公众：在美国，他们所谓公众只是全体白人；在英国，主要是中等阶级。但他们却永是一群，也就是说，永是集体的平凡的人们。"①

我们知道，密尔的全部著述都是要为个体的人进行辩护，所以，他为个体的人所找到的对立面也就是公众。在密尔眼中，公众舆论成了实际的统治者，并对个体的人的自由造成了严重侵害。"近代公众舆论的架构实在等于中国那种教育制度和政治制度，只不过后者采取了有组织的形式而前者采取了无组织的形式罢了。除非个性能够成功地肯定自

---

① ［英］密尔：《论自由》，许宝骙译，商务印书馆1998年版，第77—78页。

己，反对这个束缚，否则，欧洲纵然有其高贵的先祖和它所宣奉的基督精神，也将趋于变成另一个中国。"① 为了避免这种状况的出现，密尔极力反对公众对个体的人的任何干预："在反对公众干涉私人行为的一切论据当中还有最有力的一点，那就是说，如果公众真去干涉，多数的情况是它做了错的干涉，干涉错了地方。在社会道德的问题上，在对他人的义务的问题上，公众的意见也即压制的多数的意见虽然常常会错，大概更常常会是对的；因为在这类问题上他们只需要判断他们自己的利害，只需要判断某种行为如任其实行出来将会怎样影响到自己。但是在只关个人自身的行为的问题上，若把一个同样多数的意见作为法律强加于少数，会对会错大概各居一半；因为在这类情事上，所谓公众的意见至好也不过是某些人关于他人的善恶祸福的意见；甚至往往连这个都不是，而不过是公众以完完全全的漠不关心掠过他们所非难的对象的快乐或便利而去考虑他们自己欢喜怎样和不欢喜怎样罢了。"② 至此，可以看到，曾几何时在霍布斯与卢梭那里被视为自由象征的公众，到了密尔的笔下却变成了压迫自由的公众。

对于近代早期的社会变革而言，公众的产生是最为重要的历史事件，甚至可以说，整个现代史就是由公众来书写和推动的。正是公众通过舆论而进行的自由探讨，才使人类关于社会革命的走向获得了一种明确的理论方案；正是公众通过舆论而对国家施予的巨大压力，才使这场革命没有变异为新兴统治者的残暴统治，而是带来了民主制度的确立。在某种意义上，所有流传下来的启蒙著作以及其他无法计数的被遗忘了的小册子，都是公众舆论的一部分。因而，没有公众舆论，就不会有思想启蒙，更不会有工业化、现代化的伟大成就。可以说，正是公众舆论为个体的人争得了自由。当然，密尔的感受也是真切的，公众舆论的确存在着压制个体的人的自由的问题。正是公众舆论的这种两面性，致使启蒙早期的思想家们有意忽略了公众舆论，只是公众及其舆论的成长逐渐显示出了其在社会治理过程中的力量时，思想家们才不得不对这一现

---

① John Stuart Mill, *Utilitarianism*; *Liberty*; *Representative Government*, London: J. M. Dent & Sons Ltd, 1910, p. 129.

② ［英］密尔：《论自由》，许宝骙译，商务印书馆1998年版，第99—100页。

象发表意见。

随着公众进入了启蒙思想家们的视野，新世界的轮廓也就变得清晰了。具体地说，在近代之前的社会中，既没有个体也没有公众，那是一个消融了个体和公众的同质性共同体。然而，在启蒙思想家们所生活的世界中，个体与公众相伴而生，并在其成长中为近代以来的国家及其社会治理体系的建构，提供了各种所需要的材料。当然，在英法的启蒙思想家那里，所感受到的和加以描述的都还只是经验事实，并且，他们也是在这种经验事实的基础上去提出国家及其社会治理体系建构方案的。一旦这些经验事实进入了德国哲学的视野，就转变成了通过抽象的方式来加以重新描述的新画面。结果，根据德国哲学的重新整理，在个体与公众之中发现了一种普遍性的因素，从而建构起"公共"的概念。虽然"公共"的概念是在思维抽象中获得的，但是，却反过来对国家及其社会治理体系的建构产生了巨大影响。在某种意义上，不仅是因为公共的概念传播到了美国而产生了公共行政学这门科学，而且，在公共行政实践的每一项新的进展中，我们也同样看到"公共"概念发挥着的一种向导作用。

第二节 "行政"概念的演进

一 从"执行"中演化出"行政"

概念是有历史的，一个概念在一个特定的历史时期是有着特定含义的。行政的概念有着很久远的历史，在不同的历史时期，其内涵是不同的。无论是汉语的"行政"、英语的"execution"或"administration"，还是德语的"verwaltung"等，都有着一定的历史内涵。密尔说："语言是经验积累的保管者，对于这种经验积累，所有以往的时代都作出了一份贡献。"① 由于这个原因，一个概念会随着历史的延伸而越来越具有丰富的内涵，在使用的时候，也具有不确定性，人们往往需要在具体的语境中去捕捉它的准确含义。也就是说，在历史的纵向维度中，如果一

---

① J. S. Mill, *System of Logic*, London, 1898, p. 448. 转引自 [美] 乔·萨托利《民主新论》，冯克利、阎克文译，东方出版社1998年版，第297页。

个概念有着悠久历史的话,那么,越是到了较晚近的历史时期,就越难以对其加以准确的把握,就会存在着越大的争议。而对这些争议的解决,就只能通过对其历史进行考察,指出它在不同的历史阶段中具有什么样的含义上的区别、它的丰富内涵是怎样获得的、它在今天应当在何种意义上使用才是合理的。对于"行政"这样一个在行政学研究中具有基础性意义的概念来说,就需要做一些这方面的工作,否则,这个概念使用上的混乱可能会让我们无法在学术研究中开展对话。事实上,每一个学者都去对这个概念作出独白性表述已经成了中国行政学科研究的障碍,所以,我们需要对这个概念进行历史考察。

在西方,关于行政的最早表述可以溯源到亚里士多德,亚里士多德将政体分为三个要素,即通常所说的"议事、行政和审判(司法)"。被称为"行政"的这一要素涉及官职的数目、任期、人员的选任和他们所管理的事务。但是,在论述"行政机能"时,亚里士多德几乎把所有的关注都放在了职司上。他认为,城邦中不可缺少的职司包括市场管理、城市监护、乡区监护、财务管理、注册事务、执行惩罚,等等。"要是没有某些必不可缺的职司,就不成其为城邦,要是没有某些保证社会安全、协调人民生活的机构,同样也不成其为城邦。"[①] 这就是人们所认为的亚里士多德强调行政重要性的表述。其实,亚里士多德的论述并没有多少"行政"的意思,而是在强调官职的重要意义。他从共同体的公职中分离出审议、裁决和指挥(任命)三类官职,但是,如果用"立法、行政、司法"这一平行的治理结构去进行对照的话,亚里士多德的这种关于政体要素以及官职的分类是很难将其中之一完全归入行政的范畴中去的。不过,亚里士多德也认为,城邦三要素应是"立法家"创制时需要认真考虑的因素。但是,亚里士多德并不是要在实际的政体运行中促使这三个要素分离,更无意于三者间的制衡,所以,在亚里士多德这里,如果把三个要素中的某些职能看作"行政"的话,也必须承认它与近现代的那种具有统一的组织、固定的人员以及确定的职权的"行政"根本不同。

---

① [古希腊]亚里士多德:《政治学》,吴寿彭译,商务印书馆1965年版,第329—330页。

就希腊城邦政体运行的实际情况而言，议事机能归于专门的公民大会或议事会，司法机能归于专门的或临时组建的法庭。显然，按照今天人们对治理体系的理解，也有一些事务的处理是属于行政的范畴。但是，在希腊城邦中，这种可以被认定为行政机能的却只涉及松散的官职所做的各自的事情。在论及官职的类型时，亚里士多德按照重要性的程度区分了三类官职：第一种可以在特定领域中指挥管理全体公民或部分公民，如战场上的将军或妇女儿童的监护官；第二种涉及的是管家事务，如负责粮食分配的官职；第三种则是由奴隶承担的较为低贱的职务。在亚里士多德看来，"所有这些官吏中，只是那些在一定范围内具有审议、裁决和指导责任（指挥权力）的职司，才可称为行政人员，在这里，指挥权力尤为重要，这必然是属于执政"①。也就是说，"行政"其实是所有官职中较为高级的部分，是与执政官的权限较为相似的部分。其实，根据今天的理解，第二、三种官职更具有事务性的特征（乔伊特的英译本给第一种官职加的定语是 political，第二种加的是 household management，第三种是 menial；② 威尔顿的译本将第二种解释为 economic，而对其他两种作了相同的理解，③ 这都反映了现代人的理解），因而更符合行政的定义。其实，根据亚里士多德的描述，"行政"职位的典型代表则是上述第一种。这表明，亚里士多德所理解的行政实际上是不独立的，而更多的是属于其他两种政体要素中的一个操作性概念，是实现它们的一个载体。

根据乔伊特（Benjamin Jowett）的理解，"立法家"在创制时需要对"行政"（the executive）作出以下三点考虑：第一，何种官职是必不可少的，以及其中哪些可以方便地与执政官相结合；第二，上述官职是否应当在所有城邦都是至高无上的；第三，在不同情况下应当采取什么样的任命方式。④ 对正文中关于政体第二要素的这段表述，乔伊特的翻译是："决定执政官（magistrates）的角色，他们对谁行使权力，以

---

① ［古希腊］亚里士多德：《政治学》，吴寿彭译，商务印书馆1965年版，第221页。
② Aristotle, *Politics*, Translated by Benjamin Jowett, Oxford: Clarendon Press, 1916, p. 180.
③ Aristotle, *Politics*, Translated by J. E. C. Welldon, London: Macmillan And Co., Limited, 1912, p. 299.
④ Aristotle, *Politics*, Translated by Benjamin Jowett, Oxford: Clarendon Press, 1916, p. 16.

及他们的选拔方式。"①威尔顿（J. E. C. Welldon）的翻译是："应当创设的官职（offices），它们的权限范围，以及正确的选拔体制。"② 就中译本而言，吴寿彭的翻译是："其二为行政机能部分——行政机能有哪些职司，所主管的是哪些事，以及他们怎样选任。"③ 颜一、秦典华的翻译是："第二个要素与各种行政官职有关，它决定应该由什么人来主宰什么人或事，以及应该通过什么样的方式来选举各类官员。"④ 可见，所谓"行政"，在亚里士多德那里主要考虑的是官职的设置、权限以及分配问题，是一种静态的政制架构，与我们今天所理解的作为一个过程的行政概念是大不相同的。

其后，波里比阿（Polybius）在他的著作《罗马史》中分析了罗马政体中分别代表君主、贵族和民主因素的执政官、元老院、保民官和民众会议三者的职权及其相互制衡的关系。现代学者往往将其中的"执政官"看作行政的标志，因而，我们也就看到了所谓"执政官是行政首脑"的表述。⑤ 根据当代学者的研究，罗马执政官原为"praetor"（具有行军之义）。公元前367年前后，在平民与贵族的斗争中，由于贵族担任的大法官采用了"praetor"的称谓，所以由平民担任的大法官改称为"consul"（具有征询之义）。⑥ 此后，"consul"多被译为执政官，"praetor"则被译为行政长官，权能比前者较低。⑦ 其实，无论"praetor"还是"consul"，都可以被理解为既是执政官，也是大法官，因为在当时司法与行政尚未分家。事实上，在翻译时，尤其是由不同学科的学者进行翻译时，往往是根据其具体行使的职能来决定是将"praetor"和"consul"译为执政官还是大法官的，而不是根据当时的实际历史情况去翻译。

---

① Aristotle, *Politics*, Translated by Benjamin Jowett, Oxford: Clarendon Press, 1916, p. 175.
② Aristotle, *Politics*, Translated by J. E. C. Welldon, London: Macmillan And Co., Limited, 1912, p. 292.
③ ［古希腊］亚里士多德：《政治学》，吴寿彭译，商务印书馆1965年版，第215页。
④ ［古希腊］亚里士多德：《政治学》，颜一、秦典华译，中国人民大学出版社2003年版，第145页。
⑤ 何华辉、许崇德：《分权学说》，人民出版社1986年版，第4页。
⑥ 王悦：《论罗马共和国早期的执政官》，《史学集刊》2007年第4期。
⑦ 陈可风：《罗马共和宪政研究》，法律出版社2004年版，第66—70页。

一般认为，波里比阿在政体中区分出执政官、元老院、保民官和民众会议三个方面是分权思想的滥觞，根据这一看法，是可以说波里比阿有着对政体中行政的认识的。其实，虽然波里比阿看到了执政官、元老院、保民官和民众会议这三个构成要素，但他并不具有现代分权思想，因为他所区分的并不是平行的三种权力，在他眼中，执政官、元老院、保民官和民众会议所代表的是三个等级，是罗马政体中的三个政治性的等级实体。波里比阿在对它们进行探讨的时候，目的是要在这三个政治实体间寻求调和的方案。因此，要把这三个实体中的任何一个所掌握的权力当做"行政权"来看待，显然都是不妥的。在罗马，执政官、行政长官、营造司、财务官和元老院都掌握着一定的行政职权，都承担着一定的行政职能，尚未分化出一个专门的行政领域。所以，那是权力体系未实现分化的状况，是一种还没有相对独立的行政的状态，也就是混权状态。

维尔在分析分权学说时认为，这种学说包括四个方面的特征：机构分立、职能分立、人员分立和"否定性制约"。① 如果我们从此出发去观察行政概念的演变，就可以看到，从亚里士多德开始对"行政官职"的关注到近代对"行政职能"的认识，是行政概念逐渐清晰化的历程，而这一重要转变则是在中世纪的马西利乌斯那里实现的。在亚里士多德那里，谈论"行政官职"的时候并没有从政府理应如何的角度出发。所以，如果从亚里士多德的行政官职中提取行政的话（实际上是不应采用这种提取方法的），那么，这个行政明显地缺乏一种维尔所称的"社会学的真理或'规律'"。② 不过，在马西利乌斯那里就显现出了一些不同，因为，马西利乌斯在谈到"执行权"的时候说："行政权力来自全体公民的立法活动。因此，重要的是：这一权力应当按照法律加以执行，它的任务和权限应当由人民确定。行政当局的职责在于国家的每一部分都能为全体的利益履行其本身的义务。如果做不到这一点，同是那个把它选举出来的权力机构即人民可以把它撤换。"③ 可见，在马西

---

① ［英］维尔：《宪政与分权》，苏力译，三联书店1997年版，第14—17页。
② 同上书，第15页。
③ ［美］萨拜因：《政治学说史》，盛葵阳等译，商务印书馆1990年版，第350页。

利乌斯这里，行政有了相对应的和可以进行比较的对立物，因而开始获得了维尔所称的那种"社会学的真理或'规律'"。

不仅如此，马西利乌斯还强调，无论如何进行组织，行政权力都必须作为一个整体单位来执行法律，必须是统一而至高无上的。在那个时期，把法律的制定与执行这样明确地区分开来并强调执行权本身的整体性和统一性，这应当说是非常了不起的思想。因为，马西利乌斯在一定程度上已经超越了他的时代，能够在主权分立的条件下提出权力分化的思想。用今天的话说，马西利乌斯的思想是前瞻性的。我们知道，在教权与王权的纷争中，主权所呈现出来的是一种分散和分立的现实，而主权的分散显然是权力分化的障碍，或者说，在主权分化的条件下，是不可能产生权力分化的要求的，而是在每一个具体的主权之下形成一种混权状态。也就是说，权力分化必须以主权的统一为前提，当教会与国王都宣布拥有主权而且事实上也存在着主权分立的时候，是不可能出现职能意义上的权力分化的。我们说古希腊以及罗马虽然存在着不同的政体要素却没有现代意义上的行政，就是因为这些不同的政体要素都有着自己的主权范围，都在自己所拥有的主权之下而面对一定的行政事务并开展行政活动。这样一来，行政就不可能是一个相对独立的领域，就不可能是一个整体，也不可能具有统一性。所以，只是当主权统一了，行政的职权才会从其他职权中分离出来，成为一种相对独立的权力，行使这种权力的活动也才是具有相对独立性的行政。

《布莱克维尔政治学百科全书》中所持的观点是："政府具有制定法律和实施法律两种功能的思想首先由帕杜阿的马西略于 14 世纪初所阐明。"① 其实，在更早一些的时候，与"立法与执行"二分相类似的观点就已经由阿奎那表述出来了，因为，阿奎那曾经在统治过程中区分出制定法律（laying down the law）和管理政治性社区（administering the political community）两种职能。② 这应当被看作是把立法与执行进行区分的思想。不过，也应当指出，这种与立法相对应的"执行法律"的

---

① ［英］戴维·米勒、韦农·波格丹主编：《布莱克维尔政治学百科全书》，邓正来等译，中国政法大学出版社 1992 年版，第 696 页。

② 见 Thomas Gilby, *Principality and Polity, Aquinas and the Rise of State Theory in the West*, London: Longmans, Green, 1958, p. 292。

活动距离近现代意义上的"行政"概念还是很远的。从文献的梳理中可以看到,早期的思想家们大凡提到"行政"或"执行"的时候,都没有明确地在作为执行的"司法"和"行政"之间作出区分,即使是马西利乌斯的所谓"执行",用维尔的话说,"从根本上是指我们可以描述为司法的职能。由统治者率领的法院的职能,即将法律付诸实施"①。

亚里士多德在论述"司法机能"时着墨较少,并采用了与"行政机能"同样的分析模式;中世纪的思想家们直接将"行政"解释为:"通过法院、通过法官,在英格兰则是通过本土最高法官,即议会高级法院的最高统治者来实施法律。"② 上面提到的"magistrate"一词也常用来指称"法官"、"治安官"等从事司法管辖的官员。这些都表明,直到中世纪,"司法"与"行政"都是十分相似甚至相同的执行法律的活动或行为,如果说立法与执行已经实现了分化,那么,司法与行政却尚未实现分化,它们还处于一种混沌状态。关于这一点,即使是在今天的一些法制文明尚未发育健全的国家或地区,也仍然可以看到一些非常清晰的痕迹。在这些法制文明后发展的国家或地区,行政执法部门往往显得非常庞大,司法活动往往受到行政部门的干扰,缺乏司法独立性,一些行政部门甚至认为自己对司法部门拥有管辖权。所以,在从古希腊到中世纪后期这样一个漫长的历史阶段中,很难说存在着一个清晰的行政概念,无论是在这个时期中曾经使用过的行政概念,还是近代以来的学者所翻译出来的行政概念,其含义都是非常含混的,与近现代的行政概念是不同的。

此外,还有一点是值得关注的:在资产阶级革命之后,现代意义上的政府已经出现了,但是,近代早期的思想家们还是更多地把视线投注到了"公职"的问题上。在近代早期的一个较长的时期中,关于公职的分析可以说占了近代早期思想家们著述的绝大部分,而对行政职能、行政权力和行政组织的探讨,则是非常少的。这也证明了近代早期在思

---

① [英]维尔:《宪政与分权》,苏力译,三联书店1997年版,第16页。
② [英]戴维·米勒、韦农·波格丹主编:《布莱克维尔政治学百科全书》,邓正来等译,中国政法大学出版社1992年版,第696页。

想史上还有着一定的过渡色彩。然而,有趣的是,对公职的关注也是开启现代行政之门的钥匙。英国1870年的"第二枢密院令"与美国1883年的"彭德尔顿法案"都恰恰是在公职的问题上着手改革的,而且通过这种改革确立起了全新的被称为"文官制度"的公职体系。正是因为有了文官制度的实践,代表着作为一门独立学科的行政学出现的《行政之研究》才可能被写作,或者说,《行政之研究》无非是对文官制度改革的理论描述,是从担负公职之官入手去看他的职能的。这种明显具有古代学者行政研究之风的做法,却把人们引向了提出"政治—行政二分原则"的道路。

二 三权分立中的"行政"

把行政作为国家权力结构中的一项专门的权力来看待的,是在近代启蒙思想家这里才达到的科学视界。这就是我们都非常熟悉的,孟德斯鸠开始把行政权看作是与立法权和司法权相平行的权力。从上述介绍中可以看到,古代希腊、罗马也存在着行政的问题,但是,那是等级社会条件下的执行问题,是附着于立法之下的执行,在权力的意义上,却没有实现分化,还不存在一种相对独立的行政权力。只是到了孟德斯鸠这里,才看到了行政权作为一种相对独立的权力被建立起来的可能性。尽管后来古德诺也把行政解释为"执行",但是,与古代希腊、罗马中的那种执行已经完全不同了。古代希腊、罗马中的执行实际上是司法与行政混合在一起的状况,而古德诺所讲的执行则是区别于司法的、具有相对独立意义的执行。这是一个长期的演化过程,孟德斯鸠对行政权予以的关注,只是这个演进过程中的一个环节。然而,正是由于孟德斯鸠给予行政权以关注,在其后的行政建构中才会使行政从一种相对于立法的执行职能转变为由相对独立的执行机构去承担的职能。总的来说,在古代希腊、罗马时期,行政主要是被作为从事执行的职务或职位来加以认识的,在很多情况下,就是执行官的意思。到了罗马后期以及中世纪,逐渐出现了把行政作为一种权力来认识的倾向。所以,当孟德斯鸠谈论行政权的时候,是已经有了几个世纪的理论准备了,只不过孟德斯鸠收获了这一历经了几个世纪的理论成果。

1643年,菲利普·亨顿(Philip Hunton)在"A treatise of monarchy"中曾使用过"power of magistracy"来界定类似于"行政权"的权力。亨顿认为，这一应属于国王的权力包括"nomotheticall or architectonicall"（立法或机构性的）和"gubernative or executive"（管理或执行性的）两部分。① 根据我们所掌握的资源，亨顿的这一论述可以看作是学者们对行政权给予专门关注的开始。在这一时期，最为重要的一份文献应当是1648年查尔斯·达利森（Charles Dallison）的《保王党人的辩解》（*The Royalists Defence*），达利森没有使用之前常用的"executive power"一词，而是将执行权分为统治（governing）和审判（judging）两部分，认为这两个部分分别是在制定法律（make Laws）之后出现的解释法律（expound the Law）和治理人民（govern the people）的过程。② 值得注意的是，达利森已经开始对统治与司法审判加以区分。这可以看作是一种为近代意义上的"行政"概念的提出作准备的建设性观点。在达利森的时期，人们对执行权的认识是含混的，但是，这一时期对执行权的讨论却促使人们去对之作出认真的分析，从而在执行权中发现了行政与审判两种可以进行区分的权力，这就使行政权被作为一种专门性的权力而得到认识成为可能。其实，对于行政的发展史而言，这一时期的成果还不仅如此。因为，关于执行权的讨论是为了解决国王与教会的关系，在讨论中所形成的基本主张往往是要求把国王定位在执行的角色上，即要求把国王的权力限制在对法律的执行上。这样一来，实际上就把以国王为核心的执行机构推展了出来，从这个由国王所代表的机构转向近代政府，也就变得较为容易了。

在18世纪的启蒙运动中，洛克是较早对国家权力进行区分的思想家。洛克区分出了"立法权"、"执行权"（the executive power）和"对外权"三种权力。其中，"执行权"的概念显然是对一种古老认识的维护，是指负责执行已经制定的且仍然有效的法律的权力。但是，洛克所提出的"对外权"即"同共和国之外的一切人和一切社会进行战争与和平、联合与结盟以及一切交往的权力"③，则是一种过去未曾得到过

---

① Philip Hunton and Ferne Henry, *A Treatise of Monarchy*, London: Printed for E. Smith and are to be Sold by Randal Taylor near Stationers – Hall, 1643.
② ［英］维尔：《宪政与分权》，苏力译，三联书店1997年版，第30页。
③ ［英］洛克：《政府论》下篇，叶启芳等译，商务印书馆1964年版，第90页。

认识的权力。今天看来，洛克的对外权应当属于"行政"的范畴。洛克自己也指出，执行权与对外权"这两种权力几乎总是联合在一起的"，"他们很难分开和同时由不同的人所掌握"。① 所以，从根本上来看，洛克并没有突破传统的"立法—执行"的认识框架，而是在执行之中增加了对外权的内容，"如果撇开执行权中所包含的被动地执行法律不谈，洛克所说的三权实际上只是二权，三权分立也只是两权分立"②。

尽管如此，洛克与此前的思想家还是有着很大的不同，因为，他更多地强调了执行的权威性。在洛克的论述中，虽然我们随处可见他对"立法至上"原则的申述，但是，他同时又要求给"执行"以"特权"，要求掌握"执行权"的国王分享部分立法权。就此而言，他不再是把"executive power"看作一种被动的执行，而是赋予其更多主动性的内容，甚至要求将其作为一种特权来看待。而且，洛克所拥有的是一种平民立场，虽然他在理论探讨的时候会受制于历史文献以及过往思想家的概念表述，然而，一旦他开始了自己的思想叙述，他的平民立场也就自然而然地表露了出来。所以，洛克总是从社会福祉能否获得的角度去思考问题。由此，洛克就会要求政府在法律没有规定的地方拥有自由裁量的权力，这种权力相对于立法而言，是一种特权。在执行的过程中，拥有了这种特权，就可以为谋取社会福祉争取较大的空间。如果要对洛克作为一个启蒙思想家的地位进行评价的话，可以说，不是他所探讨的问题对近代资产阶级思想的形成有什么积极意义，而是他探讨问题的角度对后世以及他同时代的启蒙运动产生了影响，正是他的平民立场以及谋求社会福祉的思考问题的角度，把人们的注意力从立法机关引向了政府。

"通过一种行政机构而不是司法的程序来实施法律，是关于行政功能的现代观点，它直到 18 世纪孟德斯鸠和布莱克斯通提出了政府职能的三分法——立法、行政和司法职能时，才完全形成。"③ 孟德斯鸠是

---

① [英]洛克：《政府论》，下篇，叶启芳等译，商务印书馆 1964 年版，第 90—91 页。
② 何华辉、许崇德：《分权学说》，人民出版社 1986 年版，第 11 页。
③ [英]戴维·米勒、韦农·波格丹主编：《布莱克维尔政治学百科全书》，邓正来等译，中国政法大学出版社 1992 年版，第 696 页。

因提出了著名的立法权、行政权和司法权的三分而被后人时常提起的。其实，他在《论法的精神》中对"行政"所给出的是三种不同的定义：第一种定义是"有关国际法事项的行政权力（puissance executrice）"和"有关民政法规事项的行政权力（puissance executrice）"，这一定义显然是在故意向传统的"执行"靠拢。第二种定义是"媾和或宣战，派遣或接受使节，维护公共安全，防御侵略"的权力，除了"维护公共安全，防御侵略"之外，他的"媾和或宣战，派遣或接受使节"其实是可以理解成洛克的"对外权"的。不过，孟德斯鸠又同时提出了"惩罚犯罪或裁决私人讼争"的权力，这种权力其实是古已有之的"裁判权"（或称"司法权"），是在洛克的对外权中没有的内容。① 第三种定义则是"执行公共决议"的权力，可能这一定义才是孟德斯鸠所要阐发的真正意义上的"行政权"，而前两种定义则是对传统意义上的执行的借鉴。②

由于"公共决议"包含了政府的内外两种事务，所以，孟德斯鸠在修改和完善自己的书稿时也把洛克的"对外权"纳入自己的"行政"概念，并且把"司法"独立出来作为第三种权力。不同于洛克"立法"高于"执行"权力的等级观念，孟德斯鸠只强调了"立法"先于其他二者的时间顺序。较之洛克赋予行政以一定"权威"的思想，孟德斯鸠在立法、行政、司法三权平行的意义上所作出的定位显然更符合资本主义精神，这也就是后世的人们更愿意接受孟德斯鸠而不是洛克的"三权理论"的原因。此外，与洛克的不同还在于：虽然孟德斯鸠所谈论的还是立法权、司法权和行政权，但是，仔细阅读就会发现，洛克是从"权力"角度界定执行的，而孟德斯鸠则是从"权能"的角度界定行政的。因而，在孟德斯鸠这里，行政概念的含义也就显得更加清晰和合理了。同时，孟德斯鸠也强调了行政权的执行特征，他说："（立法权）一种权力不过是国家的一般意志，另一种权力不过是这种意志的

---

① ［法］孟德斯鸠：《论法的精神》，上册，张雁深译，商务印书馆1995年版，第155—156页。

② 根据夏克尔顿的考察，第一个含义是孟德斯鸠在完成初稿和研究了洛克的著作之后才加上去的。见［英］夏克尔顿《孟德斯鸠评传》，刘明臣等译，中国社会科学出版社1991年版，第354页。

执行而已。"① 他进一步指出，行政权"几乎时时需要急速的行动"，"以需要迅速处理的事情为对象"，② 而这就包含了 20 世纪才深入发掘并成为行政主格调的"效率"原则。正是这些，使人们形成了孟德斯鸠把洛克的三权理论推向前进的印象，并认为孟德斯鸠的三权理论对资本主义的社会治理体系建构发挥了基础性的影响。

从用词来看，正如夏克尔顿所指出的，洛克的"executive power"在 1691 年的法文译本中被译为"pouvoir executif"。其中，"pouvoir"是法语中用来指称权力的传统措辞，"executif"则带有明显的英文气息。因此，尽管"pouvoir executif"已经在 1672 年尚贝莱纳的《英国笔记》中出现过，但由于它过于新奇，直到 1835 年，该词才被法兰西学士院承认。③ 孟德斯鸠关于行政权的论述显然参考了洛克的著作，但在概念选择上，他并没有使用 1691 年译本中的"pouvoir executif"，而是使用了"puissance executrice"。这说明，孟德斯鸠除了抛弃了"pouvoir"的传统用法以外，也刻意选择了通常不用作形容词的"executrice"来表示与"executif"的区别。④ 孟德斯鸠为什么要使用这样一个十分别扭的词而不是沿用通常的译法，显然有着他自己的考虑。从对洛克与孟德斯鸠的思想比较中不难看到，孟德斯鸠所要表达的显然是他自己对行政的认识，即他对行政权的认识是不同于洛克的，或者说，他刻意地要与洛克做区分。

有一点需要指出，孟德斯鸠的《论法的精神》一书的英译本则把"puissance executrice"译为"executive power"，而我国学者在翻译的时候，通常把洛克的"executive power"译为"执行权"，而对孟德斯鸠则作了"行政权"的翻译。从这种翻译上的差异可见，我国学者对他们二者进行不同的翻译是合理的，而英文中的翻译可能表明英语世界并不理解孟德斯鸠与洛克的差异，或者出于一种民族褊狭意识而有意混淆

---

① [法]孟德斯鸠：《论法的精神》，上册，张雁深译，商务印书馆 1995 年版，第 157 页。
② 同上书，第 160—161 页。
③ [英]夏克尔顿：《孟德斯鸠评传》，刘明臣等译，中国社会科学出版社 1991 年版，第 352 页。
④ 同上书，第 352—353 页。

"puissance executrice"与"executive power"的不同，目的是要说明孟德斯鸠在洛克之后搬用了洛克的"executive power"。当然，这只是一种猜测，这种猜测是建立在英国学者有着能够发现孟德斯鸠与洛克思想不同之处的能力基础上的，如果说英国学者不具有这种能力，那么出现这种错误的翻译就是可以理解的了。

据保罗·巴比尔（Paul Barbier）的研究，巴贝拉克（Barbeyrac）曾在1706年使用过"pouvoir coactif"、"pouvoir executeur"、"puissance executrice"等词表述行政权，而卢梭在1761年的《社会契约论》中批评了孟德斯鸠的"puissance executrice"用法，卢梭自己使用的则是"pouvoir executif, puissance executive"。[①] 今天，在法语世界中，学者们一般是使用"pouvoir executif"去表述三权中的"行政权"的，这可能是受到英语的话语霸权的影响而形成的一种用语现象。无论如何，孟德斯鸠最早对行政作出了现代性的理解已经是一个公认的事实，我们没有看到有人对此提出过疑问。即便是法语世界按照英文而使用了"pouvoir executif"而不是孟德斯鸠自己所使用的"puissance executrice"，实际上，也是把孟德斯鸠的思想转移到"pouvoir executive"一词中来了。

三 从"executive"到"administration"

随着理论和思想的关注点从官职转向了权力，行政的概念也就具有了现代特征。从思想发展史看，行政的概念得以提出经历了一个相当长的历史时期，是在分权学说、混合政体、均衡政府的长期争论和思想演变中逐渐变得明晰起来的，能够对不同的权力作出区分，有着一个逐渐演进的思想历程。但是，在近代早期的思想家们那里，无论是霍布斯还是洛克，都还摆脱不了古代希腊、罗马对行政职务和职位的关注。这个时期的思想家们谈论最多的依然是国王这一行政权的最高执掌者，即使在18世纪出现了内阁政府后，人们也依然是把注意力投向内阁大臣这些位于权力分享高层上的职务，而几乎不去关注其他的"行政人员"。"这反映了在17世纪和18世纪初有一种基本倾向，在职能分离的讨论

---

① Paul Barbier, "Loan – Words from English in Eighteenth Century French," *The Modern Language Review*, Vol. 16, No. 2 (Apr., 1921), p. 145.

中注意的是行政首脑，而不大注意为行政首脑服务的人员。"①

尽管早在 1653 年作为英语世界的第一个宪法性文件 "*The Instrument of Government*" 中的第二条就有了 "最高行政权（chief magistracy）的运用和政府的管理" 这种提法，尽管在 1654 年出版的为 "*The Instrument of Government*" 辩护的文献 "A True State of the Case of the Commonwealth" 中也出现了关于 "行政人员" 的表述——"一个国家针对日益增长的积弊最常见的预防性措施，是对法律与正义的执行和行政（execution and administration），这必须交给它的官员（officers）"②，但是，在思想家们的著述中，我们却无法看到开展政府管理的群体是什么样子，早期的著述为我们展示出来的仅仅是政府管理高层中的一个或几个职位。不过，这两份文献关于 "行政" 及其 "官员" 的提法是有价值的，它可能意味着现代行政学中的 "行政" 概念的出现。但在当时，这个提法并没有引起思想家们的注意。这是因为，在革命的年代，这种关注 "非政治" 的 "行政" 的观点是很容易受到人们忽视的，这一点是思想与实践之间有差距的通则。今天看来，这两份文献可能标志着由 "executive" 向 "administration" 转化的趋向开始展露出来。在今天的学术语境中，我们一般是在三权分立的意义上使用 "executive" 一词的，而在 "政治与行政" 二分以及其后的行政学探讨中，所使用的基本上是 "administration" 一词。

总体看来，在近代早期，"executive" 与 "administration" 两个词使用起来是有着很大的随意性的，人们往往并不在它们之间作严格的区分。在一定程度上，"executive" 一词由于更有古典色彩而显得优雅一些，而 "administration" 一词的世俗色彩则显得稍浓一些。不过，逐渐地，"administration" 一词的使用经常化了，呈现出从 "executive" 向 "administration" 转化的历史演进趋势。从一些常见的行政学著作中可以看到，"administration" 这一在今天得到了广泛使用的概念源于拉丁文的 "adminiatrare"，一些行政学的教科书认为亚里士多德在其著作中

---

① ［英］维尔：《宪政与分权》，苏力译，三联书店 1997 年版，第 45 页。
② Marchamont Nedham, *A True State of the Case of the Commonwealth*, London: The Newcomb, 1654, p. 23.

曾使用过这个词，那是不实的。关于亚里士多德，只能说是后人在翻译的时候把"adminiatrare"一词加在了他身上，是把他的希腊文著作转译为拉丁文的结果。这种翻译的合理性有多大，本身就是一个值得怀疑的问题。况且，如我们前面的分析，亚里士多德的"行政"概念十分模糊（或者都不能称为"行政"）。而且，从亚里士多德《政治学》的英译本来看，"administration"一词一直没有统一的确切含义，除了篇中常见的"the administration of justice"外，不同的地方或不同的译作中，"administration of state"、"administration of government"、"political administration"等词都是常见的，似乎翻译的随意性很大。显而易见，《政治学》的英译者所处的时代与亚里士多德相距很远了，他们都是处在"行政"概念已经得到了充分发展的时代，往往是用现代行政的概念去框定亚里士多德。即便如此，我们从这些英译本中还是很难读出亚里士多德的"行政"思想。所以，我们对行政概念的考察应当主要从"executive power"盛行的年代开始。

1657年，劳森（Lawson）在《对霍布斯的〈利维坦〉中政治部分的考察》中作出了这样的表述："存在一种三重（threefold）的政治权力（power civil），或者说，这一权力具有三个等次（degrees）。第一是立法（legislative）。第二是司法（judicial）。第三是行政（executive）。因为君主（sword）的立法（legislation）、裁决（judgement）与行政（Execution）是最高政治权力在治理国家（administration of the State）中所作出的三种基本行为。"① 在这里，作为霍布斯思想的一种延伸，立法、司法与行政没有被视作三种平行的权力，而只是最高政治权力具有不同地位的三个方面。其中，"executive"指的就是最高政治权力的第三个方面。显然，在霍布斯的这位追随者这里，孟德斯鸠的分权学说已经呼之欲出了，尽管由于存在着主权唯一性的规定，劳森没有使用"executive power"的概念，但是，一俟人们把注意力从主权归属转移到权力的行使上来，"executive power"的表达就顺其自然地获得了流行，权力三分也就获得了理论确认的可能性了。另一方面，一个非常明显的

---

① George Lawson, *An Examination of the Political Part of Mr. Hobbs his Leviathan*, London: R. White, 1657, p. 8.

道理也是不难理解的，那就是，没有行政权，也就没有行使行政权力的行政行为。所以，这段话中的"administration of the State"包含了君主行使最高权力的所有方面，而不仅限于执行或行政。这表明，劳森所谈论的还是作为主权者的君主，而不是作为政府首脑的君主，"administration"也并不是与政府相对应的行政。反过来说，当学者们开始关注权力的具体行使，从而对作为行政权力行使主体的政府倾注了更多注意力的时候，"administration"作为行政的含义就会被突出出来。学者们的关注重心从主权者转向政府的过程，就是主权逐渐分化为立法权、司法权与行政权的过程，这一过程逻辑性地突出了行政权力的行使问题，因而也就把更能表达这一含义的"administration"推上了历史的前台。

到了18世纪中期，尤其是孟德斯鸠之后，三权分立理论走向整个世界。这一思想在某种意义上已经变成了立宪政府普遍宗奉的学说，因而，这一思想中的"行权政"概念也被大多数人所接受。此时，再围绕着权力应该如何划分的问题开展争论，显然已经意义不大了。历史也证实了这一点，虽然其后仍有很多人讨论分权的问题，但大都是在孟德斯鸠等人既有思想成就的基础上做一些更符合时代要求的补充工作。可以说，在近代工业社会的治理结构中，孟德斯鸠的分权思想已经达到了相当的高度，无论是抛弃它还是超越它，在工业社会的历史条件下都是不可能的。在孟德斯鸠之后，研究的重心开始转向了对每种权力的承载机构、人员、事务等内容的探讨。也就是说，在理论上表现出了从传统的"行政权"范围的争论转向了对具体行政表现的探讨这样一个发展路径。即便如此，从"executive"向"administration"转化还是经历了一个漫长的历程。

在法国思想家卢梭1762年出版的《社会契约论》中，有一句对我们理解相关词汇颇为重要的话："于是，我把对行政权力（puissance exécutive）的合法行使称作政府（gouvernement）或最高行政（suprême administration），把负责这一行政（administration）的人或机构称作君主（prince）或行政官（magistrat）。"① 显然，由于孟德斯鸠的巨大影响，

---

① Jean-Jacques Rousseau, *Du Contract Social*, Paris: Librairie Georges Bellais, 1903, p. 201.

卢梭虽然主张主权的唯一性，却也不得不承认行政权力的存在这样一个事实，进而，也就在事实上承认了主权分化成不同类型的权力的现状。所以，卢梭的《社会契约论》所包含的虽然仍然是传统的国家学说，却已经对现代政府作出了相当全面的描述，相应的，也使与政府相对应的 administration 概念得到凸显。由此可见，"executive"是在权力分立的思想背景中普遍使用的词汇，所强调的是政府权力构成层面上的行政，是以分享整个国家整体性权力或权威的结果的形式出现的。当然，从概念上讲，"executive"理应包含整个行政体系，但是，由于这个时期对权力或权威分享的强调，所以，在通常意义上，这个时期的著述基本上是用它来指行政中的决策层；① 而在使用"administration"时，则是指行政权力的具体表现形式。卢梭显然也受到了其时代词语使用的制约，尽管如此，在卢梭使用"administration"一词时，还是赋予了其相当现代的含义。

在随后的时间里，人们也逐渐在具体的管理活动的意义上使用"administration"了，对行政的关注点也在逐渐下移。埃德蒙·伯克（Edmund Burke）在 1770 年出版的《对当前不满原因的若干思考》（*Thoughts on the Cause of the Present Discontents*）中就明确地指出："任何一种政治制度，都应有和他的立法机关相应的行政管理机构。"② 他在这里所使用的就是"administration"一词。而这句话则被伍德罗·威尔逊 1884 年的《国会政体》一书中的"行政机关"（*The Executive*）一章引用为卷首语。这种对行政重要性的高度评价，无疑促使人们把注意力从行政最高层（国王）向下转移。正是这种关注点的下移，到了 19 世纪末的美国，出现了对包括官僚在内的行政人员的讨论，并最终导向了行政学的产生。

谈到美国，建国之初的著作是不容忽视的。1787—1788 年的《联邦党人文集》第三篇中有"全国政府的管理（administration）、政治商

---

① 英国学者安德鲁（Andrew Heywood）也认为，executive "更多在狭义上指对政府决策的方向和协调负有整体责任的决策小群体"，参见 ［英］安德鲁·海伍德《政治学》，张立鹏译，中国人民大学出版社 2006 年版，第 392 页。

② Edmund Burke and Edward John Payne, *Burke, Select Works*, New Jersey: The Lawbook Exchange, LTD., 2005, p. 34.

议和司法决定"① 的表述，关于这三类活动层面的表述，已经有别于传统的三权分立的观念了。所以，传统的分权讨论到这一时期已经转化为人们对实际问题的关注了，特别是对管理活动意义上的行政的关注。同时，《联邦党人文集》中也出现了"public administration"，尽管该文集本身的政治思想光辉足以遮掩人们对这些细枝末节的关注，但它表明美国的国父们还是考虑到了行政的问题，而且赋予行政以新的内容，甚至可以说他们有着独特的关于行政的规划。

总之，随着经济和社会的不断发展，随着行政权力和行政事务不断扩展，当行政活动在历史的发展中逐渐成为一个专门化领域的时候，"executive"这个词也就无法满足人们的表达要求了。也就是说，传统的对行政权或行政职能的理解已经不足以表达政府的实际运作了，而"administration"则满足了人们的这一需求。特别是在行政机构和人员逐渐演变成一个庞大而复杂的官僚体系时，在英语的语境中，"administration"一词也就开始用来表示与官僚及其活动相关的部分，而行政中的"政治"部分，则开始用"the government"一词来加以标示。这一点最后是在"政治—行政二分"原则提出后被巩固下来的。②

四 "政治—行政"二分中的"行政"

在进步主义时期的美国，行政的发展取得了前所未有的成就，其最大成果就是形成了"政治—行政"二分的共识。当然，"政治—行政"二分原则的形成除了受到上述我们考察的词汇转换的影响之外，也需要归结为社会治理现实的发展对行政提出的要求。我们发现，在19世纪末20世纪初的美国，两个方面的影响使人们对行政的问题产生了浓厚的兴趣：其一，人们对政治腐败的厌恶和要求改革的呼声不断高涨，这促使人们把对行政的关注集中到了文官制度上；另一方面，欧洲大陆的

---

① Alexander Hamilton, John Jay and James Madison, *The Federalist Papers*, New York: Cosimo, Inc., 2006, p. 15.

② "administration"一词的用法是颇为复杂的，在美国和欧洲之间存在着很大差异。"administration"在美国也被用来指称行政中的高级官员，诸如"the Clinton administration"的用法就是例证。因而，有学者指出，美国语境中的"the administration"与英国的"the government"是相对应的，是指行政中的政治部分。参见景跃进《"行政"概念辨析》，《教学与研究》2003年第9期。

影响不断增强，为美国带来了欧洲已经取得的行政思想成果。所以，社会治理的实践要求和欧洲学术发展成果的引入这两个方面的影响促进了美国行政的大发展。

19世纪初，在官房学、警察学、官僚制度等的基础上，德国现代意义上的行政学出现了，并进入了大学课堂。劳伦斯·冯·斯坦因（Lorenz Von Stein）以其《行政学》（Die Verwaltungslehre）而闻名，尽管我国学者在提及此一历史时大都以"从行政法的视角研究行政学"而将其一笔带过，但它所代表的德国行政思想却对美国学者产生了重要影响，这一点是不应忽略的。[①] 斯坦因依然是从行使行政权的角度来认识"行政"的，他对"行政"一词的界定也主要是属于一种功能界定。斯坦因把"executive power"分为两部分，把政府中抽象意义上的那部分表述为"execution"（Vollziehung），而把政府中具体层面上的那些与社会紧密联系的部分表述为"administration"（Verwaltung）。[②] 就斯坦因对行政的这种看法而言，用英语的"administration"与德语的"Verwaltung"互译是十分恰当的。

另一位对美国学者（特别是对威尔逊）影响深远的德国学者是布隆赤里（Johann Bluntschli）。[③] 我们发现，在威尔逊的著作中，实际上直接引用了布隆赤里的"二分"思想。这说明威尔逊不仅熟悉布隆赤里的观点，而且通过引用的方式而表达了对布隆赤里的某种意义上的认同。当然，我们也必须看到，威尔逊的主张与布隆赤里还是有着很大区别的，也许正是这种区别，才使美国人认为"政治—行政"二分思想应当追溯到威尔逊而不是更早的布隆赤里。在布隆赤里的眼里，行政只是若干政治力量中的一种，其最终目标是促进整个国家的进步。因而，

[①] 见 R. D. Miewald, "The Origins of Wilson's Thought: The German Tradition and the Organic State," In J. Rabin & J. S. Bowman (Eds.), *Politics and Administration: Woodrow Wilson and American Public Administration*, New York: Marvel Dekker Inc., 1984, pp. 17–30。

[②] Mark R. Rutgers, Can the Study of Public Administration do without a Concept of the State? Reflections on the Work of Lorenz Von Stein, *Administration & Society*, Vol. 26, No. 3, p. 401.

[③] 可以确定，促使威尔逊关注行政学研究并写作"行政之研究"一文的重要著作就是布隆赤里的《现代国家理论》（Lehre vom Modernen Stat）中的第三卷"政治科学"（Politik als Wissenschaft），见 Ronald J. Pestritto, *Woodrow Wilson and the Roots of Modern Liberalism*, Lanham: Rowman & Littlefield Publishers, Inc., 2005, p. 225。

布隆赤里所关注的重心是政治与行政之间的关系对整个国家的影响。与布隆赤里不同，威尔逊的"政治与行政二分"思想则显得更加彻底一些，他强调政治与行政如何在各自的领域内行使得更好，认为政治与行政之间没有必要相互干扰。显然，威尔逊强调的是行政本身对于一个良好政府的重要性，而布隆赤里却无此意。① 也就是说，威尔逊是出于改善行政和为行政争得独立性的目的去确立"政治—行政"二分原则的，而布隆赤里在若干政治力量中提取行政，目的是要通过对行政的专门研究去使行政能够更好地与其他政治力量展开合作。

除了德国，法国的行政思想也不应受到忽视。美国学者丹尼尔·马丁（Daniel W. Martin）就指出，从威尔逊到1937年，美国关于行政的文献中的几乎每一个重要概念都已经在1859年以前的法国文献中出现过，其中的大多数概念更是早在1812年就已经出现。1808年，夏尔·让·博南（Charles – Jean Bonnin）起草了行政法规；1812年，博南出版了《公共行政原则》（*Principes d'administration Publique*）；1828—1844年间，刘易斯·麦卡拉尔（Louis Antoine Macarel）的三部行政法著作（1828年 *Des Tribunaux Administratifs*、1837年 *Elemens de Jurisprudence Administrative* 和1844年 *Cours de Droit Administratif*）相继出版；1859年，亚历山大·维维安（Alexandre Franqoise Auguste Vivien）的《行政研究》（*Etudes Administratives*）也得以出版。特别是在博南和维维安的作品中，也论及了"政治与行政"二分的问题。② 所以，在美国创立了行政学这门学科之前，法国的行政学研究已经相当发达了。

在1887年威尔逊的《行政之研究》发表之前，曾是威尔逊在约翰·霍普金斯大学的老师理查德·伊利（Richard T. Ely）就曾讲授过关于行政的课程，伊利于19世纪70年代在德国布隆赤里的指导下

---

① 参见 Daniel W. Martin, "The Fading Legacy of Woodrow Wilson," *Public Administration Review*, Vol. 48, No. 2, pp. 631 – 632。也有学者认为，威尔逊是由于德语水平的不足而误解了布隆赤里关于政治与行政关系的观点。见 Ronald J. Pestritto, *Woodrow Wilson and the Roots of Modern Liberalism*, Lanham: Rowman & Littlefield Publishers, Inc., 2005, p. 34。

② Daniel W. Martin, "French Antecedents of American Public Administration," *Public Administration Review*, Vol. 47, No. 4, pp. 297 – 298.

学习，① 1880 年从德国学成回国，他在课堂上阐述过斯坦因的观点，② 并带回了这样的思想："我们现在的问题并不是立法的问题，根本上讲，是行政（administration）的问题。"他认为，"从行政的角度看，美国远远落后于其他我所要讲述的国家"。他后来也表示过："当我谈及行政（administration）的重要性时，我感觉到我点燃了威尔逊的思想。"③

作为布隆赤里的学生（伊利）的学生，威尔逊受德国思想的影响是不容怀疑的。在 1884 年发表的《国会政体》的第五章 "The Executive" 中，威尔逊指出，总统的大部分时间是花在纯粹的行政事务（mere administration）上的，如果不是具有否决权，他会很容易成为一名常任官员。在这一章的结论部分，他又指出："在一个要以自治的精神来建立公共服务（public service）的国家里，对文官体系（the civil service）进行任何真正而持久的改革的先决条件之一，是画一条线，将政治机构与非政治机构明显地区分开来。"④ 这一点可以看作是其后的"政治—行政"二分原则的最初表述。1886 年，威尔逊发表了"行政之研究"的演讲，并经修改刊于 1887 年的《政治学季刊》上，这就是他的对行政学这门科学的产生具有标志性意义的《行政之研究》。随后，在古德诺的系统论述下，"政治—行政"二分的传统被确立了下来，并产生了深远影响。

对此，沃尔多（Dwight Waldo）认为，19 世纪末 20 世纪初，人们认识到，用决策（decision）和执行（execution）能更好地理解政府；再后来，决策（decision）被等同于政治（politics），执行（execution）被等同于行政（administration）。⑤ 沃尔多的描述很容易让我们联想起

---

① Ronald J. Pestritto, *Woodrow Wilson and the Roots of Modern Liberalism*, Lanham: Rowman & Littlefield Publishers, Inc., 2005, p. 8.

② Mark R. Rutgers, "Can the Study of Public Administration do without a Concept of the State? Reflections on the Work of Lorenz Von Stein," *Administration & Society*, Vol. 26, No. 3, p. 401.

③ Richard T. Ely, *Ground Under Our Feet: An Autobiography*, New York: The Macmillan Company, 1938, p. 114.

④ Woodrow Wilson, *Congressional Government: A Study in American Politics*, Boston: Houghton Mifflin, Co., 1901, p. 290.

⑤ Dwight Waldo, "Politics and Administration: On Thinking about a Complex Relationship," In Ralph Clark Chandler (Ed.), *A Centennial History of the American Administrative State*, New York: The Free Press, 1987, pp. 89 – 112.

17世纪以前就已存在的"立法与执行"二分的传统，如果考虑到古德诺对"三权分立"的批判以及他把"司法职能"划入"行政"这样一个大标题之下的做法，似乎"政治—行政"二分是对旧传统的一种回归。然而，毕竟时代不同了，这一时期的"政治"明显地比传统中的"立法"广泛得多，除了制定法律和政策之外，还涉及保证法律的通过、对执行的监督与协调等。同样，"行政"也与"执行"大不一样了，古德诺虽然把行政定义为"执行"，但他也同时指出了行政与传统的执行是有区别的，他还特别要求人们不应忽视行政与执行的区别。古德诺认为，如果完全是执行的话，那么政治机构就应当要求对执行机构（executive authority）加以控制；如果是行政的话，情况就不同了，政治机构就不应当实施这样的"控制"。因为，行政机构（administrative authority）应当是一个相对独立的机构。

"政治—行政"二分原则的提出，标志着从"executive"向"administration"转化的过程得以完成，也意味着"administration"作为一门学问的开始。在某种程度上，我们可以说传统的"executive"一词已经被肢解。维尔是将"executive"划分为"the government"和"the administrative machine"两部分的，从而用他的新的"四分法"替代了传统的立法、司法、行政的"三分法"，即把政治的"government"与非政治的"administration"放在与其他两个分支（立法与司法）相平等的位置上。维尔的这一做法虽然是值得商榷的，但是，无论在理论上还是实践上，都证明行政的政治的和非政治的功能是不同的。对"the government"的要求是需要而且应当参与政治事务，但"the administrative machine"却无须做参与政治事务这种"自找麻烦"的事。不过，维尔的这种四分法虽然更加合乎实际，但作为理论去掌握和作为实践原则去应用时，都会显得非常困难。也正是由于这个原因，人们更倾向谈论的还是威尔逊的"二分法"，从而把立法和司法的问题交给另一套话语系统去讨论。

从"executive"向"administration"转化的历史来看政治与行政的关系，就会发现，随着"政治—行政"二分原则的确立，20世纪的政治和行政发展所造就出来的是一些相对独立的行政部门。政府是一个政治部门，是国家体系中的一个分支机构，因而，在三权分立的意义上，政府需要得到立法部门的直接控制；同时，政府又是一个行政部门，它享有开展社会治理活动的独立性，尽管它执行法律，却不受立法部门的直接控制。在此意义上，三权分立理论已经不能用来审视政府了，特别是在沃尔多所说的行政国家（the administrative state）中，立法部门对行政的直接控制甚至失去了现实根据。但是，政府毕竟是以一个整体的形式出现的，一切行政活动都是由政府所承载的，所以，立法部门在对作为政治部门的政府进行控制的时候，实际上也就影响了行政。这就是为什么在"政治—行政"二分原则确立之后人们仍然看到行政受到政治纠缠的原因，在某种意义上，这也是20世纪70年代"新公共行政运动"要求重理政治与行政之关系的根据所在。

第三节 "公共行政"的确切含义

一 澄清公共行政的概念

在我国，当人们谈及那些与政府相关的活动和事情的时候，"公共行政"一词已经得到了广泛应用，无论是在学术探讨、理论研究还是实践描述中，这个概念都会被人们用来表达与政府过程相关的活动。但是，究竟"公共行政"一词的准确内容是怎样的，学者们却很少深究。我们发现，在一些出版物中，甚至可以看到"奴隶社会的公共行政"、"封建社会的公共行政"等表达式。这就向我们提出了一个问题：公共行政是不是一种人类社会亘古就有的治理模式呢？对这个问题的回答，显然关系到对公共行政的性质和形式的基本认识，而且，这种认识在一定程度上可能会决定中国行政改革以及公共行政重建的方向。

20世纪80年代初期，我国在恢复和重建行政学这个学科的时候，很少有人使用"公共行政"这个词，当时习惯使用的是"行政管理"一词，只是在需要把这个词翻译成英文的时候，我们才把"行政管理"翻译成"public administration"。直到90年代后期，中国学者才开始逐渐地习惯了"公共行政"这个词。为什么会出现这种情况，从理论上推测，在80年代，我国的学术语境中所包含的是用阶级分析的立场、观点和方法去认识问题和解决问题的要求，而"公共行政"这个表达式中的定语即"公共"一词恰恰模糊了阶级性。所以，当时的学者凭着对学术语境的敏感性，是不愿意使用"公共行政"一词的，即使是在移译外文著作时，也不愿意把"public administration"直译为"公共行政"，而是转译成"行政管理"。这一点，在我们阅读80年代翻译过来的一些西方文献时是不难发现的。

90年代后期，随着学术语境的转变，出于与西方学术交流和对话的需要，也随着文献移译的增长和学成归国的学者数量的增加，"公共行政"一词开始被更多的学者使用。但是，在这同时，也出现了概念混乱的问题。当"公共行政"一词成了流行语之后，学者们在使用"公共行政"、"行政管理"、"公共行政管理"等概念的时候，表现出了极大的随意性，甚至根本不去考虑研究对象的性质，从而出现了上述所说的所谓"奴隶社会的公共行政"、"封建社会的公共行政"等表达式。如果说公共行政是存在于人类社会一切历史阶段的行政模式的话，那么前近代社会甚至近代社会的将近两个世纪的政府服务于阶级统治的性质就被抹杀了，而且我们今天的行政改革在何种意义上去建构政府的公共性内容也就失去了理论支持，特别是政府的公共服务能否被理解成像封建社会的那种特权实现的状态，也是不得而知的。

正是由于这个原因，我们提出了"统治行政"、"管理行政"、"服务行政"的表达式和解释框架，目的是要让人们去把握行政的历史性特征。

在我们看来，统治行政是在政治与行政尚未实现分化条件下的行政管理活动，它直接服务于阶级统治和统治利益的实现，属于统治阶级的行政。管理行政是建立在政治与行政分化的基础上的，它的政治功能被隐含在了对社会的管理活动之中，它在工具理性的原则下开展活动，实现了职业化和非人格化，所追求的是形式合理性，技术专家是行政活动的主体，通过科学化和技术化的改进去实现效率目标。至于行政的政治内容和伦理价值，都是在行政过程开始之前就已经确立了的，属于行政过程之外的东西，并不是行政活动所要关注的事情。在学术界，也把管理行政的这种状况称作"价值中立"，意思是说它独立于或凌驾于一切党派、利益集团以及公众之上，不受政治纷争的干扰。正是这种所谓的"价值中立"决定了行政的公共性。应当看到，"公共性"是一个指称行政的实质性内容的概念，但是，以管理行政的形式出现的行政在公共性的意义上还只是一种形式化的公共性,而不是实质意义上的公共性。所以,对于统治行政而言,是无所谓公共性的问题的,只是在管理行政出现了之后,才有所谓公共性的问题。然而,管理行政的公共性又是一种流于形式的公共性,是必然要在人们的公共性追求中被加以扬弃的一种行政模式。

能够取代管理行政的将是服务行政,服务行政将要超越的是任何停留在形式上追求公共性的做法,它在服务精神的引导下开展行政活动,通过对自身的管理而服务他者,通过服务而营造起一个合作治理的局面。对于服务行政而言,一切社会治理主体都在社会治理过程中通过自我管理、相互服务而实现合作。在这种情况下,服务与合作是具有普遍性的行为模式,管理是从属于服务和合作的,是服务与合作的必要手段。在管理行政模式中,行政无非是作为管理活动及其过程的总和,这种作为管理的行政要求一切活动都凌驾于管理客体的个体性之上,所追求的也是形式上的统一性,所具有的则是一定程度上的形式公共性特征。随着管理行政向服务行政的转变,行政的管理内涵将被服务与合作所置换,而且,通过服务与合作,也将对管理意义上的形式公共性作出有效的矫正。虽然服务与合作并不把对公共性的追求作为自己的核心内容,但是,服务与合作在矫正管理的形式公共性的时候,在促进全社会的利益最大可能地实现的时候,实际上赋予了行政公共性。而且,所实现的是一种实质性的公共性。服务行政是公共行政的完成形态,是具有实质公共性内涵的行政。

也就是说,公共行政这个概念是有所特指的,是特指现代化过程中所产生的行政模式。在前现代的历史阶段中,有行政,但那种行政却不是公共行政,在中国古代是直接称作"行政"的。在今天,如果谈及这个时期的行政模式,在行政活动行为的意义上,是可以称作"行政管理"的,而如果考虑到其性质的话,则称作"统治行政"较为合适。至于公共行政是何时产生的,我们只能说,由于它在近代社会经历了一个较长时期的演进过程,所以,很难说是在某个具体的时间点上出现了公共行政。不过,从威尔逊《行政之研究》一文的叙述中可以看到,威尔逊是倾向于到德国去寻找公共行政的发源地的。威尔逊认为,行政学"是一门外来的科学","首先在欧洲受到重视","是由法国和德国的教授们发展起来的"。① 在他看来，普鲁士的斯坦因的《行政学》从行政法的角度开始了对行政的研究。如我们上述指出的，由于斯坦因已经模糊地对政治与行政加以区分，所以，可以看作是对公共行政的朦胧觉识。而且，当时的行政实践也的确反映出了一些公共行政的特征，比如，普鲁士的腓特烈大帝在其父亲基业的基础之上开始建立了普鲁士的公共办事机构，并使之成为极其认真地为公众服务的机构。腓特烈三世在斯坦因的鼓励下，又设计了许多内容更为广泛的组织，把这一工作往前再推进了一步，奠定了后来普鲁士行政管理工作的坚实基础和具体形式。然而，在很大程度上，英国和美国却成了公共行政事实上的发源地，英国1870年颁布的"第二枢密院令"与美国1883年颁布的"彭德尔顿法案"应当被看作公共行政正式出场的标志性事件。至于在公共行政的研究方面，美国人作出了奠基性的贡献，而威尔逊的《行政之研究》恰是公共行政研究的第一份标志性成果。

公共行政是在近代社会中产生的一种行政模式，正是人类进入了近代社会，出现了社会的分化，统一的整体性的社会被分化成不同的领域和不同的部分，政府与社会才在分化中成为相对而立的两个领域。当政府与社会处于一体化的状态时，政府所代表的也就是这个社会中的某一个阶级或阶层的利益，只有当政府相对地独立于社会时，才有可能凌驾于社会之上而成为具有公共性的存在物，作为它的动态形式的行政也才有可能成为公共行政。在近代之前的农业社会，政府（如果把那个社会中的管理活动主体即朝廷及其派出机构称作政府的话）与社会是一体化的混沌整体，政府居于社会之中，是作为社会的一个部分而出现的，它本身就是统治的力量。即使在独立性的意义上去认识它，所看到的也是它作为统治阶级最高代表——皇帝、国王等——的手臂和工具的性质。对于这种统治型的政府，只适用于阶级分析。

近代社会，虽然阶级以及阶层的存在依然是一个确定无疑的社会现实，但是，社会的领域分化模糊了阶级和阶层间的边界，政府的管理诉求淡化了管理对象的阶级和阶层特征，特别是民主以及法制的行政环境

---

① ［美］威尔逊：《行政学研究》，载彭和平、竹立家等编译：《国外公共行政理论精选》，中共中央党校出版社1997年版，第5—6页。

在社会生活以及政治活动的领域中实现了各个阶级与阶层的对冲，并制造出了一种表面平衡的假象。在这种情况下，政府也就以一个相对独立的实体而存在了，至少在表现上是这样的。这样一来，政府的行政活动也就可以超然于阶级以及阶层的对立和冲突之上，从而在古德诺所说的"执行"的意义上去全力谋求技术化以及效率目标的实现。正是这种行政，才被人们看作公共行政。但是，我们已经指出，由于这个社会的阶级以及阶层的对立和冲突依然是基本的社会现实，所以政府及其行政是不可能在实质性的意义上获得公共性的，至多只能在形式上去营造公共性的假象。也正是在这个意义上，我们说近代以来的行政只是在形式上具有一定的公共性，而在实质上并不具有公共性，只有在人类社会的新的变革中，行政的公共性才能得以充分建构。

二 公共行政基本原则的确立

在农业社会，政府也会承担一些诸如道路、桥梁、水利等工程建设，在今天，我们也把这些工程项目称作"公共工程"。其实，在农业社会的历史条件下，是没有所谓公共意识的，也没有人把这些工程项目称作"公共工程"。尽管如此，我们也必须承认，由于存在着这些事务，也使政府行为表现出一定的近似于公共行政的性质。但是，仅仅是这些事务还不足以证明政府的性质，因为，在某种意义上，政府所从事的这些所谓"公共工程"建设项目恰恰是为了实现更加稳固的统治。而且，这些事务在政府活动内容方面所占的比重也是极其有限的，对政府的性质并没有产生什么影响。所以，如果根据这时的政府承担了一些"公共工程"而判断其行政是公共行政的话，显然是言过其实了。

马克思就曾准确地指出，亚洲的政府中所包含的公共工程部门是它不得不执行的一种经济职能，但这种行政仍然是隶属于阶级统治的目的。所以说，统治行政中存在一些"共同性"的内容，却没有公共性的问题，或者说，统治行政不具有任何可以表现公共性的方式。历史是有传承的，历史的演进也有一个从量变到质变的过程。尽管早期的中国、埃及、印度、希腊、罗马等古老国度中存在着一些被我们今天称作"公共工程"的建设项目，但是，就公共性而言，那也只属于量的范畴，是包含在统治型的社会治理模式之中的，是统治型的政府出于统治的目的而不得不承担的一些具有公共性的活动。即使到了近代，工业革命之后也不是立即就建立起了管理型政府，其行政也并不是一下子就转化为了公共行政。在工业革命后的200多年历史中，政府的统治职能与管理职能是处在一个此消彼长的过程中的，行政的公共性也一直处在一个量的积累阶段。直到19世纪80年代，这个量的积累过程才导致了质的变化，才出现了严格意义的"公共行政"。

也就是说，公共行政是人类社会发展到一定历史阶段的产物，它是适应工业社会的治理要求而产生的，随着后工业社会的到来，公共行政将会经历一次深刻的转型而成为新型社会治理模式中的一个重要构成部分。从理论上说，近代社会市场经济的发展、市民社会的出现、国家与社会的分立等，都是公共行政产生的宏观历史背景。特别是农业社会的混沌整体性被打破之后，近代社会开始了在"原子化"的个体的基础上被重新建构，普遍性与个体性的领域分化变得越来越明显，在个体主义理念得到充分尊重的社会，需要有一个普遍性的领域来对整个社会作出调整。在这种条件下，公共行政适应了这种协调社会个体的要求而被建构了起来。在很大程度上，是因为公共行政所在领域的普遍性而赋予了它公共性的特征。也就是说，从哲学上来认识和理解公共行政，是由于社会出现了一个普遍性的领域，因而才把行政改造成了公共行政。

当然，在追溯公共行政的理论源头时，我们已经指出了洛克和孟德斯鸠等人的贡献，由于他们把"行政"放置在与"立法"和"司法"相平等和相对应的地位上，从而在某种意义上有着一定程度的关于"行政"公共性的猜测性意见。应当说，把社会治理过程分为立法、司法和行政三个相对独立的部门来认识，包含着导向公共行政的逻辑。但是，把公共行政作为一种社会治理模式，特别是关于公共行政的研究能够成为一门专门的科学，是晚近的事情，是在19世纪80年代才开始的。即便是在洛克和孟德斯鸠提出了三权分立的理论之后的一段时期内，行政也一直是被作为一个政治过程来看待的，更不用说存在着专门的研究了。在美国的"政党分肥制"和英国的"官职恩赐制"条件下，行政过程既不独立也不具有公共性。政党分肥制条件下的行政既是政治分赃的结果又是主持政治分赃的部门，即使是在行政的日常运行中，也包含着某种从属于下一次政治分赃的目标这样一项内容。事实上，英国的"官职恩赐制"是直接地把行政同对王室的忠诚联系在一起的。美国的"政党分肥制"和英国的"官职恩赐制"条件下的行政都对最广大的社会成员加以排斥,都是作为少数社会成员利益实现的工具而存在的。

如上所说,在行政发展的历史上,英国1870年颁布的"第二枢密院令"与美国1883年颁布的"彭德尔顿法案"应当被看作公共行政产生的标志性事件。其实,严格说来,英国的"第二枢密院令"与美国的"彭德尔顿法案"都是关于文官制度的法案,它们分别确立了英国和美国以考试和功绩为录用和晋升标准的近代文官制度。但是,公共行政作为一种治理模式却恰恰是由于文官制度的建立而开始了自觉建构的进程。因为,这种在后来也被称作公务员制度的文官制度的核心内容或基本标志就是提倡政治中立和职业专精化。这样一来,由于不用对党派利益负责,公务员所担负的行政使命就得以远离政治的风云变幻,并开始通过反复的行政行为而逐渐将自己建构为一个独立的领域,稳定地维持着国家的运行并开展着职业化、专业化的社会治理活动。

更为重要的是,功绩导向屏蔽了行政人员的价值属性,使他得以不偏不倚地推行国家政策。在这个意义上,行政行为由于它的中立性而获得了某种公共性,行政人员则由于他不需要考虑任何党派利益而成了公共利益最可靠的支持者。公务员制度强化了行政的形式合理性,体现了行政的技术性特征和效率追求,使"政治—行政"二分原则得到了贯彻,也使政治与行政的分离在制度设计上成为可能。所以,正是包含着功绩制的公务员制度使西方社会中政治上的民主追求与行政上的效率追求既分部门实施又在社会治理整体上统一了起来或联结了起来。行政开始于政治过程结束的时候。也就是说,随着公务员制度得以推行,在政治部门中,作为政治过程的结果是利益的抵净,并形成具有公共性的决策,而这个具有公共性的决策的出现,则是行政过程的开始。由于来自政治部门的决策是包含着公共利益的,所以,在行政过程开始的时候,就是为公共利益的实现服务的,在行政过程展开的时候,只注重利益实现的效率,只去关注采用科学化、技术化的手段来使政策执行的效率最大化,价值的考量不再被提起,不再出现行政活动代表什么群体的利益的追问。这样一来,这种行政就被认为是公共行政了。

公共行政的理论自觉是以威尔逊的《行政之研究》为标志的，这一点众所周知。其实，威尔逊的这篇文章不仅意味着行政被作为一个专门的领域来加以研究，而且，正是从这篇文章的发表开始，行政的独立建构进程也迈开了第一步，即在理论自觉的引导下开始科学化和技术化的建构进程。威尔逊的贡献在今天看来可能显得简单了一些，那就是他主要提出了"政治—行政"二分原则："行政管理的领域是一种事务性的领域，它与政治领域的那种混乱和冲突相距甚远。在大多数问题上，它甚至与宪法研究方面那种争议甚多的场面也迥然不同"，"这条真理使行政管理置身于'政治'所特有的范围之外。行政管理的问题并不是政治问题，虽然行政管理的任务是由政治加以确定的，但政治却无须自找麻烦地去操纵行政管理机构"，"政治是'在重大而且带普遍性的事项'方面的国家活动，而'在另一方面'，'行政管理'则是'国家在个别和细微事项方面的活动。因此，政治是政治家的特殊活动范围，而行政管理则是技术性职员的事情'。'政策如果没有行政管理的帮助就将一事无成'，但行政管理并不因此就是政治"[①]。然而，威尔逊的这些极其简单的论述对于公共行政理论与实践的意义是不可低估的，在一定程度上，这篇文章所包含着的是对1883年彭德尔顿法案实施以来的行政实践的深刻洞察，所作出的是把短短几年的行政实践经验转化为理论的贡献，而且对公共行政框架的确立有着至深的影响。自此以后，关于行政的研究以及实践基本上都是沿着威尔逊的思路前行的，虽然理论探讨和实践安排可以超越威尔逊，但从来也没有人绕过威尔逊。所以，这是公共行政学的源头，也是真正意义上的公共行政的源头。

三　公共行政研究的最初进展

威尔逊的《行政之研究》是公共行政研究的起点，但是，完整的公共行政研究框架的确立则得力于一批人的贡献。古德诺是最早从威尔逊的"政治—行政"二分原则出发进行著述的人，他在1900年出版的《政治与行政》一书中进一步对政治与行政的功能作出了区分，指出政

---

① ［美］威尔逊：《行政学研究》，载彭和平、竹立家等编译：《国外公共行政理论精选》，中共中央党校出版社1997年版，第14页。

治是国家意志的表达，而行政是国家意志的执行。古德诺说："在所有的政府体制中都存在着两种主要的或基本的政府功能，即国家意志的表达功能和国家意志的执行功能。在所有的国家中也都存在着分立的机关，每个分立的机关都用它们的大部分时间行使着两种功能中的一种。这两种功能分别就是：政治与行政。"① 在古德诺看来，立法机关在司法解释的协助下表达国家意志即制定政策，而行政部门则公正地、非政治性地执行这些政策。因此，政府及行政的研究应抛弃传统的政治学方法，走一条独立的研究思路；在实践上则需要排除政治的干扰，以避开政治的纷乱与冲突，从而构建高效率的行政体制。这就是对行政的公共性所作出的一项基本界定。根据这种界定，行政也就成了公共行政。

应当看到，威尔逊提出的"政治—行政"二分原则以及古德诺对这个原则的进一步阐发都是社会治理发展现实的反映，是因为社会治理体系已经分化为政治的领域和行政的领域，从而使行政活动日益关注效率及其技术化的实现途径，并包含着越来越强烈的排除政治纷扰的要求，才使威尔逊、古德诺等人察觉到了这些要求并提出把行政作为一个专门的领域来加以研究的倡议。按古德诺的说法，是因为政治和行政的发展表现出了相分离的特征，以至于在认识行政的时候不得不摆脱传统的政治学研究方法，所要达到的目的也无非是要适应国家对行政提出的新要求。也就是说，从实践的角度看，"政治—行政"二分原则的提出是西方政治发展的必然结果，其背景主要是政治上的多党制。因为，多党制的出现使党派竞争成为日常性的政治活动，而多党政治又反过来促使社会分化为对立的利益团体，并促使社会对立情绪的增长，而这种社会对立情绪的增长又导致了公共利益受到漠视。在这种情况下，就需要有一个专门的部门去维护公共利益，政府在政治的演进中逐渐地扮演起了这一角色，发生在政府中的行政由于服务于公共利益而具有公共行政的性质。事实上，从19世纪80年代开始，政府及其行政也正是被定位在提供社会秩序、维护公共利益的角色上的。到了20世纪，特别是在"大萧条"时期，政府才进一步获得了促进社会经济发展的职能。由于对政府作出了这一定位，政治意义上的政党竞争也就被限制在政治领域

---

① ［美］古德诺：《政治与行政》，华夏出版社1987年版，第12—13页。

之中了，不再对行政形成干扰。这表明，既然政府独立于"党争"之外，也就不再是服务于某个党派的意志和利益要求的，而是一种在不同的党派之间保持"价值中立"的国家机构，作为这种政府的行政，也就获得了相对于党派的公共性了。

可见，威尔逊提出政治与行政的二分原则是出于解决党争问题的目的。应当说，"彭德尔顿法案"已经在解决"党争"问题方面作出了实践安排，而威尔逊的贡献则是对这一实践加以提炼，从而使其上升为理论。古德诺的贡献则在于对威尔逊的简单原理作出进一步的阐发，从而使政治与行政二分这一公共行政的理论前提得以确立起来。但是，仅仅拥有"政治—行政"二分原则，还不能够保证公共行政在现实的治理过程中成为切实发挥作用的治理力量，而且，"政治—行政"二分原则也随时都有被抛弃的可能性。这时，马克斯·韦伯的官僚制组织理论恰好出现了，并使威尔逊要求把行政作为一个专门性领域的构想得到了实体性支持。也就是说，威尔逊指出行政应当与政治分开，应当被作为一个专门的领域来看待，但是，行政应当是什么样子？它的基本依托是什么？官僚制组织理论回答了这个问题。正是马克斯·韦伯的官僚制组织理论解决了威尔逊的思想付诸实践的几乎所有技术性问题，从而把威尔逊的思想变成了可以实施的制度性方案。韦伯对官僚制组织体系的技术合理性定位，对行政人员及其行政行为的"非人格化"定位，对组织活动及其功能的祛除价值"巫魅"之要求，都满足了公共行政的要求。根据工具理性而建构起来的官僚制组织之于要求价值中立的公共行政，正是最为有用的工具。

由于韦伯的官僚制组织理论解决了公共行政的组织问题，因而，也就意味着作为实体的政府是完全可以按照官僚制组织理论来加以建构的，而且能够充分地保证政府的活动属于公共行政的范畴。但是，在微观的和具体操作的层面上，政府的运行还是需要得到更为细致的技术来加以补充的。扮演这个角色的，就是泰勒的科学管理理论。本来，泰勒以及其后的法约尔的管理理论都是私人部门管理经验的总结，但是，它的操作性技术决定了其所具有的普遍适应性，从而能够被引入政府中来用于改善公共行政。当行政被作为一个管理过程而不是政治过程来看待的时候，也就决定了泰勒在管理原则、方法、过程等方面的研究成果都能够满足行政科学化、技术化的追求。事实上，这些经验和理念对公共行政研究作为一个学科的形成和系统化，都产生了重要影响。例如，曾任美国全国办公室管理协会会长的威廉·莱芬韦尔就率先把科学管理原则运用到机关办公室的管理中，泰勒的合作者莫里斯·库克（Morris Cooke）也曾成功地把科学管理原理运用到市政管理工作中。

将科学管理理论运用于公共行政研究的还有怀特（L. White），他和威洛比（F. Willoughby）是最早对公共行政这门学科的内容进行系统研究和阐述的学者，而且，他们分别于1926年和1927年出版了《行政学导论》和《公共行政原理》这两本具有经典意义的教科书。这两本书与1930年美国加州大学教授费富纳（J. M. Pfiffner）所著的《公共行政学》，被誉为公共行政学的"三足鼎立"之作。此外，1937年，美国学者古立克（L. Gulick）和英国学者厄威克（L. Urwick）共同编辑出版了《行政科学论文集》，这本文集包含了反映当时研究成果的一系列重要论文，成为公共行政学达到一定高度的标志性文献。在这一时期，玛丽·福莱特（Mary Parker Follett）的动态公共行政学理论、彭德尔顿·赫林关于利益集团和公共利益的研究、罗伯特·默顿的官僚制结构理论等，也都对公共行政研究的深化发挥了重要作用。

当时，公共行政的研究者与实践者之间的关系是很紧密的，很多学者都曾在政府部门供职，在行政管理的理论和实践两方面都很有建树。因此，对公共行政的研究并没有停留在纯理论层面进行构建，而是希望通过教育去传播行政管理的知识、培养行政管理的人才，这是被作为影响行政管理实践的一条重要通道来看待的。1911年，美国纽约市政研究所创办了公共服务培训学校，正式开启了美国对公务员的教育。1912年，美国政治学会成立了公共服务职业培训委员会，两年后，这个协会提出了一项极有远见的建议，即成立职业学校来训练公共行政官员，并为此设立了新的技术学位。因此，这个委员会自然而然地成为1914年建立的公共服务培训促进协会的核心，而后者正是美国公共行政协会的前身。1930年，国际行政科学学会在西班牙首都马德里成立，从此，公共行政引起了世界各国的普遍重视。1936年，罗斯福总统在新政时期成立了总统的行政管理委员会。1939年，美国公共行政学会正式成立，从公共行政实践的角度进一步证明了公共行政学的发展。

尽管公共行政的理论研究以及实践进展都取得了巨大的成就，而且，公共行政作为一个专门的研究领域也已经得以确立，但是，"公共"一词却在较长的时期内处于被束之高阁的窘境。行政并不是由于它对公共利益的热情而具有了公共性，反而是由于它排斥了实质性意义上的"公共利益"，即在"非私人性"的意义上被认为是公共的。所以，在相当长一段时期，公共行政研究几乎未曾涉及公共性的问题，只是到了 20 世纪中期，公共行政才突然发现自己陷入了严重的"认同危机"，才开始对自己作为公共行政的"身份"产生了深刻的怀疑，并在这种怀疑的刺激下开始了对公共性问题的探讨。

总的来说，公共行政是具有历史性的，它有着一个发生和发展的过程。无论是在学术研究还是理论叙述中，我们在使用"公共行政"一词的时候，都需要根据研究的对象以及叙述内容而定，如果我们在使用"公共行政"一词时表现出了混乱的状况，不仅会对理论建设造成消极影响，而且对于实践方案的设计也会造成误导。就当今世界而言，无论是在东方还是在西方，公共行政都成为一种舍掉了实质性内容的抽象形式，在很大程度上模糊了阶级、阶层的利益矛盾和冲突。在这种情况下，如果把公共行政作为社会治理模式的理想形式来对待，是可以的；如果作为一种事实描述，则是值得怀疑的。这说明，我们有着重建公共行政的任务，特别是在全球化、后工业化这样一场伟大的历史性社会转型过程中，我们应当承担起根据历史演进的新要求去重建公共行政的责任。

第二章　公共行政的概念与研究

"公共行政"既是一个概念，也是一种指向一门学科的研究。在20世纪，公共行政学成了现代社会科学体系中的一门"显学"，公共行政的研究成果对于推动社会治理的进步产生了非常积极的影响。如果说政府在20世纪中扮演了空前重要的角色的话，那么，公共行政研究所提供的科学成果在其中所发挥的作用是无论给予多么高的评价都不为过的。作为一个概念，公共行政从产生到流行，再到逐步定型，经历了一个漫长的演化过程，这一过程是在英语、法语和德语几大语言系统下的学者们的共同参与下进行的。在不同语言中，关于公共行政的概念可以说是共识与分歧并在，但每一种意见都对这个概念内涵的增长和深化产生了直接或间接的影响。公共行政概念的流行是与公共行政实践的发展同步的，如果不是因为管理行政在实践中逐渐走上了公共行政的建构方向，公共行政的概念也许就像人类历史上曾经有过的许多时髦词汇一样，很快就被人们淡忘了。在有的地方，公共行政的概念确实一度沉寂，但在英语这一日益成为"世界语"的语言中，公共行政的概念不仅没有被遗忘，反而越来越成为了学者们谈论的焦点。

这是因为，公共行政这种行政模式在现代社会中扮演起了越来越重要的角色。这种角色是如此重要，以至于它需要一种专门的研究来对其加以把握，于是，就产生了公共行政学。以威尔逊为代表的一大批学者自觉或不自觉地承担起了建构这一学科的任务。但是，在威尔逊的时代，公共行政的发展尚处于起步阶段，因而，学者们关于公共行政学的规划也仅仅停留在原则性描述的阶段。这一时期，公共行政学的轮廓已经若隐若现，但却缺乏实质性的内容。进入20世纪，随着"进步主义运动"的兴起，效率成了美国社会的"福音"，工商企业和城市政府都纷纷掀起了提高自身效率的运动。在学术研究上，则表现为"科学管理运动"与"市政研究运动"。在这两场运动中，现代行政的一般特征与公共行政的具体内容都得到了学者们的反复探讨，行政科学与公共行政学也在相互竞争中促进着彼此的发展。最终，通过借鉴行政科学的研究成果，通过参与城市政府的市政改革，市政研究者们从"城市行政"的角度出发梳理出了公共行政的基本要素，也划定了公共行政学的大致领域。

第一节　不同语言中的"公共行政"

一　英语中的"公共行政"

在我国，"行政管理学"与"公共行政学"之间是否有区别，几乎没有人能够给出一个令人不再有疑惑的答案。同样，学者们在使用概念的时候，也往往并不刻意在"行政管理"和"公共行政"之间作出区分，至于使用哪一个概念，往往是跟着感觉走。类似的情况也存在于国外，国外学者对于"公共行政"的含义及其与"公共管理"的区别等问题，也同样没有一个令人满意的说法。这表明，虽然公共行政学作为一门学科已经走过了100多年的历史，而且在理论和实践方面都已取得了巨大成就，但是，对于"公共行政"这个学科最为基本的概念，却是不清楚的。概念相对于一门学科的重要性是不言而喻的。对于公共行政学科来说，如此重要的一个基本概念却在学者们的使用中表现出了让人无法理解的随意性，这如何能保证这一学科的理论研究以及行政改革的实践能够朝着正确的方向迈进呢？所以，对"公共行政"的概念进行历史考察，揭示其准确含义，无论对学科自身的发展还是对公共行政的实践来说，都是极其重要的。

弗雷德里克森在其《公共行政的精神》一书的导言中认为，第一个明确使用了公共行政（public administration）这一术语的人是伍德罗·威尔逊。[①] 实际情况并非如此。在我们上述的考察中已经发现，在

[①] ［美］弗雷德里克森：《公共行政的精神》，张成福等译，中国人民大学出版社2003年版，第3页。

威尔逊之前就已经有人使用了这一术语。早在1764年，学术著作的题目中就出现了"public administration"，① 但这里的 public administration 指的是洗礼活动的公开施行。更早的时候，1711年，在由拉丁文（拉丁原文出版于1573年）翻译成英文的弗朗索瓦·奥特曼（François Hotman）的政治理论著作 *Franco – Gallia* 中，却出现了政府意义上的"公共行政"一词："我们的祖先们将对他自己私人顾问的选择留给了国王，他们将对国王私人事务的管理作出建议；但那些将公开议事、掌管公共行政（publick administration）、指导国王治理他的王国的议员则是由公众大会（publick convention）任命的。"② 在这里，由于 publick Administration 是由议员（senators）掌管的，它显然不是我们今天所理解的"政治—行政"二分意义上的公共行政，而应当被看成是与国王的私人幕僚联系在一起的政府。

在1726年出版的《格列佛游记》第3卷第6章中也出现了与政府相关的 public administration。在这里，作者乔纳森·斯威夫特借小说人物之口批判了当时的英国社会现实："这位杰出人物善于应用自己的学识，他为各种公共行政（public administration）容易犯的所有弊病和腐化行为找到了有效的治疗方法，这些弊病一方面是因为执政者的罪恶或过失，另一方面也是因为被统治者的无法无天。"③ 作为一部讽刺性的小说，在讥讽现实的时候去想望一位能够解决现实问题的英雄人物是再自然不过的了，所以，斯威夫特构想了一位在政府以及社会腐败都无以复加的条件下还能为公众的利益着想的人物。但是，在这里，public administration 一词的含义还是非常模糊的，可能包含着"政府机关"、"政府管理过程"和"统治与被统治的关系"等方面的内涵，在很大程度上，与今天人们所使用的"治理"（governance）一词相近。胡德（Christopher Hood）针对这一用法评说道："乔纳森·斯威夫特在《格

---

① John Brown, *A Sermon Preached at a Public Administration of Baptism*, Coventry: M. Lewis, 1764.

② Francis Hotoman, *Franco – Gallia*, Translated into English by the Author of the Account of DENMARK. London: Printed for Edward Valentine, At the Queen's Head against St. Dunstan's Church, Fleetstreet, 1711, p. 109.

③ Jonathan Swift, *Gulliver's travels*, Edited by Robert DeMaria, London: Penguin Classics, 2003, p. 175.

列佛游记》中为'公共行政'的项目发出了呼喊。"① 不过，这只能说是今人的一种看法，如果考虑到斯威夫特所处的时代以及语境，那么这一评价显然是言过其实了。因为，斯威夫特不是一位要对社会建构提出方案的学者，他在其小说中只是描绘出了这样一个人物，即使在塑造这一人物的过程中反映了其思想，那也只是对严重腐败问题的感性意义上的痛恨，所表达的是通过一个人物解决政府机关、政府管理过程以及统治者与被统治者关系中的严重腐败问题。也就是说，斯威夫特是不可能去对作为一种治理模式的公共行政作出"呼吁"的。

1763 年，由 Leland 翻译的《德摩斯梯尼演说集》在伦敦出版，在译文中，Leland 使用了"public administration"的表述："总之，我们可以看到，在这个城市中，那些参与到城邦管理（public administration）中的人们，即使他们想退出公职，也不能放弃他们的职责。这是你们的事情，你们是希腊的主人。"② 在评论德摩斯梯尼时，Leland 再一次使用了"public administration"一词："从他参与城邦管理（public administration）到他生命的最后阶段。"③ 显然，德摩斯梯尼的演说是面向雅典公民的，而这一段话所提出的要求则是针对那些担任公职的公民。我们知道，每一个雅典公民都有机会担任一份公职，而且有着严格的任期限制；这样一来，每个人担任公职的时期都是短暂的，即使被选出来担任了公职，也会很快从公职的位置上退出来。因而，在退出公职后应当对城邦履行什么样的责任就是一个很重要的问题。德摩斯梯尼所指的就是这个问题，所表达的就是要求每一个退出公职的人都应继续履行城邦管理的职责。Leland 使用"public administration"所指的也就是城邦管理，所以，我们在引文中直接地将"public administration"译成"城邦管理"。其实，在这里，"public administration"究竟有着什么样的含义并不重要，关键的是它证明了 18 世纪的人们对"public administration"

---

① Christopher Hood, "Public Management: the Word, the Movement, the Science," In Evan Ferlie, Laurence E. Lynn, Christopher Pollitt (Eds.), *The Oxford Handbook of Public Management*, New York: Oxford University Press, 2007, p. 9.

② T. Leland, D. D., *The Orations of Demosthenes, on Occasions of Public Deliberation*, Vol. 2, London: William Johnston, 1763, p. 148.

③ Ibid., p. 268.

这个词的使用已经是很普遍的了。

我们在前面已经提到了收录美国 1787—1788 年间重要文献的《联邦党人文集》，其中，麦迪逊就曾在两处使用了"公共行政"的概念，且两处的"公共行政"都是以复数的形式（public administrations）出现的。在《联邦党人文集》第十篇中，当谈及联邦体制可以防止派别斗争的问题时，麦迪逊对党争作出了批评，指出党争可能损害公共利益（public good），危害社会永久的集体的利益（permanent and aggregate interests）。因为，在存在着党争的条件下，决定往往是根据有利害关系又占绝大多数的势力作出的，而不是根据公共准则或一些小党派的利益作出的。对党争的批评以及对一种超越党派利益的公共利益的想望，必然会合乎逻辑地把麦迪逊导向对政府的关注。所以，麦迪逊在这里紧接着就谈论了政府。他指出，人们往往错误地把一些社会问题归咎于政府，而事实上，却应该主要归因于党派斗争，"这些即使不完全是，也主要是不稳定和不公正等党争风气的影响，这些风气又污染了我们的公共行政机构（public administrations）"①。在第四十八篇谈到立法机构权力过大的问题时，麦迪逊再次提到了"公共行政"的概念："我可以从每一位参与到或留意过公共行政机构（public administrations）的过程的公民中找到证人。"②

从上述这两段话来看，麦迪逊每次都使用了复数形式的"public administrations"，表明他并不认为单数形式的"public administration"能够用来表达所有行政机构的整体，也就是行政部门。事实上，对于作为整体的行政部门，麦迪逊所使用的仍然是"executive department"或"executive power"等传统表达。可见，在麦迪逊这里，"public administration"是一个微观的概念，当他使用这一概念时，表明他已经突破了启蒙思想家们只能看到国家、行政权力等"宏大叙事"的视野，而发现了行政领域的具体构成。同时，从麦迪逊痛陈党争危害公共利益的论述中，我们也可以推测，麦迪逊在使用"public administrations"时已经

---

① Alexander Hamilton, John Jay and James Madison, *The Federalist Papers*, New York: Cosimo, Inc., 2006, pp. 41–42.
② Ibid., 2006, p. 323.

包含了行政机构应该是公共的和服务于公共利益的这样一种意涵。或者说，他意识到了行政的公共性问题。果若如此，可以说这是思想史上非常重要的一个发现。

密尔于1861年出版的《代议制政府》是对现代政府进行经验分析的一部代表性著作，在这部作品中，密尔使用了公共行政的概念。《代议制政府》发表前后，英国上下正在对文官制度改革进行讨论，密尔也对此发表了意见。密尔认为："……人民议会更不适于执掌行政，或者事无巨细地对负责行政管理的人发号施令。即使出于好心好意，干涉也几乎总是有害的。每一个公共行政部门（branch of public administration）都是一种技术性业务，它有它自己的特殊原则和传统规则，其中许多东西，除了在某个时候参与过该业务的人以外，甚至无人知晓，而且实际上不熟悉该部门的人对它们是不大可能予以适当重视的。"① 因此，"将建立起一种官僚体制，并为这一官僚体制培训人手，他们就能够被教会至少某些政府和公共行政（public administration）的经验原则"②。在这两段话中，"public administration" 显然已经成为了作为整体的行政部门的称谓（这是与 *Franco - Gallia* 英译本中作为由议会负责的政府的"publick administration"大不相同的），也获得了用来表示行政活动的功能，表明这一概念比在麦迪逊那里有了更大的适用范围，或者说，变得更加现代了。

密尔之所以能够形成如此具有现代性的公共行政观念，是因为他所讨论的对象是已经具有高度现代性的文官制度。通过对文官制度改革的思考，密尔比威尔逊更早表达出了行政是一个事务性领域的观点。因而，在密尔这里，公共行政的概念已经被赋予了许多与技术性相关的内涵。不过，当我们读到密尔对行政特殊性的描述时，还可以看到密尔对公共行政概念的使用隐隐约约地包含有突出行政之公共性质的内容。密尔这样写道："在每一个国家，行政都是政府行使直接权力的部门，并且是直接和公众打交道的；个人的希望和恐惧主要的是指向它的，政府

---

① John Stuart Mill, *Utilitarianism*; *Liberty*; *Representative Government*, London: J. M. Dent & Sons Ltd, 1910, p. 231.

② Ibid., p. 204.

的好坏，以及政府的恐惧和威信，也都是主要通过它而表现在公众眼里的。"① 也就是说，由于行政所施与的对象是公众，所以它的活动必须具有公共性。

二 法语中的"公共行政"

在法语中，"公共行政"一词要比在英语文献中出现得更早一些，早在1575年，一本法文著作中就出现了"l'administration du public"的表述。② 在前面考察"公共"和"行政"两个概念的使用时，我们已经分别对孟德斯鸠和卢梭的著作进行了认真阅读，在这里，当我们考察"公共行政"概念在法语世界中的成长和使用情况时，还需要来重读孟德斯鸠和卢梭等人的作品。这种阅读让我们发现，卢梭在《社会契约论》中曾经使用了"l'administration publique"的概念。

尽管《社会契约论》通常被认为属于国家学说范畴的伟大作品，而在实际上，它却是最早涉及政府合法性问题的著作之一。因此，关于行政，卢梭也有许多非常精彩的讨论。比如，在论及君主制时，卢梭认为："我们根据一般的比率已经发现，君主制仅仅适合于大国；就君主制本身来加以考察时，这一点也得到了确认。公共行政（l'administration publique）越是庞大，君主对臣民的比率就越小，并且越接近于相等，所以，在民主制之下这个比率就等于一，或者说完全相等。"③ 这里的"公共行政"显然是指所有政府机构，当它无限大的时候，也就意味着所有臣民都在政府中任职，因而都变成了君主，所以二者的比率就变成一。这是卢梭所设想的一种绝对民主制的情况。如前所述，卢梭对于"公共"观念的形成有着非常大的贡献，但在《社会契约论》中，"l'administration publique"的表达式却仅出现了一次。这向我们传达的可能是这样一种信息：卢梭虽然发现了行政的重要性，但在他的时代，行政的公共性却并不是一个迫切的问题，相反，在资产阶级革命中，学者们首先需要明确的是主权国家的公共性，只有这样，才能实现对不具

---

① ［英］J. S. 密尔：《代议制政府》，汪瑄译，商务印书馆1984年版，第57页。
② Jean Papon, *Trias Judiciel du Second Notaire*, par Jean de Tournes, 1575, p. 9.
③ Jean-Jacques Rousseau, *Du Contract Social*, Paris: Librairie Georges Bellais, 1903, p. 228.

有公共性的王朝治理模式的超越，才能使资产阶级的利益在公共利益的名义下得到保障。因此，卢梭虽然使用了"l'administration publique"的概念，却没有就这一概念作出进一步的探讨。

特别需要指出的是，在美国宪法中未见"administration"一词，而在法国1791年的宪法中，则多处使用了这一词语，到了1799年宪法（又称"共和八年宪法"），更是数次出现了"d'administration publique"① 的表述。虽然"共和八年宪法"是为了确立拿破仑的合法地位而制定的，但是，拿破仑一生殚精毕力于推翻封建统治、巩固资产阶级革命成果、维护法兰西民族独立，所以，他为此而重新架构新行政体系的努力也肯定会体现在这部宪法之中。尽管拿破仑所建立起来的仍是集权的甚至专制的行政，但与封建统治相比，他以"公共行政"一词来自称其行政体系也是不为过的。当然，拿破仑时期的所谓公共行政是不能与今天我们所说的公共行政相比的。但是，"公共行政"这个概念的使用，是可以看作对法国大革命中所包含的建构新型政府及其行政的理念所进行的正确诠释，可以说是开创了现代公共行政建构的先河。

另一本值得一提的著作便是托克维尔出版于1835年和1840年的《论美国的民主》，在这部著作中，托克维尔较多地使用了"l'administration publique"的表达式。当然，托克维尔在这里所使用的"公共行政"一词在含义上还是比较模糊的，有的时候是指政府，有的时候是指政府的活动，更多的时候则是指政府的公共服务。例如，当托克维尔谈到欧洲政府在变得越来越集权并且延伸到私人活动领域和越来越直接地控制个人的行动时，所使用的就是"l'administration publique"一词。② 在另一处，托克维尔分析道，由于人们越来越不能单独地去生产生活上的必需品，因而政府承担起了这项任务，这样下去的话，一切公民不能独自经营的事业都将会全要政府（l'administration publique）来管了。③ 应引起注意的是，在这一处用法中，托克维尔谈到了一种趋势，即政府取代社团的趋势。他对这种趋势的看法是："政府当局越是取代

---

① http://mjp.univ-perp.fr/france/co1799.htm, Accessed on Aug. 8, 2012.
② Alexis Henri C. M. Clérel Tocqueville, *De la Démocratie en Amérique*, Paris: Michel Levy Freres, 1868, p. 501.
③ Ibid., 1868, p. 179.

社团的地位，私人就越是不想联合，而越要依靠政府当局的援助……如果一个民主国家的政府到处都代替社团，那么，这个国家在道德和知识方面出现的危险将不会低于它在工商业方面发生的危险。"① 很明显，他在这里所使用的"公共行政"（l'administration publique）一词是带有批评性质的。因为，他在使用这个词的时候是指政府把人们通过自由联合以解决社会问题的方式排除在外的一种状态。托克维尔关于公共行政的这一认识显然影响了后世对公共行政内涵的理解。正如弗雷德里克森所批评的那样，"许多公共行政文献把这一领域界定得十分狭窄，通常把公共行政界定为政府行政"，这种界定使得"志愿组织、非营利组织、企业"的运作以及它们之间的相互作用等话题被排除在了公共行政之外。②

其实，早在托克维尔之前，在法国就已经出现了一部专门研究公共行政的著作，博南（Charles-Jean Bonnin）的《公共行政原则》（Principes D'administration Publique）一书是在1812年出版的，而且是直接以"d'administration publique"为题来研究行政问题的。根据罗格斯（Mark R. Rutgers）的看法，在该书中，博南试图把对行政问题的研究作为一门科学来看待，而且要求在法学和社会学（需要指出的是，作为学科的社会学在这一时期是不存在的，这里的"社会学"应该被理解成一种研究取向）中间求得平衡，以确立行政学的位置。最为重要的是，博南要求把"公共行政"定义为对一种特殊社会关系的认知和对一种规则的应用，而且这些规则是建立在公益（general interest）基础上的。博南特别指出，公共行政不仅要规范个人与其事务之间的关系，还要能够解释社会行为。③ 总体看来，博南关于公共行政的探讨是以公益为基础的，这实际上已经基本把握了公共行政的公共性质。同时，博南也要求突出公共行政的技术内容，所以，他激烈地反对把政治学或哲学作为

---

① ［法］托克维尔：《论美国的民主》，下卷，董果良译，商务印书馆1988年版，第135页。

② ［美］弗雷德里克森：《公共行政的精神》，张成福等译，中国人民大学出版社2003年版，第4页。

③ 参见 Mark R. Rutgers, "Beyond Woodrow Wilson: The Identity of the Study of Public Administration in Historical Perspective," *Administration & Society*, 1997 (29), pp. 286–287.

行政学的基础。正是这一点，使《公共行政原则》不同于当时的各种政治学著作，甚至可以被看作是行政学的先驱性作品。既然博南已经能够对公共行政作出专题研究，也就表明，在当时的法国，关于公共行政是一个相对独立的领域已经是一个可以让人们普遍接受的认识了。也正是由于这个原因，当托克维尔谈到与政府相关的问题时，才能够无须进行定义地使用"公共行政"的概念。

除了《论美国的民主》这一游记式的畅销作品以外，托克维尔还给世人留下了另一本更受历史学家称道的著作，这就是《旧制度与大革命》。与《论美国的民主》中描述"新世界"时难以掩饰喜悦的笔调不同，在谈到法国自身的问题时，《旧制度与大革命》的行文中则充满了凝重。托克维尔看到，"民主革命扫荡了旧制度的众多体制，却巩固了中央集权制……以致人们心安理得的将中央集权制列为大革命的功绩之一"①。也就是说，作为西欧绝对国家的顶峰，大革命前的法国拥有当时最为完善的集权官僚体制（事实上，普鲁士的官僚体制就是腓特烈二世从法国"进口"的②），大革命虽然在政治上宣称要摧毁旧制度，但在行政上却出于集权统治的需要而继承甚至巩固了这一官僚体制。所以，在当时的历史条件下，法国的行政部门是高度发达的，在这种情况下，出现了较为系统的行政研究也就不足为奇了。而在卢梭等人的公共性启蒙的影响下，这种行政研究以公共行政的名目行世更是不难理解的。

由此看来，尽管后来美国人在公共行政的研究中取得了人们普遍承认的成绩，但是，法国人对这个领域的认识则是有着开拓性贡献的。美国学者丹尼尔·马丁（Daniel W. Martin）甚至认为，与美国相比，在行政学较早发展的法国，公共行政的表述也更早且更广泛地出现。可以想象，如果公共行政的发展在法国没有中断的话，我们完全有理由相信，如今在全球具有重要影响力的公共行政学的众多贡献将被归于法国，而不是美国。然而，可惜的是，由于立法对行政的干预、战争和国

---

① ［法］托克维尔：《旧制度与大革命》，冯棠译，商务印书馆1996年版，第100页。
② ［奥］米塞斯：《官僚体制·反资本主义的心态》，冯克利、姚中秋译，新星出版社2007年版，第22页。

内政权的变动，这方面的文本呈现萎缩的状态。① 对此，马丁极其惋惜地评价道，法国在行政学的研究方面的中断，使整个行政学遭受了极大的损失，因为美国人是花了 50 年的时间重新来发现和认识一些早已为法国人熟知的行政思想。也许马丁的评价有些言过其实，但是，一个不容怀疑的事实则是，法国人较早地发现了公共行政并作出了研究。

三 德语中的"公共行政"

我们已经指出，德国的行政研究传统也是比较早的，威尔逊等行政学创建者自己就承认受到了德国行政思想的影响，我们在前面已经指出了威尔逊通过其老师与斯坦因和布隆赤里之间的学缘关系，而且这也是今天行政学界普遍认同的事实。行政学界一般把德国 16—18 世纪的"官房学"看作是行政学的早期形态。同法国的警察学类似，德国和奥匈的官房学也在努力为行政人员建构一个知识体系。重要的是这一追求已不再仅仅出于为国王服务的目的，而是为了教育广大的行政人员，希望规范他们的行为。这一点其实就是官房学的开创者之一尤斯蒂（Von Justi, 1720—1771）所说的：行政不再是统治者的执行工具，而是服务于国家的抽象目标。②

在 18 世纪，德国的研究者已经开始努力去把"the general interest"和"the ruler's interest"区分开来。到了 19 世纪，德国基本上是在"greatest happiness of all"的基点上去开展研究工作的。当然，从今天的角度看，官房学并不是行政学，因为它试图包罗万象，是以一个有着极其庞杂内容的学科体系的面目出现的，而行政学只是被作为它的一个极小部分的内容来看待的。而且，就其性质而言，"官房学在研究特点上过分地走折中路线，在自由观念已逐步盛行的当时，它和君主制走得太近"③。不过，在官房学中，已经能够把行政单列为一个部分来加以

---

① Daniel W. Martin, "French Antecedents of American Public Administration," *Public Administration Review*, 1987, 47 (4), p. 301.

② Mark R. Rutgers, "Beyond Woodrow Wilson: The Identity of the Study of Public Administration in Historical Perspective," *Administration & Society*, 1997 (29), p. 284.

③ Mark R. Rutgers, "Can the Study of Public Administration do without a Concept of the State? Reflections on the Work of Lorenz Von Stein," *Administration & Society*, 1994 (26), p. 398.

研究，特别是它有着强烈的为国家利益服务的愿望，从而决定了它包含着走向认识行政公共性的逻辑。

德法是近邻，德国受到法国的影响是不言而喻的。法国大革命后，欧洲各国的政治格局都发生了巨大改变，从而在统治以及社会治理结构的变化中突出了行政的问题。在这种历史背景下，学者们关注到行政并对它加以研究也就是自然而然的事情了。虽然在德国当时的政治条件下去研究行政学显得有些超前了，但是，考虑到法国大革命后的政治以及治理结构的影响，德国是能够走科学研究先行于实践的道路的。事实情况也正是如此，此时的德国也同整个欧洲大陆一样，关注国家的热情逐渐降温，而以行政法的视角去认识社会治理行动的学术兴趣却日渐流行了起来。从学术发展的逻辑来看，在用"绝对国家"否定"神权国家"到用"现代国家"否定"绝对国家"这样两个阶段中，关于建构一个什么样的国家的问题，都必然会更多地吸引学者们的注意力。然而，当在理论上完成了现代国家建构的基本方案之后，也就必然会进一步地去思考如何在现代国家的框架下去开展治理的问题，这样一来，也就会走向对行政问题的关注了。另一方面，由于专制的观念已经遭到唾弃，民主的理念已经确立，特别是18世纪的启蒙思想家已经呼唤出了法的精神，因此，在对治理体系以及行动过程的研究中，从行政法的角度进行思考也是必然的。正是这一学术发展逻辑，推展出了斯坦因的行政法研究。

斯坦因的研究工作也许是以孟德斯鸠为起点的，也就是说，既然孟德斯鸠把行政权单列了出来，那么，行政权在从与其他权力间的外部制衡关系走向内部的时候如何体现法的精神，如何在法的原则和规范之下去发挥其功能以及如何运行，就是一个需要加以专门研究的问题了。斯坦因所从事的正是这项工作。在斯坦因看来，政府是专门执行法律的机构，而且，尽可能好地执行法律是政府的首要责任和目标。其实，在19世纪中后期，将行政定义为法律的执行或应用已较为普遍。一旦把政府定位于对法律的执行，思路也就清晰了起来，那就是，政府执行法律的行动就是行政，而行政自身也需要得到法律的规范，因而，就有了行政法。就此而言，斯坦因实际上是把孟德斯鸠行政权的认识推进到了一个非常深入的层次。斯坦因的贡献还不仅仅限于行政法学的建构，而是从行政法的视角出发对整个行政体系及其过程都进行了研究。所以，在很多学者的眼中，斯坦因是被作为公共行政学的重要奠基人看待的，不仅在德国，而且在法国、奥地利、荷兰等国家，人们都认可斯坦因的行政学奠基人的地位。[1] 我们今天是把威尔逊看作行政学这门学科的创始人的，而威尔逊在他的《行政之研究》中是把这份功劳归于斯坦因的。

斯坦因是黑格尔的追随者，但他们在谈及"官僚"时，观察角度和观点却完全不同。黑格尔把官僚（行政人员）看作普遍利益的承载者，认为他们是通过服务于国家而促进社会公益的。从黑格尔的《法哲学原理》看，他要求把官僚看作一个独立的要素，认为官僚是国家与社会的中介，是能够成为为着公共利益而努力奉献的英雄的。与黑格尔不同，斯坦因所担心的是官僚（行政人员）沦为特殊利益的工具，所以，他反对把官僚看成是公共利益的承载者。不过，斯坦因也是强调官僚的道德价值的。[2] 尽管斯坦因与黑格尔有这些不同，但是，他们的共同点是在对官僚的考察中阐述了关于行政是一个独立的部门的认识。虽然他们关于行政的认识还比较粗糙，关于行政的相对独立性在他们的表述中也是非常模糊的，但是，沿着他们的思想前进的话，是可以逻辑地导向行政公共性的观点的。所以，可以把他们的思想看作公共行政理论形成过程准备阶段中的成果。

我们知道，在思想史上，黑格尔是第一次真正将市民社会从政治领域中剔除出去的，从而让市民社会与国家作为两个不同的领域而存在。也许这是出于证明他的辩证法的需要，即市民社会与国家是分立的，然后通过官僚的中介而重新在作为伦理性的国家理念下得到统一。但是，正是他的这一区分准确地把握了现实，而且被其后国家与社会的发展所证实。由于黑格尔认为市民社会与国家是既分立又共在的，所以，他拒绝了18世纪英法启蒙思想家们"社会先于国家并决定国家"的理论，从而使普遍利益和特殊利益的统一成为可能。黑格尔对市民社会与国家

---

[1] Mark R. Rutgers, "Can the Study of Public Administration do without a Concept of the State? Reflections on the Work of Lorenz Von Stein," *Administration & Society*, 1994 (26), p. 409.

[2] Ibid., p. 399.

关系问题所作出的这一修正，乃是政治哲学中自博丹创撰"主权"概念、卢梭发明"公意"概念以降的最富有创意的革新。① 但是，黑格尔所实现的这一创新完全是出于证明普遍利益与特殊利益可以统一的需要，只是在证明的过程中引入了官僚的概念从而附带地阐述了他关于行政的思想，目的是要为普遍利益与特殊利益的统一找到一个中介和支点，至于现实以及实践中的问题，则不在他的思考之列。与黑格尔不同，斯坦因所关注的是现实的社会治理操作问题。所以，斯坦因的 Handbuch der Verwaltungslehre（一般译为 Handbook of Public Administration，但确切的翻译应该去掉"public"）中只有约四分之一的篇幅谈论国家的哲学或抽象意义的行政，而大部分的注意力都集中在对社会现实问题的讨论方面。②

在行政的公共性问题上，黑格尔与斯坦因是从不同的方向走到这个交汇点上来的。在黑格尔那里，市民社会所拥有的是特殊利益，国家所代表的是普遍利益，作为把普遍利益与特殊利益统一起来的行政，既不代表普遍利益也不代表特殊利益，或者说既代表了普遍利益又代表了特殊利益，因而是具有公共性的。斯坦因所拥有的是一种务实的态度，他并不关注行政的公共性等价值判断，而是更多地从操作的层面去研究行政的问题，所以，他所开辟的是行政学的"工具理性"传统。斯坦因的 Handbuch der Verwaltungslehre 较多关注的是具体的行政事务，他是从政策、官房学传统、行政法、政府、经济、财政等多个角度来考察行政事务的。因而，是可以把斯坦因的行政概念理解成共有的和普遍性的因素，它存在于与政府相关的每一个领域之中，又超越了所有这些领域。如果每一个领域中都存在着利益冲突的话，那么在行政的问题上就不存在这样的冲突，所以行政是具有公共性的。也正是在此意义上，斯坦因赋予行政科学以极其重要的地位。他认为，关于国家的学问是所有知识的统领性学问，而行政学又是国家学问里的最高级学科。

尽管在黑格尔和斯坦因那里已经有了公共行政的思想，但是，公共

---

① 邓正来、[英]亚历山大编：《国家与市民社会——一种社会理论的研究路径》，中央编译出版社1999年版，第3—4页。

② Mark R. Rutgers, "Can the Study of Public Administration do without a Concept of the State? Reflections on the Work of Lorenz Von Stein," *Administration & Society*, 1994 (26), p. 402.

行政（die öffentliche verwaltung）的概念在德语中是出现得比较晚的。从文献梳理看，直到马克斯·韦伯那里，才在其著作中使用了"Die Öffentliche Verwaltung"一词。在《经济与社会》中，当韦伯论述国家机构时，认为现代国家的统治不在议会的演说和君主的告示里，而是在日常的行政管理（verwaltung）中。在对国家与企业的内部统治关系所具有的相似性进行证明时，韦伯提到了"公共行政（öffentlichen verwaltung）中的行政管理物资"。① 通过对《经济与社会》中使用"公共行政"一词的上下文对照，可以发现，韦伯所谈到的"公共行政"是指国家的所有机构。在"法律社会学"一章中，韦伯对"行政"和"公共行政"进行了明确的阐述："行政不仅仅是一个公法的概念。有私人的行政，诸如自己家庭的预算或者一个营利企业的行政，也有公共的（öffentliche）行政，也就是说，通过国家机构或者其他的、由国家给予合法化的，即他治的公共（öffentlicher）机构进行的行政。"② 在他看来，"公共"行政（"öffentlichen" verwaltung）在广义上不仅包括立法与司法，而且包括公共机构中去除前二者所剩余的，或者说称为"政府"（regierung）的工作。可见，韦伯所谓的"公共行政"是一个广义的政治概念，如果译为"国家管理"可能会更准确一些，因为，韦伯是用"公共行政"这个词来指称国家全部政治、经济活动中的管理方面的内容。也就是说，韦伯没有把公共行政理解为政府的行政，而是在与私人领域中的行政管理的比照意义上来定义公共行政的。这是一种较为模糊和较为宽泛的理解。在韦伯之后，也一直有许多学者持这种主张，即对公共行政的概念作这种模糊的理解。

不过，总的来看，德国的学术界关于公共行政的理解与英语世界有着很大的不同，即使在今天，德国学者也没有表现出对英语世界中的"公共行政"概念的认同。在我们的印象里，德国由于较为关注国家而忽视了对公共行政的研究。虽然我们说斯坦因的研究工作是在从"国家"向"法律"的视角转换过程中进行的，但是，从其思想基础来看，

---

① Max Weber, *Wirtschaft und Gesellschaft: Grundriß der verstehenden Soziologie*, Mohr Siebeck, 1980, p. 825.

② Ibid, p. 388.

斯坦因对行政的论述仍是建立在"国家"概念之上的。从黑格尔开始，直到今天，德国的学术界都非常重视对国家的问题发表意见，即使是探讨行政的问题，也会把国家的概念放在首位，这就是德国学者蒂姆（Thieme）所指出的，"行政的现代意涵，尤其是公共行政，是建立在国家这个概念的基础之上的"[1]。而对国家观念的这种依赖，使得德国的行政研究始终缺乏独立的动力。与之相比较，美国则有着一种"弱国家"（stateless）[2] 的传统，所以，美国学者在探讨行政的问题时，总是有意无意地回避去涉及国家的问题。由于没有国家这一"目的"的束缚，美国学者也得以在行政的"工具"方面纵横驰骋，从而将公共行政的科学化、技术化取向推向了极致。在公共行政的问题上，德国和美国所代表的是学术立场上的两极。

四　威尔逊时期的"公共行政"

如前所述，到了19世纪后期，在英语世界中，对"公共行政"这一表达式的使用已经非常普遍了。当然，在威尔逊提出"政治—行政二分原则"之前，人们关于公共行政中的"公共"这个定语的理解是含混的。此时，"公共"一词也许是出于一种政治区分的需要，即定义行政的政治属性，指出资产阶级革命后的行政是不同于此前的那种服务于君主的行政的，是具有"公共性质"的行政。另一方面，在把行政理解成管理的意义上，要把政府中的这种以行政为名的管理与企业以及其他社会组织中的管理区分开来。所以，人们逐渐地习惯于使用"公共行政"一词了。可以说，在威尔逊刻意地把政治与行政区分开来之前，关于公共行政的理解一直是比较模糊的，是在把政治与行政混在一起进行定义的，是在政治体系之外所进行的外缘区分。到了威尔逊的时期，在政党分肥制的条件下，行政受到政党活动的干扰，造成了许多社会难以承受的问题，这样一来，人们越来越不能满足于原先对公共行政的理解了，因而需要在政治与行政的区分中去重新定义"公共行政"。

---

[1] Mark R. Rutgers, "The Meaning of Administration: Translating Across Boundaries," *Journal of Management Inquiry*, 1996 (5), p. 16.

[2] Richard J. Stillman, II, "The Peculiar 'Stateless' Origins of American Public Administration and the Consequences for Government Today," *Public Administration Review*, 1990, 50 (2).

威尔逊所做的就是这样一项重新定义公共行政的工作。也许威尔逊自己并没有意识到这一点，甚至他在自己的著作中还有意识地回避使用"public administration"一词。

在《行政之研究》中，威尔逊是这样定义公共行政的："公共行政（public administration）是公法的细述和进行系统执行的活动。"① 我们知道，《行政之研究》是威尔逊仓促整理的一篇演讲稿，虽然在这里提出了"政治—行政"二分原则，但公共行政的传统理解在这里也被保留了下来，在很大程度上，《行政之研究》的过渡性色彩还是比较浓重的。也就是说，在威尔逊的思想中，并没有严格地把政治与行政区分开来，相反，他所强调的是："作为美国行政科学的基础性原则，必须在实质上包含民主政策的原则。"② 即使是在谈论行政的事务性特点时，威尔逊也强调了行政与"政治智慧里的持久格言及政治进步中的永恒真理是直接相连的"。③ 所以，威尔逊所谈论的公共行政与其后的学者们在"工具理性"和"形式合理性"意义上所理解的"公共行政"是有着很大不同的。而且，威尔逊对行政"价值中立"的问题所持的也是一种谨慎的甚至是保留的态度。

威尔逊是有着很强的政治情结的，从他 1884 年出版的《国会政体》（*Congressional Government*）一书中可以看到，他所强调的是，"权力和严格的责任是良好政府的基本内容"。④ 在该书中，威尔逊严厉地批评了政党分赃、政治腐败、立法机关缺乏责任感等现象，希望通过一个强大、高效、诚信、有责任和有能力的政府来解决这些问题，要求政府代表公共利益而非党派利益或其他特殊利益。在 1887 年发表了《行政之研究》后的九年时间里，威尔逊受邀在约翰·霍普金斯大学发表了多场关于行政学的演讲。从这些演讲中可以发现，尽管威尔逊的视角或思想都有所拓展，但他一直坚持认为行政是这个复杂的政治、法律、

---

① Woodrow Wilson, "The Study of Public Administration," In Jay M. Shafritz, Albert C. Hyde, *Classics of Public Administration*, China Renmin University Press, 2004, p. 21.

② Ibid., p. 25.

③ Ibid., p. 20.

④ Woodrow Wilson, *Congressional Government: A Study in American Politics*, Boston: Houghton Mifflin, 1901, p. 284.

社会体系的一部分，并始终处于政治的旋涡之中。① 例如，他在 1891 年说道，行政学的基础是政治中那些历史上不断争论的、深入的、永恒的并已写入宪法的原则。② 他反对"官僚是一种中立工具"的简单化表达，甚至拒绝把公共行政看成是一种业务范畴。③

对于威尔逊，福瑞（Brian R. Fry）等学者的评价是：在"美国民主的背景下"（强调责任和公共利益），将"英国的行政"（强调行政的强大）和"普鲁士的官僚"（强调专业能力和效率）结合了起来。也有学者指出，威尔逊认为公共行政借用企业管理技术是有先决条件的，即构成企业管理基础的道德价值必须被构成公共行政基础的道德价值所取代或修正之。"换句话，他认为'公共行政'中的形容词——'公共'——是相当重要的，因为它所指的是指导公共行政的必要道德基础。"④ 不过，我们认为，威尔逊并没有给予"公共行政"这个词以特殊关照，他在使用"公共行政"一词时，包含了此前人们的使用习惯。在《国会政体》中，虽然威尔逊专列了"行政机关"一章，但内中出现的"public administration"一词是引自纽约《国家》（Nation）周刊的一篇报道。⑤ 除此之外，他自己并没有使用"public administration"。在《行政之研究》中，他也仅有一次提到了这个术语，并且没有什么特别含义，主要是指他所要呼吁人们关注的行政，目的是要劝说人们关注行政、研究行政，唤醒人们对行政的意识。

在被一些学者称作第一本行政学教材的《比较行政法》（1893）中，古德诺使用了"public administration"这个词语，不过，在专门讨论行政概念的章节中，却没有使用这个词，这说明他并不认为"public

---

① Richard J. Stillman, II, "Woodrow Wilson and the Study of Administration: A New Look at an Old Essay," *The American Political Science Review*, 1973, 67 (2), p. 587.

② Richard J. Stillman, II, "Woodrow Wilson and the Study of Administration: A New Look at an Old Essay," *The American Political Science Review*, 1973, 67 (2), p. 587.

③ Brian R. Fry, Lloyd G. Nigro, "Max Weber and US Public Administration: The Administrator as Neutral Servant," *Journal of Management History*, 1996, 2 (1), p. 41.

④ Hart and Hart, "Why the Gore Report Will Probably Fail," *International Journal of Public Administration*, 1997, 20 (1), p. 185.

⑤ Woodrow Wilson, *Congressional Government: A Study in American Politics*, Boston: Houghton Mifflin, 1901, p. 269.

administration"一词是一个重要的行政概念。在《比较行政法》讨论行政概念的章节中，古德诺提到了行政的五个部分（外交、军事、司法、财政、内务）和三层含义，所使用的是"the administration of government"、"general administration"、"the administration of estate"、"the administration of business"等概念，却没有提到"public administration"。在该书其后的内容中，古德诺六次使用了"public administration"，其中五次都是用来指称"公共行政的法令"（decree or ordinance of public administration）的。更为奇怪的是，古德诺对"public administration"一词的这六次使用，都是在讨论法国行政的章节中。在1900年出版的《政治与行政》（*Politics and Administration*）和1905年出版的《美国行政法的原则》（*The Principles of the Administrative Law of the United States*）两部著作中，古德诺除了在引用Robert Harvey Whitten于1898年出版的 *Public Administration in Massachusetts* 一书时出现过"public administration"一词，他自己并没有使用这个概念。

在今天，人们毫无争议地认为，威尔逊是作为科学的公共行政学这门学科的创始人，并且认为古德诺的贡献也是巨大的。但是，他们可以在演说中或引用他人著作的时候使用"public administration"一词，而自己却没有使用这个概念。也许这是因为当时企业的发展还不成熟，即私人行政还没有成为一种值得关注的现象，以至于没有必要在与私人行政相比较的意义上使用公共行政的概念。当然，企业化（businesslike）是文官制度改革的重要口号，但这句口号更多只是具有舆论上的符号意义，并没有什么明确的内涵，它所表达的只是改革者们对于私人企业因为具备较高的专业化水平而表现出较高效率这一事实的模糊的向往，而并没有人看到私人企业在其行政中有什么值得借鉴的原则性的要素。所以，在文官制度改革运动中，"私人行政"并没有进入学者们的视野，因而也就没有必要把行政与公共行政区分开来。

私人行政的大发展发生在20世纪初期的"进步主义运动"中，公共行政的概念也正是在这场运动中流行起来的。正是因为私人行政成了一个不可忽略的研究对象，所以学者们才迫切地感到有必要使用公共行政的概念，以使之与私人行政区别开来。威尔逊是"进步主义运动"的领导者，但在领导这场运动时，他的身份是美国总统，而不是政治科学家。所以，他虽然为公共行政学的研究立下了开创之功，但对公共行政概念的流行并没有贡献多少力量。另一方面，他通过《行政之研究》而把公共行政研究正式提上政治科学家们的研究日程时，也使公共行政概念的流行成了一件必然会发生的事情。在此意义上，无论威尔逊使用"public administration"一词与否，都可以把他看作是公共行政专门研究的发起人。

五 威尔逊之后的"公共行政"

到了 20 世纪 20 年代，"public administration"作为一个学术概念在行政学界得到了广泛接受。1921 年，成立于 1906 年的纽约市政研究所（the New York Bureau of Municipal Research）更名为"The National Institute of Public Administration"。这说明，到了 20 世纪的 20 年代，在知识界使用"public administration"开始变得时尚了起来。

怀特的《公共行政学导论》（*Introduction to the Study of Public Administration*）出版于 1926 年，此时，正如书名所示，"the Study of Public Administration"这一提法已广为人们接受，也说明这已经不再是威尔逊的"the study of administration"时代了。1939 年，在怀特协助下建立了一个行政学的组织——"American Society for Public Administration"，该组织主办的《公共行政评论》（*Public Administration Review*）就是由怀特担任主编的。其实，在更早的 1923 年，伦敦的 Royal Institute of Public Administration 就已经创办了学术期刊《公共行政》（*Public Administration*）。不仅如此，这一术语开始在大学学位、研究机构、杂志、书籍等标示性内容中也得到了广泛使用。同时，学者们也试着在纯粹的经验描述之外归纳出一些原则性的要素，出版了大量以"principles of ……"为题的文献，从而使公共行政研究进入了一个系统化的研究阶段。

与威尔逊之前的学者不同的是，这个时期的学者们在政府、政治以及司法活动中也区分出不同的行政。这一点在威洛比的三部著作的题目中得到了充分的体现。从 1927 年到 1936 年，威洛比陆续出版了 *Principles of Public Administration*（1927）、*Principles of Judicial Administration*（1929）、*Principles of Legislation and Administration*（1936）。这三部著作的书名一方面代表了这一时期的学者对行政原则的关注；另一方面，也说明公共行政是区别于司法管理和立法管理的。同时，也证明了学者们是在政府这一狭义的国家行政机构的意义上来探讨公共行政的。这就是登哈特所说的，在这一时期，公共行政已经成了政府行政的代名词，"美国的公共行政（public administration）首先开始于对政府行政的研究（the study of government administration）"。① 在这个时期，人们对公共行政的公共性问题还没有给予充分的关注，只是朦胧地意识到 public administration 不同于 business administration 和 public service。"business 主要考虑赚钱，与之不同，public service 只关心提供服务、规范公众或群体行为。"②

整体来看，从威尔逊到20世纪20年代，公共行政都更多的是作为一个研究课题出现的，是一个研究领域，而不是被作为政府的一种功能（function）或者事业（enterprise）来加以认识的。③ 所以，这个时期的学者们较为关注原则的问题。只是到了五六十年代，公共行政才不再只是作为一种研究领域而存在，而是开始以一种专业（profession）的面目出现。这一点集中体现在沃尔多（Dwight Waldo）的《公共行政研究》*The Study of Public Administration* 一书中。

沃尔多的《公共行政研究》于1955年出版，在这本书中，沃尔多给予"公共行政"两个定义：其一，公共行政是人和物的组织与管理，目的是要实现政府的目标；其二，公共行政是适用于国家事务管理的科学（science）或艺术（art）。④ 沃尔多对"公共行政"和"行政"进行了区分，并加以分别探讨。他认为，"公共行政（public administration）是行政（genus administration）这个属中的一类（species），而行政部门又是人类合作行动（cooperative human action）中的一个方面"⑤。沃尔多在对公共行政的发生史进行总结后，概括出了四种认识公共行政的途

---

① Robert B. Denhardt, Janet V. Denhardt, *Public Administration: An Action Orientation*, Belmont: Wadsworth, 2006, p. 2.
② Ibid., p. 5.
③ Jay M. Shafritz, Albert C. Hyde, *Classics of Public Administration*, China Renmin University Press, 2004, p. 4.
④ Dwight Waldo, *The Study of Public Administration*, New York: Random House, 1955, p. 2.
⑤ Ibid., p. 5.

径：第一，把公共行政首先看作是与政府、国家相关的事务，与维护主权、保障合法行动、提供社会福利等政治过程相关联；第二，把一切公共活动或公共事务都作为公共行政的范畴来加以认识；第三，认为公共行政就是政府所从事的事务；第四，根据"结构—功能"分析方法（structural - functional analysis），所有政府（只要它是合法的）都有一种内在的、固有的、与生俱来的、普遍的特质，这种特质就是公共行政。作为一部教科书性质的作品，《公共行政研究》综合了诸如结构—功能主义、行为主义等当时流行的社会科学方法，对公共行政这一研究对象作出了较为全面的考察，也为公共行政的概念注入了更多的理性内涵。尽管沃尔多与西蒙开展过论战，但与西蒙一致的地方是他也将行政行为纳入了理性行动（rational action）的范畴。

  上述可见，"公共行政"一词有着形成和演变的历史，这个历史也就是政府的轮廓及其活动内容逐渐清晰的历史。正是历史的持续向前迈进，到了20世纪中后期，才有了明确的以公共利益为导向的公共行政。所以，在我们的时代，应当说公共行政才刚刚兴起。在人类行政的演进史中，在从早期的统治行政到未来的服务行政发展的整个过程中，公共行政所扮演的是一种过渡性的角色。人类历史上的每一个时期都有行政，却不是任何一个时期的行政都能称作公共行政。在我们看来，近代社会治理所推展出来的是一种"管理行政"，它既不同于工业革命之前的统治行政，也不同于未来的服务行政。然而，在管理行政的框架下，由于政治进化的原因，却塑造出了公共行政这一形式。不过，管理行政与公共行政之间又存在着深刻的矛盾。因为，管理行政所能够容纳的只是具有形式合理性的公共行政，而具有实质合理性的公共行政则必然会成为管理行政的否定力量，会在摒弃管理行政的过程中呼唤出服务行政。弗雷德里克森提出，如果我们坚持使用"公共行政"一词，如果我们坚信这个词是对"公共行政"的理论和实践的最佳描述，那么，我们就需要更多、更严谨的讨论和界定，以促成理论和实践上的更多的共识。① 但是，如果我们这样做了，所形成的共识就是对管理行政的否

---

  ① ［美］弗雷德里克森：《公共行政的精神》，张成福等译，中国人民大学出版社2003年版，第18页。

定和对服务行政的追求。因为，只有服务行政才是公共行政的完成形态。

第二节 公共行政学的发生史

一 公共行政的发生过程

在当代的社会治理活动中，公共行政所发挥的作用是重要的。事实上，在社会生活的每一个方面，都可以看到公共行政的身影。如果离开了公共行政的话，那么，整个社会生活以及社会的运行都会变得无从理解。也就是说，作为人类治理活动中的一个重要组成部分，公共行政在整个社会的良性运行、价值分配、服务提供等过程中都发挥了重要作用。作为研究政府活动的学科，公共行政学是在20世纪建立起来的。对于这段历史，每一个从事行政学研究的人都是非常熟悉的。但是，在此前的历史阶段中，人们为公共行政及其学科的产生作出了什么样的准备，也是一个需要探讨的问题。我们把人类的行政史分为统治行政和管理行政的历史，我们认为公共行政是管理行政发展到一定阶段的产物，是管理行政的典型形态。我们所要表达的意见是，并不是人类历史上任何一个时期的行政都可以被看作公共行政，公共行政有一个产生和发展的过程。

历史地来看公共行政的发生过程，就可以使我们树立起一种为公共行政正确定位的观念，就不会在泛历史的意义上去谈论所谓公共行政的问题。客观地看，今天我们所拥有的这一公共行政形式并不是一种终极形态，它必然要走向一个新的阶段，并获得新的形式和内容。我们今天正遭遇全球化和后工业化的挑战，这对于公共行政来说，也同样是一个挑战，必将要求我们去扬弃既有的公共行政模式，从而建构起全新的适应后工业时代要求的公共行政模式。其实，从2008年发生的全球性金融危机以及近些年来危机事件频繁发生的过程中，我们已经深切地感受到这种发生于工业社会的公共行政模式已经难以适应社会发展提出的新要求了。所以，我们的时代正在向政府提出全新的要求，而且，这种要求也同时意味着公共行政的发展将要进入一个新的阶段。在把握公共行政的现实以及思考公共行政的未来建构时，我们回到公共行政学的源头,去认识公共行政及其学科发生时期的演进逻辑。这对于把握行政发展的未来方向也许会有一定的启发意义。

我们一再指出,近代以来,公共行政有一个产生的过程,从孕育到诞生,公共行政都是近代社会政治演进的结果,也正是在社会治理过程的领域分化中造就了公共行政的专门研究领域。但是,要求自觉地认识公共行政并明确地提出建立起专门的学科去研究公共行政的,则是19世纪后期的美国学者。学术界一般把1883年"彭德尔顿法案"的通过作为公共行政的起点,而把1887年威尔逊的论文《行政之研究》作为公共行政学产生的标志,但是,我们认为,公共行政的产生并不是一朝一夕的事情,它是有一个较长时期的发生和发展过程的。或者说,我们需要从近代以来民主与行政的紧张关系中去认识公共行政产生的必然性。

在我们上述的考察中已经发现,从早期的启蒙思想家起,就开始了对行政问题的关注。在孟德斯鸠那里,甚至把"行政权"作为一项专门性的权力单列出来。但是,在很长一段时期内,人们关于行政问题的研究都是从与国家性质、主权、政治制度、人民等相关的政治学视角出发的,或者说,是在法学视角下进行的;而关于行政过程的技术性以及相对于政治的独立性,则被忽视了。在美国建国之初的几十年中,从政治任命到司法审查,发生在分立的权力机构之间的冲突往往是人们关注的重心,至于美国行政部门的活动,则往往游离出了人们的视线。然而,随着美国社会中各种各样的问题不断显现和积累,特别是"政党分肥制"所引发的问题,使人们的政治关注发生了重心转移。正是从这个时候开始,那种单纯在政治的意义上谋求分权的做法受到了怀疑,从而使来自欧洲的政治学传统受到了美国本土问题的挑战。

正如库恩在《科学革命的结构》中所论述的,当社会问题与人们的期望值之间的背离超越了一定的"合理度",传统的研究方法就不可能再对这种异常作出满意的解释,因为那些坚持下来的理论模式本身就有问题。这些问题表明,首先在学术团体内部出现了理论危机,由于美国政治实践中出现了新的问题,因而那些由欧洲提供给学术团体的基本理论遇到了解释美国现实的困难,并因此受到了怀疑。这种理论危机在行政管理的研究中则表现为民主与行政的关系的紧张状态，在思想叙述中则表现为亚历山大·汉密尔顿与托马斯·杰斐逊之间的论战。是在政治关注中继续谋求分权的道路，还是把视线转移到政府的行政过程上来，这既是一个维护欧洲政治关注传统与解决美国政治运行现实问题的选择，也是一个根据社会治理的现实要求去认识和选择社会治理方式的方向性问题。

我们知道，近代以来发生在公共领域的全部论争都使民主显现出了一种确定无疑的强势话语地位，但是，在以民主立国的美国，作为开国元勋之一的汉密尔顿却对政府中的必要集权表现出了浓厚的兴趣。根据汉密尔顿的看法，行政管理是否完善的首要因素就是行政部门是否强而有力，"软弱无力的行政部门必然造成软弱无力的行政管理，而软弱无力无非是管理不善的另一种说法而已；管理不善的政府，不论理论上有何说辞，在实践上就是个坏政府"①。在汉密尔顿看来，要使行政部门能够强而有力，就需要具有以下四个方面的因素：第一，统一；第二，稳定；第三，充分的法律支持；第四，足够的权力。而且，汉密尔顿特别强调公共部门应该有一位强有力的行政首长，应当给予他必要的权力去为政府能够良好地运行提供保证。

与汉密尔顿强调一个强力政府的观点不同，杰斐逊则要求一个软弱的政府，他认为政府所具有的压迫性本身就决定了政府不应变得强而有力，否则人民就会受苦。在杰斐逊任美国总统期间，正是这一主张使他成了唯一一位从未否决过国会法案的总统。诚然，杰斐逊的观点反映了来自欧洲大陆的自由主义传统，也符合美国人民在建国初期要求对权力进行"约束"的文化传统，特别是他关于民众参与政府、杜绝官僚主义、防止行政职业化的观点迎合了大多数美国民众的政治心理。因此，在这场论战中，杰斐逊击败了汉密尔顿。然而，汉密尔顿关于建立一个强有力的政府的思想对后来的学者们产生了非常重要的影响。在某种意义上，威尔逊等人对行政的关注乃至最后提出行政的专门性研究，就是对汉密尔顿等政治家思想的继承和发展。以至于有人认为，"如果有一

---

① ［美］汉密尔顿、杰伊、麦迪逊：《联邦党人文集》，程逢如等译，商务印书馆1980年版，第356页。

个人能被称为美国行政的鼻祖,他就是亚历山大·汉密尔顿";① 也有人把威尔逊、古德诺所处的时代称为"第二个汉密尔顿系统"。②

从理论上看,不难理解的是,杰斐逊"约束"行政的传统所导致的结果是行政较少被作为一个专门性的问题而得到关注。在美国,尽管 1787—1788 年的《联邦党人文集》中已经谈到了 "public administration",但在其后的将近一个世纪中,人们却很少注意到或者认真地去关注它。1835 年,托克维尔甚至对美国忽视行政管理的问题感到吃惊:"美国的公共行政管理,差不多全凭口述和传统进行。没有成文的规定,即使写出过一些,也像古代女巫写在棕榈树叶的预言,遇上一阵微风,就被吹走,消失得无影无踪……行政管理的不稳定性,已开始渗入人民的习惯……谁也不打听在他以前发生的事情。没有人研究管理方法,没有人总结经验。收集文献本来十分容易,但也没有人收集。"③

我们也看到,美国"约束"行政的传统限制了美国政府行政职能的有效发挥。在很大程度上,美国 19 世纪末所出现的各种各样的社会问题都是由于这一传统所导致的。19 世纪 80 年代开始,美国城市化进程加速,大量农业人口拥入城市。然而,软弱的城市政府却没有为此做好充分的准备,城市的迅速扩张使有限的市政设施与因人口不断增长而产生的大量需求之间出现了矛盾,而且这种矛盾迅速地走向了激化的边缘。一方面,城市政府是软弱的;另一方面,政府规模的不断扩张也是一个不争的事实。更为重要的是,资本主义政权此时已经基本巩固、经济以及科学技术得到了一定程度的发展、城市化的步伐逐渐加快。所有这些,既为政府的扩张提供了有利条件,又带来了各种各样的问题,特别是政府中的腐败问题成了人们关注的焦点。所以,改革政府的呼声开始出现,并一浪高过一浪。亨利·亚当斯在其小说《民主》中,就借着主人公雅克比的口批评道:"我走过许多国家,没有一个国家比美国

---

① Paul Van Riper, "The American Administrative State: Wilson and the Founders – An Unorthodox View," *Public Administration Review*, 1983, 43 (6), p. 480.

② [美] 杰伊·D. 怀特、盖·B. 亚当斯:《公共行政研究——对理论与实践的反思》,刘亚平、高洁译,清华大学出版社 2005 年版,第 22 页。

③ [法] 托克维尔:《论美国的民主》,上卷,董果良译,商务印书馆 1988 年版,第 236 页。

更腐败。"以税收为例，当时美国的税收种类非常之多，已经成为美国社会的一项沉重压力。但是，由于缺乏预算制度，财政收入无法得到议会和民众的监督，各个政府部门都努力为自己争取资金，由自己控制开支，从而为腐败敞开了大门。

显然，在这一时期，观察政治的民主与行政的相对集权这两个话题，不难发现行政的话题处于较为劣势的地位。不过，正是人们对民主的关注，才使政治讨论普遍化，才使人们变得越来越关心自己的权利，进而关心政府的运作。就近代政治运行的性质而言，由于其代表性设置，一般说来，被认为是更能代表人民的；然而，就实际情况而言，却是政府的行政功能离民众的距离更近，与民众的关系更加直接。因而，人们也就更为急切地要求政府改变效率低下和腐败猖狂的状态，要求政府更多地关注公共利益。在要求治理腐败的呼声中，人民的权利意识得到提升并发挥了重要作用。1906年，旨在推动预算改革的"纽约市政研究所"成立。研究所的创办者们认为，预算是关乎民主的重要问题，没有预算的政府是"看不见的政府"，而看不见的政府就不可能是民主的政府。在他们的努力下，1908年，纽约市推出了美国历史上第一份现代预算，它不仅将政府行为第一次展现在了民众面前，也确实改善了政府与民众的关系，并且加强了政府内部的统一集中领导体制，提高了效率。正是这一事件，表明杰斐逊所倡导的软弱政府开始向汉密尔顿所倡导的强力政府转变。

可见，在民主与行政的紧张关系中包含着这样一个发展逻辑：强化民主而削弱行政的结果却走上了促使行政壮大的方向。从近代政治学理论看，民主是契约论的政治理想，而契约论则是一种用来解释国家如何产生的理论框架。也就是说，就国家的产生而言，它是人们订约的结果，因而，人民对它享有主权，这种主权需要通过民主来实现。但是，当国家的日常运行以政府的形式出现的时候，特别是表现为行政活动的时候，也就意味着民主过程向管理过程的转化。一旦实现了这种转化，管理也就不再能够原封不动地复制民主的运行规律了。即使从政治的角度来加以认识和理解，也可以看到，当政治民主制度被确立起来之后，社会对国家的期望首先就是必须满足各个方面的治理需求；进而，一切治理活动又都必须是较好地回应社会要求，特别是在实践的意义上能够以效率追求的形式出现。正是这样一个逻辑，把美国政府引向了行政与政治分离的方向。在某种意义上，这也是一种妥协，即近代以来的民主政治强势话语依然得到维护，但是，它被限制在政治的领域以及政治活动之中。至于行政，则逐渐形成了这样一种认识，那就是它有着自身的规律且从属于另一种视角，需要优先突出的是效率的意义。

二　对英国经验的借鉴与反思

从美国立国到19世纪80年代，各种各样的社会疾病在积累，托克维尔以及马克思都曾高度赞扬的那种美国风气开始呈现江河日下的局面。奥斯特罗姆指出，美国的行政管理助长了那个时期美国的社会疾病，如果进一步依赖旧的管理，并把它作为当时社会病理学所规定的基本处方，就可能导致人类福利的更加恶化。[①] 事实上，当时美国的行政可能比今天人们所能想象到的更糟。在"政党分肥制"之下，行政不仅没有效率，不能服务于公共利益，甚至无法满足党派利益实现的要求。由于行政官员普遍处于所占有职位的暂时性这样一种危机感之中，致使他们把运用所占有的权力去攫取私利的行为表现得极其夸张。我们知道，当政府陷入极度腐败之中的时候，社会的败坏和没落也会走到极其夸张的境地。这时的美国是民主的，而且以政党轮替的方式把民主诠释得无比充分。但是，这种民主却在政府的腐败面前无能为力，在一定程度上，恰恰是这种民主导致了政府的腐败。正是这种原因，促使人们把政府及其行政作为一个专门问题提出来思考。

美国是一个开放的社会，如果说今天美国的开放性表现为物质（特别是资源）上的全球范围掠夺和精神产品（特别是意识形态）上的强制性输出，那么，19世纪的美国在精神生产特别是科学研究上还是乐意向其他国家学习的。当美国人开始关注行政的问题时，也同样表现出虚心向欧洲学习的态度。威尔逊在提出建构行政科学的构想时指出："我们在进入这种研究之前，需要做到下列几点：……考虑其他人在此

---

① [美] 奥斯特罗姆：《美国行政管理危机》，江峰等译，北京工业大学出版社1994年版，第12—13页。

领域中所做过的研究。即是说，考虑这种研究的历史。"① 威尔逊认为，"如果不了解这些问题，不解决这些问题，我们就好像是离开了图表或指南针而去出发远航"。② 一旦去"考虑这种研究的历史"，英国的行政理论与实践就是不能不提的了。事实上，美国由于与英国的那种渊源关系，它的行政更多地受到英国影响也是不言而喻的。也就是说，一方面，在实践的意义上，美国各州在它们形成时期所建立起的行政体制基本上就是从英国拿来的，即便是随后的发展，也明显是在英国体制上的延伸；另一方面，包括威尔逊和古德诺在内的众多美国学者，都是直接地从英国的行政管理中去汲取成功经验和失败教训的，都把与英国行政的比较研究作为出发点。这一点在古德诺的《政治与行政》一书的总结性论述中就得到了充分体现："让我们效仿英国的榜样，但……不要企图完全模仿她所做过的一切。"③

美国拥有来自英国的传统，正如英国人往往把自己与欧洲大陆区别开来一样，在美国人的眼中，也是把英国与欧洲大陆国家区别开来看待的。当威尔逊思考要从欧洲学习什么的时候，显然也是持有这种看法的。威尔逊深切地感受到，英国近代以来的议会民主传统深深地影响了美国，使美国拥有一个强大的国会，从而限制了行政管理的发展。我们知道，在欧洲国家中，英国是最早踏入了制定宪法和民主改革进程中的，按照威尔逊的评价，"一旦当某个国家开始从事制定宪法的事业之时，它将会发现要停止这一工作，并为公众建立一个……行政管理机关是极端困难的"④。英国一直进行着立宪斗争，这对美国的影响就是，构成了美国移民主要部分的那个阶层的人们总是把议会看成是这场斗争中反对专制的堡垒，并且认为英国的立宪运动在防止斯图亚特王朝的专制斗争中发挥了重要的作用。因此，美国人民最初把从英国议会移植来的国会放在了至高无上的地位上。

---

① [美] 威尔逊：《行政学研究》，载彭和平、竹立家等编译：《国外公共行政理论精选》，中共中央党校出版社 1997 年版，第 1 页。
② 同上书，第 2 页。
③ [美] 古德诺：《政治与行政》，王元译，华夏出版社 1987 年版，第 139 页。
④ [美] 威尔逊：《行政学研究》，载彭和平、竹立家等编译：《国外公共行政理论精选》，中共中央党校出版社 1997 年版，第 9 页。

但是，这种盲目的学习和借鉴导致了严重的后果，那就是美国国会的严重滥权和腐败。更为重要的是，英国议会主权下的行政所指向的是对王室的忠诚，而到了美国，由于不存在英国这样的王室，行政就失去了方向。行政被置于国会之下，而政府官职的分配则由政党作出，政党轮替给政府官员带来的是占有职位的临时性，政府官员普遍拥有的是暂时拥有职位和权力的心态，因而，在运用权力谋取私利方面美国走向了极端化。在英国，议会主权下的行政管理体制已经建立了起来，已经形成了一整套行政管理的方法、技巧以及规则体系，也就是说，在英国这里，行政管理中的方法、技巧和规则体系在忠诚地服务于王室的过程中也同时服务于官员的自利目的。然而，当美国移植英国的政治和行政时，不仅把英国的议会搬过来变成美国的国会，同时也把英国的行政搬到美国来。到了美国之后，由于不再有忠于王室的道德约束，英国政府中本已存在的腐败问题就变得更加严重了，而一个腐败的政府显然也就是一个无能的政府。这就是美国当时的情况，是由于学习和借鉴英国的政治和行政而造成了政府腐败和无能。有鉴于此，威尔逊在《行政之研究》中才突出强调行政管理的本土化和美国化的任务。

今天，我们在考察西方国家的政治与行政时，往往看到三种不同的模式：一种是以法国为代表的行政集权模式；另一种是以英国为代表的议会主权模式；美国则是典型的三权制衡模式。就此而言，美国显然是忠实地践行了孟德斯鸠的精神，可是，如果没有对英国经验的反思，美国是不可能真正建立起今天我们所看到的这种三权制衡模式的。而且，在很大程度上，可以说这种三权制衡模式是产生于美国的，也仅仅适用于美国，其他国家如果希望借鉴的话，肯定要根据自己的情况进行改造，正如美国是在对英国的政治—行政模式加以改造从而建立起了这种三权制衡模式一样。研究美国史的人们在从美国的传统中去寻找三权分立的源流时，总是到美国国父们的思想中去发现这种体制得以确立的基础，但事实上，产生于美国的这一体制在实践上只能追溯到"彭德尔顿法案"的通过，而在理论上，应当以威尔逊的"政治—行政"二分原则的提出为起点。因为，没有行政的相对独立地位，就无法理解三权分立的真实内涵；或者说，只有当行政成为一个相对独立的领域时，三权分立才真正变成了一种现实。

当谈到公共行政产生的理论基础时，在逻辑的回溯中就会发现密尔的价值。这样一来，就又把我们引向了英国。虽然英国的政治体制是基于洛克的议会主权设计而建立起来的，但是，密尔的思想所代表的是英国资产阶级政权已经得到巩固条件下的思考，包含着的是对英国资产阶级治理体系确立后所遇到的问题以及社会条件的改变所提出的要求等方面的认识。威尔逊后来成为美国总统，但他在此之前是一位政治学教授，他显然非常熟悉密尔的思想，在他提出改善行政管理以及建立行政学学科的构想时，密尔的思想肯定对他发生过很大的影响。所以，从密尔的思想与威尔逊的比较中，可以发现从英国学者向威尔逊转变的过程，进而，可以发现从英国行政向美国行政转变的过程。

与启蒙时期的英国思想家相比，密尔的著述是发生在英国的资产阶级已经获得并巩固了政权的时期，所以，他更注重从社会、习俗、道德等方面去寻找支持社会治理的因素，希望去发现一种更加具有文明色彩、更显高尚一些的治理手段。密尔的思想着重于对个人与政府间关系的思考，正是在这种思考中，他发现了个人与政府间存在着社会这一中介力量。的确，在密尔的时代，由于英国经济的迅猛增长，对外殖民的动力与日俱增，特别是在资产阶级完全控制了社会治理活动之后，往日赤裸裸的贪婪形象也需要有所改变，需要以某种"绅士"形象去赢得统治的合法性。就这个时期的政治来看，由于民主化进程的加速，工人阶级地位有所上升，资产阶级在其社会治理过程中也不得不更多地去关注社会中那些关乎民众利益的现实问题。正是在这种背景下，密尔对政府的社会功能作出了思考，把他之前的思想家们所关注的政治主题转移到政府及其行政上来了。所以，在行政学作为一门相对独立的学科产生之前，密尔是较为集中地讨论了政府行政管理问题的思想家之一。或者说，在密尔的思想中，包含着英国思想的转型。如果说洛克开启的是议会主权传统，并奠定了英国政治思想传统的基础，那么，在密尔的思想中，则包含着政府及其行政相对独立性的内涵。在某种意义上，密尔表现出了一种向孟德斯鸠三权分立理论的倾斜。正是这一点影响了威尔逊，也影响了整个美国 19 世纪 80 年代以后的政治架构设计。所以，我们倾向于提出这样一个假设，那就是，美国的三权分立模式不能被看作是直接对孟德斯鸠的实践安排，而是在对密尔的改造中获得的一种方案。

　　洛克给我们留下的经典是《政府论》，但是，他是在"国家"的意义上使用"政府"一词的，他提出了三权的思想，但他的所谓"立法权"、"司法权"和"外交权"都是属于议会主权之下的权力，我们从中很难看到行政权的位置，更不用说担负行政管理职责的政府是什么样子了。密尔对洛克传统的超越表现在他赋予政府新的含义，即在狭义的意义上来谈论政府，在更多的情况下是把政府看作专门的行政管理机构的。正是由于在国家与政府之间作出了区分（尽管这种区分在密尔这里还是比较模糊的），密尔才能够着手专门对政府进行定义。密尔认为，政府的职责在于谋求"社会福利"，一个好的政府是能满足人们福利要求的政府。这样一来，密尔实际上已经用一种朦胧的方式表达了政府应当具有公共性的想法。也就是说，如果政府能够致力于社会福利，并让一切活动都围绕着社会福利这个中心展开的话，那么，这个政府的行动也就是公共行政了。

　　如前所述，密尔著述的时代正是英国准备实施文官制度改革的时代。在这个时代，尽管存在着议会主权这样一种阻碍文官制度改革的体制性障碍，但由于建立文官制度的现实要求非常强烈，以至于必须从理论上去解决政治与行政的关系问题，即通过把政治与行政区分开来而使议会主权这一文官制度改革的障碍得以清除。密尔所面对的就是这项任务，所以，现实的要求促使密尔在政治与行政之间去作出必要的区分。在密尔看来，议会应当从事的是对政府行为的控制，而不应该涉入对政府的具体管理事务的分析。这一观点对后来的行政功能专业化显然是有积极意义的。更为重要的是，密尔还指出，行政管理是一种专门的技术性业务。可见，密尔也应当被认为是最早强调专家治国的学者之一。同时，密尔还就组织原则、人事行政等具体的行政管理方面的问题作出了论述。然而，由于时代的局限，密尔不可能做到对行政管理问题更全面、更专业化的探讨，他只是为了解决当时资产阶级所面临的社会问题而设计了一份政治蓝图。

　　从这个意义上讲，密尔仍然没有完全摆脱传统的政治话语环境，甚至他仍然没有跳出人们对行政集权的恐惧状态。也正是由于这个原因，密尔往往被后人归入自由主义思想家的行列中。而且，总的说来，密尔的思想基调也确实是主张自由放任的,他一直坚持强调政府对社会较少干预的要求。这就是人们谈到密尔的自由主义主张时经常引用的一段话:"在政府现有职能之外的每一增加,都是以更加扩大散布其对人们希望和恐惧心理的影响,都足以使得活跃而富于进取性的一部分公众愈来愈变成政府的依存者,或者变成旨在组成政府的某一党派的依存者。"① 显然,这段话最能证明密尔是一个自由主义者。但是,毕竟密尔与此前以及他同时代的自由主义者还是有着很大不同的,密尔对政府及其行政的问题表达了关注,包含着把行政看作政府的一项专门化职能的思想。在他同时代以及他之前的思想家中,这一点是缺乏的。今天看来,密尔的价值是由威尔逊来加以诠释的,正是关于行政的思想给了威尔逊以启发,让威尔逊在思考美国的现实时,又把这一思想推进了一步,从而提出了"政治—行政"二分原则。

三 威尔逊对公共行政(学)的规划

公共行政的实践形态与理论形态是联系在一起的,从其发生的过程来看,几乎是在同一个时间发生的。尽管我们一再指出公共行政的发生过程是与整个现代化过程同步的,但是,如果我们希望寻找某些标志性事件的话,那么,公共行政实践形态可以把 1883 年的"彭德尔顿法案"确认为标志性事件,而公共行政的理论形态则可以把 1887 年威尔逊《行政之研究》的发表作为标志性事件。把这两个事件作为公共行政实践以及理论发生的标志绝不意味着其发生和演化的过程可以在我们的认识中受到忽略。相反,我们恰恰要更多地了解公共行政的产生作为美国政治发展的结果和对英国经验的移植这两重属性,只有这样,我们才能够理解公共行政的产生是对汉密尔顿与杰斐逊之间争论的解决这一进步意义,也才能够认识到公共行政的产生是对密尔思想的完成和超越。换句话说,正是存在着汉密尔顿与杰斐逊的争论以及对密尔思想的反思,使人们逐渐意识到政治与行政的不同,并看到了行政自身相对独立的发展方向。一旦行政的相对独立地位被知觉到了,关于它的研究也就可以在回溯历史中去发现更多的思想资源。所以,威尔逊在《行政

---

① [英]密尔:《论自由》,许宝骙译,商务印书馆 1959 年版,第 131 页。

之研究》中试图从法、德、英的行政实践中，从斯坦因、布隆赤里的行政思想中去汲取养分。威尔逊的研究所具有的特点是，既肯定了美国行政的特殊性，又指出关于行政的专门研究需要到欧洲去寻找已有的思想和经验。这一点可能对于当代中国学者来说也是有着方法论的借鉴意义的。

在我们上述的考察中已经看到，在公共行政产生之前，英国所实行的是"官职恩赐制"，而美国所实行的则是"政党分肥制"。英国的"官职恩赐制"无论在实际运行中是怎样的，但在名义上可以理解为由君主对官职进行分配这样一种体制。美国独立后没有了君主，因而不可能实行官职恩赐制，但美国的政党分肥制在形式甚至性质上与官职恩赐制相差无几，也是一种官职分配制度。由于没有君主来进行主持，因而其"政治分赃"的性质也就完全显露于外了。从美国的情况来看，政治分赃是由胜选的政党作出的，它的制度设计宗旨显然是要保证政府官员忠于其所在的党派，而实际结果则是整个政府被引向了对非本党利益的排斥，甚至难以避免地排斥了整个社会的利益。最为重要的是，分赃制导致了党争与腐败的泛滥，政府根据早期契约论原则所应承担的"代理人"角色因而受到了政党利益的挑战，政府的行政陷入了一种动荡不安的状态。

然而，在自由主义的思想逻辑中又必然会发现政治系统之外还存在着一个社会，而民主政治则逐渐地把社会培育成一支强大的力量。在这种背景下，无论是英国的"官职恩赐制"，还是美国的"政党分肥制"，在相对封闭的政治系统内"玩游戏"的方式都因社会这个变量的引入而无法再延续下去了。所以，英国在1870年颁布了"第二枢密院令"，美国则在1883年通过了"彭德尔顿法案"，两国基本建立起了以考试和功绩为录用和晋升标准的现代文官制度。由此可见，具有集权特征的政府及其行政，恰恰是自由主义思想和民主制度发展的逻辑结果，是自由主义的思想逻辑引导着政治发展走向了建立以集权形式出现的行政体系。

行政的相对独立地位能够得以确认，其根据是由社会的发展和进步提供的。但是，在直接的意义上则是政治博弈的结果。这是因为，在政治斗争的过程中，如果政府陷入了政治倾轧之中，就会产生腐败并表现出无能的状况。出现了这种状况，只有让政府拥有相对独立的地位，即让行政具有所谓"政治中立"的属性，才能保证行政官员不去时时考虑服务于党派利益的问题，从而使行政远离政治的纷争。更为重要的是，一旦政府具有了相对独立的地位，一旦行政被要求秉持政治中立的原则，政府的人事工作也就自然而然地走向了功绩制的确立，行政活动也就会被要求按照科学化、技术化的原则去加以建构，从而在形式上获得了公共性。

从理论上看，行政人员只有在不需要考虑党派利益的问题时，才能够成为公共利益的最可靠的支持者。于是，在此意义上，政府的行政也就成了我们经常提起的所谓公共行政了。美国公共行政在20世纪的发展中充分诠释了这种包含在理论中的逻辑，从而也验证了威尔逊所指出的发展方向："我们必须把现阶段的文官制度改革看作只不过是为达到更完善的行政改革的一部序曲。"[1] 威尔逊在《行政之研究》的开篇就指出，文官制度改革的运动在实现了第一目标之后，必须在调整行政职能与改革政府机构组织和方法方面继续扩大改革。这可以看作是威尔逊对公共行政发展作出的宏观规划。在很大程度上，其后官僚制组织理论的引入以及几场行政学运动所进行的探讨，都可以看作是这一规划实施过程中的讨论。如果说整个20世纪美国公共行政的发展都是沿着威尔逊所指出的路径前进的，应该说是也并不夸张的。

当然，威尔逊的文章所具有的价值主要反映在它是一篇标志性的文献，是第一篇明确而又专门探讨行政问题的文章，如果给予它过高的评价，显然也是不合适的。其实，威尔逊最为主要的贡献就在于提出了"政治—行政"二分原则，至于其他行政学的核心问题，他的论述都显得甚为模糊，甚至在政治与行政的关系这一问题上，也有学者对威尔逊表示怀疑，如瑞普尔就曾经指出，"威尔逊或许并未打算进行二者的划分……并不想给出任何明确的结论"[2]。总的说来，如果对威尔逊作出

---

[1] [美]威尔逊：《行政学研究》，载彭和平、竹立家等编译：《国外公共行政理论精选》，中共中央党校出版社1997年版，第914页。

[2] Paul Van Riper, "The Politics – Administration Dichotomy: Concept or Reality?" In Rabin and Bowman (Eds.), *Politics and Administration: Woodrow Wilson and American Public Administration*, New York: Marcel Dekker, 1984, pp. 208–209.

这样的评价也许是恰当的：威尔逊开创了行政学研究，但没有建立起行政学科，行政学科的建立是经历了美国市政研究运动的长期积累之后才成为事实的。这样评价威尔逊，丝毫没有贬低他的意思。其实，之所以人们一俟谈起公共行政学科的历史时就不得不提起威尔逊，这本身就已经说明他对于开创这一领域的专门研究所作出的贡献。至于《行政之研究》这篇文章观点上的不够系统和不够明晰，那是由于在他那个时代"这个领域的方向性原则本身就具有的不确定性"① 所造成的。威尔逊给予我们的是关于行政的相对独立性的广泛自觉。有了这种自觉，关于行政的专门性研究才变得可能。

需要指出的是，威尔逊与古德诺主张的是政治与行政的二分，而不是政治科学与公共行政学的二分。事实上，在威尔逊开始著述的时代，政治科学（political science）作为一个独立学科的地位在美国还是不受承认的。《行政之研究》发表之时，美国第一份政治学专业刊物《政治科学季刊》创刊不过一年（《行政之研究》发表于《政治科学季刊》第2卷第2期，即总第6期），美国政治科学协会（APSA）尚未成立，有名的大学政治科学学院只有哥伦比亚一家（《季刊》就是由哥伦比亚大学政治科学学院主办的），政治科学与历史学以及政治经济学处于一种彼此纠结的状态之中。直到1903年，APSA才从美国历史学协会（AHA）与美国经济学协会（AEA）中独立出来，但仍然与AHA以及AEA联合在同时同地召开各自的年会。② 此外，威尔逊与威洛比（Westel W. Willoughby，《公共行政原则》作者 William F. Willoughby 的双胞胎兄弟，从APSA建立开始长年担任协会秘书与财务主管，并于1912年当选APSA主席，是APSA早期的实际负责人）这两位美国政治科学重要奠基人所获得的都是历史与经济学而不是政治科学的博士学位。

也就是说，《行政之研究》发表的时期正是美国政治科学从历史学和政治经济学独立出来的时候，它刚刚开始扮演在整个社会科学体系中的一门独立学科的角色。在这种情况下，还没有独立的行政学科也是在

---

① Kent A. Kirwan, "Woodrow Wilson and the Study of Public Administration: Response to Van Riper," *Administration & Society*, 1987, 18 (2), p. 392.

② W. W. Willoughby, "The American Political Science Association," *Political Science Quarterly*, Vol. 19, No. 1 (Mar., 1904), pp. 107–111.

情理之中的，其至这个时候关于独立的行政学科的建构问题还没有被纳入学者们的视野之中，公共行政学是被作为政治科学的一个理所当然的部分来看待的。比如，在 APSA 首任主席的就职演讲中，古德诺（威尔逊当选第一副主席，但由于当选了普林斯顿大学校长而拒绝了这一职位）通过对国家意志的分析阐述了政治科学的构成。古德诺认为，国家意志的实现包含三个方面的内容：其一，国家意志的表达；其二，国家意志的内容；其三，国家意志的执行。其中，国家意志的表达是政治学理论和宪法学的传统领域，所以政治科学理应包含政治理论与宪法学。同时，根据当时的政治现实，还应加上对政党政治与选举过程的研究。另一方面，国家意志的内容就是法律，涉及政治科学的就是公法，所以，政治科学也须研究公法。在国家意志的执行问题上，往往涉及行政法与行政的方法等问题，这也是政治科学的基本内容。①

与古德诺就职演讲中所阐述的政治科学研究范围相比照，可以看到，我们今天所理解的公共行政学的研究对象正是涉及国家意志的执行的各种事务，所以，应当作为政治科学的一部分来看待。由此看来，虽然威尔逊提出了建立行政科学的倡议，但在当时的语境下，这种行政科学则是包含在政治科学之中的。事实上，从古德诺与威尔逊分别当选 APSA 首任主席与第一副主席的情况来看，他们也是被公认为美国政治科学的奠基人的。因此，尽管"政治—行政"二分原则的提出为公共行政的学科建构创造了前提，但威尔逊与古德诺却并未实际地进行公共行政的学科建构。在政治科学尚未获得独立地位的情况下，这一任务是无法进入政治科学家们（威尔逊、古德诺以及他们的同代人多是以政治科学家而不是传统的政治学家或政治哲学家自居的。尽管古德诺也认为政治理论是政治科学的必要部分，但他更加强调对于法律的研究，因为，是否了解具体的法律规则及其运行机制是政治科学家与政治哲学家的区别所在。当时，明确肯定政治哲学与政治理论价值的主要是威洛比，② 政治哲学与政治理论得以被写入 APSA 章程也主要得益于威洛比

---

① Frank J. Goodnow, "The Work of The American Political Science Association," *Proceedings of the American Political Science Association*, Vol. 1, First Annual Meeting (1904), pp. 35–46.

② Westel Woodbury Willoughby, "The Value of Political Philosophy," *Political Science Quarterly*, Vol. 15, No. 1 (Mar., 1900), pp. 75–95.

的坚持。① 总的说来，学者们关于政治科学与行政科学的提法充分体现了当时科学精神的强势）的议事日程的。也正是由于这一原因，这一时期关于公共行政的文献是较少的。只是在政治科学获得了自己的独立学科地位之后，当市政研究运动把学者们的视线聚焦到了城市政府的实际运行中来时，公共行政的学术文献才如雨后春笋般地涌现出来，公共行政学也才正式开始了自我建构的过程。

总之，威尔逊的《行政之研究》是公共行政发生史的终点，同时，又是公共行政及其学科历史的起点。威尔逊完成了把此前行政发展胚芽上的一层硬壳剥离开来的工作，同时也把关于行政相对于政治的独立性方面的模糊认识清晰化了。科学是有历史的，科学的历史是由人书写的，我们今天拥有了这样一门专门研究公共行政问题的科学，我们借助于这门科学咨议政府并为政府的发展规划方向，是应当铭记对这门学科的产生作出了贡献的人的名字的，是需要准确地找到这门学科的源头的。在当今的行政学界，有许多学者把公共行政及其学科的历史推及很远的年代，甚至认为亚里士多德那里就有了公共行政学的源头，这是不严肃的。就像有人谈及"服务型政府"的概念推及资产阶级启蒙思想家那里一样，都是一种企图通过泛化历史的手段而抹杀创始人贡献的行为，是不可取的。

第三节 公共行政学的研究及其教育

一 市政研究运动

虽然公共行政的认识史可以追溯到启蒙时期，但是，对它所进行的专业化和系统化的研究则大致发生在19世纪晚期。在某种意义上，这可以看作是"国家主义"崛起的结果。由于"国家主义"的崛起，政府在社会生活中的地位陡然提升，因而，对政府进行专门研究的需要也就变得强烈起来。正是在这一背景下，欧美各国纷纷掀起了研究政府的运动，尤其在美

---

① John G. Gunnell, "The Founding of the American Political Science Association: Discipline, Profession, Political Theory, and Politics," *American Political Science Review*, Vol. 100, No. 4 (November, 2006), pp. 479–486.

国，由于市政经理制的发明与流行，市政研究运动更是如火如荼。

比较而言，欧洲大陆的行政科学研究往往停留在科学管理的一般视角下，缺乏对公共行政的独特关怀。与欧洲大陆有所不同，英国的公共行政研究则囿于传统的政治学视角中，因而难以找到新的突破口。所以，欧洲的公共行政研究都显得缺乏共同的聚焦点。只有在美国，公共行政研究才在市政研究的主题下找到了超越传统政治学和行政法学的思维路径，而且也同时找到了与现代科学管理理论相结合的发展方向，从而为初生的公共行政学开辟出了一个相对独立和相对自足的领域。在这个过程中，也因为实践的需要，公共行政的专业培训与教学蔚然兴起。反过来，专业培训和教学又促进了公共行政研究，并逐渐渗透到了大学体制之中，成为大学学科专业建设的一个新的亮点。公共行政的专业研究和教育进入大学之后，受到了近代以来大学中的科学精神的熏染，在科学化的道路上走得也就更加坚定了。所以，正是这一时期专业研究和教学的出现，造就了公共行政学这样一门在20世纪成为显学的公共行政学。

在考察"公共行政"概念生成的历史时，我们发现它有着多个源头。但是，就公共行政的专门研究而言，则主要集中在英语学界。当然，在某个短暂的特定时期内，也就是在科学管理运动作为一场时代潮流而席卷了几乎整个世界的那个短暂时期内，公共行政是被作为科学管理在政府领域的具体表现来看待的。因而，英语学界的公共行政研究在这一时期也受到过以法约尔为代表的大陆"行政科学"研究的影响。不过，这种影响并没有持续多长时间。30年代以后，美国学者就逐渐垄断了公共行政研究的话语权，法约尔时代的欧洲行政科学研究则被纳入美国公共行政的话语体系之中而加以消化了，成为美国公共行政研究中偶尔出现的零碎主张，或者说，只在少数学者那里偶尔得到反映。

同时，即使同为英语学界的英国公共行政研究也被排除在了公共行政学的主流之外。所以，在英国的《公共行政》这份专业杂志上，我们竟然找不到一篇可以与西蒙的《公共行政"格言"》或弗雷德里克森的《通向一种新公共行政学》相媲美的文章。事实上，"在这一领域最顶尖的英国杂志《公共行政》上，1990年以前发表的论文只有很少得到过引用，1986年以前发表的论文则没有一篇居于本领域排名前100

的论文之列"①。也就是说，在公共行政学的历史上，《公共行政》这份历史最为悠久的专业期刊没有发表过对公共行政学科的发展产生过重要影响的论文。可见，无论"公共行政"的概念产生于何处，就公共行政研究方面的贡献而言，可以说美国学者所做的绝大部分属于一种原创性的工作。

1906年，在时任公民联盟（Citizens' Union）主席卡廷（R. Fulton Cutting）的资助下，美国第一个"市政研究所"在纽约成立。由于其工作契合了当时城市居民对于提高城市政府行政效率与工作透明度的需求，该机构的工作得到了社会各界的肯定与支持，并从第二年开始获得了美国两大家族——卡内基和洛克菲勒——的资助。作为一个试图探究"行政机密"的组织，研究所的工作很快引起了纽约市政府的警惕与抵触。而且，研究所在财政方面与卡内基和洛克菲勒家族的联系也促发了舆论对其政治动机的怀疑。在这种不友好和遭受误解的气氛下，纽约市政府甚至掀起了一场反对市政研究所的运动，不仅拒绝向它公布政府资料，而且对研究所的资助者提起诉讼，还以官方名义将研究所成员排除在市政府的职位之外。

在这种情况下，研究所要想继续生存下去的话，就必须表明自己的政治态度，即表明自己无意于参与政党政治，更不会将研究成果用于政治目的。于是，在文官制度改革中形成的"政治—行政"二分原则在此时却成了市政研究运动的"护身符"，市政研究所通过宣布自己"政治中立"的立场而使研究者与资助者都争取到了必要的生存空间。这就是罗伯茨（Alasdair Roberts）所指出的："公共行政共同体能够得以扩张，得益于三个洛克菲勒慈善机构的资金支持，这些机构对公众关于它们参与'政治'活动的批评极为敏感，并曾拒绝支持'政府研究'，以免被公众认为涉入了政治。政治—行政二分原则——一种认为政府活动的某一领域可以是'非政治的'这样一种早已众所周知的观念——作为一种修辞策略，可以允许这些机构为它们对于'政府研究'的支

---

① R. A. W. Rhodes, "One-way, Two-way, or Dead-end Street: British Influence on the Study of Public Administration in America since 1945," *Public Administration Review*, Vol. 71, No. 4 (July-August, 2011), pp. 559-571.

持进行辩护。"① 由此，出于自身存续的需要，美国的市政研究运动一开始就把"政治—行政"二分原则作为其研究活动的基本前提。② 也许市政研究运动中的学者们并不了然威尔逊是"政治—行政"二分原则的提出者，但他们却非常清楚这一原则对于他们所从事的研究工作的保障功能。

在"政治—行政"二分的前提下，"市政研究所代表了一种促进更有效的政府的全新方法。不同于宣言、纲领与政见，代之以自然科学的严谨的研究方法；不同于直觉的与合理化的改革计划，代之以对事实的不偏不倚的观察；不同于对公共官员的个人攻击，代之以把全部精力用来对控制着这些官员的'制度'进行分析；在工作方法上，不同于临时委员会、通用秘书和公关专家，它依赖于一支涵盖政府组织、公共管理（public management）、财政、工程、公共安全、卫生、福利与教育行政的全职的技术和专家队伍"③。换言之，市政研究的目的是要提高市政行政——也就是城市层面的公共行政——的专业化水平。这是因为，"外行仍然在很大程度上处于控制地位，专业化只是在偶然的情况下才得以体现，而对公共行政职业的直接培训，则是闻所未闻的事情。……在公共行政——不逊于人类行为的其他领域——中，我们需要用胜任替代无知，用内行替代外行，用专家替代万金油，用更多的分工

---

① Alasdair Roberts, "Demonstrating Neutrality: The Rockefeller Philanthropies and the Evolution of Public Administration, 1927 – 1936," *Public Administration Review*, Vol. 54, No. 3 (May – Jun., 1994), pp. 221 – 228.

② 其实，"无派性"（nonpartisan）是这一时期政治科学研究的共同诉求，威洛比、古德诺与肖（Albert Shaw, APSA 第二任主席）都强调了美国政治科学协会不参与政党政治、不做政治游说的宗旨，因为此前有过政治学团体因为卷入党争而失败的先例。不过，即使是出于"无派性"的目的，政治科学研究也不可能宣称"政治中立"（像韦伯在"科学与政治"的演讲中所说，他们只能主张"价值中立"），公共行政研究则必然会主张"政治—行政"二分。见 W. W. Willoughby, "The American Political Science Association," *Political Science Quarterly*, Vol. 19, No. 1 (Mar., 1904), pp. 107 – 111; Frank J. Goodnow, "The Work of The American Political Science Association," *Proceedings of the American Political Science Association*, Vol. 1, First Annual Meeting (1904), pp. 35 – 45; Albert Shaw, "Presidential Address: Third Annual Meeting of the American Political Science Association," *The American Political Science Review*, Vol. 1, No. 2 (Feb., 1907), pp. 177 – 186。

③ Luther Gulick, *The National Institute of Public Administration: A Progress Report*, New York: The National Institute of Public Administration, 1928, p. 13.

与专业化替代表面的灵巧,用经过系统训练的管理人员替代未受训练的新手"①。

出于上述目的,也是基于上述现实,研究所于 1911 年增设了公共服务培训学校(Training School for Public Service,后来发展为锡拉丘兹大学的麦克斯韦尔学院)。"当培训学校在 1911 年开始组建的时候,全美国没有任何一所学校拥有这样一门课程,它可以给予学生在专家指导下直接学习公共行政的机会。除了法律资料以外,公共行政课程中也没有任何可资使用的合格的教材或参考资料。"② 随着培训学校的建立,这种状况得到了改变,各种各样的与政府行政活动相关的小册子也开始迅速涌现出来,替学员也为研究者积累了大量宝贵的原始资料,从而为后来的系统化研究打下了坚实基础。今天看来,由于其非科班的性质,当时研究所与培训学校的工作显然会被认为是缺乏理论深度的。但是,却恰恰是这些来自实践的人,凭借其多年的实际工作经验为公共行政开辟出了一条道路,并使公共行政的研究成为一个独立的领域。所以,尽管威尔逊提出了把公共行政作为一个独立领域来加以研究的构想,但真正将其变为现实的,则是市政研究所汇集和代表的那群来自实务界的研究者,正是他们启动了培训与研究互动的进程。也正是这种高度务实的研究,使得公共行政学虽然不能(也不应)完全与政治科学相分离,但却成为了政治科学下的一个相对独立而且非常活跃的分支学科。

根据古利克的描述,培训学校的目标在于:"培训从事公共事务(public business)研究和管理(administration)的人才。提供这样的人才,以满足对于能够通过客观的方法和结果来评判市政服务的研究者和行政官员的日益增长的需要。获取并出版可以作为教材和授课基础的事实,它们可以被用于向城市政府(city administration)讲授(a)政治科学、政府与社会学、(b)会计、(c)工程、(d)公共卫生,与(e)学校行政之间的关系。"③ 1915 年,著名学者查尔斯·比尔德开始主事培训学校,于实务内容之外增加了系统的讲座和讨论课程。1918 年,

---

① Luther Gulick, *The National Institute of Public Administration: A Progress Report*, New York: The National Institute of Public Administration, 1928, p. 52.

② Ibid., p. 54.

③ Ibid., pp. 55–56.

比尔德成为研究所所长,努力促成了研究所与培训学校在学术性方面的迅速增强。1921年,研究所与培训学校共同改组为"全国公共行政学院"(National Institute of Public Administration)(不过,学院的资金来源仍然是私人机构),并明确提出了其组织目标:"管理一个致力于为公共服务、为政府研究、为有才智的公民角色和为市政教学培训人才的公共行政学校;研究并报告公共行政的原则与实践;维护并促进一个关于公共行政的图书馆的发展。"[1]

公共行政学院成立之后,特别强调此前研究所确立起来的传统应当得到坚持,其中,最为主要的就是坚持研究工作的科学性与客观性:"它致力于将科学应用于公共行政。它由这样一种信念——更多的政府进步可以通过科学精神的适用、不偏不倚的研究、不同理念的试验与行政原则的发现,而不是通过任何人类尚未采纳过的政治改革计划而得以实现——推动向前。为了这一目的,学院将殚精竭虑于不受阻碍的科学研究、无派性偏见的实际改革计划以及培训那些将这些相同的理念引进公共服务、研究和教育的男男女女们。"[2] 也应当看到,这个新改组的学院虽然名为"全国公共行政学院",其实并不具有英国皇家公共行政学院那样的全国性影响力,而是一个纯粹的民间机构。不过,学院通过自身的努力逐渐扩大了其影响力,很快就使该学院的一些活动显示出了广泛影响,并且引发了越来越多类似机构的出现,特别是学院的培训机构甚至对美国的教育体系形成了冲击。

培训学校所取得的成功对大学产生了重要影响,一些大学设立了公共行政专业,并逐渐承担起了从培训学校以及类似于"全国公共行政学院"等培训机构中剥离出来的学生的培养任务,从而形成了与培训机构间的分工。具体地说,当时大学与培训机构之间在培养学生方面的分工是:大学承担起基础性的专业知识教育,旨在培养学生;培训机构则在大学教育的基础上进行实务方面的培训,使这些来自大学的学生获得适应实际工作的能力和素质。这就是古利克所说的:"对于培训学校

---

[1] Luther Gulick, *The National Institute of Public Administration: A Progress Report*, New York: The National Institute of Public Administration, 1928, pp. 70 – 71.

[2] Ibid., pp. 102 – 103.

和学院来说，在它们的培训工作中，直接从事公共行政的初级研究生层次的指导变得不再必要。大学认识到了这种状况，并承担起了这部分工作。"① 得力于大学的支持，培训学校和学院逐渐变成了公共行政研究人员和从业人员的输出基地。经过多年的培训与教学，尤其是随着注重学科身份的大学的加入，公共行政的研究者已经开始形成某种学科意识，因而开始考虑与其他学科的关系了。

对此，古利克是这样描述的："无论是在科学的方面，还是在实际的方面，公共行政研究都不能远远超前于心理学、伦理学、经济学或社会学的科学发现。因此，未来的研究必须与其他这些学科的领军人物保持更加紧密的关系。这样的机会已经到来，公共行政研究必须对那些政府与社会学（government and sociology）、管理与心理学（management and psychology）、行政与经济学（administration and economics）彼此交织的知识边缘地带予以极大的重视。"② 在这段话中，我们发现，随着研究的不断推进，公共行政的研究者表现出了日益强烈的问题意识。因而，尽管他们也有着建立与维护一个独立学科的愿望与要求，但却没有让这种愿望与要求变成阻碍自己分析实际问题的路障，没有把自己禁锢在既定的学科框架之内，更没有让学科上的成就阻碍其对公共行政问题的进一步发现。由此可见，在公共行政学的发展史上，市政研究运动有着不可磨灭的贡献，一方面，它通过限定研究范围而使公共行政研究有了相对稳定的聚焦点；另一方面，在促进公共行政学科化的进程中，又使公共行政学保持一定的开放性，努力去把其他学科的研究成果纳入公共行政学的发展中来。

二　公共行政研究中的跨国行动

在科学发展史上，我们经常可以看到，一项研究在一国兴起的时候，也会同时在其他国家有着对同一主题的关注和研究。有的时候，可能由于一国的影响，其所关注的主题会传播到另一些国家；有的时候，

---

① Luther Gulick, *The National Institute of Public Administration: A Progress Report*, New York: The National Institute of Public Administration, 1928, p. 58.

② Ibid., p. 105.

在这种主题的国际交流没有发生的情况下,其他国家也表现出了对共同主题的关注。我们经常发现,在同一个时代,不同国家和不同地区往往会有着科学研究上的默契。当美国的公共行政研究在市政研究的主题下开始取得重要突破的时候,其他国家的公共行政研究也在行政科学的主题下不断地向前推展,国际范围内的对话也因此而成为可能。1910 年,第一次国际行政科学大会(Premier Congrès International des Sciences Administratives)在布鲁塞尔召开。在这次会议上,美国还是作为行政科学研究的后来者出现的,所以,美国学者在这次会议上并未发出什么声音。而且,我们发现,由于会议所确定的题旨是行政科学,以至于"公共行政"的概念并没有引起人们的重视。由于"一战"的爆发,本来计划定期召开的大会被迫中止,直到 1923 年才在布鲁塞尔召开了第二次大会。在这次会议上,已经经历过市政研究运动洗礼的美国学者开始发出了自己的声音,相应的,公共行政的概念与行政科学的概念也在会议上出现了交锋。

就当时的情况来看,尽管泰勒在科学管理运动中一直扮演着领军人物的角色,但在更为偏重政府问题的行政科学研究方面,美国尚未构成对欧洲中心的挑战,两次大会的主席分别由时任比利时下议院议长的科尔曼(M. Cooreman)和法国著名管理学家法约尔担任,这可以视作对美国地位的一种注释。在 1923 年的国际行政科学大会上,两任主席分别致了开幕词。从大会的分会场来看,"不同会场分别处理:1. 市政行政;2. 州与市之间辖区的行政;3. 公共和私人的中央组织;4. 国际行政与文书;以及 5. 公职培训和改进行政方法"①。这些分会场议题事实上是包含着美国学者发表意见的空间的。虽然从会议的名称到分会场的主题都没有出现"公共行政"的概念,但在怀特的发言中,是把法约尔尊称为"大陆公共行政的一位领军人物"的,从而表达了美国学者试图对会议讨论内容加以引导的意图。

当然,如果说当时的学者已经意识到"行政科学"与"公共行政"两个词语上的明晰差异的话,那是言过其实了。但是,美国学者与欧洲

---

① Leonard D. White, "The Second International Congress of Public Administration," *The American Political Science Review*, Vol. 18, No. 2 (May, 1924), pp. 384–388.

学者措辞上的差异，代表了两种截然不同的研究取向。随着美国学者对"公共行政"概念的进一步阐发，这一点更加明显地表现了出来。在法约尔的主导下，大会试图提出一些行政原则作为各个主题的解决方案，事实上，1937年出版的《行政科学论文集》中所收录的法约尔的著名论文，就是他在本次大会上的致辞。根据怀特对这次会议的评价，"在某种程度上，这些解决方案是大会工作的最好见证，尽管作为公共行政原则的表达，它们在许多方面都是不能令人满意的。它们不可避免是在相当简短的讨论之后形成的，而且，不止一次，它们不得不采用相当笼统的措辞，以满足具有广泛差异的环境和条件的不同国家间的状况。因此，它们的语言经常缺乏精确性，事实上不过是对一种一般愿望的含糊表达"①。

1923年的国际行政科学大会反映出了当时公共行政研究的一些总体特征。首先，大陆学界与英语学界在研究取向上的不一致暴露了出来，大陆学界在法约尔的主导下持有的是"一般行政"的视角，② 而英语学界则坚持公共行政的概念与学科建构的方向；其次，在英语学界内部，英国学者的研究仍然占有相当程度上的主导地位，比如，在美国人最为熟悉的第五个（人事行政）问题上，"这次会议最后督促每个国家都以英国公共行政学院为样板而建立一个公共行政学院，作为行政研究的中心"③。然而，到了20世纪30年代后期，英国学者却逐渐淡出了公共行政研究的主流。即使在这种情况下，已经享誉国际公共行政学界的怀特与老莫舍尔（William E. Mosher）——麦克斯韦尔学院第一任院长、ASPA第一任主席——还在感叹美国缺乏一个像英国公共行政学院

---

① Leonard D. White, "The Second International Congress of Public Administration," *The American Political Science Review*, Vol. 18, No. 2 (May, 1924), pp. 384–388.

② 事实上，根据Cooreman在1910年的发言，行政仅仅是与公共问题有关的。而在1923年的开幕词上，法约尔则要求将这种狭隘的观念纠正过来，即要求努力建构一种具有普适性的行政理论。见Henri Fayol, "The Administrative Theory in the State," In Luther Gulick and L. Urwick (Eds.), *Papers on the Science of Administration*, First Published 1937 by the Institute of Public Administration, New York, This Edition Published by Routledge, London and New York, 2003, p. 101。

③ Leonard D. White, "The Second International Congress of Public Administration," *The American Political Science Review*, Vol. 18, No. 2 (May, 1924), pp. 384–388.

那样的机构。①

　　单纯从学术研究的层面看，之所以美国不能建立起一个像英国那样的公共行政学院，一个可能的原因是：英国公共行政学院本身是由高级官员组成的，所以他们更容易接触到高层次国家行政的第一手材料。相比之下，美国学者的"草根"色彩则更为浓厚，特别是在罗斯福倡导"公共关系"之前的这一时期，美国学者几乎无法接触到联邦行政的一手材料。因而，在强调"事实"的学术氛围下，英国学者的发言显然要比美国学者更有底气，也更容易得到实践者的认同。但是，另一方面，也正是由于英国的公共行政研究有着较为浓厚的官方色彩，在获取一手事实材料方面更为便利，从而限制了其在研究方法和理论建构方面的追求。由于在研究方法和理论建构方面缺乏探索精神，所以英国学者往往惰于突破传统的思维框架，不愿意去对那些具有新意的事实加以审视并作出理论提升。

　　我们知道，即使在自然科学研究中，眼里只有"事实"的人也永远无法成为伟大的科学家，真正的科学家必然拥有一种超越事实的理论意识或学科意识，否则，就永远只能在事实的迷宫中困步不前。公共行政研究也是这样。美国学者虽然因受到"政治—行政"二分原则的限制和科学管理精神的感染而同样注重事实，但是，由于与英国学者相比更难以接触到实际情况，从而不得不在研究的规范性和系统性方面作出更多思考。得益于这种思考，美国学者能够表现出一种积极的创造性，能够在那些看似陈旧的事实之中解读出新意，并最终通过这种更为纯粹的学术性思考获得一种官员们无法企及的理论意识与学科意识，从而承担起了领导公共行政学科建构的任务。

　　在当时，美国学者并没有在国际公共行政学界中获取相应的地位，他们甚至还需要为自己的参会名额而伤透脑筋："对美国行政研

---

① William E. Mosher, "The Profession of Public Service," *The American Political Science Review*, Vol. 32, No. 2 (Apr., 1938), pp. 332–342; Leonard D. White, "Administration as a Profession," *Annals of the American Academy of Political and Social Science*, Vol. 189, Improved Personnel in Government Service (Jan., 1937), pp. 84–90; Leonard D. White, "Developments in Public Administration, 1929," *The American Political Science Review*, Vol. 24, No. 2 (May, 1930), pp. 397–403.

究者来说，某些结论是不言自明的。显然，我们面前的是一个我们不能置之不理的重要国际组织。下一次大会将于1926年春在巴黎召开，我们必须采取一些措施，以确保美国在这一场合得到足够的代表。"①然而，很快，美国学者却由于获取一手研究资料的困难而在研究方法和理论建构方面取得了突破性的进步，从而使其公共行政研究方面的理论优势和学科优势显示了出来，并逐渐使其影响得到扩大。大致到了30年代，美国已经成为公共行政研究的重镇，而且确立了它在20世纪公共行政研究中的主流话语地位。美国的经验表明，对于科学研究而言，特别是对于社会科学研究而言，有的时候，与事实保持一定距离可能是好事。如果学者湮没在事实之中，反而会表现出惰于思考的状况；相反，学者们则会在有限的事实经验基础上深入挖掘，会努力去发现那些有限事实背后的规律，从而在理论建构方面收获更多的成果。

在英语学界，公共行政研究上的理论和学科优势更替是逐渐实现的，就在多数美国学者还在英国学者面前唯唯诺诺的时候，一些英国学者已经意识到了本国研究的滞后。比如，亚当斯（W. G. S. Adams）1926年就在《公共行政》上撰文指出："最近几年见证了有关中央和地方行政组织的文献有了非常令人鼓舞的发展，本学报在这方面就提供了一个极有价值的信息渠道。但是，如果考虑一下华盛顿的公共行政研究机构、美国城市中的某些市政研究机构以及大学和学院机构正在做的工作，我们就会认识到，尽管我们近来的研究进展是令人鼓舞的，但在为研究所做的准备和在传播信息的手段上，我们都远远落在了后面。"②有鉴于美国公共行政研究所取得的积极进展，亚当斯认为："眼前紧要的任务是将公共行政研究放入政治和经济研究的课程之中，并发展关于公共行政的研究生培训与研究。……为了促进这一领域中的系统思考并提供这些科目的教师，很重要的一件事就是要在我们的大学与学院中对

---

① Leonard D. White, "The Second International Congress of Public Administration," *The American Political Science Review*, Vol. 18, No. 2 (May, 1924), pp. 384–388.

② W. G. S. Adams, "University Education in Public Administration," *Public Administration*, Vol. 4, No. 4 (October, 1926), pp. 431–433.

公共行政给予更为明确的承认。"①

1933 年，英国皇家公共行政学院组织召开了一场关于大学教学的会议，"大会似乎倾向于同意，在整体上，存在一个足以确保公共行政在大学课程表中找到其独立地位的知识体系。我们所需要的实际上是在活的与真实的意义上而不是死的与虚假的意义上的政治哲学的发展。公共行政的正确教学将在对人际和环境问题——这些问题包含在对现代国家、它的中央与地方部门，以及作为整体的政府机构的组织与结构的研究之中——的现实主义对待中将政治哲学的空洞教条抛诸脑后。……在广义上，公共行政包含如经济学、经济史、中央和地方政府，以及统计学等学科，但至少它将包括（1）经济学（包括公共财政），（2）宪政史及法律，（3）政治理论，以及（4）中央和地方的政府机构。这些是大学能够向学生传授的。另一方面，各方都同意，一些范围狭窄、技术贫乏的主题——办公室实践、市政财会，我们对它们充满疑惑——是不能指望大学去承担的"②。

显然，当时的英国公共行政学界已经意识到，在公共行政教学方面，英国与美国相比有着很大距离。美国的公共行政教学是在市政研究运动中兴起的，并由这些市政研究机构先进行实践，然后扩大和推广到了大学，它所注重的是微观的行政实务，具有很强的专业化特征；英国的教学则主要以大学为依托，因而保留了较强的人文主义传统，在专业训练上则缺乏像纽约市政研究所以及培训学校那样的专门机构。事实上，这种差别也是由两国的人事选拔制度所决定的。简单地说，当时英国的文官制度要求的是"通才"，即不分专业地从顶尖大学——主要是剑桥与牛津——中挑选高分学生，分配高级行政职位，在入职之后，再安排必要的专业培训。所以，英国政府实际上并没有强烈的专业教育需求，体现在大学中，也就不需要一个公共行政的专门学科。美国的人事制度则不同，它对"专才"的要求更为强烈，所以有着专业教育的需求，不仅需要如市政研究所等专业培训机构去为政府培养专门人才，也

---

① W. G. S. Adams, "University Education in Public Administration," *Public Administration*, Vol. 4, No. 4 (October, 1926), pp. 431–433.

② J. D. Imrie, "Impressions of the Joint Universities Conference on the Study and Teaching of Public Administration," *Public Administration*, Vol. 10, No. 2 (April, 1932), pp. 115–119.

需要在大学中开设专业课程。正如费富纳所说:"尽管英国大学也采取了一些鼓励教授公共行政专业课程的措施,但它在这方面的发展是远不可与美国相比的。事实上,英国的某些教育和行政方面的领导人本身就怀疑教授公共行政课程的价值。"① 正是因为英国存在着这种对公共行政专业知识的怀疑,所以其在公共行政的研究和教学方面被美国超过。在美国,由于在市政研究运动中积累起了公共行政知识和教育实践经验,所以他们建立公共行政的理论体系和教学体系有了充分的知识支持。这是美国在公共行政领域中所走出的一条"赶超"欧洲国家的道路,这一美国经验对于中国的公共行政学科发展也许是有着启发和借鉴意义的。

三 为公共行政的领域划界

当公共行政的专业知识教授引入大学后,或者说,当在大学里开设了公共行政的相关课程时,显然就提出了编写相应的教材之需求。因此,随着市政研究运动的不断深入和公共行政专业教育向大学的渗透,一些学者也开始了公共行政专业教科书的编写工作。1926 年和 1927 年,怀特与威洛比分别出版了《公共行政导论》和《公共行政原则》。这两部教材成了 20 年代最具代表性的公共行政教科书,其中,怀特的《公共行政导论》甚至被拉斯基评价为在英国文献中找不到对手的作品。②

在《公共行政原则》中,时任政府研究所(Institute for Government Research,就在《公共行政原则》出版这一年,与同受 Robert S. Brookings 资助的其他两个研究所一起合并为著名的"布鲁金斯研究所",与其他市政研究机构不同,它试图成为一个全国性的政策研究机构,直到今天仍然是最重要的民间智库之一)所长的威洛比回顾了当时的研究状况:"一个值得注意的事实是,尽管行政在政府事务的领域中非常重要,但却很少有人尝试把它的问题作为问题来加以研究。今天,如果一

---

① John M. Pfiffner, *Public Administration*, Revised Edition, New York: The Ronald Press Company, 1946, p. 14.

② Harold J. Laski, "Introduction to the Study of Public Administration by Leonard D. White," *Economica*, No. 21 (Dec., 1927), pp. 379–380.

个人突然被要求担任政府中的某个重要行政职位,他将不得不在无法求助于任何可以帮助他确定和满足其职责的专业论文的情况下仓促上任。同样,就政治科学的研究者来说,尽管他拥有大量可以随意支配的有关一般的政治和宪法原则以及政府结构的优秀著作,但当他试图着手于组织的实际问题与机构的具体运作——政府通过它们而将已被制定的政策付诸实施——时,却依然是一头雾水。"① 因此,"为了弥补这种(行政知识上的)匮乏,至少是作出一些初步的努力,在这本书中,作者竭力赋予本书的是一种系统化的论述。也许有人会反对将行政称作一门科学。无论这种反对是否正确,本文所持的立场是,在行政中,存在着一些类似于作为任何科学之特征的、普遍适用的基本原则,如果行政之目的——操作上的效率——要得到实现的话,这些原则就必须得到发现,并且,只有通过严格运用科学方法来进行探索,这些原则才能得到确定,它们的重要性才能为人所知"②。

就威洛比的教科书而言,尽管名为"公共行政的原则",但在其内容中却没有明确提出公共行政的原则是些什么。事实上,作者在副标题中已经指出了本书是对美国全国性政府和地方政府的研究,带有极强的地域性特征,所以,我们是不可能从中得出什么普适性原则的。但是,正如作者所说:"如果它没有其他贡献,至少代表了一种艰辛的努力,那就是将极其宽泛的和复杂的公共行政问题转化为了其构成要素,进而替未来更为专门和细致的研究打下了基础。在寻求这样做的时候,它在很大程度上是在开辟新的疆土。因此,很难期望它的分析本身以及它所达致的关于在行政事务的完成中应得到遵守的基本原则都能得到普遍的赞同。"③ 从谋篇布局来看,这本书所列举的公共行政的要素包括一般行政、组织、人事、物资与财政几个主要部分,这种分类和组织的方法的确反映了作者对当时粗放的公共行政研究进行系统化整理的努力,也为后来的教科书编撰定下了某种体例。也就是说,这本教科书大致划定了公共行政的研究范围。

---

① W. F. Willoughby, *Principles of Public Administration*, Washington: The Brookings Institution, 1927, p. ix.

② Ibid., p. ix.

③ Ibid., p. x.

在公共行政专业研究不断取得进步的同时，公共行政的实践也取得了许多新的进展。"在1910年以前，美国公共行政吸引国民注意的主要方面是其分肥制度和市政方面的改革。世界大战以及随之而来的公共支出的增加在过去15年里造就了一种明显的趋势，从而对更为负责和更加有效实施的公共事务提出了要求。……在20年的时间里，各个州——除一个州之外——与数百个城市都引进了某种类型的预算制度；集中采购不断取得进步；不间断的财政监管体制得以发明；一种新型市政主管——市政经理——得以产生；在所有方面，首席行政长官的行政权力都得到了极大增强。"① 在这些进展中，最为重要的是"市政经理制"（city manager plan）的兴起与流行。在某种意义上，市政研究运动之所以能够蓬勃发展，就是因为实践中产生了"市政经理制"这样一种城市行政类型。

"市政经理制"亦称"议会经理制"（council - manager plan），应当被看作是"政治—行政"二分原则在城市治理中的一种应用，即城市议会负责政治决策而不干预行政执行，市政经理则负责行政执行而不参与政治决策和政党分肥。显然，市政经理制与市政研究运动之间有着密切的关系，体现出了实践与理论之间的同步发展。事实上，它们也的确是一场相互促进的改革运动。应当说，正是它们之间的相互促进合力将公共行政实践和研究的焦点聚集在了不受政治干扰的效率之上。我们已经看到，市政研究运动在兴起之初，曾因政治方面的原因而受到城市政府的抵制，从事市政研究的学者往往难以获得市政管理的一手材料。随着市政经理制的出现，城市政府再没有任何理由反对市政研究了，反而需要借助于市政研究来提高自身的效率。

到了20年代，城市政府与市政研究运动的关系已经显著改善，研究者被允许介入预算过程、采购方式、工资标准、债务、财会、税收等几乎所有行政过程之中。学者们也借此获得了大量一手资料和直观感受。在某种意义上，可以认为，正是因为有了这些具体的行政经验，研究者才能够编写出公共行政教科书。可见，正是市政经理制的产生与推

---

① Leonard D. White, *Trends in Public Administration*, New York: McGraw - Hill Book Company, Inc., 1933, pp. 8 - 9.

广，促使美国公共行政研究后来居上，担任起了建构并领导这一学科前行的重任。如果考虑到当时许多公共行政研究者都有过担任市政经理的经历——著名的如布朗洛、古利克、莱德利（西蒙的老师）等，即使像怀特这样的学院派，也曾在国际市政经理协会的官方刊物《公共管理》中担任过编委会的职务——这一点就更为明显了。不过，市政研究运动之所以在市政经理制实施过程中受到了欢迎，是与前一时期处于困难境地时所取得的方法和理论建构成果联系在一起的。如果市政研究运动没有通过其研究成果证明自身价值的话，也是不可能获得这种受重视的地位的。

在美国，尽管专业的公共行政培训在市政研究运动中早已进行得有声有色，但是，这种明显具有科学取向的培训要想进入有着深厚人文主义传统的大学，还是遇到了许多阻力。事实上，在这个问题上，美国学术界和教育界也确实出现了多次争论，争论的焦点之一就是是否需要开设公共行政的本科课程。莱瑟森（Avery Leiserson）描述了这些争论的结果：在当时，"公共行政不被认为是一种独特的技术、一种单独的活动类型，或一个统一的主题，人们在这方面没有能够达成一种共识，从而去作出一种专门的课程设置。相反，在本科层次上，人们拥有实质性的共识，认为广泛的文科通识教育才是最佳方案"[①]。人们认为本科层次不适宜于开设公共行政专业课程，"这样的课程通常应当开设在研究生层次，且应当包含公共行政的一般原则、组织与管理、人事、财政和计划"[②]。事实正是如此，"公共行政课程的内容越来越倾向于强调总的管理活动和所谓'员工'活动而不是政府的业务职能。当然，也有很多人要求对业务职能给予一种更广阔的总体关注。尽管这些观点是值得重视的，但我们的研究生课程表却越来越倾向于对管理和员工问题、人事行政、财政行政、计划、组织和管理等问题的研讨"[③]。"在美国大学中，作为一个教学科目，公共行政被视为执行政府日常事务的过程。公

---

① Avery Leiserson, "The Study of Public Administration," In Fritz Morstein Marx (Ed.), *Elements of Public Administration*, New York: Prentice – Hall – Inc, 1946, p. 38.

② John M. Pfiffner, *Public Administration*, Revised Edition, New York: The Ronald Press Company, 1946, p. 13.

③ Ibid., 1946, p. 20.

共行政的原则来源于在政府或者私人企业中使用的最为成功的技术。出于方便,它们被归为以下几项:(1) 组织,(2) 预算,(3) 会计与审计,(4) 采购,(5) 人事,以及(6) 诸如法律咨询、办公用具供应、建构、工程和统计服务等各种服务。"① 一般来说,科学研究的状况决定了一门专业知识被纳入教学体系中的可能性,公共行政也必然要遵循这一规律。从当时的教科书中可以看到,公共行政的研究主要集中于一般原则、组织与管理、人事行政、财政与计划等问题,其专业教学也就不可能超出这个范围了。虽然一些学者也要求对政府的诸多业务职能给予一定的关注,但是,由于这方面的研究并不深入,所以很难对教学提供充分的支持。

总的说来,这一时期的公共行政教学内容更多的是对科学管理理论的复制,即把科学管理理论的内容稍加改装后运用到了公共行政的教学中来。所以,这一时期美国的公共行政研究和教学基本上是在组织层面的意义上开展起来的,并不具有明确的国家问题意识,不是围绕国家层面上的问题去进行研究和教学设计的。在某种意义上,这一时期的公共行政研究和教学是可以被命名为"城市行政"的。也许,正是以城市行政的面目出现,它才能够理直气壮地坚持"政治—行政"二分原则,才能坚持表达对事实的关注。如果不是这样,而是上升到国家的层面去探讨公共行政的问题,则虽然"政治—行政"二分原则在当时已经被提了出来,但在落实到研究和教学之中去的时候,肯定会出现各种各样的歧见。因为,这一时期的人们并没有普遍建立起科学意识,在很大程度上还受到价值思维惯性的支配。

进入30年代,随着"大萧条"的出现,美国迅速进入了一个行政集权的时期,国家成了所有社会活动的中心,并取代城市而成为公共行政研究的首要对象。1936年,罗斯福任命布朗洛、梅里亚姆和古利克成立了一个"总统行政管理委员会",开启了政府资助公共行政研究的历史,并顺理成章地得出了"总统需要帮助"的结论。这种包含着价值倾向的研究引起了布鲁金斯研究所的争议,"1937—1938年的这场争

---

① Harvey Walker, "An American Conception of Public Administration," *Public Administration*, Vol. 11, No. 1 (January, 1933), pp. 15–19.

论致使多数行政研究者改变了他们认为公共管理（public management）是一门由'原则'构成的科学的观念。由于某种原因，科学研究者——当他进行研究的时候，抛开了他作为人的肉身，收集、筛选、检测与权衡他的事实，并最终达到最可靠的结论——的观念在政府研究中被发现是很成问题的。"① 由此，公共行政的研究和教学发生了一场重大的转型。

此前，在关于城市行政的研究中，学者们已经归纳出了公共行政的基本要素，划定了公共行政学的学科范围，确认了公共行政这样一个领域的存在。随着领域边界的日渐明晰，公共行政的封闭化或者说学科化的过程走近了终点，就只差对这一概念及其所代表的治理活动与学科门类给出一个规范性的定义了。"到1930年代末，公共行政作为一项职业与一种研究领域的重要性已经发展到了这样一种程度，它开始被作为社会科学中的一个独立学科而得到了集中的研究。"② 正如其他任何学科的形成一样，通过这种专业化的研究与教学，公共行政的学科形象一天比一天更为清晰地呈现在了人们面前。

---

① Avery Leiserson, "The Study of Public Administration," In Fritz Morstein Marx (Ed.), *Elements of Public Administration*, New York: Prentice – Hall – Inc, 1946, p. 34.

② Marshall Edward Dimock, Gladys Ogden Dimock, and Louis W. Koenig, *Public Administration*, Revised Edition, New York: Rinehart & Company, Inc., 1958, p. 8.

第三章　公共行政概念的经典含义

作为一个概念，公共行政的经典含义是在20世纪初美国的"市政研究运动"中获得的。与"市政研究运动"相对应的，是进步主义时期美国城市中掀起的市政改革运动。这场改革在城市的层面上完成了与文官制度改革的历史交接，使公共行政的主题从反对腐败等道德议题转向了对于效率的科学关注，并由此开启了公共行政科学化、技术化的发展路向。在此过程中，公共行政的概念在科学与伦理、政治与行政、公共与私人等各种关系与多重视角中得到了学者们的反复审视，逐渐获得了相对确定的内涵。具体地说，在科学与伦理之间，公共行政放弃了伦理价值，走上了科学化的道路；在政治与行政的关系问题上，公共行政建立在"政治—行政"二分的原则之下；在公共行政与私人行政之间，则确立了明晰的边界。随着"新政"逐渐把公共行政研究的重心从城市重新转向了国家，学者们也在新的现实条件下赋予了它更加多元的定义：第一，在科学化的方向上，学者们突出了它的管理内涵；第二，在政治与行政的关系中，尽管始终有着把行政与政治分开的要求，却再一次使公共行政与政治间那种割不断的联系凸显出来；第三，由于行政部门越来越多地介入社会生活的各个领域之中，公共行政的概念也随着政府职能的增长而不断被加以重新定义。

在这一过程中，有两个类似的概念对公共行政概念的定型有着非常重要的参照意义，它们就是由"总统行政管理委员会"所创造的"administrative management"和因"国际市政经理协会"的会刊《公共管理》而得以流行起来的"public management"。其中，"administrative management"则是罗斯福政府为推行行政重组而发明的一个概念，它虽然在公共行政研究中一度流行，却并未给公共行政的概念带来什么新的内容，也未能对公共行政概念的学术主导地位构成挑战。同样，"public management"的概念虽然在20世纪后期一度取代了公共行政，但在这一时期，却没有什么特别的含义，人们往往把这个概念与公共行政不加区分地混同使用。在考察公共行政概念发展史的时候，这些概念的出现要么反证了公共行政概念的重要性，要么用对公共行政概念挑战的方式而使其内涵得到丰富。也就是说，公共行政概念变异形态的出现也在公共行政成长和发展过程发挥了一定的影响，而且，也是公共行政成长和发展中必然要经历的过程。

第一节　三维视角中的公共行政概念

一　在科学与伦理之间

一门学科走向成熟并不是一蹴而就的，而是需要经历一个缓慢的知识和思想积累的过程。虽然不同的学科在知识和思想的积累过程中会有不同的表现，但是，其一致之处在于：几乎所有的学科在其产生和发展初期，都是围绕着一些关键概念展开的。首先，是因为人们面对一些问题需要提出一些关键概念去实现对问题的认识，并寻求解决方案。然后，随着认识的不断深入，人们逐渐发现了这些概念的不足，或者，需要在诸多关键概念之间建立起一种逻辑联系。再后来，就形成了一个系统化的知识体系，同时也去努力建构起一个基本的学科框架，并用知识去填充学科框架，从而形成一门学科。作为一门学科的公共行政学也经历了这样一个过程。起初，人们围绕一些概念而展开讨论，随着理论探讨的不断深入，学者们逐渐厘清了这些概念的边界，进而尝试着对一些基本概念作出定义，并找到了概念群落中的各个概念之间的联系和区别，从而产生了公共行政学。

对于公共行政学而言，最为关键的概念就是"公共行政"。在某种意义上，公共行政研究史上所发生的所有争论都可以归结为一个问题，这就是：究竟什么是公共行政？回顾历史，我们看到，作为一个概念，公共行政的产生途径是多元的，在法语、德语和英语这三大欧洲语言中我们都能找到它的起源。但是，作为一个学科，公共行政的建立与成熟则主要得益于英语学者（尤其是美国学者）的贡献。今天，如果我们要在课堂上讲授公共行政的学科发展史，就不得不更多地提及美国学者的贡献。事实上，在我们的行政学说史的教科书中，所叙述的基本上就是英语学者（包括移居美国并用英语进行写作的欧洲大陆学者）的思想和理论。尽管欧洲大陆学界也曾流行过"公共行政"的概念，但在20世纪初期，这一概念却几乎在欧洲大陆的主流学术圈中消失了。我们很难说欧洲大陆学者对公共行政学科的产生作出了直接的贡献，因为他们并没有通过对公共行政概念的定义去从事学科建构的工作。所以，关于公共行政学说史的研究，需要更多地从英语文献中去发现其行进的踪迹。

在某种意义上，近代以来的几乎所有思想都是发源于启蒙运动初期的，所以，公共行政的思想也可以在启蒙思想家那里找到某种雏形。不过，对公共行政的思想作出现代表述的，却是启蒙后期的两部重要著作——《联邦党人文集》与《论美国的民主》。或者说，这两部著作对公共行政这一学科的产生发生了较为直接的影响，而这两部著作所讨论的又都是美国的情况。我们知道，美国宪法没有对"administration"一词作出规定，由于这一原因，尽管《联邦党人文集》这一重要的宪法文献也提到了行政和公共行政的问题，但当美国学者试图为公共行政的实践地位和学科地位摇旗呐喊时，还是显得底气不足，因而不得不向欧洲老大哥求援。

今天，我们大都把1883年的文官制度改革视作公共行政这一治理实践模式的起点，而在实际上，美国学者为这一改革所作的论证却几乎全是以欧洲国家的情况为依据的。比如，这场运动的代表人物伊顿（Dorman B. Eaton）就主要是以英国文官制度为模板去设计后来被学者们称为"伊顿制"的功绩制度的。在1880年出版的《英国文官制度》中，伊顿首先借托克维尔之口对欧洲大陆的行政现状作了一个一般性的介绍："在我们的时代，欧洲的所有政府都已不可思议地改进了行政的科学（science of administration）；它们在更有序、更迅速与更低成本的条件下做出了更多事情，甚至所有事情。"① 伊顿高度赞扬英国的行政发展水平，他甚至认为："我们在政治中最忽视的，他们却研究得最

---

① "Democracy in America," by De Tocqueville, Vol. II, p. 378, Quoted in Dorman Bridgman Eaton, *Civil Service in Great Britain: A History of Abuses and Reforms*, BiblioBazaar, LLC, 2009, p. 7.

多——这就是行政科学。"① 在伊顿看来,"在英国,公共行政(public administration)事实上已经被简化成了某种类似于科学的东西"②。因此,伊顿拿英国与美国当时"政党分肥制"条件下的政治腐败以及行政低效进行比较,呼吁美国去效仿英国建立起一种能力本位的公共行政。伊顿认为,在美国"存在一种深切的需要,以净化公共行政(to purify public administration),停止党派专制,并实现官职的能者居之"③。正是基于这种认识,伊顿为美国的文官制度改革四处奔走,并最终促成了由他执笔的《彭德尔顿法案》的通过和由他领衔的文官委员会的建立,从而推动了美国的文官制度改革并建立起了现代文官制度。

在伊顿关于公共行政的表述中,我们显然可以读出两层含义:第一,在"公共行政事实上已经被简化成了某种类似于科学的东西"的表述中,公共行政主要是被作为一个科学范畴来看待的;第二,在"净化公共行政"的表达中,公共行政则被赋予了浓重的伦理色彩。事实上,在"科学与伦理之间"去确立公共行政的取向,不仅是文官制度改革的一大特征,也是百余年来公共行政发展的基本线索。一方面,由于反腐诉求,文官制度改革表现出了厚重的道德特征,对文官个人和文官制度整体的行为和品质都提出了较高的要求;另一方面,行政低效以及官僚主义的问题,又刺激了人们去寻求科学精神的支持,要求文官制度改革通过科学化而谋求效率。在此意义上,也提出了向更有效率的私人企业学习的口号,而这种学习在本质上也就是提高行政机构的科学化水平,即借鉴私人企业的管理方法。

在当时政治与行政尚未分化的条件下,文官制度改革的道德取向显得较为突出,在某种意义上,可以说是公共舆论对公共行政提出的道德诉求促使文官制度改革进入了政治议程。不过,这一改革进程甫一启动,就走上了科学化的道路,功绩制就是一种建立在科学原则基础上的人事制度,至少反映了科学思维。所以,1883年的文官制度改革实际

---

① Dorman Bridgman Eaton, *Civil Service in Great Britain: A History of Abuses and Reforms*, BiblioBazaar, LLC, 2009, p. 4.
② Ibid., p. 11c.
③ Ibid., p. 4.

上是在科学取向中实现了功绩制的合理化设计。而伦理取向却在文官制度改革进入政治议程的同时迷失了方向，即便是在舆论再起波澜的时候，也因为无法转化为制度安排而仅仅表现为一种话语，至多反映在一些个人行为上。公共行政的研究也可以说是作为1883年文官制度改革的产物而出现的，在科学取向与伦理取向的问题上，它也反映了文官制度改革的这一以伦理为始和以科学为终的特点。可见，如果说文官制度改革为公共行政提供了科学建构与伦理建构这样两种可能的话，那么，当改革的成果定型之后，伦理建构也就逐渐淡出了人们的视野，从而使科学建构成了公共行政研究者的关注重心。

在1887年发表的《行政之研究》中，威尔逊替伊顿所说的"行政科学"进行了原则性的论证。不过，我们也已经指出，在这篇文章中，威尔逊对"公共行政"的概念并未给予充分的关注。从该文的整体情况看，在科学与伦理之间，威尔逊明白无误地偏向了科学，在他看来，文官制度改革已经完成了伦理或道德的课题，接下来的工作就是专心致志于科学建构。他说："文官制度改革只是对接下来的改革的一个道德上的准备。通过建立公职作为一种公共职责的尊严，它净化了官场生活的道德氛围；通过机构的非党派化，它开辟了对其进行企业化管理的道路；通过端正其动机，它使其得以改进其工作方法。"① 所以，威尔逊对公共行政所采取的是科学建构的态度，所呼吁的是行政科学研究。尽管威尔逊并不否认公共行政中存在着伦理和道德的问题，但是，他却没有表达任何希望把伦理方面的研究纳入行政科学中来的意向。关于这一问题，也许有着更古老的学术情结在其中作梗。我们知道，在亚里士多德那里，政治学与伦理学之间有着千丝万缕的联系，当威尔逊试图把行政科学作为一门独立的学科来加以建构的时候，首先确立的就是"政治—行政"二分的原则。也就是说，威尔逊深深地体会到了政治学与伦理学的密切关系，在要求把行政科学与传统政治学区别开来的努力中，必然会对伦理学作出排斥。所以，威尔逊所确立的公共行政传统就是"纯净的"科学取向。

---

① Woodrow Wilson, "The Study of Administration," *Political Science Quarterly*, Vol. 2, No. 2 (Jun., 1887), pp. 197 – 222.

根据费富纳的看法，虽然 19 世纪的行政机构中谈不上有什么道德，但其更为严重的问题则是不科学。在当时的美国，"工业革命刚刚萌芽，乡村式的生活方式仍然支配着城市。一支专业的警察队伍直到世纪中期才出现，政府工程师们只是那些自学成才的检测员。参与公共行政的唯一一个具有一定规模的专业群体是由训练不足的律师组成的，因为现代法学院也才刚刚兴起。18 世纪自由放任理论的影响倾向于限制政府的职能与活动。对官僚制的恐惧，连同普通人对于公共服务能力的态度，共同阻碍了将专家型行政官员和技术人员引入公共行政"①。不过，"到了 20 世纪初，工业革命已经造就出了一个新社会，这个社会以专门的任务为基础而进行劳动分工。这一无情的发展趋势对政府也产生了影响——使那种认为普通人也能胜任所有政府工作的观念破灭了。逐渐的，公共机构不得不引进可以单独应对现代行政之复杂性的专家。结果，专业和技术人员被吸纳到了公共机构之中；有组织的群体对更有效（同时成本更低）的运作施加了更大的压力；而且，毫无疑问，城市居民的都市智慧也与日俱增——正是这些以及与之相关的许多条件共同创造了新公共行政（new public administration）"②。

在费富纳看来，这个所谓的"新公共行政"就是科学行政，虽然它并不断言自己已经达到了科学的水准，却明确地坚持以科学原则甚至科学精神为行为取向。"前文对一种公共行政技艺与技术的提及并不是要建立这样一种印象，即我们已经计算出了一个对所有行政问题都具有数学精确性的不会出错的答案。绝不是这样——新公共行政的当代先驱们对于其专门技术过程的进展通常是非常谦逊的。更好的人事官员对于其测试远远称不上满意。交通专家并没有做出多少有助于解决城市交通问题的基本事实研究，犯罪学家也远远不能确定如何与罪犯打交道。然而，在所有这些领域中，实验都迈着往日无法想象的坚定步伐前进。新

---

① John M. Pfiffner, *Public Administration*, New York: The Ronald Press Company, 1935, pp. 3–4.

② John M. Pfiffner, *Public Administration*, New York: The Ronald Press Company, 1935, pp. 4–5. 费富纳在这里所说的"新公共行政"是指呈现出了专业化特征的公共行政，需要注意是，它与 20 世纪 70 年代的"新公共行政运动"没有任何关系，甚至在理论以及学术取向上是完全相反的。

公共行政的主旨就是实验与研究，一种昂贵而浪费的行政程序并不因为混杂了感性的爱国主义情感或拥有一张牛车时代的通行证而神圣不可侵犯。行政机构与实践必须公开接受专业而经验丰富的观察员对它作出细微无遗的检验、观测和审查。正是这种科学的方法而不是经验法则，构成了新公共行政的方法论特征。"[①]

费富纳的描述是可信的，在文官制度改革后，公共行政的确走上了科学化的方向。此前，人们对政府及其行政过程的关注，更多地放在了道德评判方面，特别是在政党分肥制的条件下，行政官员对党派的忠诚比其能力和工作效率更为重要。而且，一个合乎逻辑的推定也是，只要行政机构能够贯彻政治意志，在民主的环境下也就充分地迎合了公众意愿，也就能够在公共服务方面有着优异的表现。文官制度改革改变了这一点，特别是专业化的分工，证明了行政效率可以来源于科学的分工与协作，因而，朝着科学化的方向发展了。也就是说，在20世纪初，文官制度改革放弃了公共行政道德化的追求，选择了科学化的道路，从而使科学行政成了公共行政的"正典"。但是，也正是由于伦理取向从此开始逐渐地淡出了人们的视野，从而种下了此后近百年来争论的种子，总有一些怀疑"正典"的人重提伦理的话题。到了20世纪后期，对公共行政"正典"的反叛逐渐汇成一种话语，从而形成了公共行政学科今天的学术时尚。

二 在政治与行政之间

在《行政之研究》中，威尔逊根据文官制度改革的实践归纳出了一种理论研究的叙事原则，这就是"政治—行政二分"。在威尔逊与他的许多同代人看来，只有与政治相分离，行政才能成为一个独立的实践领域和研究领域；也只有摆脱了政治的不确定性，公共行政的运行和研究才能获得科学内涵。作为一个拥有三权分立宪政体制国家中的公民，美国学者很快就接受了"政治—行政"二分这一新的分权方案，并在

[①] John M. Pfiffner, *Public Administration*, New York: The Ronald Press Company, 1935, p. 9.

这一方案的基础上完成了公共行政的学科建构。与美国相比，在拥有议会主权传统的英国，这一挑战议会主权地位的分权方案遭到了学者与官员们的拒绝。所以，围绕"政治—行政"二分的问题，英语学界内部发生了分化，形成了关于公共行政的两种不同理解。尽管美国文官制度改革在很大程度上是以英国为样板的，但当美国学者把从文官制度改革之中提炼出来的"政治—行政"二分原则奉为行政的"护身符"时，英国学者却拒绝接受。因而，英国与美国在公共行政的实践与学术建构方面，走上了不同的道路。

1916年，英属印度学者巴内杰亚（Pramathanath Banerjea）出版了 Public Administration in Ancient India 一书，该书以印度古典著作为基础，分析了古印度的行政体系及其运行。这本书的主要史料依据是一部被人们冠为印度《君主论》的 Arthasastra。在巴内杰亚看来，"在专门处理公共行政这一主题的作品中，最重要的是 chanakya 的'arthasastra'。从字面来看，'arthasastra'意味着现世福祉的科学，区别于'dharmasastra'，'dharmasastra'通常是指关于道德或精神福祉的科学。这部作品所及的仅仅是政治（politics），是把公共行政（public administration）作为促进人民福祉的主要手段来看待的"[1]。从巴内杰亚的这番描述中可以看出，他是把公共行政看作一种泛历史性的行政模式了，而且，他也没有把行政与政治区分开来。巴内杰亚的这种用法是很有代表性的，它反映了学术概念在文化迁移中的失真状况，就如中国人本没有政府观念，但在接触到西方文献中的现代政府观念后马上就习惯了将"清廷"称作"清政府"一样。

我们经常发现，当非西方国家的学者接触到产生自近代西方的公共行政概念之后，也会很自然地用这个概念来分析本国历史上的行政实践。在这个意义上，巴内杰亚的研究与今天中国学者关于所谓"奴隶社会的公共行政"、"封建社会的公共行政"的研究是如出一辙的，都是公共行政的概念在进入具有不同历史背景的文化体系时所出现的失真

---

[1] Pramathanath Banerjea, *Public Administration in Ancient India*, London: Macmillan and Co., Ltd., 1916, pp. 8–9.

的状况，它使公共行政的含义发生了泛化，使关于这一概念的建构过程受到了蒙蔽。当然，这种情况并不仅仅存在于非西方国家，即使是西方学者，对于完全产生于现代西方社会条件下的许多概念，往往也并不深究其历史含义。比如，韦伯就表现出了乱套"官僚制"概念的偏好，他甚至到古代中国和埃及去寻找官僚制的起源。最为荒唐的是，今天的主流学界一致认为整个现代政治文明是直接继承自古代希腊和罗马的，这表明，人类缺少一种关于历史的科学观念。尽管历史学可能是最早产生的学术门类之一，但迄今为止，人类并没有真正完成历史的启蒙。不能在"政治—行政"二分的前提下明确公共行政的现代性，就是公共行政学者缺乏历史意识的一种典型表现。

1918 年，戴（John Percival Day）出版了 *Public Administration in the Highlands and Islands of Scotland* 一书，他在书中讨论了英国革命所建立的公共行政体系在边远地区的适用性问题。戴认为："对个体行动进行国家控制的需要在迫切性上可能会随着人口密度的不同而有所不同。在人口密集的地方，一些社会工作组织是必不可少的；而在那些居民稀少且彼此分散的国家中，任何公共行政体系（system of public administration）的建立都显得难度极高、花费极多而效用又极低。今天，诸如阿拉伯等地区的游牧部落，仅有风俗而没有法律，除了父系酋长以外，也没有任何行政权威。另一方面，世界上那些大城市则早在公元前就建立起了一种相当精细的公共行政体系。"① 根据戴的观点，英国的公共行政体系是在工业革命和资产阶级革命后建立起来的，如果将这一适用于现代城市和工业国家的行政体系强行塞给人口稀少的边远农业地区的话，就会表现出不适应性，甚至会崩溃。"正如我们将会指出的，赫布里底群岛的政府有时几乎完全陷于瘫痪，地方当局甚至无力举债筹资，地区议员也离职了，以至于中央当局不得不指派官员来接管政府。这些困难也不完全只存在于过去，在许多济贫区，济贫率从未像今天这般之高。至少从第一印象来看，这样的公共行政体系即使在勉强的意义上也

---

① John Percival Day, *Public Administration in the Highlands and Islands of Scotland*, London: University of London Press, 1918, p. 3.

既不适当又不适宜。"①

在这里，作为一个有着英国教育背景的学者，戴对"公共行政"所作出的也是一种泛历史性的理解，而且，他也同样没有意识到政治与行政之间是否有一个明确边界的问题。在前一个问题上，美国学者与英国学者其实并没有多大差异，比如，一部由美国学者写作的关于中国古代盐政的书（Public Administration of Salt in China）就使用了"public administration"的概念，② 表明作者对于公共行政所作的同样是一种泛历史主义的理解。之所以美国学者较少留给我们混淆历史的印象，也许是因为美国没有自己的古代史。因而，当美国学者只对美国问题发表意见的时候，是不需要进行宏观历史分析的，而且不会陷入泛历史主义的误区。但是，当美国学者开始把视线投向古代社会的行政文明时，往往是无法对公共行政概念的历史性作出正确理解的。在后面的考察中，我们将会清楚地看到这一点。然而，在后一个问题上，即在政治与行政的关系问题上，英国学术界与美国学术界就表现出了明显的差异。由于美国立国之后就建立起了三权分立的宪政框架，因此美国学者很容易接受"政治—行政"二分的观念；而与美国不同，对于拥有议会主权政制结构的英国而言，学者们虽然也承认行政与政党政治之间应当保持距离，但却无法接受一般意义上的"政治—行政"二分原则。

1922年，英国成立了当时最为重要的一个公共行政团体——皇家公共行政学院，并于次年创办了第一份以公共行政为名的重要学术杂志《公共行政》（Public Administration）。阅读发表于该刊上的文章，我们可以清晰地识别出英国公共行政研究的特点。比如，在当时的美国，由于"政治—行政"二分原则的确立，学者们普遍认同了政策制定与政策执行是由不同的部门做出的。也就是说，政策是不能等同于行政的，行政仅仅是执行政策的活动。而在英国，霍尔（Sir Adair Hore）的观点却是："与政府有关的政策和事务（policy and business）是同等地不可

---

① John Percival Day, *Public administration in the Highlands and Islands of Scotland*, London: University of London Press, 1918, p. 5.

② Esson M. Gale, "Public Administration of Salt in China: A Historical Survey," *Annals of the American Academy of Political and Social Science*, Vol. 152, China (Nov., 1930), pp. 241–251.

分离。政策包括许多事情。它将包含一种积极的创新,也将包括手段,即制定或应用一项规制或程序的原则;最后,它还将包含一个特定行政部门的精神、倾向或偏见,不论是被形容为严厉的或宽松的、慷慨的或吝啬的、体谅的或是相反的——简言之,展示给公众的是部门行政的正面事务。在政策的所有这些方面中,负责任的文官都因为其对行政机器之事务的首要责任而理所当然地、显然也是必然地卷入了其中。"①

根据霍尔的意见,文官的角色应当是一种合乎宪法的积极的咨询者,只有当他在有关政策和事务的所有问题上都主动给出自己能够想到的所有建议时,才能满足宪法(尽管英国并没有成文宪法)对他的要求。"我已经把负责任的文官职位称作合乎宪法的咨询者(constitutional adviser)。当然,在这方面,他的职位不同于作为国王之合宪咨询者的大臣的职位。大臣的职位是由某些宪法约束所保障的。当他的建议未被采纳时,他必须辞职,否则,如果国王坚持忽略他那些深察民意的咨询者们的建议,议会最终就可能拒绝提供支持。负责任的文官则不受这样的限制。无论他的建议是积极的还是消极的,大臣都没有接受它的特定义务。……只有当他代表了一个议会制度下的公共行政的连续统中的三大本质要素——国王在议会中,大臣在对国王和议会负责的前提下执掌政府,以及作为政府专业部门的文官制度——之一时,负责任的文官在政策问题上的咨询能力才是合乎宪法的。"② 从这里的论述看,英国学者所理解的"公共行政"是以议会主权为前提的。因而,在他们的眼中,既不存在"政治—行政"二分原则下的公共行政,也不可能产生美国式的那种把自己视为一般管理者(general manager)甚至市政经理的行政官员。

在英国学者中,芬纳往往被认为是对公共行政这一学科的形成产生过重要影响的一位。那么,在芬纳的笔下,公共行政又得到了怎样的理解呢?我们看到,在一篇考察《国富论》发表以前的国家活动的文章里,芬纳这样写道:"认为国家活动与公共行政是新鲜事物的观点是一

---

① Sir Adair Hore, "Officials and Policy," *Public Administration*, Vol. 5, No. 4 (October, 1927), pp. 461–470.

② Ibid., pp. 461–470.

种普遍的错觉。事实上，自由放任只是一种地方性的和暂时性的权宜手段，是国家控制的长久与持续历史的一个显著例外。"① 通过回顾路德以来的整个自由主义思想传统，芬纳得出的结论是："总之，不管所有这些思想家彼此如何不同，他们共同鼓励了某种明确的思想观念，其主要特征首先是这样一种信念，即认为更多的个体自由与更少的国家活动是对社会有益的；其次，在个体理性指引下而不受权威干预的人，将通过其本性的展现而达到完善的状态。这一一般信念的第二部分被我们称为进步原则。这些信念自产生以来就经历了奇怪的兴衰，但它们仍然在名义上支配着今天的社会和治国策略。我们要问的是，它们对国家活动的发展产生了什么影响？在不同的时期与不同的地方，它们有着不同的影响，但它们首要的普遍影响则是鼓励破坏专制政府的实践和理论运动，而它们更持久的影响则是增加了国家活动，带来了公共行政与文官制度的发展。有一点是清楚的：正如路德的教义旨在瓦解教会的等级制，并把每个个人都变成他自己的牧师，新的国家原则也旨在瓦解官员的——实际的与潜在的——等级制，并把每个个人都变成他自己的文官。但好景不长，距《国富论》发表不到半个世纪，工厂与济贫法监察员就在英国——所有现有国家中最为个体化的一个——建立了起来。"② 可见，在芬纳眼中，尽管自由主义一直在鼓吹自由放任，但在现实中，近代历史则是一段国家活动不断增强的历史，其结果就是公共行政与文官制度的发展。从芬纳的表述看，公共行政是属于但又不等同于国家活动的，同样也是不等同于文官制度的。从芬纳关于国家活动、公共行政与文官制度的排列来看，公共行政应当属于国家活动和文官制度之间的一种行为集，在某种意义上，也可以被理解为以文官制度为主要内容的国家活动。这显然也没有包含"政治—行政"二分的内容，也就是说，芬纳的"公共行政"并不是"政治—行政"二分意义上的行政。

通过上述考察，可以认为，是否把公共行政看作是"政治—行政"

---

① Herman Finer, "State Activity before Adam Smith," *Public Administration*, Vol. 10, No. 2 (April, 1932), pp. 157 – 178.

② Ibid..

二分意义上的行政，构成了英美两国公共行政研究上的根本性区别。尽管美国学者在很长一段时期内一直把英国文官制度和英国皇家公共行政学院作为美国公共行政学习的榜样，而在实际上，由于并不承认"政治—行政"二分的原则，英国的公共行政研究一直缺乏完整的实践经验和独立的学科意识，而是在既有的政制结构和政治学框架中去开展公共行政研究的。虽然英国学者能够极其容易地接触到政府的实践材料，然而，受到议会主权观念的束缚，他们并不真正理解这些材料对于作为一门科学知识体系的公共行政有着什么样的意义。这就是迪莫克（Marshall E. Dimock）所指出的："英国的公共行政概念与美国有着显著的不同。一般来讲，英国大学是通过历史和哲学切入行政问题的，很少触及美国研究者所强调的描述性和实际性的方面。不过，英国公共行政学院努力在英国和美国的观点间实现一种和解。在某些方面，英国的传统学术途径有似于威尔逊所倡导的方向，二者的区别在于，我们的普林斯顿教授是在向前探索，而大多数英国教师则是在研究过去。"[①]

美国公共行政学界的情况是，在威尔逊之后，由于接受了"政治—行政"二分原则，公共行政研究很快地与科学管理运动结合到了一起，并在"市政经理制"的推广中找到了与实践相结合的途径，从而获得了持久的现实推动力，掀起了一场声势浩大的政府研究运动，最终促成了这一学科在美国的形成。与美国形成鲜明对照的是，英国由于长期陶醉于其历史上的政治发展过程，总是在政治活动的历史中寻找"公共行政"，或者说，总是在政治的视角中去理解"公共行政"的概念，从而把创建公共行政学科的任务拱手让与了同为英语学界的美国同行。其实，这一点不仅发生在英国，在诸多与英国一样有着古老政治历史传统的国家中，学者们大多也都自然而然地秉承了英国学者对公共行政的理解，反而是美国学者由于没有历史包袱而对公共行政作出了现代性的理解。

我们已经指出，在美国，公共行政学科的形成得到了科学管理运动

[①] Marshall E. Dimock, "What is Public Administration," *Public Management*, Vol. 15, No. 9 (September, 1933), pp. 259–262.

的支持和推动。但是，对于这种影响，我们也必须看到其消极的一面，那就是使公共行政研究完全忽略了公共行政的公共性质。我们知道，科学管理运动所持有的是一种"一般管理"或者说"一般行政"的视角，而科学管理理论的生成直接来源于私人部门的管理经验，或者说，是对私人部门中的管理所作出的规定。当科学管理理论对公共行政的研究产生了影响后，美国的公共行政研究者却在另一种意义上失去了学科的独立意识，直接地指认科学管理理论就是公共行政学说，认为泰勒和法约尔所研究的就是公共行政。比如，怀特就这样写道："在 1923 年大会上，一个以人事问题为主题的议程的设立，标志着在欧洲研究者中曾经主要占据着他们精力的行政法正在部分让位于被法约尔称为'la doctrine administrative'（行政理论）——也就是公共行政——的东西。"①

这说明，美国学者在"政治—行政"二分的道路上已经走得太远了，从而把公共行政混同于一般管理了。结果，也就使他们与英国学者间的距离拉得更大了。当然，我们必须承认，科学管理运动对公共行政学科的成长产生了非常重要的影响，使这个学科的科学化追求落到了实处，充实了这个学科关于实践方法和技术方面的内容。但是，当美国的公共行政研究者混淆了科学管理理论与公共行政学科的界限后，却造成了公共行政公共性的迷失。所以，如果说英国学者用政治的襁褓包裹着公共行政这一新生婴儿的话，那么美国的公共行政研究者却在"政治—行政"二分的原则下用科学管理置换了公共行政的内容，抽空了公共行政的"灵魂"，留下来的仅仅是公共行政的空壳。

三 私人行政的参照系

兰卡斯特（Lane W. Lancaster）认为，不能仅仅把公共行政等同于公共机构中的行政，他以美国的司法实践为例去对公共行政的概念作出解释："在联邦管辖之下，依赖私人专家以制定标准早已获得了一个稳

---

① Leonard D. White, "The Second International Congress of Public Administration," *The American Political Science Review*, Vol. 18, No. 2 (May, 1924), pp. 384–388.

固的合法基础。"① 如果说威尔逊认为公共行政是对公法的阐述与执行的话，那么，当私人也参与到了公法的制定中来，或者，参与到了可以被视为公法的标准和程序的制定中来，那岂不意味着公共行政超出了公共机构的行政范畴？兰卡斯特是这样去证明他的观点的："由于所要讨论的材料过于广泛，以至于许多案例都没有被本文作者发现，所以本文对这些法条的回顾不作决定性的断言。但它已经提供了足够多的证据，以表明不仅我们公共行政中的多数行动都要以所谓私人协会的态度为条件，而且，事实上它的很大一部分都是由那些组织实际完成的。有鉴于这一事实，任何对公共行政基于'公共'与'私人'机构之区分而进行的描述，都必然是不切实际的。社会的运行事实上是一种合作的工作，而不是完全由'公共'机构去完成的。如果我们在使用公共行政概念时头脑中所持有的是绝对命令和无条件服从的观念，那么，对任何一个国家行政体制的真实观察都不能证实这一点，绝不是官员群体居于一方、顺从的公众居于另一方，真实景象恰恰是这样一种状况：无助的共同体向那些胜任且通过成为官员而承担起社会责任的人求助，而且，这种责任并不因其承担者官员地位的确认而有所增加。"②

从兰卡斯特的论证风格看，他可能是一个说话爱激动的人，所以，在表述上显得有些极端。其实，他的意见是不难理解的，那就是，他希望证明公共行政不仅存在于公共机构中，也同样存在于私人部门中。他甚至要证明即便是存在于公共机构中的公共行政，也完全是根源于私人部门的要求，是源于社会中各种各样的因素。正是这些来自私人部门的要求和来自社会中的因素赋予了公共行政应有的内涵，而不是公共机构中的官员能够去对公共行政作出定义的。在今天中国的学术界，兰卡斯特的这一论证方式是我们非常熟悉的，特别是那些对于"新公共管理运动"所提出的一些主张一知半解的学者，还有那些对非政府组织的性质有着朦胧知觉的学者，往往习惯于采用兰卡斯特的这种论证方式。

应当指出，与上述怀特混同科学管理与公共行政的情况不同，兰卡

---

① Lane W. Lancaster, "Private Associations and Public Administration," *Social Forces*, Vol. 13, No. 2 (Dec., 1934), pp. 283–291.

② Ibid..

斯特代表了美国学者中的另一种公共行政解释视角，那就是不从学科的角度去认识公共行政，而是直接地从现实需要和现实经验出发去理解公共行政。这些学者一般说来属于那种学术素养不深却又爱写作和爱发表意见的人，在所有的国家和所有的历史阶段中，这个人群都构成了学者中的绝大多数，只是他们在历史上不会有什么大的影响，后人往往并不知道这个人群的存在；而在当时，他们却可能是有着很大影响力的，他们的意见往往能够得到更多人的接受，而且，往往对国家和政府有着直接的影响力。一般说来，反而那些在后人中能够产生持久影响的学者，在其生活的时代都是不被人承认的。所以，在兰卡斯特的论述中，我们发现他没有能够理解公共行政与私人行政之间的区别，而是在宽泛的意义上把公共行政看成维护社会运行的必要工作，认为公共行政是公共机构与私人机构都参与到这一过程之中的行动。这在今天，可能会被认为是要求行政体系开放性的积极意见，而在当时，则是缺乏学科意识的表现。因为，在公共行政学科尚未完全确立起来的情况下，表达公共行政开放性的意见实际上是不利于公共行政的学科建构的。即使在今天，在要求公共行政成为更开放的体系的呼声已经成为主流意见的时候，关于公共行政与私人行政的区别也是不可否认的，只是一些缺乏学科素养的人不理解这种区别而已。

温格特（Egbert S. Wengert）对模糊公共行政与私人行政区别的问题表达了反对意见，在他看来，"低估或忽视公共和企业行政问题之差别的趋势不是毫无争议的。虽然就某些目的而言这一趋势是好的，我们并不是说同样的技术不可以被同时应用于政府和企业，但是，在技术所要达到目的的问题上，显然，将企业实践作为衡量政府方法之标尺的做法，是需要得到斟酌的。这是因为，私人企业的目的是不同于民主国家的，而手段必须根据目的而加以确定"[①]。根据温格特的看法，人们之所以会把公共行政与企业行政混同起来，首先是因为接受了"政治—行政"二分的原则，也就是说，由于"政治与行政之间经常被划上了

---

① Egbert S. Wengert, "The Study of Public Administration," *The American Political Science Review*, Vol. 36, No. 2 (Apr., 1942), pp. 313 – 322.

一条鲜明的界线,即使在二者间的联系得到了正式承认的地方,人们在研究行政活动时也只是抱着一种迟疑的意愿来讨论国家的目的或目标。公共行政的目的经常被认为是存在于行政官员视野之外的。由于他只关心手段,由于他认为关注和研究行政赖以存在的目的会对他的工作造成事实上的侵犯,甚至会影响到他的职能的履行,所以,当提出了把行政作为一门科学来认识的建议后,关于行政目的的考虑也变得不可能了"①。可见,正是由于接受了"政治—行政"二分原则,接受了行政仅仅作为手段和工具的定位,才让人们在手段和工具的意义上把公共行政与企业行政混同了起来。

根据科学管理的一般看法,行政或者说管理的目的就是效率,正是这一点构成了公共行政与私人行政的共同出发点。但是,如果不是从科学管理的角度出发,即使在同样的效率追求中,公共行政与私人行政也是不一样的。对此,雷明顿(G. C. Remington)表达了这样一种看法:"在私人企业中,有效的管理可以帮助企业不断地赢取利润,而不论管理的具体内容是否符合公认的方法。那些能够回报不断增多的利润的管理者将被认为是一位有效的管理者,即使他的方法破坏了效率专家所制定的所有规则,也没有遵循公认的做法。他获得了结果,而结果就是利润,这些就是私人企业所看重的东西。如果发生了损失,支配方——无论是董事会还是企业主——将询问缺乏盈利的原因,并通过'解雇'某些人和雇用其他人以及变更方法和设备来试图将该企业变得有利可图。但是,在公共行政中,这种在私人企业中检测管理有效性的简单方法却是不适用的。公共行政的效率可以通过结果而进行衡量,但这些结果要在社会福利中进行寻找,最终通过人民整体的福祉而得到表达。"②平尼(Harvey Pinney)也表达了基本相同的意见:"诸如教育、文字、警察、健康和许多其他行政部门的效率不能通过工程或经济(价格)的方式而得到衡量。我们永远必须考虑公众的满意,考虑那些无法估计

---

① Egbert S. Wengert, "The Study of Public Administration," *The American Political Science Review*, Vol. 36, No. 2 (Apr., 1942), pp. 313 – 322.

② G. C. Remington, "Profit and Loss in Public Administration," *The Australian Quarterly*, Vol. 8, No. 29 (Mar., 1936), pp. 89 – 91.

的统计数字(如犯罪控制),以及教育成就等看不见的东西。公共行政的'服务'性质,结合文官工作的职位稳定性和在公共雇员中得到实际体现的较大的公众比例,使得对行政部门的评价必须考虑其运行对其职员以及其职员和外部公众之间关系的影响。公共行政中的社会核算是一种成果核算,需要同等地考虑工程效率、成本经济和那些看不见的公众满意与不满意等。"[1]

关于公共行政与私人行政的区别,表达出最为激烈主张的却是来自奥地利学派的米塞斯,他在用英语写成的《官僚制》一书中指出:"公共行政的目标不能用金钱的方式来进行衡量,也不能通过会计方法来进行监督。……公共行政中不存在关于劳动成果的市场价格。因此,公共机构的运行必须依据那些完全不同于盈利动机下的原则。"[2] 在米塞斯看来,"普通公民将官僚机构的运行与营利系统的工作进行比较,因为他对后者更为熟悉。然后他发现官僚机构的管理是浪费、无效、迟钝,并被繁文缛节包裹着。……然而,这样的批评是不合理的。他们误解了公共行政所独有的特征。他们没有意识到政府和追求盈利的私人企业之间的根本性差异。被他们视为行政机构管理方式之缺陷与缺点的东西,实际上却是必要的财富。官僚机构不是追求利润的企业,它不适用于任何经济计算,它必须解决企业管理所不知道的问题。通过依照私人企业的模式对其进行重塑的办法去改进它的管理,是不可能的。将政府与以市场为条件的企业运行进行比较来作出判断而衡量政府部门的效率,是非常错误的做法"[3]。米塞斯认为:"公共行政的强制性和作为政府机构的强制性处置方式使其必然具有形式主义和官僚主义的特征。没有任何改革能够去除政府官僚机构的官僚主义特征。抱怨它们的迟钝与怠惰是无益的。普通官僚职员在勤勉、仔细和刻苦工作的问题上,通常都低于私人企业中的普通职员,这是一个事实,对之感到悲伤是徒劳的。"[4]

---

[1] Harvey Pinney, "Institutionalizing Administrative Controls," *The American Political Science Review*, Vol. 38, No. 1 (Feb., 1944), pp. 79–88.

[2] Ludwig von Mises, *Bureaucracy*, New Haven: Yale University Press, 1946, pp. 46–47.

[3] Ibid., p. 48.

[4] Ibid., p. 122.

在这里，基于自由主义的立场和出于限制国家干预的目的，米塞斯明确地将公共行政与官僚制联系了起来，指出了官僚主义是公共行政的一个不可避免的后果，并对政府官僚主义的表现作出了深刻的揭露。不过，当米塞斯这样做的时候，实际上也确认了公共行政中的官僚制所具有的独特价值，明确了公共行政的非利润导向和非营利性质。

总之，从历史线索来看，我们发现，在公共行政作为一门学科出现的早期，学者们往往分不清公共行政与私人行政的区别。事实上，到了第二次世界大战后，这种区别才成为共识，甚至成为一种常识。也正是在这一背景下，米塞斯才能够明确地谈论这种区别。现在，在谈论私人行政的时候，学术界一般不再使用"行政"的概念，而是更多地使用"管理"一词；在使用"行政"一词的时候，所指的基本上就是公共行政，除非在对前近代行政模式的考察中才需要作出必要的定义。即使新公共管理运动试图重新打破行政与管理的界限，试图把私人部门的管理经验引入公共部门中来，但其使用的也是"管理"一词，而不是使用"公共行政"的概念。这说明，新公共管理也是承认公共行政与私人管理不同的，只不过他们希望对公共行政加以改造，试图用私人管理去取代公共行政。

通过上述的比较考察，我们可以清晰地看到，对于"公共行政"的概念需要在三个维度中去加以把握，或者说，我们今天所使用的"公共行政"概念，是在三重区分中获得的。在科学与伦理之间，公共行政在发展过程中实际上放弃了伦理价值，走上了科学化的道路；而在政治与行政的关系问题上，公共行政是建立在"政治—行政"二分原则之下的；同样，在公共行政与私人行政之间，也是有着原则性区别的。对于我国学者来说，或者说在绝大多数中国学者这里，关于公共行政与私人行政的区别基本上是清楚的，而在公共行政的科学特征和伦理属性方面显露出了一定的困惑；至于行政与政治的关系，则往往是搞不清楚的。这说明，对于中国学者而言，是需要在公共行政的概念方面做一些基础性工作的，如果省略了这方面的工作，我们的诸多讨论就会陷入莫衷一是、自说自话的困境之中。因为，当我们所使用的概念包含着歧义时，对话就很难进行。

第二节 三种取向中的"公共行政"定义

一 公共行政的管理内涵

在学科的建构中，经过概念上的探索和专门化研究，学者们可以对支撑一门学科的基本概念作出定义，从而明确共同的研究对象和研究范围。同时，在科学理论的传播过程中，也需要将这些经过定义的概念付诸教学。在公共行政学这门学科的建构过程中，起初，人们把"公共"和"行政"等词语逐步联系了起来，形成了公共行政的概念；然后，在对行政边界的厘定中达成了相对明确的研究对象方面的共识；再后来，在对研究内容和研究成果的反思中，赋予公共行政越来越多的共识性内涵，同时，也使公共行政的概念得到了定义。虽然我们在考察公共行政的研究史时一再提起美国的市政研究运动，但是，就理论的逻辑而言，如果美国的市政研究运动不受内外干扰地持续下去的话，那么，这场运动也许会最终为我们建立起一门市政行政学或市政管理学。那样的话，所谓公共行政的概念也无非是指"城市行政"或"市政管理"。然而，历史的演进却走上了另一条道路，就在市政研究运动如火如荼之时，美国经历了建国以来最为严重的"大萧条"，并在抑制"大萧条"的过程中产生了"新政"。"新政"对科学的需求使市政研究运动的方向发生了改变，要求学者们不能再耽迷于城市行政的研究。

我们知道，在公共行政研究兴起时，由于政府拒绝对学者开放，由于公众对这种研究持有怀疑的态度，市政研究运动被迫把研究的重心压制到了市政研究中去。然而，"新政"却张开双臂欢迎学者介入对政府的研究，从而使市政研究改变了方向，把关注重心转移到了政府及其运行上来了。也就是说，"新政"确立了国家对社会生活的全面干预的方向，迫切要求学者们用自己的研究成果去为这种国家干预提供理论证明和方式、方法的支持。所以，公共行政研究因应这种要求而把研究视线从行政行为和行政目标等都相对单一的城市转向了行政生态和行政关系都更加复杂的国家。在公共行政学科的发展史上，"大萧条"和"新政"是一道"分水岭"，市政研究运动在此中断，而政府研究运动从此兴起，这也就是公共行政研究的转型。在这一过程中，"公共行政"的概念得以重新定义。

正如迪莫克所说："无论一个人走到何处，也不论他与谁交谈，在关于公共行政应当以何种方式得到定义的问题上，在公共行政的边界以及通过何种途径才能得到充分发展的问题上，都会存在着观点上的分歧。这种观点上的不同——在某些情况下非常明显——并不是混乱的标志，相反，却证实了正被完成的大量实际工作，也证实了公共行政的边界不断得以扩展。然而，人们最近普遍要求所有这些方面都应有着更明确的导向，并要求对公共行政的目标与手段进行重新定义。"① 也就是说，经历了分散的和独白式的概念探索阶段，特别是经过主题聚焦的市政研究运动之后，到了20世纪30年代，关于明确公共行政研究范围和对公共行政概念作出确切定义的要求却成了学者们的一种共同诉求。只有在这一诉求得到满足的时候，这一领域中的研究者与实践者才能拥有一个共同的对话平台，才能有效地开展思想交流和观点交锋。借用沃尔多的提法，对公共行政定义的渴望标志着公共行政自我意识的觉醒，单从学术研究的角度看，则意味着公共行政学科意识的生成，意味着公共行政研究逐渐走向成熟。

我们已经看到，怀特是第一个编写公共行政学教科书的学者，在那部首创性的公共行政教科书中，他出于学科知识传播的目的而对公共行政的概念下了一个定义："公共行政是对在完成国家目的中的人与物资的管理。这一定义强调了行政的管理方面，弱化了其合法的与规范的方面。它在政府事务的处理与任何其他社会组织——商业的、慈善的、宗教的或者教育的——事务的处理之间发现了共同的方面，在所有这些组织中，好的管理都被视为成功的基本要素。"② 在这一定义中，我们可以明显看到科学管理思想与市政研究运动的痕迹，即强调公共行政与其他形式的行政行为相同的方面，那就是管理，从而忽略公共行政与其他

---

① Marshall E. Dimock, "What is Public Administration," *Public Management*, Vol. 15, No. 9 (September, 1933), pp. 259–262.

② Leonard D. White, *Introduction to the Study of Public Administration*, New York: The Macmillan Company, 1935, p. 2.

行政形式的差异。

根据这种理解,公共行政与科学管理意义上的"公共管理"显然是没有什么区别的,迪莫克就指出:"在怀特的《公共行政导论》中,公共行政的现代观点被定义为'公共管理'(public management)。科学管理对于企业和政府具有同等的适用性。比较性的假定因此得到了检验,效率成为了关键。"① 事实上,在怀特的另一部作品《公共行政动向》中,他根据市政研究运动的科学取向而将当时的市政改革运动称为"新管理"。在很大程度上,他的这一定义就是对"新管理"运动的一种总结和理论概括:"公共行政的目标是对可供行政官员与雇员处置的资源的最有效使用。"② "公共行政的目标是对公共实业(public business)的有效经营。"③ 在这里,"最有效使用"、"有效经营"等措词都明显地具有管理主义的特征,是在管理的意义上对公共行政作出的定义。在当时的学术语境下,人们并不刻意区分"公共行政"与"公共管理"的概念。从那个时期《公共管理》杂志上发表的文章看,"公共行政"、"公共管理"、"市政行政"和"市政管理"几个概念是交替使用的,人们并不认为这几个概念之间存在着差别。

显然,怀特对公共行政的定义反映了美国当时的研究状况,是对市政研究运动和市政改革实践的总结。我们知道,市政研究运动是严格地按照威尔逊的"政治—行政"二分原则去确立学术路线的,在效率追求中大力推行科学管理,因而,他们事实上是偷换了行政的概念,把"管理"与"行政"两个概念等同看待,把公共行政看作关于管理的科学。不过,当怀特指出他对公共行政的定义是弱化了公共行政的"合法的与规范的方面"的结果时,他实际上也意识到了公共行政的概念还应包含其他方面的内容。我们可以从"弱化了其合法的与规范的方面"的表述中判断,怀特并不认为"强调了行政的管

---

① Marshall E. Dimock, "What is Public Administration," *Public Management*, Vol. 15, No. 9 (September, 1933), pp. 259–262.

② Leonard D. White, *Introduction to the Study of Public Administration*, New York: The Macmillan Company, 1935, p. 2.

③ Ibid., p. 5.

理方面"的定义是一个完整的定义，只是在当时的学术语境下，为了迎合人们的认识水平而强调了公共行政管理方面的定义，以求使其编写的教科书能够广泛地得到接受。所以，怀特在给予公共行政管理视角上的定义后，紧接着就指出公共行政还包含着"合法的与规范的方面"。

在《行政之研究》中，由于受制于当时的行政法研究传统，威尔逊将公共行政定义为公法的一种阐述和执行；而在《公共行政导论》中，为了反映"新管理"运动的效率追求，怀特有意识地把公共行政与行政法的领域区别开来，认为"很有必要区分行政与行政法的交叉地带"①。显然，行政法的目的在于限制行政权力，在威尔逊的时代，行政法研究是有着广阔"市场"的，因为，当时限制行政权力的要求还非常强烈。但是，对于市政研究运动而言，所要解决的不再是如何限制行政权力的问题了，而是要突出效率的主题，即如何进行更好的管理。因而，威尔逊对公共行政的定义已经过时了。更为重要的是，在限制行政权力的意义上去定义公共行政，将其视作公法的一种阐述和执行，所反映的是一种关于公共行政角色的消极描述。而出于管理的要求去定义公共行政时，就必须赋予公共行政更为积极的角色。

在怀特看来，公共行政的积极性不仅体现为它可以追求效率，而且体现为它可以参与立法，"行政部门不仅执行立法部门的决策，不仅是一个在这方面服从对其实施控制的机构；它也是一个协助后者完成决策的机构"②。"公共官员由于同法律运用于生活的实际有着日常接触，很快就认识到了法律在某些方面的虚弱性，并在执行法律中认识到其某些价值是可疑的。他们更清楚地知道政府行动的有效性限度，也更明智地关注如何运用法律去解释自己的那些权宜措施。所以，不足为奇的是，在法律政策的制定过程中，行政部门的影响有时是非常重要的。……行政部门对立法者的影响在今天无所不在；一个公共机构的报告很少不会

---

① Leonard D. White, *Introduction to the Study of Public Administration*, New York: The Macmillan Company, 1935, p. 4.

② Ibid., p. 31.

敦促某些立法上的或由立法支配的行政方法的改进。"① 随着行政部门对立法的影响日益增强，随着关注重心从对法律的执行转向对管理实际的重视，行政裁量也就成了公共行政的一个重要因素。事实上，19世纪晚期以来的政治发展史既是一段行政部门不断扩张的历史，也是一段行政裁量行为不断增长的历史。迟至20年代，古德诺与高斯等人便已对公共行政中日益重要的行政裁量发表过意见，②而在"新政"期间，美国律师协会更是试图在国会中推动行政程序立法，以限制罗斯福政府对行政裁量权的滥用。

如果说威尔逊时代的行政法研究是出于限制行政权力的需要而得以兴盛的话，那么，"新政"期间这一需要的再度突出是否会带来公共行政研究向行政法研究的回归呢？事实显然没有朝着这个方向前进。这是因为，此时的行政裁量权已经与19世纪晚期的行政权力有了本质上的区别。在某种意义上，后者在当时的行政法研究中是被视为统治权力的一部分的，因而它必须得到最严格的限制，也的确受到了最严格的限制。在这种限制的前提下，从市政改革运动到"新政"这段时间，得以迅速增长的行政裁量权已经从统治权力的一部分变成了一种管理权力。而作为管理权力，它的灵活使用显然有助于促进政府组织的效率。因而，与威尔逊时代的行政权力不同，这一时期的行政裁量权力和行政裁量行为不仅被承认为一种事实，而且多少被赋予了某种价值。相应地，学者们所面临的问题也就不再是如何去限制它，而是变成了如何引导其价值之实现了。

正是在这里，蕴涵着公共行政的"合法的和规范的方面"的内容。也正是因为这个原因，怀特才会在坚持公共行政的管理取向的同时，承认其对于政策和立法的参与。总之，在怀特对公共行政的定义中包含着两重暗示：其一，承认公共行政还包含着被他所弱化了的"合法的和

---

① Leonard D. White, *Introduction to the Study of Public Administration*, New York: The Macmillan Company, 1935, pp. 31–32.

② Frank J. Goodnow, "Private Rights and Administrative Discretion," *The Virginia Law Register*, New Series, Vol. 3, No. 6 (Oct., 1917), pp. 416–430; John M. Gaus, "Personnel and the Civil Service," *The North American Review*, Vol. 215, No. 799 (Jun., 1922), pp. 767–774.

规范的方面";其二,在强调公共行政"管理的方面"时,认为行政机构能够扮演着更为积极的角色,不仅对立法以及政策的制定发生影响,而且在日常的管理活动中也事实存在着并应当拥有行政裁量权。这两重暗示都在威洛比的公共行政定义中得到了反映。

1930年,威洛比在一份提交给美国政治科学学会的报告中写道:"在广义上,公共行政涵盖了与政府机制的组织和运作相关的所有事务。因此,阐明这一领域已经完成和正在从事的研究工作的尝试将包括:列举与描述寻求检查各个政府部门——立法、行政、司法与选举——得以组织和完成其工作的方式的所有努力,使这些组织和程序从属于一种批判性的研究,决定可以做出哪些更改以使它们更有效率,以及,如果可能的话,确定那些应当在一个得到恰当组织和管理的政府系统中得到反映的一般原则。"① 在这一定义中,可以看到,行政已经不再仅仅是一个管理范畴,而是被当做一个更为完整的——自然也包含了规范内容的——政府过程来认识了。

威洛比的观点得到了同在布鲁金斯研究所的梅里亚姆(Lewis Meriam)的赞同。梅里亚姆也认为:"公共行政就是根据立法权威所制定的政策去采取或指导政府行动的过程,并在制定这些政策的时候对立法权威予以协助或作出建议。在工业文明中,由于现代政府触及了事关人类的几乎每个领域,公共行政也将涵盖它们,并要求在现代政府的运行中代表几乎所有这些行业。"② 在这段话中,立法建议被明确确认为公共行政的基本内容,从而使公共行政作为公法之执行的传统理解在定义上得到了颠覆。这样一来,不仅"政治—行政"二分原则受到了怀疑,而且,怀特所代表的强调"管理的方面"的立场也被抛弃了。

二 政治与行政关系中的公共行政

毫无疑问,在公共行政概念的内涵中,管理有着非常重要的位置,

---

① William F. Willoughby, "A General Survey of Research in Public Administration," *The American Political Science Review*, Vol. 24, No. 1, Report of the Committee on Policy of the American Political Science Association (Feb., 1930), pp. 39 – 51.

② Lewis Meriam, "Frontiers of Public Administration and Public Welfare," *Social Service Review*, Vol. 11, No. 1 (Mar., 1937), pp. 26 – 32.

甚至这种管理内涵是至关重要的。但是，对于"新政"以后的学者来说，如何回应"新政"所引发的公共行政的变化，如何重新认识政治与行政的关系，则是在重新定义公共行政时必须加以充分考虑的新内容。在公共行政学界，一般认为古利克是公共行政研究中代表了科学管理精神的标志性人物，事实上，古利克关于公共行政性质的认识却完全不同于科学管理的看法。我们知道，科学管理运动并不直接讨论政治与行政的关系问题，但是，科学管理运动中的一切讨论都是把政治与行政的分离作为一个默认前提来看待的，这是因为，只有在政治与行政分离的前提下才能使行政致力于效率追求。在古利克这里，虽然同意科学管理运动对于效率的见解，却断然否定政治与行政二分的可能性。

1933 年，在名为《政治、行政与"新政"》的论文中，古利克批判性地回顾了"政治—行政"二分原则在过去几十年里对于公共行政研究的支配，并对这一支配性现实的合理性提出了质疑。在古利克看来，19 世纪与 20 世纪之交的公共行政研究者之所以会倡导"政治—行政"二分，是因为"他们处在一个充满分肥政治与政府低效的时代，技术专业化程度很低。所以，他们希望把整个政府分为政治与行政两个部分，将政治与政策控制的功能指派给某些政府机构，而将执行这些政策的专业工作留给了其他机构。以理论形式出现的'政治—行政'二分只是时代与愿望的共同产物"①。古利克认为，这个时代已经成为历史，"我们现在正面对一个新的处境与一种新的必然。政府正在变成掌管这个国家经济生活的超级控股公司，至少在一定程度上会成为这种控股公司，而且肯定会持续下去。在这一过程中，政府所承担的新的基本职能是制订与执行一个关于国民生活的一以贯之的总体计划。这就需要对实际工作进行新的划分，因而也需要一种新的分权理论。尽管现在谈论这样一种理论也许为时过早，但可以明确的是，它将不再关注分权制衡或对政策与行政的划分，而是需要关注这样一种划分：一边是对政策

---

① Luther Gulick, "Politics, Administration, and the 'New Deal'," *Annals of the American Academy of Political and Social Science*, Vol. 169, The Crisis of Democracy (Sep., 1933), pp. 55 – 66.

的否决;另一边是政策制定与执行"①。

在古利克所构想的这种新的分权理论中,政策的制定与执行已经不再是分权的根据,也不再是彼此分离的了。"在政府即将进入的世界中,行政部门将被赋予制订总体计划的职责。协商性与咨询性的代表团体将被要求去考虑这一计划不同部分的大体轮廓,行政部门则被要求去制订出这一计划余下的内容,理顺其相互关系,并将其付诸实施,不仅通过既有的政府机构,而且通过带有准私人性质的新机构。未来的立法部门将拥有两大权力(powers):首先是对主要政策的否决权,其次是审计与调查的权利(right)。在这整个过程的背后,则是公民中的大多数通过政党或压力集团去实施对政府的控制。这些就是新的分权理论得以建立的必要基础。"②

从这种新的分权理论出发,古利克表达了他对公共行政的理解:"我们已经将政治定义为控制治理者的行动。换句话说,有关决定一个政府的基本政策、影响特定官员的特定行为,以及对官员的选拔,都是政治。它们都是影响或改变了实际'国家意志'的行动,它们改变了公共政策的走向,它们控制了治理者。谁是治理者?政府。……同样,这些治理者所做的事,即政府的运行、控制的发展与实施、机构的建立与管理——这一切的总和就是公共行政。"③ 在古利克所给出的这一关于公共行政的定义中,政治与行政仍然是不一样的,政治被看作控制政府的行动,而行政则是政府自身的行动。在这里,公共行政不仅包含了政府运行的整个过程,而且也包括了作为政治的"控制的发展与实施"。显然,古利克所理解的公共行政要比威洛比和梅里亚姆的理解更加宽泛。

在早期的公共行政研究者中,迪莫克可能是一位对"什么是公共行政"的问题作出过最多思考的学者,他不仅留下了一篇直接以《什

---

① Luther Gulick, "Politics, Administration, and the 'New Deal'," *Annals of the American Academy of Political and Social Science*, Vol. 169, The Crisis of Democracy (Sep., 1933), pp. 55 – 66.

② Ibid..

③ Luther Gulick, "Politics, Administration, and the 'New Deal'," *Annals of the American Academy of Political and Social Science*, Vol. 169, The Crisis of Democracy (Sep., 1933), pp. 55 – 66.

么是公共行政?》为名的行文简洁却又信息量十分丰富的著名论文,而且在他所留下的全部文献中,都试图根据当时实践与研究的最新进展来重新回答这一问题。当然,作为一位"新政"前后走上学术舞台的年轻学者,迪莫克在思考政治与行政的关系问题时,与他同时代的大多数学者一样,都持有一种反思性的态度。他认为:"今天的危险是在政治与行政的正式分离上走得太远了。公共行政领域的学者必须小心,不要因为过度地将执行技术和政府的内容与问题分开而使公共行政变得破碎与不真实。在界限分明地区分了政治与行政这一日益增长的倾向之中,存在着一种轻视贯穿于政府之始终并同时影响着行政与立法的推动力、政策和态度的危险。"① 在迪莫克看来,"只是出于研究、教学与培训的方便,才需要把公共行政从整个政府过程中分离出来。尽管假说与原则的制定是必要的也是可欲的,但公共行政领域的从业者应当始终警惕那些同他正在探索的特殊问题与情境没有密切联系的概括。与政府一样,公共行政是一种人类活动,因此,也与其他人类活动一样,是复杂的,而且经常是不可预测的,需要更多地依赖于个人因素。公共行政不是其自身的目的,而是政府的一个工具,是共同体的仆人。因此,公共行政应当随着社会本身的变化而变化"②。

在民主政治的条件下,政府无疑是社会或者说共同体的仆人(public servant 直译就是公仆),因此,无论把公共行政视作政府的工具还是共同体的仆人,都必然会得出这样的结论,即它是随"社会本身的变化而变化"的。也就是说,社会发生了变化,公共行政也必须通过自身的变化去满足社会对它提出的新要求。显然,社会所提出的新要求不可能受到人为设定的"政治—行政"传统分界的束缚,特别是在"新政"时期,政府被赋予了更多的权力,政府通过公共行政去解决经济以及社会问题时,不能仅仅囿于管理的视角,而必须考虑诸多政治问题,必须同时处理经济和社会问题以及与这些问题关联在一起的政治关系。可见,威尔逊在划定政治与行政的分界时,是为了

---

① Marshall E. Dimock, "The Meaning and Scope of Public Administration," In John M. Gaus, Leonard D. White and Marshall E. Dimock, *The Frontiers of Public Administration*, New York: University of Chicago Press, 1936, Reissued by Russell & Russell, 1967, pp. 3–4.

② Ibid., p. 4.

解决政党分肥条件下政治与行政混沌无序的问题。得益于威尔逊划定的界限，市政研究运动才能够专注于发掘公共行政的管理内涵，才能够把科学管理的成果引入公共行政中来。然而，到了"新政"时期，关于政治与行政的区分妨碍了政府扩展其权能，所以，学者们要求对这一基本原则进行反思。

迪莫克认为："公共行政从始至终都必须处理具体的社会与经济问题，如医疗、公用事业、区域规划，以及政府活动的所有其他领域。如果——正如我们已经假定的——公共行政应当永远被视为一种工具或手段，那么对法律所处置的社会、经济与政治问题的考虑也必须成为公共行政所要考虑的一个问题。除非研究者将他关于公共行政的理论与政府试图解决的问题联系起来，否则他就无法站稳脚跟，或者无法对所涉及的行政问题提出一个有用的解决办法。"① 在这里，迪莫克显然无限度地扩大了公共行政的边界，把公共行政看作是涵盖了所有社会与经济问题的政府活动。这样一来，行政体系岂不构成了"行政国家"？的确如此，如罗森法（Joseph Rosenfarb）所说，"新政"期间的美国政府就是一个行政国家，② 而在这种行政国家中，公共行政自然不能仅仅考虑政府的立场与目标，更要考虑国家的性质与目的。在某种意义上，也只有从国家的立场出发，公共行政才能直接回应社会的要求。

因此，"公共行政不是一个没有生命的机器，它不可能不加思考地去完成政府的工作。如果说公共行政关注政府的问题，那么，它对于实现国家的目的和目标也抱有同样的兴趣。因此，公共行政在广义上将包含那些曾经由政治经济学的概念所含括的因素。公共行政就是计划。我们的高级行政官员越来越多地被要求提出经济方案，草拟与经济重建相关的法律，规划自然资源的保护，以及决定政府本身的运行机制。公共行政的这一计划、建设与目的性的方面，应当在未来更为清楚和更加有

---

① Marshall E. Dimock, "The Meaning and Scope of Public Administration," In John M. Gaus, Leonard D. White and Marshall E. Dimock, *The Frontiers of Public Administration*, New York: University of Chicago Press, 1936, Reissued by Russell & Russell, 1967, p. 10.

② Joseph Rosenfarb, *Freedom and the Administrative State*, New York: Harper & Brothers Publishers, 1948.

力地突出出来"①。根据这一观点,"公共行政也许可以被视为一个综合体。这一领域的边界不应被限定得过于狭窄。它的范围必须广泛——几乎与政府本身一样广泛。公共行政就是行动中的国家——作为建设者的国家。行政的范围完全取决于推行政府的政策与目的之所需"②。

从上面的几段引文中,我们看到,"行政"、"政府"与"国家"几个概念似乎有些纠缠不清。事实上,由于公共行政边界的扩展,由于行政国家的出现,已经很难再在"行政"、"政府"与"国家"之间作出明确区分了。这个时候,学者们已经无法简单地像18世纪的学者那样把行政看作政府的三大部门之一,也不能像19世纪、20世纪之交的学者们那样把行政看作国家职能的特定部分。此时,"要定义公共行政,似乎需要将上面提到的所有途径中的所有要素都包括进来。对公共行政的分析可以被分成两个方面,每一方面都依赖于并紧密地与另一方面关联在一起。首先,存在一些必须得到理解的问题、功能与目的,对它们的执行将包含计划、裁量和政策。这一领域余下的部分所处理的是在政府机构实际履行其职能的过程中包含的组织、人事、控制与技术。公共行政所研究的是,在执行法律和政府机构政策中所涉及的权力与问题、组织与人事以及管理方法。这一定义考虑到了法律的实体方面与形式方面,考虑到了政策与计划,考虑到了科学管理,也考虑到了一套可以不断汲取信息和假说体系的行政方法"③。也就是说,由于突破了"政治—行政"二分的原则,公共行政的范围得以充分扩展,原先在市政研究运动中被封闭起来的那些领域开始向公共行政研究开放,使公共行政可以在国家的疆域中畅行无阻。

三 定义公共行政的中间路线

对于公共行政的研究者来说,尽管可以表明不受"政治—行政"

---

① Marshall E. Dimock, "The Meaning and Scope of Public Administration," In John M. Gaus, Leonard D. White and Marshall E. Dimock, *The Frontiers of Public Administration*, New York: University of Chicago Press, 1936, Reissued by Russell & Russell, 1967, pp. 11–12.

② Ibid., p. 12.

③ Marshall E. Dimock, "What is Public Administration," *Public Management*, Vol. 15, No. 9 (September, 1933), pp. 259–262.

二分原则的约束，却并不意味着他们可以把政治作为自己的研究对象。因为，如果他们把政治作为自己的研究对象的话，就无法使自己的工作与政治学研究区别开来。这不仅无助于建立起公共行政的学科，而且会对自身的职业发展造成障碍，致使公共行政的研究失去必要性。既然如此，从事公共行政研究的学者们为什么还会对"政治—行政"二分原则提出质疑呢？那是因为行政裁量行为的增多以及公共行政研究范围的扩大。由于这些原因，公共行政学者们意识到公共行政并不完全如古德诺所说的那样是一种执行活动，也不是早期的公共行政研究者所认为的那样仅仅属于管理的范畴。"新政"的现实已经使公共行政包含了许多政治方面的内容，甚至行政本身已经把整个国家包裹了起来。但是，毫无疑问的是，公共行政的研究是应当与其他研究社会治理领域的学科有所区别的，特别是应当与政治学保持一定的距离。也就是说，公共行政的研究需要拥有不同于政治学的问题域，即通过建立起不同于政治学的问题域来确定自己的研究范围，从而证明自身作为一门学科而存在的必要性。

尽管出于学科独立性的考虑公共行政研究需要突出自己的非政治性，需要在公共行政的定义中排除政治的内涵，但是，这并不意味着一定要明确地表示把"政治—行政"二分原则作为公共行政学科的出发点。正如怀特在他为公共行政所下的定义中所表明的那样，可以更多地强调公共行政管理的方面。事实上，公共行政研究向管理学靠拢并没有造成其自身的"身份危机"，反而吸引了更多的管理学家们去关注公共行政的问题。这也许是因为当时的所谓"管理学"尚未发展和定型为一门完整的学科，更没有出现相对于公共行政的"工商管理"学科，以至于公共行政的研究者们有着更大的回旋空间。

应当说，二战前的公共行政研究是有着很多优势的，因为管理学刚刚兴起，相对于私人部门的管理而言，行政有着更多的历史资源可以利用。当公共行政的研究者突出强调其管理的方面时，不仅不会担心受到管理学的同化，反而在与政治学的区隔中确立起了自己的独立地位。二战以后，随着管理学的迅猛发展，公共行政研究的这一优势逐渐地褪色，致使公共行政的研究者经常性地为公共行政的身份危机而苦恼。在某种意义上，"新公共行政运动"向政治学求亲的举动可以看作是对公共行政身份危机的回应。但是，新公共行政运动没有扭转这一局面，到了80年代，当"新公共管理运动"再度偏向已经成为一门独立学科（也就是具有了独立身份）的工商管理的时候，公共行政相对于工商管理或者说私人行政的身份危机进一步加剧了。

1936年出版的一部国际公共行政组织名录对公共行政作出了如下定义："公共行政已被定义为对那些已由和正由公权机构——中央的、地方的与特殊的——承担的许多不同活动的行政与管理。"① 对这一定义的进一步解释是，在认识公共行政的时候，"正如布朗洛主席所说，那些只关心影响政策的政治集团和组织已被排除在外。然而，它们的政治属性却不是对它们加以排除的原因。如果一个组织具有政治目的，但同时拥有一套反映了行政问题和方法等科学的行政方案，还是能够得到承认的"②。在某种意义上，行政学与政治学的主要区别在于后者是以国家为对象，前者则是以组织——即使政府也是被当做组织——为研究对象的。因而，对于公共行政研究对象的甄别最能反映出公共行政研究者的学术认知水平，是他们拥有明确的学科意识的表现。所以，在学科的层面上来把握公共行政，它主要是以公共组织为研究对象的学科，所要认识和解决的是公共组织管理方面的问题。

1946年，弗里茨·马克斯（Fritz Morstein Marx）主编的一本作者阵容强大、影响颇为深远的文集式教科书——《公共行政的要素》得以出版。在这本书的开篇中，维格（John A. Vieg）列举了公共行政的三大要素：（1）与立法部门的有效关系（私人行政中是和董事会）；（2）行政首长及其幕僚将立法部门制定的政策转化为可执行方案的能力；（3）履行执行职能的人赢得下属支持，以有效实现政策目标的能力。归纳起来，这三大要素就是execution、administration与management。

在当时，"尽管用法并没有完全固定下来，但最高职责——涉及与立法部门间的关系——在性质上通常被归入 executive 的类别。那些主

---

① Joint Committee on Planning and Cooperation, *A Directory of International Organisations in the Field of Public Administration*, Brussels, Belgium, 1936, p. ix.
② Ibid., p. xii.

要指向一般操作方案的则经常被看作 administrative；那些关于对整个雇员队伍进行实际指挥和监督的工作则经常被标示为 managerial。managers 在 administrators 的总的指导下监督工作计划的完成，administrators 又反过来履行由 chief executive 分派给他们的广泛职责，而 executive 的政策又是通过与立法部门的合作而制定出来的"①。根据这种复杂的相互关系，"在最宽泛的意义上，公共行政包含了公共政策所辖之下的所有领域和活动。我们甚至应当将那种使立法部门能够行使其立法权力的过程与操作也包括进来，在法律的实施之中存在许多熟练的管理问题。就这个词的字面含义来说，公共行政同样包括法庭的职能——实施正义；与政府行政部门中所有机构——无论军事还是文职——的工作。因此，对于公共行政的详尽论述，除了立法管理以外，也必须考虑司法结构和程序，同样也要考虑军队所采用的独特体制和方法。然而，在约定俗成的用法中，'公共行政'的概念主要被用来表示政府部门的组织、人事、实践和程序问题，这些问题对于政府行政部门去有效地完成其被授予的民事职能至关重要"②。在关于公共行政的定义中，"虽然没有无视司法的或军事的职能，但所理解的公共行政则主要是指文职机构在法定授权下执行分派给它们的公共事务的工作。概括地说，它涵盖了文职机构为了帮助国家达成其目的所做或能做的所有事情。更准确地说，尽管没有忽视特定政府层次、项目类型或地理区域所独有的考虑或活动，但公共行政所关注的中心则是为所有或大多数行政机构所共有的组织、程序与方法等问题。它首先是有关这些贯穿于整个行政职责范围的具有基本重要性的因素的"③。

可以说，包含在《公共行政的要素》一书中的这些论述，对公共行政作出了自有专门性的研究以来最为明确和详尽的定义，既维护了公共行政的管理特征，又确认了它在非私人领域中的普遍存在。与此前单纯从管理的视角与单纯从政治的视角出发进行定义相比，这是一条中间

---

① John A. Vieg, "The Growth of Public Administration," In Fritz Morstein Marx (Ed.), *Elements of Public Administration*, New York: Prentice – Hall – Inc., 1946, p. 7.

② Ibid., pp. 5 – 6.

③ John A. Vieg, "The Growth of Public Administration," In Fritz Morstein Marx (Ed.), *Elements of Public Administration*, New York: Prentice – Hall – Inc., 1946, p. 6.

路线，事实上，也实现了对前述两种定义的超越。在某种意义上，《公共行政的要素》代表了公共行政研究中的一种新的分析视角，即从要素的角度去看公共行政，使公共行政的内涵得以确定，无论实践中表现出多么复杂的情况，也不管实践是在政府的哪一个层面展开的，其核心要素都是基本确定的，特别是作为政府部门中的管理主体，基本上是可以确定的。因而，关于公共行政的学术研究也应当围绕行政管理主体及其管理工作展开。在当时，行政管理的工作主要就是组织、人事、财政等等，它们既是公共行政实践的基本要素，也是公共行政学科的主要研究对象。所以，从这个角度来定义公共行政是有着一定的合理性的。

当公共行政研究的视线从外缘关系或性质定位转向其内部要素时，无疑意味着研究的深入。而且，研究的深入也就必然会产生对公共行政进行重新定义的要求。就《公共行政的要素》中所包含的对公共行政的这些新的定义来看，"新政"以来公共行政新进展得到了一定体现。但是，我们也必须看到，这些被吸纳到公共行政定义中来的新的因素依然是作为补充性的内容出现的，是对公共行政定义原先赖以确立的基础的补充。也就是说，作为定义公共行政的基础性视角的组织与管理这条主线并没有发生变化，只不过出于学科建构的需要而把政治与行政的关系等容易引起争议的问题"悬置"了起来。在某种意义上，学者们在定义公共行政时采取这样一种处理方式实际上是故意忽略某些研究内容，从而把那些不利于在学科建构中达成共识的问题暂时放在一边，以求获得一种能够被学者们广泛接受的公共行政定义，进而确立起作为一门独立学科的公共行政学。由此看来，"新政"前那个时期在公共行政研究中所存在的两种不同的研究取向此时得到了调和，作为一本著作的《公共行政的要素》是可以被看作当时所实现的一种妥协。正是在公共行政的研究中出现的这种妥协，让在研究者与实践者之间形成对话机制变得可能，同时，也有利于在学者之间达成公共行政内涵方面的共识。也正是到了这个时候，作为一门科学的公共行政学才真正被确立了起来，成为一门屹立于现代学科之林的独立学科。

其实，在稍早时期的一部《行政科学论文集》中，古利克为文集写的一篇总结性文章就已经开始表达了从公共行政的要素角度去定义公共行政的倾向。古利克说:"行政与完成工作有关,与既定目标的达成有关。因此,行政科学是这样一个知识系统,有了这样一门科学,无论在什么情况下,都可以理解人们出于共同目的而组织起来一起工作的人际关系,就能够预测并影响这些工作的结果。公共行政是行政科学中关于政府的那个部分,它首先关注的是执行部门——政府的工作在这里是如何得以完成的,尽管立法部门与司法部门中也明显存在着行政的问题。所以,公共行政是政治科学的一个分支,也是社会科学的一个分支。"① 根据古利克的这一看法,"公共行政和政治学(politics)都是政治科学(political science)的分支"②,而不是作为政治科学的一部分内容,更不是作为政治科学的一个研究领域而存在的;在作为政治科学的一个分支的意义上,公共行政实际上是独立于政治学的一门新的学科。这就是古利克对公共行政这门科学的意见,他在承认公共行政学与政治科学的联系的前提下,巧妙地指出了公共行政学科的独立性。

在社会科学体系中,公共行政学是一门新兴的学科,如果说这门学科大致在20世纪40年代得以建立起来的话,那么,在此后的岁月中,围绕公共行政的学科边界以及公共行政的定义等问题而展开的争论一直都没有停歇过。这是因为,公共行政学直接研究的是社会治理中某个方面的问题,而且,没有人会怀疑这个方面恰是社会治理中最为重要的方面之一,人类的社会治理因社会发展的每一项新变动而发生改变。因而,公共行政学——特别是公共行政定义——的不确定性恰恰表明了这门学科的开放性,使每一个公共行政的研究者都可以根据社会治理现实中的新变动和新问题提出自己的意见和见解。

但是,公共行政学所表现出来的这种不确定性丝毫没有削弱它在人类社会治理实践中的价值。从20世纪的情况来看,公共行政对于人类社会治理实践甚至人类社会的发展都起到了极大的促进作用,在行政改革以及社会变革的每一项新的举措中,都可以看到公共行政研究者的身

---

① Luther Gulick, "Science, Values and Public Administration," In Luther Gulick and L. Urwick (Eds.), *Papers on the Science of Administration*, First Published 1937 by the Institute of Public Administration, New York, This Edition Published by Routledge, London and New York, 2003, p. 191.

② Ibid., p. 193.

影。现在，人类社会正在面临一场新的历史转型，对公共行政的定义也会出现新的意见，公共行政学也会与时俱进。我们考察公共行政定义的历史演进，是要展示公共行政学的开放性，以求在对公共行政的反思中去为这门学科的发展以及人类社会治理的变革提供知识上的准备，并为人类社会治理面向未来的科学规划提供一个逻辑思路。

第三节 公共行政概念出现变异

一 public administration

在公共行政的研究中，"public administration"、"administrative management"和"public management"三个词语是经常困扰人们的概念，人们很难在这三个概念之间作出区分，类似的情况也存在于中国的行政学研究中。我们知道，改革开放后，中国恢复和重建了行政学这门学科，在中国行政学的研究中，"公共行政"、"行政管理"与"公共管理"的概念经常使学习这门学科的人们感到无从把握。事实上，专门从事这门学科研究的学者们也往往在使用这些概念的时候感到选择上的困难。为此，我们需要对这些概念的产生及其历史进行考察，以发现它们的原本含义。当然，中文的"公共行政"、"行政管理"和"公共管理"的概念与英文中的"public administration"、"administrative management"和"public management"并不是一一对应的；但是，对这些概念的生成史进行考察，确认这些概念生成的背景，有益于我们把握这些概念的准确内涵，也有益于我们理解中文中所使用的相关概念，这对于中国公共行政科学的发展和完善来说，也是必要的功课。因为，对于中国的公共行政研究而言，第一，中文语境下的学术对话需要确定这些基本概念的准确含义才能得以进行；第二，在全球化的背景下，随着国际学术交流越来越频繁，我们又需要确定这些概念在英文中的内涵。这就是我们考察"public administration"、"administrative management"和"public management"的目的。

在回溯公共行政学这门学科的源头时，学者们通常会提到两个重要的时间节点：一个是1887年，威尔逊在这一年发表了他著名的《行政之研究》这篇论文；另一个是1906年，纽约市政研究所于这一年成立，这是美国最早的一个专门研究公共行政的机构。在《行政之研究》中，威尔逊在国家的层面上讨论了政治与行政的关系，同时，出于提高国家行政效率与行政能力的要求，提出了建立一门专门研究行政的学科的科学构想。纽约市政研究所的研究对象是城市，其研究工作的主要目的是要提高城市政府的行政效率和公共服务能力，所以，纽约市政研究所并不关注国家层面上的行政问题。可见，威尔逊的"行政之研究"与市政研究所的活动都是研究行政现象的，但这些现象的范围和层次却有着明显的差异。也就是说，威尔逊的"行政之研究"与纽约市政研究所进行的"行政研究"具有不同的研究对象和研究范围，至少，它们所研究的是不同层面上的行政。如果把它们都看作是公共行政学起源上的标志性事件，那么，可以说公共行政学在源头上有着这样两个发源地。

显然，行政是一个非常宽泛的概念，无论在国家的层面上还是在城市的层面上，都存在行政的问题，并且，在与私人行政相对的意义上，国家行政与城市行政都属于公共行政的范畴。所以，人们往往把以国家行政为研究对象的《行政之研究》的发表和以城市行政为研究对象的纽约市政研究所的成立都看作是公共行政学起源的标志性事件。今天看来，虽然威尔逊与市政研究所关注的对象是不同的，然而，在19世纪末与20世纪初，"国家"与"城市"的区别或许并不像今天人们所认识到的这样明显。在当时人们的观念里，可能国家与城市之间并没有严格的区分。我们知道，在西方古典政治学的语境中，城市与国家是没有区别的。现代英语学界将希腊语中的"polis"一词翻译为"city – state"的情况表明，现代人认为古希腊城邦兼具城市与国家的双重特征。在很多情况下，城市与国家的区别往往是在规模的比较中来加以定义的，而并没有在实质性的意义上对它们作出区分；或者说，更多的人是把城市看作国家的浓缩形态，更不用说在美国这样一个联邦体制中，城市本身亦具有国家的影像。直到今天，在英语学界，学者们也在"state"与"city"两个词语的使用方面表现出了某种随意性。这说明，政治学所持有的是国家的视角，即使谈及城市，也试图把城市视为一个小国家。

与之不同，20世纪的公共行政学所持的则是一种组织的视角，即使在谈及国家时，也试图把国家作为一个组织来看待。从国家视角向组织视角的转变是在市政研究运动中完成的。在此之前，威尔逊与古德诺也对行政问题发表了意见，但这种意见是从国家的视角出发而得出的，是根据现代国家的实际运行状况而作出的判断。然而，从国家的层面来观察行政活动，往往显得过于宏大，虽然能够清晰地看到国家运行中的政治与行政之间有着很大的区别，却总也无法细述这种区别的详尽含义，更无法得知行政的具体过程是怎样的。所以，威尔逊和古德诺都只能对政治与行政的区别做出原则性的规定，却无法告诉我们行政究竟是什么。也就是说，威尔逊和古德诺所做的是描述行政轮廓的工作，即指出政治与行政之间有一条边界，至于行政是什么、具有哪些基本特征、是怎样运行和如何发挥作用的，他们并没有作出回答。虽然古德诺明确地指出"行政是执行"，但却没有对这种执行作出进一步的探讨。所以，威尔逊和古德诺所做的只是极其初步的工作，仅仅提出了行政应当被作为一个相对独立的研究对象来看待，仅仅是确定了这样一个研究领域。或者说，威尔逊和古德诺确立了国家（政府）行政的研究领域，而真正对公共行政做出具体描述和分析的工作，则是由市政研究运动承担的。

其实，在威尔逊和古德诺之前，英语学界中对行政现象的研究已经积累了一些成果。不过，这些研究多是以学校、医院甚至监狱等为观察对象的。我们发现，在威尔逊之前，学校行政、医院行政等概念都已经出现，并被人们广泛使用。边沁更是早就设计出了被福柯称为"完美规训机构"的"圆形监狱"（panopticon）。就实现组织控制的目的而言，这堪称现代组织设计的典范。在某种意义上，威尔逊所作出的开拓国家（政府）行政这一研究领域的贡献是与这些关于学校、医院等的行政研究有着一定联系的，至少，它们表明了行政现象的普遍性。因而，当威尔逊要求在国家活动中专门开辟出一个行政领域时，是有着来自其他领域的丰富经验支持的。在此意义上，威尔逊的贡献只是证明了美国的公共行政研究并非一开始就是stateless的，因为虽然他所探讨的问题具有stateless的特征，但他所采取的却是国家主义的视角。而真正statelss的公共行政研究是随着组织视角的产生而出现的。

关于行政的研究，是否能够持有组织的视角可以说是一个最为关键的问题。这是因为，只有在组织的意义上，才能把握行政的特征，才能把行政活动与其他治理活动区分开来。威尔逊的《行政之研究》发表后很长一段时间都没有引起学术界的注意，在某种意义上，就是因为没有明确地显现出它是一种从组织的视角出发所获得的观察结果。应当说，那些已经注意到了行政现象的早期行政研究者们其实是意识到了组织视角之于行政研究的意义的，他们在研究学校、医院时，就是从组织的角度去观察其行政活动的。今天我们都把企业作为最典型的组织形态，但在当时，现代企业尚未成型（密尔关于行政的认识受到了东印度公司的启发，但东印度公司显然不是一个企业，在某种意义上，作为一个殖民机构，由于远离宗主国，它更早地实现了政治与行政的分化），而在当时学校、医院等则是社会组织中专业化程度较高的组织形式。

正是因为这些组织在行政体系与结构方面都发展得较为完整，所以，通过对这些组织的观察可以获得对行政现象的认识。然而，随着现代企业的诞生和城市化进程的加速，在组织规模和专业化水平上都远远高于学校、医院的现代企业和城市呈现在了人们面前。而且，作为组织的现代企业和城市中的行政也更为复杂，对于学者来说，也更具有挑战性。所以，对行政问题感兴趣的学者开始逐渐将目光转向了企业与政府，尤其是转向了已经具有现代组织特征的城市政府。可见，公共行政学的产生受到两方面因素的驱动，它既是现代政治演进的一个结果，也是现代城市发展的一种要求。这也说明，从威尔逊和古德诺关于国家行政的探讨到市政研究运动的城市行政研究，并不是一种突然发生的转向，更不是一种断裂，而只是一种研究重心的转移，只能说是时代突出了城市行政的问题。同样，当时代再次突出了国家行政的问题时，威尔逊和古德诺的传统又将重新占据公共行政研究的中心舞台。

1892年，普里查德（Frank P. Prichard）在《对城市政府科学的研究》中写道："现代科学的发明已经打破了地域界限，也在很大程度上摧毁了地方独立。大公司对不断集聚的资本的控制，已经在商业贸易的运行中引入了一股危险力量，大城市的剧增，也在政治领域中引入了一个同等危险的因素。在一个简单得多的社会中建构起来的普通的政府行政机制，已经被证明不够用了。我们亟须一种更为科学的设计和一种更为系统化的操作。"① 在这里，普里查德指出了城市行政研究的必要性，因为，"城市中如此巨大人口的幸福与富裕，直接取决于政府——它所具有的职能需要详尽的科学知识与高超的科学技能——的行政。我对'科学'一词的使用是经过深思熟虑的。城市政府本身就是一门科学"②。可见，当时城市的发展对城市行政的研究提出了非常迫切的要求。城市不仅是一个生活场所，而且首先是资本集聚之地。在这里，如果像普里查德所说的那样，大企业对资本的控制已经成为一种危险力量，而城市政府又正面临着这一挑战，那么城市行政的研究也就被看作是对这种危险的回应了。正是由于这个原因，一场"市政研究运动"在美国得以兴起。1906年纽约市政研究所的成立，就是这场运动进入高潮的标志。

由上述可见，近代以来，关于行政问题的研究有两种不同的途径：一种是把行政看作具有普遍性的组织问题；另一种则是把行政看成国家活动的一个特殊方面。在很长一段时期内，由于现代组织尚未发育成熟，前一种途径一直未能取得重大突破，直到现代企业和现代城市兴起之后，才开始取得了突飞猛进的进展。在其后的发展中，当人们对企业与城市政府的行政行为作出了明确区分后，这一途径逐渐走向了两个方向：城市政府被作为公共组织看待，它的活动被称作公共行政；企业则被作为私人组织看待，相应地，存在于企业中的行政也就是私人行政。到了20世纪初，私人行政的研究汇流到了科学管理运动之中，成长起了20世纪的最大显学——管理学。对作为国家活动的行政进行研究应当说是由威尔逊开拓出的一个领域，但是，在公共行政学建立的过程中，威尔逊所确立的这一领域一直没有受到学者们的重视，直到30年代后期，威尔逊的影响才开始在批判声中逐渐地扩大。今天，我们往往把威尔逊和古德诺的理论发现视作公共行政学的逻辑起点，但对这个学科的基本内容的发掘则应当归功于"市政研究运动"。

事实上，在美国行政学界，人们也是把纽约市政研究所的成立作为

---

① Frank P. Prichard, "The Study of the Science of Municipal Government," *Annals of the American Academy of Political and Social Science*, Vol. 2 (Jan., 1892), pp. 18–25.

② Ibid..

公共行政学这门科学诞生的标志的。比如，莱瑟森（Avery Leiserson）在 1946 年就曾这样说过："作为一个有组织的知识领域，public administration 在美国只有四十岁大，如果我们把它的生日定在 1906 年，即纽约市政研究所建立那一年的话。纽约市政研究所的创建通过三个关键部分标志着作为一个专业（profession）和一门科学的行政学的开端：关于政府机构的目的、权力、结构与运行的描述性材料的积累；分析技术和技术标准的应用；雇用了一支全职的专家队伍去承担起这样的职责，那就是准备那些用以改进行政组织和管理的专门措施。"[①] 至少，在美国学者的眼中，专业化的公共行政研究是在市政研究运动中开始的。

在威尔逊和古德诺关于行政的论述中，包含着明显的规范性内容，但他们却没有使用"public administration"的概念。与他们不同，市政研究运动极力淡化城市行政的规范性色彩，而学者们却毫无顾忌地采用了"public administration"的概念。之所以会出现这种情况，原因就在于：威尔逊和古德诺都是在国家的层面上讨论行政问题的，因而，"行政"一词在这里是指国家及其政府中的活动，已经包含了规范性的内容，也就不再需要加上"public"这样一个规范性定语。而市政研究运动是在城市组织的层面上去认识行政问题的，需要直接与城市中已经大量出现的企业行政区别开来，所以，必须时时处处都在"administration"前面加上"public"的定语。也就是说，研究对象的不同，决定了词语使用上的差异，在威尔逊和古德诺那里，由于谈论的是国家（政府）行政，即使不使用"public"一词也不会引起关于"administration"的歧义，而在市政研究运动这里，如果不加上"public"这样一个定语的话，可能就会在"行政"与"管理"一词尚未像今天这样被明确区分开来的情况下让人误以为是谈论企业管理。

这也表明，在市政研究运动中，"public administration"一词中的"public"并不是出于规范"administration"的需要，而是与"private administration"或"business administration"中的"private"与"business"相对的指示性用语。所以，市政研究运动虽然采用了"public ad-

---

[①] Avery Leiserson, "The Study of Public Administration," In Fritz Morstein Marx (Ed.), Elements of Public Administration, New York: Prentice-Hall-Inc., 1946, pp. 27–28.

ministration"的概念，并在这个概念的基础上为我们今天所熟知的公共行政学奠定了基础，但与我们今天使用的"public administration"还是不同的。在市政研究运动那里，"public"还不具有严格的规范性内涵，更多的是作为一种客观的、以事实为取向的对城市行政活动的描述。尽管"public"使城市行政与企业中的私人行政区别了开来，但在"行政"的意义上，两者却没有太大的差异。至少在当时人们的观念里，行政作为组织共有的活动被认为其一致性远大于公共组织与私人组织之间的差异。

可见，在公共行政研究的起点上，人们并没有对行政的性质给予充分的关注。在早期，人们关注的是学校、医院等组织的行政（今天我们称为"管理"的）活动。随着研究范围的扩展，开始沿着不同的方向去探讨行政的问题了，出现了威尔逊、古德诺对国家（政府）行政的关注和市政研究运动对城市行政的研究。但这只是领域上的区别，并不是对行政性质的规范性界定。就"public administration"而言，主要是市政研究运动中的学者们使用的一个概念。其原因是，此时的现代企业组织化程度在迅速提高，作为企业管理的私人行政也迅速地将自身的特征凸显了出来，尽管关于私人行政的研究尚未形成一种学术氛围，但市政研究运动已经嗅到了私人行政（企业管理）研究可以成为一个专门领域的可能性，于是要求把对城市行政的研究与之相区别。所以，"public administration"在这个时候是市政研究运动用来区别私人行政的排除性概念，并不需要加以明确定义。不过，也许正是市政研究运动使用了这一概念而对私人行政进行了排除，才使得企业管理的研究迅速兴起，并成为一场影响了整个20世纪的运动，使关于私人部门管理问题的研究蔚为大观。

二 administrative management

在美国历史上，"新政"是一个重大的转折性事件，它给美国社会的各个方面都带来了诸多不同于以往的新特征。就公共行政的研究来看，"新政"标志着公共行政学的创立时期进入了尾声。我们已经指出，公共行政学创立时期的研究工作是在"政治—行政"二分原则下进行的，特别是市政研究运动在"政治无涉"的姿态下所进行的公共行政研究，为公共行政学这门学科的建立提供了奠基性的准备工作。如果说威尔逊确立的"政治—行政"二分原则被其后整个公共行政学科发展看作是可以怀疑却必须遵守的前提，那么，市政研究运动则在默认了这一前提的情况下做了大量对于学科建构必不可少的工作。特别是在技术性的层面上，市政研究运动直接以作为组织的城市政府为研究对象，通过他们的研究成果为公共行政这门科学提供了必要的和系统化的知识准备。

然而，"大萧条、新政以及随后的战争，将人们的兴趣点从城市转向了国家，同时也暴露出了不同类型与规模的新问题。早期的一些方法与'原则'受到了人们的质疑"[1]。或者说，社会的变化使市政研究运动的使命终结了，从而使行政研究再次转向了对国家活动中行政问题的关注。也就是说，随着"新政"时代的到来，在公共行政的研究中实现了从城市行政到国家行政的视角转变。我们已经指出，在较早的时期，虽然威尔逊和古德诺确立了国家（政府）行政这一研究领域，但学术界却没有对它作出积极回应。当时，在学术界处于主流地位的是市政研究运动，他们主要关注的是城市行政，而"新政"则促使学者们把国家（政府）行政作为关注的中心。

随着研究对象的改变，对公共行政的认识也发生了相应的变化。当然，在"新政"时期，无论是人们的观念还是实践，都处在急剧动荡的过程中。在这种条件下，是不可能鼓励人们对20世纪初期的公共行政——无论实践还是研究成果——产生广泛怀疑的。相反，人们有着更为强烈的维护已有研究成果的要求，希望借已有的研究成果协助政府带领社会走出危机状态。所以，尽管公共行政研究的视界已经发生转移，却没有出现对市政研究运动研究成果的集体反思。事实上，这项工作是在"二战"以后才进行的。"二战"之后，在"新政"所取得的成绩得到了举世公认的情况下，学者们在开始对"新政"的经验进行总结和理论提升的时候，才发现了"新政"时期的公共行政与市政研究运动中的公共行政不同，并开始对市政研究运动进行反思。不过，在从

---

[1] Frederick C. Mosher, "Research in Public Administration: Some Notes and Suggestions," *Public Administration Review*, Vol. 16, No. 3 (Summer, 1956), pp. 169–178.

"新政"到"二战"结束的这段时间里，在公共行政研究和实践领域中，最具代表性意义的是"administrative management"一词的出现和使用。

在市政研究运动兴起时，这场具有浓重"民间"色彩的研究运动主要是在私人资金的资助下去开展行政研究的。在当时的美国，尽管文官制度改革已经完成，而在政治活动中，人们对"政党分肥"的戒备心理依然很重，而且，利益集团在这时也尚未获得合法性。所以，对于以城市政府为研究对象的市政研究运动的研究动机以及资助人的资助动机，人们很难不产生怀疑。正是为了打消人们对他们的怀疑，市政研究运动才在研究过程中努力表明，他们不愿意去触及政治，而是仅仅研究作为组织的城市政府，即研究具有明显技术性特征的城市行政。

然而，随着"大萧条"的爆发和"新政"的出台，情况发生了改变。首先，为了应对前所未有的危机，罗斯福政府需要进行前所未有的集权。在美国特定的民主政治背景下，罗斯福必须避免亲自向国会和美国社会传达希望集权的信息，而是需要有一支既能表达意见又具有权威的力量去向国会和美国社会传达这种信息。所以，作为一种政治策略，罗斯福政府必须求助于专家。其次，就应对"大萧条"这样一场前所未有的危机而言，罗斯福政府也确实需要专家的帮助去解决越来越复杂的专业性问题。特别是在当时的情况下，尽管经历过文官制度改革已经建立起专业化的文官队伍，但这支文官队伍实际上并没有多少专业知识，就他们的来源看，主要还是转型为职业文官的"政客"。面对"大萧条"，这个政府也只有求助于专家。因此，罗斯福政府向专家敞开了大门，建立了各种各样的研究机构。其中，最为重要的就是由布朗洛、古利克与梅里亚姆等人牵头建立的"总统行政管理（administrative management）委员会"。

如果从关键词上去把握"总统行政管理委员会"的宗旨，可以看到，它的关键词有两个：第一是"总统"；第二是"administrative management"。所以，"布朗洛报告"的结论也有两个，首先，"总统需要帮助"；其次，帮助总统的方式就是administrative management。那么，总统为什么需要帮助？该报告认为："我们的总统职位统一了至少三种重要的职责。一方面，总统是一位政治领导——党派领导、国会领导和人民的领导；另一方面，他是国民的首脑——在这个词的礼仪性的含义上，是美国国民团结的象征；再一方面，总统是联邦制度和机构中的首席长官与行政官员。在许多政府类型中，这些职责或者是分开的，或者只是部分结合在一起的，而在美国，它们则统一在同一个人身上，总统的职责就是承担所有这些重任。"① 但在现实中，无论是威尔逊所说的"国会政体"的掣制，还是联邦机构专业化水平的低下，都使总统很难承担起上面所列举的这些职责。正是由于这些原因，总统的"行政管理委员会被要求调查与报告特别是最后一种职能，即行政管理（administrative management）问题——为履行由美国宪法授予总统在行使行政权力中所担负的职责而进行的组织"②。在此问题上，"我们所需的不是一种新的原则，而是对我们管理体制的一次现代化"③。也就是说，administrative management 不关心"国会政体"变革等政治性的和原则性的问题，而只是关注"国会政体"之中的行政部门，关注行政管理的现代化。"在一个民主制度中，administrative management 关注的是行政首长及其职责、管理的人事支持，组织、人事，以及财政制度，因为这些在人民的政府中是必不可少的保障人民意志的手段。"④

根据"布朗洛报告"，administrative management 在实践中已经找到了可操作性方案，这就是当时各州和地方政府正在开展的行政重组（administrative reorganization）。有了这些经验，虽然"联邦政府所涉更广，也更为复杂，但重组的原则是一样的"⑤。基于这种认识，"布朗洛报告"提出了一套精心设计的重组计划，"在这一广泛的行政重组计划中，白宫本身也被包括在内。总统需要帮助"⑥。其结果是设立了"总统行政办公室"（也就是今天的新闻报道中常说的"白宫"）去帮助总统专门处理行政事务。这个总统行政办公室后来得到立法部门的认可，

---

① The President's Committee on Administrative Management, *Administrative Management in the Government of the United States*, Washington: United States Government Printing Office, 1937, pp. 1 – 2.
② Ibid., p. 2.
③ Ibid., p. 3.
④ Ibid., p. 2.
⑤ Ibid., p. 3.
⑥ Ibid., p. 5.

并对此后的美国政治产生了深远影响。可以说，它奠定了美国总统制的基本框架，而且也确实成了总统最得力的助手。此外，该报告的重组建议还包括将文官委员会改组为由一个直接对总统负责的文官专员领导下的 civil service administration。不过，在罗斯福任内，这一改组文官委员会的建议并未得到国会批准，直到1978年卡特任总统期间通过了《文官改革法案》时，这项改组建议才成为现实。

如前所述，在当时的语境中，关于行政的问题有三个类似的概念，即"execution"、"administration"和"management"。其中，"execution"专门用来表达总统在与国会的关系中领导行政部门履行其职责的含义；"administration"虽然主要用来指称行政部门及其活动，但也并不排斥立法与司法部门中的行政活动；"management"同样不排斥立法与司法部门中的行政活动，但与"administration"相比，"management"有着更加强调行政中的具体活动和技术性工作的含义。根据当时对这些概念的用法，"administrative management"的准确含义就应当是指行政部门中的管理问题。因而，合乎逻辑的理解是，解决行政部门管理问题的办法就是行政重组。也就是说，罗斯福任命"总统行政管理委员会"的目的是推行联邦机构的行政重组，其实质就是要进行行政集权。

然而，在美国"国会政体"的政治框架下，在联邦的层面上直接进行行政集权就必然意味着要削弱国会的力量。这是由"三权体制"所决定的。根据三权制衡的设计，三种权力中的任何一种权力的扩大，都必然意味着其他权力的削弱。所以，对于罗斯福政府而言，这是有着一定政治风险的做法，以至于罗斯福政府需要声言它所推行的重组计划与国会无关，不会影响国会的控制地位，而仅仅是行政方面（特别是技术意义上）的管理改进。正是出于这种需要，总统行政管理委员会才选择了"administrative management"而不是"public administration"的名称。显而易见，"administrative management"的表达式不会引起国会的怀疑，甚至能够赢得国会的认同，而"public administration"由于包含了国会以及最高法院中的行政活动，极易引起后两者的误会。所以，"administrative management"一词的使用，反映了罗斯福政府当时的意图和全部策略性的考虑。

在"布朗洛报告"的谋篇布局上，我们也可以清楚地看到罗斯福政府在当时的政治背景下使用"administrative management"一词的意图。在这份报告的目录中,"administrative management"的题下包括了以下几个小标题:(1)白宫人员;(2)人事管理;(3)财政管理;(4)计划管理;(5)美国政府的行政重组;(6)行政部门对国会的责任。其中,长篇阐述的是行政重组的部分,对行政重组与行政管理的关系进行了专门论述,特别是对"报告"的目的与实施方案作出了详细说明。为了让国会放心,在其最后一节中,"报告"再一次强调指出行政重组本身并不是目的,而是为了增强国会的领导地位,完善和巩固民主制度:行政重组"只有一个重大目的,这就是,使民主在我们今天的全国性政府中得以运转,也就是,把我们的政府变成执行国民意志的一个现代的、有效的和有力的工具。正是出于这一目的,政府非常需要现代的管理工具"[1]。可见,罗斯福政府之所以不使用"public administration",是要表明这个政府所做的是行政重组的工作。尽管后来发现罗斯福的行政重组带来了30多年的行政集权,但在当时,"administrative management"确实为其赢得了行动的机遇,最大可能地削弱了来自国会以及美国公众的政治阻力。

尽管"布朗洛报告"借助于"administrative management"一词去刻意掩饰行政集权的意图,但是,要想在国会中蒙混过关还是要费一番周折。事实上,当这份报告提交国会后,引起了爆炸性的反响,根据斯通(Donald C. Stone)的说法,"国会被该报告震惊了"[2]。不仅"布朗洛报告"令国会震惊,而且,罗斯福总统也许是出于加重与国会讨价还价筹码的考虑,在向国会提交"布朗洛报告"的同时还提出了另一项"填塞法院"计划,要求扩大最高法院的规模。从当时的情况看,罗斯福的策略是,在两者之间,只要国会通过了其中一项,他就取得了胜利。如果通过了"布朗洛报告",他就可以顺利地进行行政集权,从而取得凌驾于立法和司法部门之上的地位。退而求其次,国会通过了"填塞法院"计划,他就可以实现对最高法院"掺沙子",从而使屡屡

---

[1] The President's Committee on Administrative Management, *Administrative Management in the Government of the United States*, Washington: United States Government Printing Office, 1937, p. 3.

[2] Donald C. Stone, "Administrative Management: Reflections on Origins and Accomplishments," *Public Administration Review*, Vol. 50, No. 1 (Jan. – Feb., 1990), pp. 3–20.

否定其"新政"政策的最高法院因规模的扩大而在否定其"新政"政策方面变得困难,或者说,让其"新政"政策能够因为他"掺沙子"而得到通过。

"填塞法院"计划受到了最高法院与国会的强烈反对,最终未能通过。但在经历了这场激烈的斗争之后,最高法院虽然维护了自身的独立性,却也不得不做出妥协,表示对罗斯福政府低下了头。从此,"最高法院再也没有推翻过任何一项新政法律。事实上,自1937年起,最高法院从来没有宣布过任何调节经济的重大联邦法令无效,也没有[1996年的《划线项目否决法》(Line Item Veto Act)例外]再判决任何将国会权力授予总统的法律违宪。大多数阻挠国家和总统权力的司法障碍都已落势"①。在与国会的较量中,情况也是一样。正如中国人常说的"时势造英雄",既然"9·11事件"能够把美国人谑称为"智商低于90"的小布什变成民族英雄,那么,有了"大萧条"与"二战"这两大筹码,魅力逼人的罗斯福又怎能不在做出适度妥协之后而使他的重组计划过关呢?

在国会通过了"布朗洛报告"后,罗斯福在新并入到总统行政办公室的预算局中成立了一个以"administrative management"为名的机构(著名行政学家沃尔多曾供职于此)。"AM处最初和持续的目标是协助部门与机构首脑起草他们自己的计划,以改进组织、行政和运行。"②从这里也可以看到,根据罗斯福当时的设想,行政重组将是一项持续性的工作,会随时根据需要进行。而且,行政重组不限于那些由总统直接领导的部门,administrative management 应当被贯彻到所有部门中。无论是哪一个部门中的行政重组,都需要在总统行政办公室的领导下进行,所以,需要设立一个专门的机构来负责实施 administrative management。

在罗斯福任内,"administrative management"这一概念的使用频率是很高的,影响也是巨大的。尽管如此,但无论是在实践上还是在理论研究中,这一概念都没能成为替代"public administration"的概念,甚

---

① 参见[美]西德尼·M. 米尔奇斯、[美]迈克尔·尼尔森《美国总统制:起源与发展》,朱全红译,华东师范大学出版社2008年版,第297页。

② Donald C. Stone, "Administrative Management: Reflections on Origins and Accomplishments," *Public Administration Review*, Vol. 50, No. 1 (Jan. – Feb., 1990), pp. 3–20.

至没有成为一个与"public administration"相平行的概念而得到使用。其原因就是，它仅仅是一个在特定时期出现的有所特指的概念，更多地使人们联想到罗斯福政府的行政重组，而"public administration"则是用来指称具有普遍性的行政现象和行政问题的概念。在美国的民主语境下，特别是在"三权分立"的宪政体制下，即使是在凯恩斯主义得以实行的条件下，行政集权也是一个可以做而不可以宣扬的事情。既然"administrative management"一词是与罗斯福的行政集权联系在一起的，那么学者们在其研究工作中回避使用这个词语也就不难理解了。所以，时过境迁，"administrative management"一词也就进入了历史，与"总统行政管理委员会"和"布朗洛报告"一样，变成了一种历史陈迹，只有在回顾"总统行政管理委员会"或"布朗洛报告"的时候，才会被人们拿出来重新祭奠一番（2007年，《公共行政评论》推出了一个"布朗洛报告"的回顾专题，就是最近的一次祭奠行为）。在普通的公共行政学文献中，则不再有人使用"administrative management"这一概念了。

三 public management

20世纪80年代，随着"新公共管理运动"的兴起，"public management"的概念开始流行起来。在一段时间内，人们在谈论公共行政的问题时，也往往使用"public management"去替代"public administration"。这反映了人们除旧布新的追求，要求用"公共管理"取代"公共行政"。显而易见，自诩为"新公共管理运动"的学者们在"public management"前加上一个"new"字，本身就已经明示"public management"一词在历史上曾一度流行。的确如此，早在市政研究运动时期，"public management"就已经得到了相当广泛的运用。从市政研究运动的文献来看，"public administration"是被作为研究对象来看待的，而在对"public administration"内容的探讨中，经常使用"public management"一词。

我们知道，市政研究运动的基本现实依据是"市政经理制"，在这种制度中，城市行政长官被称为"city manager"。1914年，许多city manager发起成立了一个国际市政经理协会（International City Manager

Association)，1919 年，该协会创办了一份会刊，名为 *City Manager Magazine*，其宗旨是"专注市政行政"。1926 年，国际市政经理协会召开第十三次大会，"大会的重要举动之一是批准了改变杂志名称的提议。将 *City Manager Magazine* 变更为 *Public Management*。这一变更将在稍晚的时间发生。这一举措的采纳是因为本杂志在市政经理职业之外的增长，它在没有实施市政经理制的城市官员、商会、市民团体、学院、大学与公共图书馆中都有着大量的追随者"①。这一正式更名行动发生在当年第 12 期杂志上。与杂志名称的变更相一致，杂志的宗旨也从"专注市政行政"变为"致力于地方政府的运行"。根据国际市政经理协会的看法，"新名称看来更适合于做我们的官方出版物，无疑也更有助于实现我们杂志的目标"②。就国际市政经理协会将其机关刊物更名为 *Public Management* 来看，显然包含着这样一个判断："city manager" 这一名称的范围过于狭隘，仅限于实行市政经理制的城市，而 "public management" 则要宽泛得多，可以把没有实行市政经理制的地方政府和地方官员都包括进来，从而达到扩大杂志读者范围的目的，并通过这一点去提高"国际市政经理协会"——后来更名为"国际城市/城镇管理协会"（International City/County Management Association）——的影响力。

　　对国际市政经理协会使用 "public management" 的倾向和意图的判断，可以从四个角度去看：第一，就美国的行政体制而言，是由联邦、州和地方三级政府构成的，市政研究运动为了回避这三级政府中的行政与政治之间纠缠不清的情况，定位于对技术色彩较浓的城市政府的研究，所使用的 "public administration" 一词实际上所指的是城市行政。此前的威尔逊没有使用 "public administration" 一词，此后的罗斯福政府所使用的则是 "administrative management"，而国际市政经理协会使用 "public management"，是要求把市政研究运动的研究范围扩展到对地方政府运行的研究，所以，在范围上要比 "public administration" 更

---

① "New Notes and Announcements," *City Manager Magazine*, Vol. 8, No. 10 (October, 1926), pp. 22–24.
② Ibid..

大，也就是说，有了 public administration 研究的已有成果，需要扩大到更大的范围中去。第二，市政研究运动在"public administration"的名义下对城市行政所作出的研究也是聚集在行政的技术方面的，但是，在国际市政经理协会看来，市政研究运动对行政的技术方面强调得还不够，所以，试图通过使用"public management"一词去进一步突出行政的技术方面。这是对作为国际市政经理协会准备期的市政研究运动的反思而确立起的新目标。第三，经历了市政研究运动并拥有了市政研究运动的成果，国际市政经理协会希望借助于"public management"一词对此前所有关于行政的研究进行整合，因为，"public administration"所代表的是与关于地方政府以及商会、市民团体、学院、大学等组织并行的行政研究，使用"public management"一词，就可以把 public administration 和关于地方政府以及商会、市民团体、学院、大学等组织的行政研究都整合到一个体系中来。第四，在国际市政经理协会成立之时，科学管理运动已经兴起并产生了巨大影响，受到科学管理运动的影响而用"management"去置换"administration"也是在情理之中的，而且，在"management"之前加一个"public"的定语，既能与科学管理运动相区别，又表明了不同于"public administration"的内涵。

我们知道，英国皇家公共行政学院 1922 年创办了一份《公共行政》杂志，而美国公共行政学界则缺乏一本类似的学术期刊，因此，当 City Manager Magazine 更名为 Public Management 之后，很快就变成了当时公共行政研究者的一个交流平台。在 30 年代，莱德利、布朗洛、怀特、威洛比、古利克、梅里亚姆与老莫舍尔等人都进入了该杂志的编委会。从该杂志上发表的文章看，并没有排斥 public administration，似乎还有着包含 public administration 的倾向，因为，与 City Manager Magazine 相比，在 Public Management 上直接以"public administration"为名的文章明显增多。在此意义上，"public management"又可以理解成是一个包含了"public administration"的概念。不过，我们也看到，虽然这份刊物更名为 Public Management，但它毕竟是国际市政经理协会的会刊，它的读者依然以从事实务工作的市政经理为主。刊物的性质和读者群决定了学者们无法在这份杂志上开展理论探讨，更不可能追究"public administration"与"public management"的概念差异。事实上，杂志本身就规定:"本杂志存在的目的是为了促进从事城市管理的官员在观念和经验上的交流。它的读者是繁忙的行政官员,因此我们也要求投稿的文章以一种简明扼要的方式认真书写。"① 这里所谓的"简明扼要",就是说杂志上的文章通常不超过三个页面,而这显然不能满足学者们开展学术探讨的需求。所以,*Public Management* 作为公共行政研究者们进行学术交流平台的历史是极为短暂的,当学者们发现它无法帮助自己去实现学术抱负时,也就很快抛弃了这样一个平台。

可以想见,在 *Public Management* 这份刊物出现之前,"public management"一词肯定已经得到了学者们的使用。但是,在 20 世纪三四十年代中,对于推广使用"public management"一词而言,*Public Management* 显然发挥了巨大作用。正是有了这样一份刊物,"public management"一词进入了学者们的视野,在我们前面引用过的全国公共行政学院暨纽约市政研究所的工作报告中,古利克就使用了这一概念:"市政研究所代表了一种促进更有效的政府的全新方法。不同于宣言、纲领与政见,它代之以自然科学的严谨的研究方法;不同于直觉的与合理化的改革计划,它坚持对事实的不偏不倚的观察;不同于对公共官员的个人攻击,它把它的时间用来对控制着这些官员的'制度'进行分析;在工作方法上,不同于临时委员会、通用秘书和公关专家,它依赖于一支涵盖政府组织、public management、财政、工程、公共安全、卫生、福利与教育行政的全职的技术和专业专家队伍。"② 在这段话中,由于市政研究所和全国公共行政学院的研究对象本身就是城市,所以,当把 public management 与组织、财政、工程、公共安全、卫生、福利、教育行政等并列时,实际上是把它看作市政研究运动研究对象 public administration 的一个特殊部分,具体来说,就是"组织与管理"中的管理部分。这说明,尽管市政研究运动与国际市政经理协会在人员上存在着一定的重合,但市政研究运动学者与国际市政经理协会对这两个概念的理解是不同的。市政研究运动中的学者们认为 public management 只

---

① "New Notes," *Public Management*, Vol. 8, No. 12 (December, 1926), p. 29.

② Luther Gulick, *The National Institute of Public Administration: A Progress Report*, New York: The National Institute of Public Administration, 1928, p. 13.

是 public administration 中的部分职能形式，而国际市政经理协会则认为 public management 包含了 public administration，在研究范围上要大于 public administration。

在公共行政研究初期，从学缘关系上看，美国学者更多地受到了德国学者的影响，在对公共行政的理解方面，美国学者与英国学者之间是存在着很大分歧的。但是，由于同属于英语学界，两国之间的交流显然要更为频繁一些。所以，在美国流行使用"public management"时，也影响到了英国，在英国皇家公共行政学院的《公共行政》杂志上，就曾出现过"public management"这一概念。① 但是，出现在《公共行政》杂志上的这种情况只是偶然现象，在20世纪三四十年代，"public management"作为一个概念而得以流行主要是在美国。

在美国，"public management"这个概念之所以得以流行，除了 *Public Management* 杂志的影响以外，也与公共行政学史上的一位重要人物的作用分不开，这个人就是弗里茨·马克斯。弗里茨·马克斯因主编了《公共行政的要素》一书而享誉公共行政学界。在公共行政学发展史上，这本书对于公共行政学这门学科的定型有着重大贡献。在"public management"与"public administration"两个概念的关系问题上，弗里茨·马克斯更偏爱使用的是"public management"而不是"public administration"。比如，在1941年发表的一篇论文中，弗里茨·马克斯写道："1937年的立法（德国文官制度法修正案）本身就证明了 public management 的制度重要性。它使功绩原则得到了永久化，并再度强调了经常重复的官方告诫——'正确的思想'尽管是必要的，却不足以替代知识与经验。它坚持终身制的规则，同时强调政党看管好每一个有抱负的求职者。""……public management 在当前有着显著的地位，它远不是一个完全非政治的领域，就像一个人会把琐事看成例行公事，或把平流层飞行看作纯粹的技术性工作一样。一个充分发展的功绩官僚体制在政策制定的层级达到其顶点，因此它不可避免地获得了政治机构的特征。这就解释了为什么没有一场革命性的运动会无视行政等级体系及

---

① Sir Geoffrey Clarke, "Business Management of the Public Service," *Public Administration*, Vol. 8, No. 1 (January, 1930), pp. 10–15.

其构成。"① 在这两段话中,"public management"其实所指的就是文官体系,或者说是指功绩官僚体制。在 19 世纪晚期,文官体系被视为一个"完全非政治的领域",而在 20 世纪初期,却经常性地出现政治对文官体系的介入,因而使视文官体系为完全非政治领域的观点受到怀疑。在这种情况下,弗里茨·马克斯把他所理解的作为功绩官僚体制的"public management"看作某种"政治机构"是不难理解的。其实,弗里茨·马克斯在这里所使用的"public management"恰恰是"public administration"的含义,因为"public administration"这个词自文官制度改革以来便获得了表示文官制度或文官体系的含义。

可见,弗里茨·马克斯对"public management"的使用是不同于市政研究运动和国际市政经理协会的。作为一名具有很强国家主义意识的原大陆学者,弗里茨·马克斯对"public management"的理解可能更接近于威尔逊和古德诺在国家行政的意义上对"administration"的理解。所以,我们才会看到这样的表达:"苏维埃俄国还没有造就出她自己的柯尔培尔(路易十四时代法国财政大臣和海军国务大臣),也没有对行政才能的合理修整给予多少注意。然而,事情已经发展到这样的地步,过去的疏忽开始产生了后果。先前无产阶级专政的有组织的滑稽举动造就了这样一种错觉,即'一国社会主义'正在陷入僵局。我并不是说行政改革完全不可能。public management 与国家的自我保护结合得如此紧密,所以,如果我们看到斯大林当局通过生产大量行政官员来结束其反对'官僚制'的众所周知的运动的话,是不应感到奇怪的。""尽管报纸头条对其保持沉默,尽管它并不吸引眼球,但在今天,有效的 public management 却是政治指挥的一个必备工具。工业国家有赖于一系列的技术设施,以作出社会和经济上的持续调整。极权主义给人与人之间的集体关系带来了一场革命,但在其行政体系的建设上,它却坚持了维持不变的道路。如果民主可以从中吸取任何教训的话,也必须从这一事实中寻得。"② 在这两段话中,"public management"显然就是指国家

---

① Fritz Morstein Marx,"Bureaucracy and Dictatorship,"*The Review of Politics*, Vol. 3, No. 1 (Jan., 1941), pp. 100 – 117.

② Ibid..

行政体系。

四　对 public management 的不同理解

在1946年发表的另一篇论文中，弗里茨·马克斯又说："public administration 在根本上是一种努力行动的协作模式，每个参与者都对这一模式所具有的特征作出了贡献，都在这个意义上发挥了促进作用。在努力谋求协作的过程中，政府律师也许发现了公共服务的非凡机会，他越是欣赏自己所扮演的角色，他就越能够在制定行政法律中发挥自己的潜能，就能够使自己成为支持有效的 public management 和民主政府的重要因素。"① 这段话显然受到了当时正在渗入公共行政研究中的行为主义的影响，反映了一种从行为的角度去理解 public administration 的思想倾向。单纯从这段话来看，"public administration"与"public management"是有区别的，前者被理解成了一种行为模式，而有效的 public management 则既可以指整个行政体系的有效运行，也可以指协作行为的实现过程。但这种差异并不是原则性的。

在另一段话中，弗里茨·马克斯写道："公法的不稳定性不仅源于将法官和 public manager 分离开来的距离。它同样在 public administration 这个相对年轻和含糊其辞的有组织的人类知识领域中有着自身的起源。迄今为止，它的基本数据既未得到充分整合，也未得到分析性的分类，以使急需原则的实际工作者可以自信地根据得到验证的假设而着手操作。片面之词仍然未经检验地在 public management 这门初生科学中蔓延。草率的概括仍然在原理的伪装下大行其道。当前行政法的状态在某些方面仅仅反映了 public administration 作为一个初生学术门类的状态。"② 在这里，"public administration"与"public management"都被当成了指称某种知识类型的名称，弗里茨·马克斯没有明确说明它们可以用来指称什么样的知识类型，但从他的表述中看，"public administration"与"public management"既可以理解成代表两种不同的知识类型，

---

① Fritz Morstein Marx, "The Lawyer's Role in Public Administration," *The Yale Law Journal*, Vol. 55, No. 3 (Apr., 1946), pp. 498–526.

② Ibid..

也可以理解成是代表关于相同对象的某种知识类型。就弗里茨·马克斯是一位著名学者而言，他在使用概念方面是不应有随意性的。也就是说，弗里茨·马克斯是不应把两个概念加以混同使用的。但是，观其一生，都没有看到弗里茨·马克斯对"public administration"与"public management"加以区分的文字，只是更多地使用"public management"一词，却又不时地提起"public administration"的概念。

由于弗里茨·马克斯是1946年出版的《公共行政的要素》这本文集的主编，收录入这本文集中的文章的作者可能是受到了弗里茨·马克斯的影响而多次使用了"public management"的概念。比如，莱瑟森写道："最重要的是，public management 研究努力不受这样一些观念——将公共事务视为例行公事、视为根本上消极的与克制个人或私人动机的、视为一种不自然的却是必要的恶——的影响。对于政策制定模式和组织中各种关系的研究，已经使我们形成了这样一种对个人心理过程的理解，那就是个人是如何认同作为一个整体的组织的特质和成就。因此，public administration 已经发展到了这样一种程度，使人们通过与他人的合作而获得个体释放与满足的强烈感受。"① 在另一段话中，莱瑟森又问道："我们的教育制度能够被更有效地用来激发一种对于 public management 问题的同情式的欣赏，并在代表了我们人口各个部分的那些充满希望的个人的头脑中激发一种加入公共服务的意愿吗？"② 在这两段话中，"public management"既被用来指称关于政府问题的研究——research in public management，又被用来指称政府问题本身——problems of public management，用法与"public administration"无异。这说明，也许莱瑟森是受到了这本文集主编的影响而使用了"public management"的概念，不然，他没有理由在可以使用"public administration"这一通用表达式的地方选择另一个概念。显然，弗里茨·马克斯在学界的地位影响了其他学者，他所表现出的对"public management"的更多偏爱也得到了其他学者的迎合，特别是当他把自己主编的另一本

---

① Avery Leiserson, "The Study of Public Administration," In Fritz Morstein Marx (Ed.), *Elements of Public Administration*, New York: Prentice – Hall – Inc., 1946, pp. 47–48.

② Ibid., p. 48.

文集冠名为 *Public Management in the New Democracy*① 后，更多的学者也开始习惯于使用"public management"一词了。实际上，对于其他学者而言，在使用"public management"一词时，往往与"public administration"一词并没有什么区别。

与"administrative management"不同，"public management"的概念在战后的公共行政反思时期没有消失。费富纳、西蒙与迪莫克都分别在其代表作中使用了这一概念。比如，费富纳认为："new public administration 始终警惕用私人管理中所使用的最好方法来满足政府需要的做法。不管怎样，越来越明显的是，在某些方面，政府运行于其中的环境、条件与限制是不为私人企业所知的。想象一个拥有太少警察和太多工程师的城市，一个私人公司可能最多只需要几个星期就能纠正一个类似的情况，但一个城市则需要数年。一个公司如果不能盈利，就会发生 management 上的变动。而当前所进行的建立行政标准和指标的运动则明确承认，必须为 public management 设计出一些东西，以取代私人企业的损益表。public administration 永远需要对技术问题的人文方面和福利方面比私人企业在过去的所作所为给予更多的考虑。它依其本质而必须拥有一种关于效率的社会观念，而不是像科学管理那样仅仅关注个体工厂或工人的生产率。"②

作为一位教科书作者，费富纳对"public administration"的使用很好地体现了当时两种对立的观念：一方面，是科学管理意义上的科学行政，正是在这个意义上，费富纳将其称为"new public administration"，以与前科学时代的经验行政相对；另一方面，则是 20 年代以来就已开始萌生的民主行政的观念——"new public administration 在精神和实践上都具有本质上的民主性。市政经理将他们 10%—50% 的时间用在与公众接触的工作上，而在更小的城市，他们通常还保留着一种开门办公

---

① Fritz Morstein Marx (Ed.), *Public Management in the New Democracy*, New York: Harper & Brothers, 1940.
② John M. Pfiffner, *Public Administration*, New York: The Ronald Press Company, 1935, p. 14.

第三章 公共行政概念的经典含义　167

的政策。"① 在这里，费富纳所谓的"new public administration"又是与私人行政以及科学管理意义上的一般行政大大不同的。就"public management"而言，在这段话中，"management 上的变动"显然是指管理体制或管理方式上的变动。因为，"损益表"就是管理体制中的内容，"行政标准与指标"同样属于管理体制中的内容，所以，这里的"public management"所指的就是公共部门中的管理体制或管理方式。之所以不使用"public administration"的概念，可能是出于用法上的习惯，在习惯上，"a change in administration"可能被理解成人事上的变动，尤其特指政府中整体性的人事更替。

在该书 1946 年的版本中，费富纳再次使用了"public management"的概念。他认为："应当采取的适当态度是，机械技术与都市生活方式已经大大改变了我们一度简单的社会结构，使一种更大规模的 public administration 成为了不可避免的事情，其规模之大，远远超过了我们的先辈们能够接受的程度。在观察者们充分意识到了这一趋势的情况下，合乎逻辑的下一步便是促进完善 public management 艺术的建设性的公民努力，以使不断扩张的 public administration 能够在自由民主的传统美国观念的框架下运行。许多人会说，民主与扩大的 public administration 之间的意识形态冲突是不可调和的。本书不同意这一观点。"② 在这段话中，"更大规模的 public administration"就是所谓的 new public administration，它是与"一度简单的社会结构"条件下的"老的"、经验式的因而也比较简单的 public administration 相对的。

可见，费富纳这里所描述的其实是 19 世纪晚期以来行政体系不断扩张的历史，这种扩张对美国三权分立的宪政结构构成了威胁，所以，需要想办法使二者协调起来。这种办法就是"完善 public management 艺术"。我们知道，公共行政学的发展史上一直存在"科学"与"艺术"之争，将 public administration 视为一种科学，意味着它是价值无涉

---

① John M. Pfiffner, *Public Administration*, New York: The Ronald Press Company, 1935, p. 19.

② John M. Pfiffner, *Public Administration*, Revised Edition, New York: The Ronald Press Company, 1946, p. 4.

的；反之，视其为一门艺术，则意味着它必然包含着规范性的内容。这种争论在沃尔多那里通过对公共行政（public administration）与公共行政学（Public Administration）的区分而得到了化解。在费富纳这里，将 public management 视为艺术，意味着它是规范性的，有了 public management 这门艺术，无论 public administration 扩大到什么程度，都可以与民主相协调。在此意义上，费富纳所说的 art of public management 实际上所指的是科学导向的 public administration 因范围的扩大而遇到困境时的一种补救性的艺术。

西蒙在国际市政经理协会有过一段工作经历，因而可以肯定他一定非常熟悉"public management"一词，但是，他却把自己的著作命名为《行政行为》（*Administrative Behavior: A Study of Decision Making Processes in Administrative Organization*）。在该书中，当西蒙讨论价值判断问题时写道："本章目前为止所使用的例证主要采纳自 public administration 领域。这样做的一个原因是，价值判断的问题——尤其与行政裁量和行政规制相关的问题——在公共领域比在私人领域中得到了更充分的探索。事实上，在这一主题上，两者并不存在根本性的差异。无论是 private management 还是 public management 中的决策都一样，都必须把已经为组织设定的目标作为它们的伦理前提。""当然，在所设定的组织目标的种类以及设定它们的程序和机制上，public administration 和 private management 之间存在重要的差异。在 public administration 中，决定目标的最终责任归属于一个立法机构；在 private management 中，则归属于董事会，并最终归属于股东。"①

《行政行为》出版于 1947 年，此时，科学管理运动不仅发展到其鼎盛时期，而且经历了数次分蘗，而且使"management"一词成了一个日常用语。西蒙要求把 private management 与 public management 区别开来，显然是符合市政研究运动传统精神的。同时，他在决策的意义上指出 private management 与 public management 之间的共性，又是一项新的贡献。在西蒙使用"public management"一词时，明显地是指有自我

---

① Herbert A. Simon, *Administrative Behavior*, Third Edition, New York: The Free Press, 1976, pp. 51–52.

决策行为的行政体系。与之不同的是，public administration 视野中的行政体系在决策的问题上则是"最终责任归属于一个立法机构"。从理论上看，西蒙从决策的角度对 public management 和 public administration 所做的这种区分是可以理解的，但在现实的实践中，无论是进行自我决策的还是执行立法部门决策的行政体系，基本上就是同一个体系。所以，在 public management 和 public administration 之间作出区分又是没有意义的。

关于 public administration 与 public management 的关系，迪莫克在他著名的《公共行政》教科书中是这样说的："public administration 存在许多不同的方面，拥有不同的阶段，总括到一起，展示出了这一领域的范围与特征。大体上，它们源自两大源头：一方面，来自整个政府过程；另一方面，来自从 private 和 public management 中发展出来的行政领导的技术。"① 在这段话中，public management 似乎定位在指涉 public administration 的技术方面。可是，在另一段话中，迪莫克又断言道："我们认为，可以证明存在着一种为所有大型组织——无论私人的还是公共的——所共有的行政过程。我们承认 private management 比 public management 更加强调盈利动机，承认民主制度中的 public management 通常比 private management 更加强调法定权威和严格问责，而且政治因素在公共领域中远比其在私人领域普遍。但是，在两个领域中，组织和管理的要素却极其相似，并倾向于随着规模的增长而越来越符合一种共同的模式，而不是走向分化。"② 在这段话中，public management 显然又不只是一个技术范畴，而是包含了"组织与管理"等技术范畴与法定权威等规范因素在内的整个公共行政过程，是一种模式。

总的来说，public management 的内涵在这一时期尚未确定，在大多数情况下，它与 public administration 并无原则性区别，即使有一些学者试图在两者之间作出区分，也反映了一种各自独白的特征，相互之间则是矛盾的。如果我们联想到今天我们使用"管理"和"治理"两个概

---

① Marshall Edward Dimock, Gladys Ogden Dimock, and Louis W. Koenig, *Public Administration*, Revised Edition, New York: Rinehart & Company, Inc., 1958, p. 13.
② Ibid., p. 12.

念的情况，就会看到，在学术界经常会有一个对概念的接受和再度反思的时期。显然，我们今天使用"管理"和"治理"两个概念呈现出了极大的随意性，在不同学者那里会表现出一种使用偏好，至于这两个概念的区分，并没有人去加以考虑。但是，显然这两个概念又是有所不同的，在未来公共行政或公共管理学科的发展中，我们相信，这两个概念必然会被明确地区分开来。那时，当人们谈论机构内部的运行问题时，将会选择"管理"一词；当人们谈到机构的外部功能实现问题时，将会使用"治理"一词。不过，这将是相当长一段时间之后的事情，而且需要学者们在学术思考方面达到一定的境界，才可能将它们区分开来。

就"public administration"与"public management"两个概念的使用来看，从科学管理运动兴起到"二战"结束之后的一段时间内，"administration"与"management"是一对同质性大于异质性的概念。因而，"public administration"与"public management"虽然在具体的语境中表现出了不同，但这种不同并没有强烈到足以抵消它们之间的同质性的程度。所以，"public management"的概念虽然也一度流行，但由于不具有明确区别于"public administration"的内涵，从而没有成为可以替代"public administration"的概念。事实上，如果不是"新公共管理运动"把自己命名为"new public management"，今天的学者也许根本不会注意到历史上曾经有过这样一个"老的""public management"概念。然而，新公共管理运动之所以"新"，却是因为它明确地提出了使"public management"与"public administration"区别开来的目标，并通过这种有意识的划界而确立起了两种不同的研究路径和实践取向。所以，"public management"概念在20世纪前期的一度流行，为60年代以后公共行政学的转向作出了概念上的准备，也为"public administration"的重新定位找到了一个重要的参照对象。至于"administrative management"一词，只是在罗斯福"新政"时期的特定环境中出现的策略性用语，在学术史上并没有值得进行探讨的价值。

第四章 公共行政及其研究的转向

"二战"之后，公共行政的研究发生了转向，公共行政的概念也被赋予了新的含义。一大批有着"新政"和"二战"期间联邦政府就职经历的学者重新回到了学术舞台上。由于那些在市政研究运动中确立起来的"政治—行政二分"、"价值中立"等公共行政的实践和理论所共同遵循的原则逐渐被否定，这些重回学术舞台的学者们要求根据他们在联邦机构中的实际经历去对公共行政的知识进行重新梳理，从而出现了一场关于公共行政的"战后反思运动"。在这场公共行政的战后反思运动中，学者们对公共行政的公共内涵做出了重新发掘，也促使公共行政研究进一步走向了开放。在这个过程中，围绕着"新政"期间行政裁量的巨大增长及其给公共行政的实践与研究带来的一系列问题，学者们展开了激烈的争论，对行政责任的本质及公共行政研究的叙事原则等问题，都进行了深入的探讨。

从研究取向上看，经过战后反思运动，"政治—行政二分"受到了学者们的抛弃，而"事实—价值二分"则开始承担起了指导公共行政理论建构的原则性框架。尽管西蒙倡导"事实—价值二分"的目的是要突出公共行政研究的科学取向与效率追求，但在实际上，由于行政裁量行为同时包含了"事实"与"价值"两种因素，也就促使学者们在理论建构时必须去发现能够统合公共行政的技术研究与规范研究的框架，而"事实—价值二分"的原则恰恰满足了这一要求。所以，"战后反思运动"的最大成果是推动了公共行政学把公共行政的事实问题与价值问题同时纳入自己的视野之中。然而，在公共行政研究进一步前行的时候，却遇到了多条可供选择的道路。一方面，随着政策科学的兴起，公共行政学的政策视角旁落于外了，即转移给了新兴的政策科学；

另一方面，随着"行为主义革命"的发生，也是由于其政策视角旁落的结果，公共行政研究又开始重新向组织理论回归，从而将组织行为中的事实因素作为自己的研究对象，以至于丧失了对公共问题的关注。这两个方面都对公共行政的概念构成了严峻挑战，并使公共行政变成了一个名誉不佳的词语，也使公共行政学陷入了一场学科危机之中。正是这场危机，孕育了试图重建公共行政概念、重振公共行政研究的"新公共行政运动"。

第一节　发掘公共行政的"公共"内涵

一　"政治—行政二分原则"受到质疑

在回顾公共行政研究的历史时，许多学者都指出了这样一点，那就是，由于学术环境、学科认同等原因，早期的公共行政研究缺乏一种国家意识，因而沉迷于技术与效率等管理主义的主题之中；而"新政"则把学者们吸引到了政府过程之中，使早期以城市为对象的研究结论变得不再适用。所以，"新政"促使公共行政研究发生了明显的转向。随着研究对象从城市转向国家及其政府活动，学者们发现了行政过程的更为完整的特征，并由此而对政治与行政、目的与手段、价值与事实等因素之间的关系作出了新的思考。正是这些新的思考构成了对公共行政概念的新的理解——"新公共行政"的提法在这一时期的文献中也开始出现。[1]

其实，20世纪60年代末期出现的"新公共行政运动"的许多主张都是在"新政"以后的理论反思中开始得到孕育的。也就是说，与此前的公共行政研究史相对照，虽然一直在使用同样的公共行政概念，但是，在研究取向上却有着很大的不同，在战后的反思运动中，开始了从对"行政"的重视转向了对"公共"内涵的发掘。如果说对"行政"问题的重视会导向技术关注的话，那么，对"公共"问题的探讨则必然会提出认识价值的要求。技术是要在边界清晰的系统中去加以研究

---

[1] Roscoe C. Martin, "Political Science and Public Administration: A Note on the State of the Union," *The American Political Science Review*, Vol. 46, No. 3 (Sep., 1952), pp. 660–676. Marshall E. Dimock, "New Developments in Public Administration," http://kamyon.politics.ankara.edu.tr/dergi/belgeler/sbf/17.pdf, Accessed on Aug. 12, 2012.

的，而价值的问题则必须面向公众去加以确认。所以，此时的公共行政无论是在实践上还是在研究上都获得了一定的开放性，即面向公众和把公众作为思考行政问题的一个必要向度。

市政研究时期的公共行政研究秉持着"政治—行政二分"的原则，其原因是我们已经指出的：一方面，由于人们对市政研究运动涉入政治抱着怀疑的态度；另一方面，市政研究运动本身也认为只有把行政与政治分开才能真正进行科学的研究。然而，"新政"打破了公共行政研究的这一传统，罗斯福政府出于应对危机和集权的需要而采取了开放的姿态，欢迎公共行政的研究者直接介入政府的决策过程中来。特别是"总统行政管理委员会"的成立，使政府自身拥有了一批公共行政的研究专家，而且，一些专家甚至进入高级联邦机构担任职务。费斯纳（James W. Fesler）就指出："对于那些在二战中就职于华盛顿的知名公共行政学者，我轻易就能举出30个人的名字，所以其总数必定还要多得多。"[1]

同时，作为战后第一本公共行政学的教科书，《公共行政的要素》之所以被公共行政学界奉为经典之一，也是因为其14位撰稿人全部具有二战期间的联邦政府就职经历。在经济不景气的情况下，独立于政府的研究活动很难获取社会上的资金资助，从而使到政府中去任职对于一些专家来说具有了一定的吸引力。因而，公共行政的研究者们也是乐意于到政府中去任职的，以作为弥补研究资助无着的替代性选择。当这些公共行政的研究者独立于政府的时候，要求"政治—行政二分"既是研究的需要也是对政府的批判性意见，即希望政府不要凭借着行政力量去干预政治。然而，当这些专家进入政府之后，其立场也就发生了改变，不仅抛弃了"政治—行政二分"的主张，还被卷入政策过程的博弈之中，甚至表现出了参与政治斗争的积极性。所以，1933年，"新政"刚一出台，古利克便撰文对"政治—行政二分"展开批评，[2] 从而

---

[1] James W. Fesler, "Public Administration and the Social Science: 1946 to 1960," In Frederick C. Mosher (Ed.), *American Public Administration: Past, Present, Future*, Tuscaloosa: University of Alabama Press, 1975, p. 104.

[2] Luther Gulick, "Politics, Administration, and the 'New Deal'," *Annals of the American Academy of Political and Social Science*, Vol. 169, The Crisis of Democracy (Sep., 1933), pp. 55 – 66.

揭开了要求发现公共行政政治属性的序幕。到了40年代,随着社会治理实践中政治与行政关系的日益密切,也因为行政过程的进一步公开化,越来越多的学者加入到这一行列中来,极力要证明公共行政是政治过程的一部分。

莱维坦(David M. Levitan)在分析公共行政研究如何处理"政治—行政二分"原则的问题时指出,20世纪前期的公共行政研究是对技术与手段的研究,"事实上,公共行政领域在20世纪的显著发展体现为公共政策之执行——不同于政策制定之职能——的独立学科的演化。行政研究已经变成了一种对于技术的研究,一种对于'手段'而不是'目的'的研究——怀特巧妙地将其总结为'行政是一个过程'的观念"①。莱维坦希望公共行政的研究不应满足于此,在他看来,"对于一种政治意识形态的推行来说,行政程序以及机制远不是一种工具。行政程序和机制对于每一种政治意识形态而言,都是一个必不可少的部分——它是政府制度的一个部分"②。"任何政府制度都是由它的政治和哲学原则以及出于实施它们的目的而建立起来的行政程序以及机制的总和构成的。"③

如果说莱维坦指出行政是政府制度的一个部分还是一种较为谨慎的表述的话,那么,考德威尔(Lynton K. Caldwell)显然要更为激进一些。根据考德威尔的看法,"公共行政……的确是政治的一个分支,因此,如果不涉及他们的政治目标、情感动机以及对他们价值的衡量,关于伟大的公共行政官员的行政理论是无法得到理解的"④。同样,弗里茨·马克斯也强调:"我们永远不能忘记,公共行政不可避免地被拖入了政治过程,必须将它对道德指南的追寻基于它所运行其中的环境之

---

① David M. Levitan, "Political Ends and Administrative Means," *Public Administration Review*, Vol. 3, No. 4 (Autumn, 1943), pp. 353 – 359.
② Ibid..
③ Ibid..
④ Quoted in J. Donald Kingsley, "Review: Political Ends and Administrative Means: The Administrative Principles of Hamilton and Jefferson," *Public Administration Review*, Vol. 5, No. 1 (Winter, 1945), pp. 87 – 89.

中。"① 塞尔（Wallace S. Sayre）甚至说："公共行政是主要的政治过程之一。行使裁量权力，作出价值选择，这是行政官员与官僚的一种特征与日益重要的职能，他们因此重要地参与到了政治之中。"②

我们知道，"政治—行政二分"原则虽然是由威尔逊所提出，但真正作为公共行政的研究原则而加以奉行的则是市政研究运动，特别是在"市政经理制"的推广过程中，"政治—行政二分"原则为市政经理们提供了职业上的庇护，而且，他们也确实通过自己的施政活动为这一原则提供了实践上的证明。可以想见，如果市政经理们一直坚守这一原则并严格地限定自己的活动范围，那么，"政治—行政二分"就会成为一种实践模式，即便是学者们对这一原则提出了怀疑和批评，也不会使之动摇。然而，当联邦机构呈现出了日益浓厚的政治特征时，城市政府与市政经理制也发生了相应的变化。在市政经理制迅速扩张的过程中，"作为一个知道答案的专业人士，市政经理已经登堂入室并同时接管了政策与行政"③。于是，"就在经理关于其责任的认识发生变化的同时，学者们关于所有政府层级上行政官员政治角色的观察也发生了变化。二战前，公共行政往往被视作一个与政治截然分离开来的领域，被认为是一个单纯的和秩序井然的世界，而在战后的著作中，公共行政却被视为政治过程的一个基本部分，这种定义上的改变促使所有行政机构及其人员都参与到了政治之中。……而且，'政治'一词在战后已经不再具有其曾经被迫承担的邪恶含义。当现代政治科学家强调行政是政治过程的一部分并要求行政机构参与到了政治之中的时候，他们所指的是，行政官员及其下属无可回避地参与到包含政策制定在内的整个政府过程，而不是仅仅将活动限于政府过程的一部分。对于市政经理而言，这一新的定义是如此明显，与其相反的论点则显得毫无根据"④。随着市政经理越来越多地涉足政治，也就打破了政治与行政的界限，使"政治—行

---

① Fritz Morstein Marx, "Administrative Ethics and the Rule of Law," *The American Political Science Review*, Vol. 43, No. 6 (Dec., 1949), pp. 1119–1144.

② Wallace S. Sayre, "Premises of Public Administration: Past and Emerging," *Public Administration Review*, Vol. 18, No. 2 (Spring, 1958), pp. 102–105.

③ C. A. Harrell and D. G. Weiford, "The City Manager and the Policy Process," *Public Administration Review*, Vol. 19, No. 2 (Spring, 1959), pp. 101–107.

④ Ibid..

政二分"原则在现实中失去了意义。

当然，公共行政研究以及实践所实现的这种取向上的变化并不是在30年代完成的，虽然经济危机以及世界大战的威胁使学者们意识到了公共行政理论上所存在的不足，但他们却没有能够对其基本原则作出集体性的否定。到了"二战"结束后，当学者们开始对政府以及公共行政理论进行反思的时候，则开始出现了对早期公共行政研究传统的否定。迪莫克在其影响广泛的《公共行政》教科书里就这样写道："对政治的理解成了理解公共行政的关键。就在不久之前，这样一种认识还会引起人们的侧目，但现在看来，由于19世纪末20世纪初的抗击分肥者的运动所造成的偏见，政治在那时被看成是一个与行政分开的世界。……这种认识现在必须根据实际情况而得到改写：行政制定政策、创制立法、阐释法律、代表压力集团、自身就作为一个压力集团而活动，并在许多方面卷入了两大政党间的拔河之中。……承认行政是以政治为基础的一种复合物无损于分权原则的重要性，也无损于文官制度改革运动。"① 事实上，"行政并不具有对政治的免疫力，即使"政治—行政"的分离是诱人的。政府的一切都是政治性的，因为政党、压力集团与个体都在争夺对于政府的影响并争夺政府所提供的服务。没有任何一个行政官员可以冷静地置身事外，更不可能在这场你争我夺的表演中仅仅做个旁观者"②。可见，政治与行政的关系在"战后"公共行政的反思运动中出现了根本性的转变，原先在公共行政的研究和实践中得到奉行的"金律"，现在都受到了攻讦甚至抛弃。

如果把公共行政看作是政治的一个部分，那么，如何认识行政官员的角色呢？他们是否需要与政治官员一样承担政治职能和政治责任呢？对此，阿普尔比（Paul H. Appleby）认为："职业官员通常倾向于避免与任何被称为'政治'的东西扯上关系。……但从两个方面来看，公共行政恰恰是政治性的——绝非党派意义上的政治性，而是实质意义上的政治性。我们已经指出了第一个方面，即行政必须从属于政治政策，

---

① Marshall Edward Dimock, Gladys Ogden Dimock, and Louis W. Koenig, *Public Administration*, Revised Edition, New York: Rinehart & Company, Inc., 1958, p. 36.

② Ibid., p. 37.

行政必须符合当时的一般政治环境与政策环境；除此之外，这还意味着技术必须服从整体与政治，意味着对政治效率与操作效率给予同等的关注。……第二个方面，公共行政在本质上是政治性的，这是由其自身内部的条件所决定的。这涉及必须根据公众批评、态度与需要而调节行政的过程，这是一个每一天、每一分钟和在每一个层面上都应当在法律与公平交易的限度内进行调整的过程；涉及行政的方式、技术与精神，它们使公共行政能够为民主社会的现实作出贡献；涉及广阔的哲学背景，它们赋予行动以意义和重要性；涉及社会的理解、支持与对每位公民个体性的尊重。"①

根据阿普尔比的这种理解，虽然"我们有时会被要求'在政治领域之外'谈论公共行政，但在大多数情况下，我们想说的其实是'在党派领域之外'。有效的公共行政需要考虑专门的和特定的意见与需要，并需要它们之间更好的平衡，除此之外，它更需要将这些意见与需要混合或综合成一种'公共'需要"②。这样一来，结论就是，对于行政官员而言，"当他在开始阶段帮助形成立法的时候——而今天的多数全国性立法都是这样形成的——公共行政官员是政治性的；当他与总是试图影响他——既在起草立法的过程也在执行它的过程中——的压力集团打交道的时候，他是政治性的；当他在执行公共政策的过程中和与其他公共机构发生关系时，他也是政治性的。事实上，公共行政是如此具有政治性，公共行政官员对于人民的责任完全超过了私人管理中的行政人员，以至于一位民选官员——总统——已经被人民自己赋予了（也要对他们负责）掌管政府行政分支之运行的职责"③。也就是说，从行政部门被交由一位民选官员负责的事实来看，公共行政与行政官员的政治责任是毋庸置疑的。显然，阿普尔比的这一论述无可争辩地证明了公共行政的政治性质，可以说是从行政官员的角色这一角度为"行政是政治的一部分"的判断提供了具有说服力的论证。

---

① Paul H. Appleby, "Toward Better Public Administration," *Public Administration Review*, Vol. 7, No. 2 (Spring, 1947), pp. 93-99.

② Ibid..

③ Marshall Edward Dimock, Gladys Ogden Dimock, and Louis W. Koenig, *Public Administration*, Revised Edition, New York: Rinehart & Company, Inc., 1958, p. 4.

迪莫克也表达了相同的意见，他认为，公务人员具有政治属性，行政官员必须具备一种"政治感"。他说："政治感——在这样一种政治背景中的有效行动能力——是所有公共行政官员都需要具备的一种品质，有了这种品质，他就能对与之打交道的人的反对策略保持警惕，就能对有损于其机构的行动作出迅速反应，就能充分意识到他的项目中的那些出于公共利益的考虑必须得到维护却又如此容易在复杂的政府环境中失落的价值和目标。"① 另一方面，公共行政官员所应具备的政治感又是与政治官员不一样的，政治官员是存在于代表制结构之中的，他的政治感是对他所代表的特定利益的敏感；行政官员的政治感却具有公共性的内涵，所体现的是一种对公共利益的敏感。"公共行政官员处在一个能够对政策施加重要影响的位置上。那么，应当通过什么标准来指导其决策，评价其行动？显然需要具备的是对那些构成了公共利益的事物保持一种自觉欣赏的态度。有人可能会认为公共利益是一个模糊不定的和可以作出多重解读的概念，并以此为理由而反对我的这一观点。事实的确如此。但是，在一个自由民主的制度中，还能找到任何可以起到同样作用的替代性标准吗？"② 肯定是找不到的。所以，"'行政的政治语境'的本质在于，必须有一项基本的公共政策，它定义了这场比赛的广泛目标与规则，从而使个案有例可循。……否则，所有都将是政治，而行政则是不可能的。公共行政的任务远不只是在具体案例中迎合集团需要，而是争取保障集团之间对于既定公共政策与计划的共同接受"③。唯有不屈从于任何集团利益，才是公共行政与行政官员应有的政治属性。

在战后对公共行政的反思中，关于公共行政政治属性的探讨不断深入，不断有新的发现，以至于高斯感叹道："我无法想象，在我们的时代，如果没有这样一些第一手的观察资料，即谦逊地面向行动中的政府去认识人们是怎样通过这一政府而集体行使职能的，是如何把政府塑造

---

① Marshall Edward Dimock, Gladys Ogden Dimock, and Louis W. Koenig, *Public Administration*, Revised Edition, New York: Rinehart & Company, Inc., 1958, p. 37.
② Ibid., p. 43.
③ Avery Leiserson, "Review: Politics in Administration – In Modern Dress," *Public Administration Review*, Vol. 5, No. 2 (Spring, 1945), pp. 168 – 172.

成一种最佳的组织的,以及在整个共同体中的各种行动之间政府是如何处理它们的相互关系的,那么,我们就不可能在对政治生活的合理解释上取得任何进步。在我们的时代,一种公共行政理论同样也意味着一种政治理论。"① 在这段话中,我们看到高斯所关注的是政府政治职能,他把政府看作能够在各种政治力量之间发挥协调作用的基本力量。既然政府必须在各种各样的政治力量之间发挥协调作用,那它就必然具有政治属性,即用一种"公共的"政治属性去调整和抑制每一个利益集团的个体的政治属性。由于"公共"一词在"战后"公共行政的反思运动中成了专门指称政府政治属性的概念,从而赋予了20世纪早期市政研究运动建构起来的"公共行政"概念以完全不同的内涵。不过,需要指出的是,尽管这一概念在理论上已经得到了许多学者的反复确认,但在实践中却并没能取代形成于市政研究运动之中的公共行政概念。也正是由于这个原因,才会在70年代产生了"新公共行政运动",去大张旗鼓地宣扬公共行政的政治内涵。

二 肩负价值追求的公共行政

在公共行政的研究史上,第二次世界大战后,围绕着公共行政的概念及其内涵展开了激烈的争论,许多在市政研究时期被视为理所当然的观点和主张,这时都变成了学者们激烈争辩的主题。除了政治与行政的关系问题因为遇到了遭受否定的命运而引起学者们的激烈争论外,事实与价值的关系问题也因正要登堂入室而成为学者们展开争辩的中心议题。我们已经看到,市政研究运动由于信奉"政治—行政"二分的原则,因此在面对事实与价值的关系问题时,也认为可以将事实与价值分开来认识;而且他们认为,公共行政既然可以独立于政治,也就同样无须受到价值问题的困扰。在纽约市政研究所等机构的纲领或宗旨里,我们都能看到市政研究者对于事实以及客观性的不厌其烦的强调,甚至到了40年代,西蒙依然顽固地坚持这一传统。比如,在《行政行为》以及发表于《公共行政评论》上的一系列论文中,在当时学术界普遍抛

---

① John M. Gaus, "Trends in the Theory of Public Administration," *Public Administration Review*, Vol. 10, No. 3 (Summer, 1950), pp. 161 – 168.

弃了"政治—行政"二分原则的背景下，西蒙却从决策分析入手捍卫了市政研究运动的传统。而且，西蒙也确实通过了极为严密的逻辑推理实现了对"公共行政科学"应当关注事实的学科使命的有力证明。可以说，西蒙运用他的天才复活了一个应当被抛弃和不合时宜的学术立场和观点。

由于西蒙在事实与价值的关系问题上偏向了事实的方面，所以，他在《行政行为》中是不可能对公共行政的"公共"方面给予特别关注的。在《行政行为》中，西蒙一直把讨论的重心放在了公共行政的"行政"方面，所研究的是一般意义上的行政，即作为行为的行政。虽然西蒙在书中一再强调要建立"公共行政科学"，但事实上，《行政行为》出版后却受到了企业管理者的欢迎，并在70年代获得了诺贝尔经济学奖；而在当时的公共行政学界遇到的却是极其不友好的反应。应当说，此时的公共行政研究正着力于去发掘公共行政的"公共"性质，而西蒙恰在这个时候出版了他的《行政行为》，试图在行政的问题上去模糊"公共"与"私人"的概念，显然是不合时宜的，因而，公共行政学界回应以敌意也就是自然的事了。不过，西蒙的贡献可能恰恰是从反面证明了公共行政学也应把解决事实与价值之间的关系问题放在一个突出的位置上。也就是说，公共行政的研究必须在公共行政与私人行政的区别方面达成共识性的意见；只有在公共行政与私人行政之间划定了边界，才能使公共行政成为一门不同于私人行政或不被私人行政所同化的科学。所以，西蒙的《行政行为》给予行政学界的，正是公共行政将被私人行政所同化的危险信号。

就市政研究运动而言，公共行政相对于政治的边界是明确的，那就是"政治中立"；而相对于私人行政，则没有划定边界。虽然市政研究者们无处不使用公共行政的概念，但是，由于他们同时也把"价值无涉"作为公共行政研究的前提，因而是无法真正把公共行政与私人行政区分开来的。在公共行政的战后反思运动中，学者们通过对公共行政的"公共"内涵的发掘，确认了公共行政的政治属性，即废除了"政治中立"原则。相应地，公共行政与私人行政之间的边界也得到了厘定，那就是，与私人行政不同，公共行政是有着公共价值追求的。在今天的公共行政研究中，一谈到价值的问题，人们立即就会想到60年代末期的"新公共行政运动",这是因为,新公共行政运动通过引入社会公平的概念而把公共行政变成了一种具有价值追求的实践。其实,早在三四十年代,公共行政的研究者们就已经认识到了公共行政负有维护社会公平的基本责任。比如,1936年,芬纳已经指出:"就我在企业与公共行政中的个人经验来看,后者在精神上通常是准司法的,前者则是专断的;就主导动机而言,公共行政所拥有的是一种公平的标准(standard of equity)和不同于竞争性市场中私人企业之急切需要的目的。"[1]

1947年,随着"二战"的结束以及两大意识形态在国际上的并存,公共行政的价值问题凸显了出来。阿普尔比看到:"善良的人们在社会主义或共产主义中所能发现的最具吸引力的地方在于这些制度对于公平(equity)的明显关注。无疑,我们应当比其他任何群体都更加清楚,没有任何经济观念或秩序本身能够提供公平。我们知道,在任何制度下,公平都是复杂的、脆弱的和不断演化的,它最终取决于行政的精神和技术。我们知道,任何适当的公平观念都应包含对人的创造能力的尊重,这种能力不仅将生活从暴行中解脱出来,而且,这种能力在人们所希望自我形塑的形象中将走向发现和创造上帝的运动。公共行政必须深切关注它。公平的实现大多取决于它,我们不要过于关注统计表、工作测量与分类问题,以至于我们无法抬起头来看看我们工作的地方,它的真正性质、它的机会,以及它的责任。"[2] 在这段话中,阿普尔比在社会主义的参照系中去观察资本主义国家的公共行政,并以此为基础表达了批判意见,认为这种公共行政由于过多地"关注统计表、工作测量与分类问题"而丧失了提供公平的能力。所以,他要求公共行政把关注的重点放在公平的问题上。

"冷战"时期,在两极对立的背景下,如果说公平是社会主义的基本特征的话,那么,自由则是资本主义的核心要素。因而,作为资本主义国家的美国公共行政也就应当符合"自由社会"的相应要求了。这

---

[1] Herman Finer, "Better Government Personnel," *Political Science Quarterly*, Vol. 51, No. 4 (Dec., 1936), pp. 569–599.

[2] Paul H. Appleby, "Toward Better Public Administration," *Public Administration Review*, Vol. 7, No. 2 (Spring, 1947), pp. 93–99.

就是米利特（John D. Millett）所说的："美国公共行政建立在这一主张之上：政府的工作必须以一种与自由社会的要求相适应的方式而得到完成。没有任何社会——无论自由与否——可以在没有政府的条件下存在。但在自由社会中，政府的某些独特特征是必不可少的。与自由社会中的其他机构一样，政府必须对个体的价值给予完整的承认。政府的目的在于，使特定的社会获得凝聚力、使社会利益要求得到满足，以达到促进人的自由之目的。自由社会中的政府承认其能力的局限，遵循明确的程序，并同等对待所有人。"①

根据近代以来的西方观念，除了自由之外，资本主义的另一大特征就是民主，因而，自由社会中的公共行政也必须与民主制度相适应。"在一个民主制度中，公共行政必须以一种能增强民主社会之过程与完整的方式而服务公众。检验公务人员的标准之一就是，他是否坚定地认识到了——如 Gordon R. Clapp 所说的——让'人民替他们自己决定公共机构应当拥有什么政策和目标'的'极端重要性'。……因此，政府必须建立在尊重与明智理解民主环境的健全之上。"② 从这一观点来看，"'公共行政'的概念有着比通常归之于它的多得多的内容。它不仅仅是一般被当做一个技术范畴的'管理'，或一般仅具有略为宽泛含义的'行政'。它是对公共事务的公共领导，对执行行动的直接负责。在民主制度中，它所涉及的是尊重并助益于公民尊严、价值与潜能的领导和执行行动"③。

1951 年，在一篇回顾 40 年代公共行政研究倾向的文章中，塞尔（Wallace S. Sayre）指出："在这十年中，对公共行政中的价值重要性的认知得到了显著增强，而且呈现出越来越重视的趋势。如果说许多精力被用在了寻求一门价值中立的行政科学上的说法是正确的话，那么，同样正确的是在这种寻求之初激起的争端最终导向了对公共行政的价值

---

① John D. Millett, "A Critical Appraisal of the Study of Public Administration," *Administrative Science Quarterly*, Vol. 1, No. 2 (Sep., 1956), pp. 171 – 188.

② O. Glenn Stahl, "Democracy and Public Employee Morality," *Annals of the American Academy of Political and Social Science*, Vol. 297, Ethical Standards and Professional Conduct (Jan., 1955), pp. 90 – 97.

③ Paul H. Appleby, "Toward Better Public Administration," *Public Administration Review*, Vol. 7, No. 2 (Spring, 1947), pp. 93 – 99.

角色的重新重视。"① 具体来说,"对民主社会中公共行政诸价值的核心关注导向了行政机构对它们的政策与行动计划的责任与义务的安排。由于公共行政的研究者和行政官员在寻求这一根本问题上有了这种新的视角,他们变得越来越意识到了公共行政这一连续统及其分殊的细微差异。这意味着,行政研究的基本追求更多的是一种政府理论,而不是一门行政科学"②。也就是说,由于公共行政无法回避价值问题,从而使所有关于公共行政科学的设想都显得不切实际,即使是西蒙所精心构造出来的决策理论,也只不过是一种科学的谵妄。所以,达尔在与西蒙的论战过程中就表达了这样的看法:"公共行政的研究者不能回避对目的问题的关注。他们所应当避免的是无法将构成其学说根基的目的或价值阐释清楚的状况。如果目的和规范性的考虑始终能够得到清晰明确的表述,那么,公共行政科学就会取得真正的收获。相反,如果拒绝承认公共行政研究应该建立在对目的的某种明确阐述的基础之上,那就会在道德目的的领域中长期存在着科学的官样文章。"③

在20世纪50年代兴起的比较行政运动中,关于公共行政与价值问题的联系再次得到了确认。因为,比较行政研究发现,在一个民族、一个国家中存在着的某种科学管理运动所说的公共行政最佳途径(one best way)被移植到了其他具有完全不同文化背景与价值偏好的社会中之后,需要根据具体情况作出相应的调整与变革,否则就会出现"水土不服"的情况。这就证明了公共行政绝不可能是一种事实的累积,而是具有价值内涵的。联合国从事公共行政技术援助的学者们明确指出了这一点:"公共服务体系应当在真正的意义上属于它所服务的社会,分享它的文化、它的价值、它的问题与它的抱负。即便是在可以获得和能够接受外部建议和援助的时候,它们也必须被赋予一种土生土长的特性,因为公共行政是一个国家制度中的基本部分。这意味着,本研究所描述的公共行政的要素应当被看作一种梗概性的框架,每个国家都可以

---

① Wallace S. Sayre, "Trends of a Decade in Administrative Values," *Public Administration Review*, Vol. 11, No. 1 (Winter, 1951), pp. 1-9.
② Ibid..
③ Robert A. Dahl, "The Science of Public Administration: Three Problems," *Public Administration Review*, Vol. 7, No. 1 (Winter, 1947), pp. 1-11.

通过最适合于其自身社会的方式而赋予其生命。关于公共行政的一个不言自明的真理是，几乎不存在一种'唯一途径'（only way）或'最佳方法'（one best way）。任何一个已经建成了好的和现代的行政体系并引以为傲的国家，都会经常发现，与它同样追求进步的邻居通过完全不同的方式也获得了好的结果。"①

应当看到，尽管比较行政运动确认了价值问题之于公共行政的重要性，却没有对更为重要的"价值多样性"问题予以足够的重视。这是因为，比较行政运动的落脚点是发展（development）的主题，即把发展的问题视为公共行政的最高价值，因而，他们突出强调那些有利于发展的行政设置，表现出了对那些导致发展中（developing）国家发展滞后的本土价值加以贬低的倾向。所以，比较行政运动虽然也倡导行政价值，但它所提倡的是作为发达（developed）国家的西方价值，它试图向发展中国家推广的是西方公共行政的价值："如果一个发展中的社会希望实现迅速的经济与社会变革，它的公共行政将不得不扔掉过时的态度与程序。这将带来深远的改变，其精确的形式与时机必须考虑到民族特性与公务人员吸纳新方法的能力。但进步是必须实现的，一种动态的国家发展要求一种可行的公共行政。否则，过于强调墨守成规，就可能变成拖延所有迫切需要的创新的一个借口，并倾向于保留过时的实践。"② 因而，"一个国家的公共行政是基于这些原则的：服务普遍利益；应用法治；执行与一致同意的过程相符合的决定。对这些原则的强调将因时因地而不同，且没有一个国家曾经完美地将其付诸实施。在从依赖与政治不成熟到完全的自主和对自治艺术的精通的漫长演进过程中，必须对过渡性的形式与实践予以某种宽容。除非一个民族国家致力于建立一种可以服务于这些目的的公共行政，否则，许多随之而来的结论都将是不适用的"③。也就是说，比较行政运动承认公共行政的价值，但是，它要求发展中国家放弃自己的价值，并以发达国家的价值取代之。

---

① United Nations Technical Assistance Programme, *A Handbook of Public Administration*, New York: United Nations, 1961, pp. 11 – 12.
② Ibid.
③ Ibid., p. 13.

总之，在"二战"后的一段时期内，关于公共行政的价值问题成为公共行政研究者们共同关注的问题，学者们对市政研究运动以来的公共行政研究传统进行了反思，而且通过这一反思过程去努力发掘公共行政的价值内涵。这个过程是与对公共行政的政治属性的承认相一致的。在肯定公共行政的政治属性时，学者们把公共行政的政治属性与党派的和利益集团的政治属性相区别；在承认公共行政的价值属性时，则把公共行政与私人行政区分开来。在严格的意义上，正是到了此时，公共行政学作为一门完整的和独立的科学才被建立起来。也就是说，这门学科此时才真正有了既不同于政治学也不同于企业管理等学科的科学面貌。在公共行政学其后的发展中，主题自然地转向了如何面向社会开放的问题。

三　走向开放的公共行政学

回顾公共行政学的百年历史，市政研究时期的公共行政研究文献的同质性很强，这一时期的学者们在与公共行政有关的几乎所有问题上都有着广泛的共识。但是，这种共识的获得是由于市政研究者强行把视线聚焦在城市行政这个层面上获得的，实际上，这种做法是对复杂的公共行政问题的一种暂时回避。在这一时期，尽管市政研究运动宣称只注重客观事实而不涉及政治以及价值的问题，但是，由于回避了政治以及价值的问题，反而使研究成果无法反映公共行政的事实情况。

在"新政"时期，随着国家逐渐进入了公共行政研究者的视野，此前在城市行政的意义上所取得的许多共识都逐渐地被学者们所抛弃。这样一来，也造成了另一种结果，那就是，直到今天，公共行政研究还总是处于难以达成共识的局面中。不过，正是这种难以达成共识的状况，证明了公共行政学不是一门封闭性的科学。因为，如果一门学科是封闭的，那它就会在一切问题上都非常容易达成共识；反之，如果一门学科具有开放性，那么就会在所有的问题上都难以达成共识。公共行政研究的这种开放性正是公共行政学所具有的独特品质，它无法达成共识的特点并未影响它在公共行政实践中的作用，反而为实践提供了多元化的理论和思想，使公共行政实践可以在面对一切新的问题时都能够非常方便地找到指导变革的新思想。

其实，从市政研究运动建立起公共行政学科开始，公共行政研究就逐渐呈现出了开放性的特征。或者说，在市政研究运动后期，当公共行政研究者的视野扩大到市政经理之外的时候，就赋予了这门学科以开放性。"二战"后，公共行政的反思运动进一步厘定了学科边界，并转向了对政府与社会间关系的关注，从而使公共行政研究获得了面向社会的开放性。总之，公共行政研究是与公共行政的实践密切联系在一起的，实践中的一切新的变动都会及时地反映到公共行政的研究中来。这就是公共行政这门科学开放性的源泉。

我们看到，出于应对"大萧条"和世界大战的需要，罗斯福政府努力推动行政集权。应当说罗斯福总统的行政集权是具有合理性的，而且，也确实起到了很好的实践效果。但是，在美国这样一个有着民主信念和实行分权制衡的国家中，作为民选总统的罗斯福怎样做才能挟民意以制衡反对行政集权的力量呢？罗斯福总统所采取的做法就是大力推广公共关系，试图通过营造超高的民意支持率来维护自己的权力和地位。虽然罗斯福政府所推行的这种公共关系具有很强的政治谋略色彩，却也无可否认地密切了政府与社会之间的关系，在一定程度上增强了政府对于社会的责任，反过来，也促进了公众对行政过程的参与。由于政府公共关系具有诸多功效，因此"二战"之后，公共关系与作为公共关系另一面的公民参与，都成了世界各国政府极为重视的公共行政策略。

弗里茨·马克斯在谈到政府公共关系问题时指出："类似的趋势在公共行政的外部——政府机构与个体之间的接触领域——是引人注目的。最明显的例证之一就是行政过程中公民参与的增长。今天，没有一个机敏的部门会在不与许多有组织的利益集团进行大量非正式商议的情况下就发起行动。这些集团回应部门计划的方式，通常也是官员需要严肃对待的一个问题。"[①] 同时，"与对行政过程的公众参与紧密相关的是，政府活动在公共关系领域中得到扩张。甚至那些相对独立自主的部门，也变得对公众相当敏感。显然，报界和广播中的不利反应很容易拉低一个部门的地位，因而，官员需要细查这些反应，以确定其政策在多

---

① Fritz Morstein Marx, "The Lawyer's Role in Public Administration," *The Yale Law Journal*, Vol. 55, No. 3 (Apr., 1946), pp. 498–526.

大程度上得到了公众的支持。这也许能够解释,为什么行政官员要比立法者更加关注民意调查的结果"①。

政府公共关系与来自于社会的公众参与相映生辉,"在形塑公共行政方面所发挥的影响是显而易见的。政府机构不再被视为某种独立的或独立于社会诉求的东西。政府机构中的工作人员通过与共同体主要利益的工作接触,已经成功地增强了他们自己所体会到的公民同意,了解了公民同意的大多本质。经过非正式协商,对于公众的态度以及集团支持的担保,官员都有了更为准确的预期,从而赋予了许多部门项目以一种更为强大的基础,也相应地减少了宣示权威的需要。这些项目越是在一般观念中被视为公众之必需,他们就越不会与公众中具有影响力的部分产生冲突。这给予公共行政强大的力量,为公共行政注入了一种深切的正当感"②。也就是说,公共关系增强了公共行政的合法性。

由于公共关系的发展,政府不得不与外界建立起越来越多的联系,也越来越多地受到了外界因素的影响。在某种意义上,公共行政的外围已经形成了一种独特的生态。于是,关于行政生态学的设想也就应运而生了。1945 年,在阿拉巴马大学所作的系列演说中,高斯率先提出了公共行政研究的生态学路径。他认为:"仅仅将政府看作分肥——无论是某一经济阶级、政党或派系——的工具是不够的,尽管它可能在任何时候任何地点服务于这一目的。还可能存在一些广泛的环境变化,它们对一种公共而非私人的回应提出了要求。……因此,公共行政研究必须包括其生态。"③ 具体而言:"公共行政的生态学路径可以理解为照字面意义自下往上建立起来的:从一个地方的元素(如土壤、气候、方位)到居处于此的人(他们的数量、年龄、知识,以及他们在当地同其他人的关系中由以求生的采用物理与社会技术的方式)。正是在这一背景下,他们作为公共管家婆(public housekeeping)的实践以及采用的方法都应当得到研究,以使他们更

---

① Fritz Morstein Marx, "The Lawyer's Role in Public Administration," *The Yale Law Journal*, Vol. 55, No. 3 (Apr., 1946), pp. 498–526.

② Ibid..

③ John Merriman Gaus, *Reflections on Public Administration*, Tuscaloosa: The University of Alabama Press, 1947, pp. 5–6.

好地理解他们所从事之事,也是为了合理地评价他们做得如何。这样一种路径对于我们这些寻求合作的研究者具有特殊的吸引力,因为它需要——事实上有赖于——在政府职能的根源、公民的态度和操作等问题上处于彼此不同的环境中的人们去仔细观察。"① 高斯还进一步指出了行政生态学必须关注的几大要素:"人、地点、物理技术、社会技术、愿望与观点、灾难以及人格。"②

当然,我们不能说高斯通过这样一场系列演说就建立起了一门"行政生态学",但"行政生态学"这样一个概念的提出表明公共行政研究不仅不能再停留于市政行政的层面,而且也无法继续满足于对国家行政本身的考量了。从城市到国家,虽然研究的范围有所扩大,但焦点依然集中在狭隘的研究对象上;而从国家到行政生态,则表明公共行政研究需要从其对象扩展到围绕对象的环境上去。这样一来,研究范围的扩大使各要素之间的关系也变得复杂化了,也就很难形成确定性的结论,学者们也就无法轻易地达成共识了。由于缺乏共识,关于公共行政学的一些基本概念以及这门学科所应包含的内容,都存在着很大的分歧,甚至让一些学者开始对公共行政研究能否构成一门学科产生了怀疑。这就是著名的"赫尼报告"(*Honey Report*)的执笔者赫尼(John C. Honey)所说的:"在这些术语的传统学术含义上,公共行政不是一个领域或学科。的确,我们有公共行政学院和公共行政课程,但今天,只有最缺乏想象力与思想狭隘的人才会认为这样一门复杂的实践艺术可以被包含进诸如人事行政、预算、组织与方法、采购等传统的公共行政课程之中。这些都只是职业学校的课程,有助于在职培训的目的,可以作为那些希望提高其技能的在职人员的业余课程,也可以作为常规学术项目中对公共行政过程某些方面的演示课程。"③ 事实上,当时的公共行政研究与教学已经包括了几乎所有主流的社会科学门类,"简单地说,学术上我们称之为现代公共行政的综合体拥有七大来源:行政法、

---

① John Merriman Gaus, *Reflections on Public Administration*, Tuscaloosa: The University of Alabama Press, 1947, pp. 8 – 9.

② Ibid., p. 9.

③ John C. Honey, "Research in Public Administration: A Further Note," *Public Administration Review*, Vol. 17, No. 4 (Autumn, 1957), pp. 238 – 243.

科学管理、实际政治、社会学、制度经济学、社会心理学和社会人类学"①。所以,直到今天,人们还是习惯于把公共行政学视为一门交叉学科。

就公共行政必须在处理复杂的社会事务方面广泛介入而言,它覆盖了整个社会的每一个方面,有着诸多无法归类的内容,甚至这些内容是无法被抽象为某项原理的。的确,"公共行政的一个现状在于它不是一项职业,至少在这个词语的通常含义上,除了在如预算和人事等这门艺术的有限方面上拥有为数不多的行政专家,或一个更小的没有任何主要职能兴趣领域的通才群体以外。大多数参与公共事务的人在职业上将他们自己认同于教育、医药、土地管理、企业经济学或地质勘探等专业。他们倾向于——尤其如果敏锐到了紧随新发展的需要的话——跟随他们所选定专业领域的研究文献和观念。在这方面,他们受到了职业协会、学术期刊、专业出版物以及拥有广泛的功能导向的研究兴趣和责任的公共与私人机构的帮助"。②

这绝不意味着一门完整的公共行政学无法确立,而是表明这门学科有着不同于其他学科的特征。那就是,它比任何一门学科都有着更为浓厚的开放性特征。当赫尼在20世纪50年代表达了对公共行政学科的上述怀疑时,恰恰是这门学科出现了新的一轮转向的时候——在"明诺布鲁克会议"的前夜,他还会作出更激烈的表达。这种转向是,从根本上告别市政研究时期所建立起来的那门相对封闭的公共行政学科,转而成为一门具有充分开放性的学科。在20世纪的科学丛林中,由于公共行政学有着不同于其他学科的这样一种开放性,人们对它能否构成为一门学科产生了怀疑,这是可以理解的。但是,从这门学科20世纪后期的发展来看,虽然其开放性不断地将学者们引向新的领域,但其研究的内容却是其他学科所无法替代的。所以,它作为一门独立的学科还是能够成立的。

公共行政学的开放性根源于公共行政的公共性。如果说政治学的

---

① Marshall E. Dimock, "New Developments in Public Administration," http://kamyon. politics. ankara. edu. tr/dergi/belgeler/sbf/17. pdf, Accessed on Aug. 12, 2012.

② John C. Honey, "Research in Public Administration: A Further Note," *Public Administration Review*, Vol. 17, No. 4 (Autumn, 1957), pp. 238–243.

190 公共行政的概念

目标所指向的是合法性的话，那么，公共行政学则必然要围绕着公共性这一基本价值去开展研究工作。当然，公共行政学也会要求花费更大精力去探讨方法和技术层面的问题，事实上，现代社会科学的每一个门类都需要给予方法和技术层面的问题以极大的关注。但是，如果把方法和技术层面的问题与特定的主体联系起来，就可以看到不同学科所具有的不同性质了。迪莫克对公共行政学研究内容的描述就说明了这一点："公共行政是政府过程的一个主要构成部分。政府过程可以被描述为国家出于满足政治——拥有权力与影响——社会之需要而使用的所有方法。作为政府过程的一个分支，行政过程关注那些只能通过行政手段——通过执行的细节——而得到实现的人类诉求。……我个人认为，行政过程包含三个主要部分。第一是对目标的决定，它包含计划的过程，政治的形成，合法权威的供给，以及在形成方案、计划与政策过程中的政治与压力集团所扮演的角色。第二大部分包含的是行政的工具，它们由组织、财政行政与人事行政构成。公共行政的第三个也是最后一个部分——它也许占据了这一过程的一大半——关注的是实际操作的官员在实现其目标的过程中所使用的方法。尽管这一实务领域是行政的核心，但在大多数国家以及直到最近的美国，却遭到了学者们的严重忽视。这第三个领域所涉及的是领导，作出指挥，责任委托，总部—实地关系，保障协作，项目内各组织构成的协调，雇员监督，雇员培训与激励，控制内部行政以确保其一致有效，运行项目中所使用的各种方法，使用激励与奖赏以激发雇员的最大努力，以及利用公共关系项目以确保在所有者（选民与立法者）、管理方、工人、消费者和利益集团之间就项目的所得形成一种公平的分配。"① 相应的，"公共行政学是一种关于国家的项目——比如那些与公共工程、农业、国际事务等相关的——是如何通过对制度、人力与行政资源的计划好的利用而得以推动与产生效果的研究，它在整体上包含计划、决策与用来保障以实现既定目标为目的的协作管理技术。我将是第一个承认这不是一个简洁的定义的人，但是，如果我们考虑

---

① Marshall E. Dimock, "New Developments in Public Administration," http://kamyon.politics.ankara.edu.tr/dergi/belgeler/sbf/17.pdf, Accessed on Aug. 12, 2012.

到正在进入公共行政之中的所有因素，则我们将很难提出一个不那么广泛的定义"①。

可见，公共行政包含着极为复杂的内容，在公共性的价值基点上，它需要不断地把各种各样的社会因素都纳入其发挥作用的范围中来，并需要在发挥有效和正确作用的意义上去不断地探求新的方法和技术。但是，公共行政在发挥其作用的每一个项目上，都会贯穿着同样的目的，那就是实现可以被归入公共性中去的所有价值。所以，以公共行政为研究对象的科学，也就必须保持自身的开放性品质。只有在开放性中才能理解公共性，也只有在开放性中，才能找到维护公共性的方法和途径。公共行政学对科学因素的关注、对方法和技术的偏爱，都只有服务于公共性的实现这一目的时才是积极的。

第二节　行政裁量之争

一　行政裁量的理论确认

对于公共行政的实践与研究来说，行政官员是否应当拥有裁量权限、能否实际行使裁量权力，是一个非常重要的问题。如果这一问题的答案是否定的，那么，行政官员将仅仅是一个办事人员，在按照"政治中立"的原则执行上级命令的同时，也坚守"价值中立"的原则去与普通公众进行日常性的接触，他们既无须为上级的决策失误负责，也不用考虑执行这样的决策会给公众造成什么样的后果。相反，如果这一问题的答案是肯定的，那么，无论行政官员的裁量行为发生在政策过程中的哪个阶段，由于他在事实上对政策的实施造成了不可撤销的影响，因而，无论对于上级还是对于普通公众，他都必须承担相应的责任，而无法再伪装成一位"公事公办"的办事员。也就是说，是否行使裁量权的问题决定了行政官员的角色扮演状况，事实上，也决定了公共行政的职责实现方式。因此，在公共行政研究中，这是一个根本性的问题。

---

① Marshall E. Dimock, "New Developments in Public Administration," http://kamyon.politics.ankara.edu.tr/dergi/belgeler/sbf/17.pdf, Accessed on Aug. 12, 2012.

根据启蒙思想家们的看法，宪政的基本精神在于限制行政权力，因而，现代政治学和法学都对行政官员的裁量权抱持着消极的态度。相应的，公共行政学的开创者们也需要通过宣布行政与政治的分离、通过宣布行政仅仅是宪法的一种执行来证明公共行政的合法性。但在实践中，行政裁量权的存在又是不容否认的，而且，随着社会的日渐复杂，需要行政官员作出裁量行为的事项也愈益增多。这样一来，实践与既有政治学理论和法学原则的冲突也变得越来越激烈，进而，这种冲突也迫使学者们去进行思考并提出解决的方案。我们看到，在"新政"的实施过程中，行政部门的大举扩张，使得当时的行政理论显得难以适应其要求。在这种情况下，为了解决"新政"时期行政裁量行为迅速增多所带来的问题，公共行政研究也就集中到了对行政官员的裁量行为进行理论探讨的方面来了。在这一时期，学者们围绕着行政裁量的问题展开了激烈的争论，并在争论中促进了公共行政学的自我进化。

作为行政行为中的一个普遍现象，行政裁量是伴随现代政府的诞生而出现的。现代政府是分权条件下的政府，这种分权将立法与执法——司法与行政——的过程进行了分解，从而产生了执法过程中的裁量问题，在行政过程中，也就是一个行政裁量的问题。作为执法活动中的特殊行为，裁量行为首先是在法学研究中得到探讨的。当法学研究开始关注政府的时候，或者说，当行政法学产生的时候，行政裁量行为也被纳入法学研究的视野中了。

根据古德诺的考察，近代早期，欧洲大陆工商业较为发达，对于政府效率的要求也更为迫切，所以，需要政府拥有更大的裁量空间，使其能够积极地开展行动。比较而言，同一时期的"英格兰在工业发展上远远落后于大陆"[1]，于是，社会对于政府效率没有太高的期望，而是更加强调政府行为对主权者负责的问题，因而更加强调对政府的司法控制。结果，在现代司法体制与行政体制的形成时期，"英格兰确立起了对行政行动的司法控制，大陆国家则确立了行政独立。作为

---

[1] Frank J. Goodnow, "The Growth of Executive Discretion," *Proceedings of the American Political Science Association*, Vol. 2, Second Annual Meeting (1905), pp. 29–44.

这种独立的一个结果,大陆国家发展出了一种远比英格兰司法控制体制下有效得多的行政体制。同样,关于行政和行政方法的研究则在大陆获得了在英格兰从未拥有过的一席之地,尽管接着也带来了许多行政问题"①。反映在学术研究上,"在欧洲大陆,'行政法'的概念已经被收入了法学家们的词汇表中,而且,如果没有对这一主题给予或多或少的注意,那么,任何一种法学研究课程都不能被认为是完整的。……然而,在英格兰和美国,除了那些直接受到大陆思想影响的学者之外,行政法作为法学研究的一个分支却受到了普遍的忽视"②。事实上,英国宪法学家戴雪(A. V. Dicey)是公开否认行政法的存在的。显然,对于有着很高学术造诣的法学家戴雪而言,是不可能随随便便对一种法律类型采取否定态度的,他之所以否定行政法,是因为行政法的概念中包含着这样一种逻辑,那就是行政法会使政府对议会负责的内容受到冲淡,而这显然是与英国的"议会主权"原则相悖的。

由于学者们对行政法持否定的态度,因而,在英国就没有产生出行政法学,自然也就不会有关于行政裁量问题的研究了。所以,在相当长一段时期内,行政裁量都只是存在于大陆行政法学中的一个概念,而没有得到英美主流学界的承认。在古德诺看来,这种状况已经与现实的发展不相适应了。尽管宪政理论原则上要求行政遵循法律的无条件命令,但"随着文明变得日益复杂,这样一种规制方法在许多情况下变得失去了效率。在复杂的文明中,政府需要承担许多职责,而这些职责无法在一个无条件命令的制度中得到履行。没有任何立法机关拥有那样的洞察力或远见,能够控制行政法的所有细节,或能够赋予那些将在所有情形下完全或充分表达国家意志的规则以无条件命令的形式。它必须抛弃无条件命令的制度,而求助于授予行政官员大

---

① Frank J. Goodnow, "The Growth of Executive Discretion," *Proceedings of the American Political Science Association*, Vol. 2, Second Annual Meeting (1905), pp. 29–44.

② Frank J. Goodnow, *The Principles of the Administrative Law of the United States*, New Jersey: The Lawbook Exchange, Ltd., 2003, Originally Published in 1905 by G. P. Putnam's Sons, pp. 1–2.

量裁量性权力的条件式命令"①。当然,行政官员可以被授予裁量权力的范围也是有限的,在许多情况下,他仍然需要受到严格的控制。但是,"对于一个被委托来收集事实和情报的机关来说,政治机关的任何控制都不能使它收集到更多的事实或更准确的情报。对在选民选举官员之前的必要准备活动来说,尽管程度有所不同,大致情况也是如此。在这些情况中,很多事情必须留给官员去裁量处置,不是要求这些官员如何去做具体的事情,而是要求他们运用自己的判断"②。

也就是说,在裁量行为有限性的意义上,行政官员可以裁量处置的应当是事务性的工作,以收集情报来说,行政官员需要运用判断来鉴别情报的真伪,但他们并不根据这些情报进行决策,后者是政治官员的工作。反之,如果行政官员既可以根据自己的判断来收集情报,又可以根据这些情报来作出决策,那么政治与行政的边界就不复存在了。所以,行政官员的自由裁量行为并不是无限的。另一方面,根据现代政府的责任机制,所有行政官员都必须受到最严格的限制,这样一来,行政效率就又成了牺牲品。所以,古德诺认为,在"政治—行政"二分的前提下,出于行政效率的要求,必须放松对行政官员的司法控制,授予他们必要的裁量权力。

古德诺的呼吁在实践中很快就得到了回应。随着"进步主义运动"的兴起,效率成了美国社会新的"福音"。③ 而在效率的驱动下,行政裁量行为得到了迅速增长。正如鲍威尔(Thomas Reed Powell)所言,"随着社会经济条件的日益复杂化以及随之而来的政府活动领域的拓宽,行政权力的范围正得到持续扩大"④。弗罗因德(Ernst Freund)也

---

① Frank J. Goodnow, *The Principles of the Administrative Law of the United States*, New Jersey: The Lawbook Exchange, Ltd., 2003, Originally Published in 1905 by G. P. Putnam's Sons, pp. 324 – 325.

② Frank J. Goodnow, *Politics and Administration: A Study in Government*, London: Macmillan & Co., Ltd., 1914, pp. 80 – 81.

③ Dwight Waldo, *The Administrative State: A Study of the Political Theory of American Public Administration*, With a New Introduction by Hugh T. Miller, Second Printing by New Brunswick: Transaction Publisher, 2007, p. 19.

④ Thomas Reed Powell, "Separation of Powers: Administrative Exercise of Legislative and Judicial Power," *Political Science Quarterly*, Vol. 28, No. 1 (Mar., 1913), pp. 34 – 48.

看到,"近来针对商业、贸易和工业的管制性立法制造了这样一种印象,即我们的法律中存在一股趋势,将做出决定的权力从根据固定原则而行动的法院转向了被授予大量裁量权力的行政委员会或官员"①。到了这时,行政官员的裁量权已经不限于古德诺所要求的作出判断,而是包含了决定行动和政策的内容,甚至已经渗入立法活动之中。"在授予行政官员立法权力的问题上,之前作为衡量法规有效性之标准的观点认为,在由立法机关授予其制定法律的权力与仅仅确认其在执行法律过程中的权威和裁量权之间,是有着显著区别的。而现在,这一区分以及它对授予行政官员制定法律之权力的禁止,似乎已不再成为衡量法规有效性的标准,事实上已经在对政府持续增加的需求面前作出了让步。"②

显然,在进步主义运动的驱动下发生的这种发展情况是古德诺始料未及的,而且也确实令古德诺感到一丝不安,他担心这一趋势会对私人权利造成不必要的威胁。因此,古德诺表达了他的担忧:"出于大多数实际目的:首先,行政权威可能并实际掌握了广泛的规制权力;其次,行政权威对这种规制权力的使用在许多重要情况下并没有得到有效的控制。……个人因而并没有得到足够的保护,不论是通过采纳与颁布规制所需的预先程序,还是通过限制行政权威在使用其规制权力过程中滥用裁量权的控制方法。"③ 其实,通过古德诺的意见,我们看到,现代社会治理在行政裁量权的问题上面对着一种进退维谷的矛盾境地:裁量空间不足会造成行政效率的低下;裁量空间过大又会对私人权利构成威胁,进而危及民主的实现。但无论如何,行政裁量行为的增长却是一个必须面对的现实,而且,关于政府及其行政的讨论也都应当给予它足够的重视,甚至必须正视它。"即使在一个法治政府中,也必须为政府裁

---

① Ernst Freund, "The Substitution of Rule for Discretion in Public Law," *The American Political Science Review*, Vol. 9, No. 4 (Nov., 1915), pp. 666-676.

② B. L. M., "Constitutional Law: Delegation of Legislative Power to Administrative Officers: Discretion to Grant or Refuse Licenses and Permits, and Power to Make Rules," *California Law Review*, Vol. 15, No. 5 (Jun., 1927), pp. 408-415.

③ Frank J. Goodnow, "Private Rights and Administrative Discretion," *The Virginia Law Register*, New Series, Vol. 3, No. 6 (Oct., 1917), pp. 416-430.

量权的行使留出空间。"①

我们知道，行政法以及行政法学所关注的主要是如何限制行政裁量权力行使的问题，然而，当社会越来越需要通过行政裁量的积极运用而谋求进步时，行政法与行政法学的关注偏好就显得不合时宜了。这是因为，关于行政裁量的问题是需要得到更加积极的理论确认的。在这一背景下，行政裁量问题开始进入了公共行政学的视野之中，并在"人事行政"这一当时最为重要的研究领域中得到了体现。这就是高斯所说的："我们今天的政府——联邦、州与地方——正在履行许多新职能，从它们的性质来说，这些职能不能受到立法规则恰到好处的调整与控制。对于成功的行政来说，它们要求谨慎、正直的公务员；并且，这些公务员必须被赋予广泛的裁量权，以应用其本身就可以被制定为成文法律的一般原则。正是这一事实，向我们这代人提出了一个新的文官制度问题；也正是这一事实，成为对诸如职位分类与工资标准化等技术方案的讨论与采纳背后的问题。"② 至此，行政裁量也就从行政法学中的一个抽象概念转变为了人事行政中的一个具体问题。因此，行政裁量权不仅得到了行政法学的研究，而且也得到了公共行政学的关注和理论确认。对于公共行政的研究而言，对行政裁量问题的研究无疑是引入了一个新的理论变量，使公共行政的概念得到了内涵上的扩充，从而对公共行政学的发展产生了影响。

二 行政裁量引发的论辩

在美国，尽管行政裁量的增长已经引起了许多人的不安，但由于社会环境的日益复杂化，即使人们感到不安也不会使这一趋势发生改变，无论自由民主制度以及限制和规范权力的要求有多么强烈，都必须面对行政裁量权不断增长的现实。尤其是随着"大萧条"的出现，社会对政府提出了更多的要求，相应的，为了满足这些要求，政府部门的裁量权力就不可避免地得到大幅扩张。"就联邦领域自身而言，大萧条见证

---

① John Dickinson, "Judicial Control of Official Discretion," *The American Political Science Review*, Vol. 22, No. 2 (May, 1928), pp. 275 – 300.

② John M. Gaus, "Personnel and the Civil Service," *The North American Review*, Vol. 215, No. 799 (Jun., 1922), pp. 767 – 774.

了'行政裁量'的巨大增长，以及相应立法性政策制定的减少。"① 在某种意义上，正是行政裁量的增长以及通过这种增长而实现的行政扩权，将美国从威尔逊所深恶痛绝的"国会政体"变成了一个让自由主义者寝食难安的"行政国家"。

行政国家的出现，使公共行政缺乏相应的责任保障机制的问题在实践中暴露了出来，从而"在执行法律的过程中赋予文官广泛的裁量权已经引起了对官僚统治的批评"。② 也就是说，行政裁量的广泛存在，对"权责一致"的现代治理原则造成了破坏。当行政官员掌握了本来被安排给政治官员的权力却又无需承担政治官员需要担负的责任时，就给整个社会治理带来了失控的风险。可是，这能否成为拒绝承认行政官员的裁量权力的理由呢？迪莫克对此作出了回答："问题不在于是否应当授予裁量权，显然，在许多情况下，大量裁量权是必须存在的。重要的问题是行使裁量权的方式，以及为防止权力滥用所提供的保障措施。"③ 也就是说，当权力与责任的关系出现了失衡的时候，如果我们不能拒绝权力的存在，就应当加强责任追究，从而达到一种使掌握裁量权的行政官员能够负责任地行使其手中裁量权的效果。这就是怀特所说的："行政权力在总统手中的增强、政府行动不断扩大的范围、广泛地授予各委员会裁量权力、政府对个人关系和商业关系日益增加的影响，以及在当前事件背景下对民主制度的普遍关注，都要求我们提出一种真正有效的责任计划。"④ 费富纳也认为："在民主政府下，可取的做法是让那些行使裁量权的人受到限制，以防止他们不负责任地行使这种权力。'裁量权'绝不意味着一种绝对的或独断的权力。它的行使必须是

---

① C. C. Ludwig, "Cities and the National Government under the New Deal," *The American Political Science Review*, Vol. 29, No. 4 (Aug., 1935), pp. 640–648.

② E. Pendleton Herring, *Public Administration and the Public Interest*, New York: McGraw-Hill Book Company, Inc., 1936, p. 22.

③ Marshall E. Dimock, "The Role of Discretion in Modern Administration," In John M. Gaus, Leonard D. White and Marshall E. Dimock, *The Frontiers of Public Administration*, New York: Russell & Russell, 1936, p. 60.

④ Leonard D. White, *Introduction to the Study of Public Administration*, New York: The Macmillan Company, 1939, p. 562.

合理的，而不能是毫无节制、心怀恶意与独断专行的。"①

然而，对于掌握了裁量权的行政官员来说，怎样做才算是负责任地行使了裁量权呢？根据高斯的意见：首先，由于现代政府是一种民主政府，因而行政官员也需要承担民主责任，这种民主责任就是对选民和立法机构的责任；其次，由于现代行政是一种专业行政和科学行政，行政官员往往掌握着普通公众和政治官员都知之甚少的专业知识，因而，行政官员必须对他们所属的专业团体负责，只有这样，才能保证其行为的专业水准；也唯有如此，才能保证其专业知识不被用于非专业性的目的。因此，"在政治领袖与职业文官拥有广泛的裁量权的新政府中，文官根据专业义务的理念所具有的责任必须与政治和宪法责任一道被当做公共利益的看护者"②。

如果对文官的技术责任与政治和宪法责任进行比较的话，高斯更加强调基于专业主义的技术责任的重要性。这是因为，与由立法机构和选民所实施的"外部控制"相比，技术责任所反映的是一种专业团体自身的"内部控制"，在实现的过程中更能够得到专业团体自身的保证。事实上，所有具有高度专业性的职业都"格外依赖于它的成员在承担开创性工作和制订他们自己的计划时所拥有的自尊这一'内部控制'，这是一种最高的标准，因为，对于这一领域的潜力和状况，普通公众及其居于外行委员会或立法机构中的平庸代表们很可能一无所知"③。

高斯的观点得到了弗雷德里克的响应。在一篇引起巨大争议的文章中，弗雷德里克认为："负责任的行政管理者要对如下两种主导性因素负责：技术知识和公众情感。如果一个政策违背了其中的任何一个标准，或者未能做到使这些标准明确化（尽管这些标准具有绝对的必要性），那么，就很可能使负责该项政策的官员容易因不负责任的行为而

---

① John M. Pfiffner, *Public Administration*, Revised Edition, New York: The Ronald Press Company, 1946, pp. 447–448.

② John M. Gaus, "The Responsibility of Public Administration," In John M. Gaus, Leonard D. White and Marshall E. Dimock, *The Frontiers of Public Administration*, New York: Russell & Russell, 1936, p. 42.

③ Ibid., p. 41.

受到指控。"① 换句话说,行政官员需要承担两种责任,一种是技术责任,一种是政治责任。在弗雷德里克看来,"如果某种特定的责任是需要的,那么最好将它称为'功能性的'和'客观性的',以与一般的和'主观的'责任(如宗教的、道德的和政治的责任)相比照。因为在前一种情形下,行动是能够用相对客观的问题来检验的"②。

根据这一解释,政治责任是一种主观责任,技术责任则是一种客观责任,两者之中,后者具有更为明确的判断标准和追究机制。因而,尽管前者也是非常重要的,但在社会生活日益专业化和复杂化的前提下,强调后者则更加具有现实意义。"显然,一个现代的行政者在许多情况下处理的问题都是如此的新奇和复杂,以至于他们都被要求有最高的创造能力。这种对创造性解决方案的需求有效地将注意力集中在了对行动的要求上。关于人民意志的虔诚的方案都是非常好的,而一旦遇到那些与社会失调有关的问题,大众意志就几乎没什么内容了,只剩下对消除这类失调问题的渴望。"③ 在这里,弗雷德里克重申了高斯(在某种意义上,也是古德诺)的观点,进一步强调政府所应负的是一种专业责任。也就是说,当社会对政府提出了高度专业化的要求时,强调行政官员的政治责任是没有意义的。因为,政治上的忠诚绝不可能自己转化为专业上的胜任。所以,要真正承担起行政责任,就需要鼓励行政官员利用自己的专业才干去积极地为公众服务,就必须突出行政官员的技术责任,并通过行政官员的专业团体来保障这种责任的实现。

应当看到,在高斯与弗雷德里克这里,尽管没有否认政治责任的重要性,但在行政官员的专业责任与技术责任方面,他们却给予了更充分的关注。在此意义上,高斯与弗雷德里克可以被视为更具有传统品性的公共行政学者,他们所秉承的主要是公共行政的专业化和技术化的思想

---

① [美] 卡尔·弗雷德里克:《公共政策与行政责任的本质》,载颜昌武、马骏编《公共行政学百年争论》,中国人民大学出版社2009年版,第6—7页。

② Carl J. Friedrich, "Responsible Government Service under the American Constitution," *Problems of the American Public Service* (New York, 1935), p. 38. 转引自 [美] 卡尔·弗雷德里克《公共政策与行政责任的本质》,载颜昌武、马骏编《公共行政学百年争论》,中国人民大学出版社2009年版,第7页。

③ [美] 卡尔·弗雷德里克:《公共政策与行政责任的本质》,载颜昌武、马骏编《公共行政学百年争论》,中国人民大学出版社2009年版,第6页。

路线。所以，在行政责任的保障问题上，他们也更注重专业团体的内部控制，而不是立法机构的外部控制。对此，芬纳则有着截然相反的看法。

芬纳写道："我们用责任来意指什么呢？它有两重含义。第一，责任可能意味着 X 就 Y 对 Z 负责。第二，责任可能意味着一种内在的道德上的个人责任感。第一种定义的实质在于那个要求别人或机构对之报告的人或机构的外部性，如果这个人或机构对 X 没有权威，不能决定 X 的义务路径及其是持续还是终止的条件，那么，问责就是毫无意义的。第二种定义将重点放在了当事人的良心上，由这个定义我们可以推出，如果这个人犯了错，那么，只是当他自己的良心意识到这是错误时，它才是一个错误，并且对他的惩罚也因此落在了其内心的愧疚上。前者意味着公开的极刑，后者则是剖腹自尽。"① 根据这一解释，第一种责任属于外部控制，也就是立法机构的控制，因而，它是一种政治责任；第二种责任则属于内部控制，即个人自身的道德控制，因而，它是一种道德责任。

显然，芬纳关于内部控制和外部控制的理解是与高斯和弗雷德里克完全不同的。这种理解上的差异让他对倡导内部控制的后两者——尤其是弗雷德里克——产生了严重的不满，认为他们是把实现行政责任的希望虚空地寄托在了行政官员的道德上。在此问题上，芬纳与弗雷德里克产生了争执。芬纳说："他（弗雷德里克）觉得，需要给政府人员的权力留有一些弹性、一些自由裁量权和一些'内审'的空间，同时他也看到，现存的控制（无论是有意地还是因它们自己制度上的缺陷而无意地）实际上为政府人员留有一定的自由空间。因此，他主张公共政策的制定和执行过程主要地实际上也是首要地应依赖道德责任，进而对政治责任的效能与必要性不屑一顾。他给了我们这样一种印象，即跨过政治责任的死尸，以追逐道德杂耍的炽热光芒。"②

高斯与弗雷德里克都认为公众不了解行政官员的专业行为，所以，

---

① ［美］赫尔曼·芬纳：《民主政府的行政责任》，载颜昌武、马骏编《公共行政学百年争论》，中国人民大学出版社 2009 年版，第 15 页。
② 同上书，第 18 页。

才寄希望于作为专业技术体系的政府内部的控制。但是,在芬纳看来,"公众和议会是足够睿智的,他们能够指导政策——他们不仅知道鞋子把哪里挤痛了,而且对鞋家族的鞋楦和皮革都有着精明的看法:在那些他们缺少技术知识的地方,他们的官员就会被派去向他们提供这些知识,以供他们参考并为其提供指导,而不是由官员主导一切;只有在这些限制下,赋予行政自由才是说得通的"[①]。在有着强大议会的英国也许是这样,但是,如果芬纳根据英国的经验而做出上述判断的话,其实是要宣布高斯和弗雷德里克以专业为由而排斥政治责任的主张是毫无道理,只有芬纳自己的意见才是唯一正确的:"政府官员的政治责任从未像今天这样成为一件如此重要的必需品。道德责任或许可以通过与政治责任的严格性和有效性成正比的关系而发挥作用,但是,如果政治责任没有得到有力的实施,它就会陷入各种曲解之中。职业标准、对公众的职责和对技术效率的追求都是良好的行政运作的要素,但它们只是良好政策的一个组成部分,而不是持续的激发因子,它们需要公众和政治的监督与指导。"[②]

撇开直接发生在弗雷德里克与芬纳之间的这场争论的具体内容不谈,在很大程度上,关于行政官员的专业责任与政治责任孰轻孰重的问题,实际上是因时因地而有着不同答案的。当社会对于政府的专业技能与行政效率有着更强需求的时候,往往会突出行政官员的专业责任;当政府存在的合法性受到了挑战的时候,行政官员的政治责任问题就会被突出出来。在弗雷德里克与芬纳发生争论时,一方面,"大萧条"的余威尚未退尽,政府仍然面临着沉重的效率压力;另一方面,法西斯的盛行也对民主构成了巨大的挑战。所以,专业责任与政治责任都是社会需要行政官员去积极承担的。在此意义上,弗雷德里克与芬纳的主张在当时都是切题的,它们都是对社会治理现实的一种积极回应。

通过这种回应,责任的问题也开始成为公共行政研究中的一个重要主题,甚至,根据芬纳的观点,责任已经变成了比效率更加重要的一个

[①] [美]赫尔曼·芬纳:《民主政府的行政责任》,载颜昌武、马骏编《公共行政学百年争论》,中国人民大学出版社2009年版,第31页。

[②] 同上。

主题。① 同时，也应看到，尽管强调内部控制，而高斯与弗雷德里克并没有提出道德责任的问题，他们基本上都是在韦伯——弗雷德里克本就是阿尔弗雷德·韦伯（马克斯·韦伯的胞弟）的学生——的意义上重申行政官员的专业责任。所以，当芬纳摆出与弗雷德里克论战的架势时，实际上并没有准确地找到希望攻击的靶子。不过，无论芬纳对弗雷德里克作了曲解还是误读，实际上却意外地触及了内部控制中的道德责任问题。尽管芬纳反对把行政裁量建立在道德责任的基础上，但却为我们认识行政责任提供了一种新的分析视角。而且，道德责任问题的提出，也在行政责任的构成中增加了一个向量，使我们可以在行政责任中读出政治责任、专业责任和道德责任三重要素。这虽然不是芬纳所要提供给公共行政的理论贡献，却在事实上为公共行政研究提供了一个具有启发意义的亮点，从而为公共行政学关于责任问题的讨论从传统的专业主义途径向行政伦理途径的转向打开了通道。事实上，库珀后来就是通过梳理这场争论而去展开对"外部控制"、"内部控制"及其"客观责任"、"主观责任"等问题的系统探讨的。

三 "事实—价值"二分

在行政官员究竟应当承担何种责任的问题上，尽管芬纳与弗雷德里克之间存在着分歧，但是，他们也都承认，行政官员已经实际地掌握并行使了广泛的裁量权，而且也广泛地参与到了政策过程之中。这样一来，行政官员在政策过程中应当扮演着什么样的角色，又成为一个可以在芬纳与弗雷德里克之间展开争论的问题，事实上，他们的确在这一问题上存在着不同的看法。由于对行政官员在政策制定过程中的作用有着不同的认识，因而他们对行政人员手中所掌握的自由裁量权的控制也就有着不同的意见。

芬纳认为："由于在政策提议和后期的政策执行中拥有解释的自由空间，现代官员制定的政策的数量是非常大的。但这仅仅是在'制定'和'政策'这两个词上的文字游戏。什么重要'政策'是由联邦官员

---

① [美]赫尔曼·芬纳：《民主政府的行政责任》，载颜昌武、马骏编《公共行政学百年争论》，中国人民大学出版社2009年版，第13页。

'制定'（make）的呢？联邦官员除了提议之外，还有更多的权力吗？当然，我们希望那些由公众支付薪酬的官员能够思考问题并提出解决方案，从而把他们的工作做好。但这毫无新意，通过对'制定'一词加以误用进而立法，并只有通过这种歪曲，弗雷德里克教授的如下主张才能从根本上登上台面——对作为国家真正的政策制定主体的立法机关的行政责任，在现代情形下，是不可能的，也是没必要的。"[1] 也就是说，行政官员的裁量权仅限于政策建议，并不包括政策制定。因此，他需要对立法机构这一政策制定主体负责，而不是以政策制定者自居，更不应拒绝立法机关的控制。弗雷德里克的判断与芬纳完全不同。所以，弗雷德里克希望人们正视这样一个现实："考虑到行政机构所承担的大量立法工作，明确一贯的政策制定的任务已经转到了行政官员的手中，并必将继续如此。"[2]

如果像芬纳所说的那样，行政官员的裁量权限仅限于政策建议，那么，芬纳的意见就是正确的。也就是说，尽管行政官员对政策施加了影响，或者说，无论行政官员对政策的制定施加了什么样的影响，这种影响都无法与政治官员相比，所以，行政官员只需要对立法机构负责就行了，行政责任的全部内涵也就是对立法机构负责。在此意义上，政治与行政之间就仍然存在着相对明确的边界。如果行政官员不是像芬纳所说的那样仅仅提出政策建议，而是像弗雷德里克所说的那样参与到了政策的制定之中，那么，在政策过程的意义上，政治与行政之间的区别就变得极其模糊了，行政官员所应承担的责任也就不仅是对立法机构负责了。弗雷德里克明确地表达了这一看法："公共政策制定和执行的具体模式表明，政治和行政并不是两个相互排斥的区间，或者是绝对的区分，而是同一个过程的彼此紧密联系的两个部分。公共政策，浅白地说，是一个连续的过程，其制定与执行是密不可分的。公共政策被执行之时，也是其形成之时，反过来也一样，当其形成之时，也是其被执行

---

[1] [美]赫尔曼·芬纳：《民主政府的行政责任》，载颜昌武、马骏编《公共行政学百年争论》，中国人民大学出版社2009年版，第23—24页。

[2] Carl Joachim Friedrich, "Public Policy and the Nature of Administrative Responsibility," In C. J. Friedrich and Edward S. Mason (Eds.), *Public Policy*, Cambridge, Massachusetts: Harvard University Press, 1940, p. 5.

之时。政治与行政在政策的制定与执行中扮演着连续的角色,尽管可能在政策的制定中政治的意味多一些,在政策的执行中行政的意味多一些。"① 我们知道,公共行政的英国传统是不承认"政治—行政"二分的,而芬纳这样一位英国学者为了突出行政官员的政治责任却对"政治—行政二分原则"作出了某种维护。相同的情况是,作为以韦伯为代表的德国行政思想的传人,弗雷德里克这位马克斯·韦伯思想的间接传人,却出于为行政裁量的扩张正名的需要而突破了韦伯对于政治与行政的传统界定。这是两幅同样具有讽刺意味的画面。

事实上,早在弗雷德里克之前,由于看到了行政裁量的广泛存在,古利克已经对"政治—行政二分原则"作出了批判。在他看来,威尔逊、古德诺等早期学者之所以会提出政治与行政的二分,是因为"他们处在一个充满分肥政治与政府低效的技术专业化时代。所以他们将整个政府分为政治与行政两个方面,将政治与政策控制的功能指派给某些政府机构,而将执行这些政策的专业工作留给了其他机构。这一理论是时代与愿望的共同产物"②。而现在,随着社会事务变得越来越复杂,随着所有政策问题的解决都越来越依赖于行政官员的专长和判断,对政策控制和政策制定的传统划分不再有效了。"如果任何政府雇员、我们的任何一个'统治者'能够裁量行事,他就不仅拥有权力,而且在很多情况下不得不制定政策。"③ 朗(Norton E. Long)甚至进一步断言:"即使是对立法至上的最热烈的倡导也无法继续掩盖行政裁量甚至行政立法的事实了。……任何旨在寻求可以实现政策与行政分离的条件的事情都是高度可疑的。"④ 可见,这是许多学者都看到的一个重要的现象,而弗雷德里克所表达的也正是这些学者一直在要求人们正视的问题。所以,弗雷德里克所描述的这一情况是准确的,那就是,在公共政策之

---

① [美]卡尔·弗雷德里克:《公共政策与行政责任的本质》,载颜昌武、马骏编《公共行政学百年争论》,中国人民大学出版社2009年版,第5页。

② Luther Gulick, "Politics, Administration, and the 'New Deal'," *Annals of the American Academy of Political and Social Science*, Vol. 169, The Crisis of Democracy (Sep., 1933), pp. 55 – 66.

③ Ibid..

④ Norton E. Long, "Bureaucracy and Constitutionalism," *The American Political Science Review*, Vol. 46, No. 3 (Sep., 1952), pp. 808 – 818.

中，政治与行政已经变成了一个连续的过程，并且二者都参与到了政策的形成与执行之中。因而，在政策过程的任何一个阶段上，政策、政治与行政都是难以分开的。

我们已经看到，尽管古德诺很早就观察到了行政裁量的广泛存在，但他仍然主张对政治与行政作明确的区分。这是因为，他眼中的行政官员的裁量行为只是一种根据判断而采取行动的行为，而不是决策行为。所以，只要行政官员没有直接参与决策过程，政治与行政二分就是成立的。芬纳在与弗雷德里克论战的过程中其实是维护了古德诺的立场，而没有去关注现实中已经出现的变化。显然，随着"大萧条"引发的行政裁量行为的急剧增长，古德诺的主张已经变得陈旧了，遭到了学者们的抛弃。因为，行政官员在行使其裁量权的时候，早已不再局限于根据判断作出行为选择，而更多地表现为决策活动。考虑到西蒙把一切行政或管理行为都看作是决策，也说明"大萧条"已经改变了行政行为的性质，使行政行为具有了更多的决策内容。所以，古德诺的立论失去了依据，"政治—行政二分原则"也就理所当然地遭到了否定。

如果"政治—行政二分"不再有效，如果行政行为本身就是一种决策行为，那么，这一决策行为应当遵循什么样的指导原则呢？显然，在弗雷德里克那里，这一原则就是责任（其实，作为论战者的芬纳也是承认责任的），即由于行政官员行使了决策的权力，因而他也要承担相应的决策责任。但在西蒙看来，这却是对行政裁量的一种误解。西蒙认为，行政裁量既是根据判断采取行动，同时也是决策行为，毋宁说，它是在判断的基础上作出的决策。所以，"行政过程就是决策过程：它们包括分离出组织成员决策过程中的某些要素，再建立规范的组织程序，以选择和确定这些要素，并将它们传递给相关的成员"①。然而，在西蒙看来，这并不意味着行政决策仅仅需要以责任为原则，相反，根据科学决策的要求，行政行为所应遵循的首要原则仍然是效率。

西蒙认为，在"关于裁量是一种判断"的论断中暗含着一种偏见，即认为判断必然是一种道德上的考量，"人们在日常对话中经常混淆决

---

① Herbert A. Simon, *Administrative Behavior*, Third Edition, New York: The Free Press, 1976, p. 8.

策中的判断要素与道德要素。事实上,手段目的链越往后(也就是道德成分越大),对链上步骤的怀疑度就越大,对什么手段有利于实现什么目的的确定中的判断成分就越大"①。也就是说,判断要素并不等同于道德要素,事实上,道德要素只是判断的一个方面。除此之外,判断还拥有另一方面的内容,这就是事实要素。对于 $1+1=2$ 这样的问题,我们只需事实要素便能作出判断,而无须进行道德上的考量。而如果问题变成了"什么行政方式有利于社会的进步",那么我们就不仅需要事实上的依据,更需要道德上的考量来帮助我们进行判断,进而作出决策。所以,"我们的分析既明确批驳了宣称决策完全是道德问题的论点,也同样清楚地揭示了宣称决策完全是事实问题的论点的谬误"②。相反,"决策既包含事实成分,又包含道德成分"③。在决策的过程中,我们既要运用事实判断,也要运用价值判断。

西蒙指出,事实判断与价值判断(沃尔多在《民主行政理论的发展》一文中将其"误引"成了"事实决策"与"价值决策",④ 从而引发了一场激烈的争论)的评价标准是不一样的。"基于价值前提的裁量行为和基于事实前提的裁量行为有着不同的逻辑地位。后者总是可以从客观的和经验的意义上来评价是'对'还是'错'。对于前者而言,'对'与'错'的标准是不适用的。因此,如果下属只能对事实前提做出裁量,则在给定条件下,他能够'正确'做出的决策也是唯一的。另一方面,如果下属也能对价值前提做出裁量,则决策的'正确性'将取决于他所选择的价值前提,而且不存在可以被用来判断这种选择是否正确的标准。"⑤ 也就是说,价值判断是无法以对错来进行衡量的,它的依据应当是特定社会的道德取向与价值偏好,在这一问题上,科学则是无能为力的。另一方面,事实判断是有对错之分的,因而,科学可以帮助我们提高进行事实判断的能力。就公共行政而言,A 方案比 B 方

---

① [美] 西蒙:《管理行为》,詹正茂译,机械工业出版社 2004 年版,第 54 页。
② 同上书,第 58 页。
③ 同上书,第 50 页。
④ Dwight Waldo, "Development of Theory of Democratic Administration," *The American Political Science Review*, Vol. 46, No. 1 (Mar., 1952), pp. 81–103.
⑤ Herbert A. Simon, *Administrative Behavior*, Third Edition, New York: The Free Press, 1976, pp. 223–224.

案更有效率,这是一个可以进行事实判断的命题,只要这种判断是正确的,那么我们就可以做出科学的决策。而对于 A 方案是否比 B 方案更好的问题,我们则无法进行事实判断,因而也无法做出科学的决策。所以,如果公共行政要以决策的科学性为追求的话,那么,行政官员所应考虑的就是决策的事实要素,而不是价值要素,他可以对 A 方案是否比 B 方案更加有效的问题做出科学的事实判断。至于更有效的方案是否更有利于人类进步的问题,应留给政治官员去判断。由此,通过对决策中的事实要素/判断与价值要素/判断的区分,西蒙使已经被无数学者宣布了破产的"政治—行政二分原则"复活了。

由于其强烈的科学化取向以及与"政治—行政二分"之间藕断丝连的关系,"事实—价值"二分在战后的反思浪潮中受到了猛击的抨击,人们认为它阻碍了公共行政学去发现其完整的学科领域。不过,从另一个角度看,西蒙对事实与价值的区分反而为公共行政的完整版图作出了证明。这是因为,根据西蒙的分析,由于行政裁量的普遍存在,以至于不得不把行政行为看作是决策行为;而既然是决策行为,就必然包含着事实要素与价值要素,因此,行政行为就同时包含了事实与价值两大要素。进而,作为对行政行为的研究,公共行政学就必须同时关注事实问题与价值问题,这是"事实—价值"二分所内含的张力,也是它与"政治—行政二分"的最大区别所在。

总的说来,"政治—行政二分"要求把政治从行政中排除出去;"事实—价值二分"则无法作出任何排他性宣示。只要认识到行政行为具有事实与价值的双重内涵,也就意味着我们必须同时承担起研究行政行为中的事实要素与价值要素的双重责任,也就意味着我们必须同时承认公共行政学技术研究与规范研究的意义。所以,在公共行政学的发展史上,"事实—价值二分"的提出标志着公共行政学的真正定型,也标志着公共行政学在叙事原则与学科身份上都实现了一次自我进化。也就是说,公共行政学基于"政治—行政二分"的叙事原则而建构起来的学科身份所关注的仅仅是事实,由于存在着价值盲点而陷入片面科学化、技术化的追求之中去了。"事实—价值二分"观的提出,则让我们在关注事实的同时也关注价值,进而,也要求我们在价值的视角中去寻找矫正公共行政片面科学化的道路。一旦我们在事实与价值的双重关照中找到了公共行政学的建构方案，那么，公共行政在现代社会治理中的完整角色也就会被形塑了出来，也就意味着公共行政学自觉到了它在完善现代社会治理上的完整责任。这个时候，我们看到的是事实对自由裁量提出要求，而价值则对自由裁量提供规范和保障。

第三节　战后公共行政的主题嬗变

一　公共行政学的政策视角

对于今天的行政学者而言，由于"新公共行政运动"的出现，"明诺布鲁克"会议之前的公共行政研究统统被归入了"老"公共行政学的范畴之中。然而，从前面的考察中可以发现，所谓"老"公共行政学的称谓是不准确的。这是因为，"新政"前的研究和"新政"后的研究具有截然不同的研究取向，是不能被归入同一个理论范畴之中的。所以，公共行政学的发展并不是断裂式的，而是有着一个循序渐进的逻辑过程，反映了学者们对于公共行政现象认识的不断深入。对于一个新兴学科来说，这才是合乎逻辑的发展进程。在这一进程中，必然会经历许多"成长的烦恼"，并在不断的纠错中实现自我完善，而不是动不动就闹什么"革命"，将过往的一切全盘否定。也就是说，在一个学科走向成熟的过程中，一定会经历无数次的反思，只有通过这种反思，它才能够获得关于研究对象以及研究本身的全面认识。

作为公共行政学朝向成熟的一个重要阶段，"新公共行政运动"的发生是与二战后公共行政领域中的一场"反思运动"联系在一起的，它所表现出的是在二战后的公共行政"反思运动"基础上进行建构的努力。或者说，在公共行政学的发展史上，二战后的"反思运动"是一个转折点。在直接的意义上，这场"反思运动"引发了公共政策研究的热潮，导致了公共行政研究自身的衰落。然而，正是这种衰落再次引发了关于公共行政学科合法性的思考，唤出了"新公共行政运动"的出场。我们知道，战后学者们集体反思的最重要成果就是否定了"政治—行政二分"的观念，一些从事公共行政研究的学者转向了对公共政策问题的关注，并将"政策科学"从公共行政学中剥离了出来，结果，公共行政学失去了政策研究的内容与视角。随着政策视角的剥离，公共行政研究重新确立起了科学化的理论建构方向，并丧失了公共行政应有的公共意识，失去了公共问题的解题能力。当然，在五六十年代，公共行政研究中也存在着"比较公共行政运动"的学术亮点。但是，"比较公共行政运动"的目的是要推广和复制美国经验。因此，无论是对公共行政学的知识增长，还是对美国政府的行政改进，都无法产生积极意义。所以，这一时期的公共行政研究实际上是陷入了所谓的"公共行政危机"之中。不过，正是这种危机，孕育了试图重振公共行政研究的"新公共行政运动"。

在20世纪的历史上，二战无疑是最为重大的历史事件，它对整个社会的影响之深是难以形容的，而且，这种影响是体现在每一个领域中的。对于公共行政及其科学的发展而言，二战的影响也必然是以一种界碑的形式出现的。在公共行政的发展史上，不仅有着二战这一重大的历史事件，而且，二战前的"新政"本身就是公共行政发展进程中的转折点。所以，在二战之后，学者们深刻地体验到了"新政"时期公共行政的理论与实践的严重脱节，特别是那些在"新政"与二战期间就职于联邦机构的学者，产生了对传统公共行政研究进行反思的要求。因而，二战后出现了一场对公共行政研究的集体性反思运动，试图根据"新政"与二战期间的现实来刷新公共行政研究。

然而，经历了两次世界大战的洗礼，人类社会发生了深刻的变革，二战之后的社会现实与二战期间的社会现实也不可同日而语了。因此，公共行政学者们的集体性反思虽然提供了一种不同于20世纪初"市政研究运动"的新的公共行政概念，但是，对于当时的社会治理现实而言，还是远不能适应新的要求。具体来讲，实践者比学者有着更为直接的现实经验，他们早就发现了行政不只是一个执行过程，也同样包含了政策制定甚至政治斗争的内容。也就是说，对于公共行政的实践者而言，并不需要学者们去告诉他们公共行政包含着政策职能，而是需要有人告诉他们如何承担起这种职能，具体而言，就是如何制定、分析与评估一项公共政策。这显然是当时的公共行政学者们所无法向他们提供帮助的事情。所以，尽管二战后学者们的集体性反思取得了许多成果，但并未达到使公共行政研究与公共行政实践者的要求相吻合的地步。特别是在公共政策已经成为二战后的一种主要的和基本的社会治理工具的情况下，公共行政研究的这一缺陷也就暴露得更加明显了。

应当看到，二战后的那一代公共行政学者是普遍承认公共行政包含着政策制定内容的，他们并没有在主观上排斥关于政策过程的科学分析议题，但是，他们在这方面却没有表现出有所作为的状况。其原因就是，他们没有能力去在这方面作出应有的贡献，他们缺乏必要的政策分析工具。我们知道，市政研究运动所开创的公共行政研究是一种关于"组织与管理"的研究，用高斯的话说，就是一种关于"公共管家"的研究，它的所有分析工具都是服务于探究组织内部管理问题的，他们在以城市为研究对象的时候，是把城市作为一种组织来看待的。战后的公共行政学者虽然认识到了这种研究存在着某种缺陷，也试图扭转研究的方向，但由于他们都是在市政研究运动中成长起来的，他们的知识结构也是在市政研究运动中形成的，他们所精通的也是"组织与管理"方面的问题。因此，对于涉及组织外部关系的政策问题显得力不从心。虽然"公共关系"在这时也被纳入公共行政学的研究范围之内，但仅仅拥有公共关系的视角是无法解释与公共政策相关的各种复杂现象的。要想认识公共政策的制定、执行与评估的完整过程，需要一种全新的研究视角与分析方法。正是因为出现了这种需求，"政策科学"诞生了。

在学术史上，政策科学的产生通常被认为是以拉斯维尔 50 年代发表的几部作品为标志的，人们认为这些作品提出了建立一门政策科学的倡议。而在实际上，作为一种系统化的研究，公共政策科学直接源于美国政府在 60 年代提出的一项重要行政创制，这项创制就是由出自福特公司的美国国防部长麦克纳马拉所力主推广的"规划项目预算"（英文简称 PPBS）。60 年代初，为了履行开拓"新边疆"的竞选承诺，肯尼迪在就任总统之后大量起用了政府外部的精英人士，从大学与私人企业中招募高级官员，从而使因现代管理的繁荣而变得高度发达的私人部门中的管理技术被引入公共机构之中。以兰德公司的"成本—收益分析"为基础的 PPBS 就是美国国防部对私人部门管理技术的一种创造性运用。1965 年，鉴于 PPBS 每年可以为联邦政府节省巨额财政支出的诱人前景，约翰逊总统要求在联邦机构内全面推广 PPBS，从而将 PPBS 变成了 60 年代的"administrative management"，同时也成为公共行政学界乃至整个政治科学界的关注重心。

应当看到，在罗斯福政府中，"administrative management"也只不过是一项政策。但在当时，由于政策意识的缺失，无论实践者还是研究者，都没有把它当成一项政策看待，没有认识到它作为政策的临时性质。即使罗斯福总统本人，也是将之作为一种策略看待的，在某种意义上，这样一位具有集权情结的强势总统是将之作为一种"权术"来加以应用的。由于这个时期的人们普遍缺乏政策意识，致使它的出台遭遇了巨大的阻力。到了60年代，经过政策科学家们的启蒙，PPBS一出现，其公共政策的性质就得到了人们的认同。所以，约翰逊要求推广它的提议几乎没有受到任何反对。随着PPBS的推广被提上了联邦官员们的议事日程，政策研究也被写入了政府研究者和相关研究机构的议事日程之中。"考虑到发展与监管PPBS所需的高度专业化技能，联邦政府需要一支新的受到严格训练的分析师队伍。针对这一需求，各主要大学通过成立公共政策分析的学生培训项目而作出了回应。1967—1971年间，在研究生层次建立的公共政策硕士或博士项目包括：密歇根大学的公共政策研究所；哈佛肯尼迪学院；加州大学伯克利分校的公共政策研究生院；卡内基—梅隆大学的城市与公共事务学院；兰德公司的研究生院；宾夕法尼亚大学的公共政策与管理系；明尼苏达大学的公共事务学院；德州大学的林登·约翰逊学院；以及杜克大学的政策科学与公共事务研究所。"① 显而易见，由于PPBS的推广带来了进行政策研究与政策分析的巨大需求，设立独立的公共政策——而不是公共行政——研究生院成了大学以及其他研究机构的一种共同选择。"对公共政策进行分析，以发现问题出在哪里、如何能够做得更好，进而教授这一心得，这些是建立致力于公共政策分析的研究生院的主要动机。"②

值得注意的是，这些公共政策研究生院不仅在名称上而且在具体的活动内容上，也力求使自己与传统的公共行政研究区别开来。总体情况是，"公共政策学院希望把他们自己与公共行政学院区别开来，后者所

---

① Graham Allison, "Emergence of Schools of Public Policy: Reflections by a Founding Dean," In Michael Moran, Martin Rein and Robert E. Goodin (Eds.), *The Oxford Handbook of Public Policy*, Oxford: Oxford University Press, 2006, p. 64.

② Aaron Wildavsky, "The Once and Future School of Public Policy," *The Public Interest*, Number 79, (Spring, 1985), pp. 25–41.

关注的，仅仅是对由其他人在其他地方所制定的公共政策的有效执行（administration）这一狭隘问题"①。相反，公共政策学院则希望培养出能够实际参与政策制定与实施（implementation）的政府工作人员。"在1968—1971年间的短暂时期里，每十来个主要大学中便有一个决定通过建立一个新的公共事务或公共政策研究所或学院来改组或替代原有的公共行政项目。"②"这些项目的一个关键革新是使重心从'公共行政'转向'公共政策'。而在强调政策时，这些学院既强调目的，也强调手段。这一重心的改变，要求对政策由以形成和执行于其中的复杂的社会与政治环境有一种更深入的了解。它也要求培养可以告知决策制定者各备选政策之可能结果的政策分析师——而不只是公共行政官员。……传统公共行政学院寻求培养胜任、中立的管理者，公共政策学院则面临着识别可以造就一位优秀分析师的特殊品质的任务。"③

在某种意义上，经过二战后的反思，公共行政研究已经不再仅仅把关注的重心放在如何培养胜任、中立的管理者方面了，而是同样重视公共政策的制定问题，重视在政策制定过程中所要考虑的各种价值因素。因此，就研究对象而言，虽然政策研究并不包含抛弃公共行政概念的要求，但是，由于公共行政研究缺乏必要的政策分析工具，对于政策制定以及政策执行中的各个方面的问题无法给出令人满意的回答，从而导致了公共行政研究在整个50年代的名声不佳。正是由于公共行政研究已经无法满足公共政策发展的需要，正是它作为一门科学的地位以及价值受到了人们的怀疑，政策研究学者们才会要求把自己的工作与公共行政研究区分开来，以求借此避免公共行政的概念可能会给它带来的不良影

---

① Graham Allison, "Emergence of Schools of Public Policy: Reflections by a Founding Dean," In Michael Moran, Martin Rein and Robert E. Goodin (Eds.), *The Oxford Handbook of Public Policy*, Oxford: Oxford University Press, 2006, p. 65.

② John Brandl, "Public Service Education in the 1970's," School of Public Affairs, University of Minnesota, Nimeo., January 1976, p. 2, Quoted in H. George Frederickson, "Public Administration in the 1970s: Developments and Directions," *Public Administration Review*, Vol. 36, No. 5, Special Bicentennial Issue: American Public Administration in Three Centuries (Sep. – Oct., 1976), pp. 564–576.

③ Graham Allison, "Emergence of Schools of Public Policy: Reflections by a Founding Dean," In Michael Moran, Martin Rein and Robert E. Goodin (Eds.), *The Oxford Handbook of Public Policy*, Oxford: Oxford University Press, 2006, pp. 64–65.

响。或者说，可能学者们是出于去争取一个良好研究和表达环境的目的而选择了从名声不佳的公共行政中独立出来的行动。根据加州大学伯克利分校公共政策研究生院创立者威尔达夫斯基的回忆："它们反对既有的公共行政、区域研究及所有从事单一学科工作的学院。无论这些学院表现好坏，它们的名声都很差。这一点我记得很清楚，因为，当我们的校长要求我成立一个新学院的时候，我问他：'什么样的？'而他的回答是：'不是旧的行政学院就行。'（事实上，一个名为'组织理论'的全新领域已经与公共行政领域并肩成长了起来，它与后者覆盖的是差不多的范围，目的是使其重新得到尊重。）"①

今天看来，公共行政研究在50年代的名声是否真的低落到了威尔达夫斯基所说的这种地步，可能还是一个需要重新评价的问题；但是，如果说公共行政的概念在当时已经不适宜于用来指涉新兴的政策研究，确是一项事实。正如克雷辛（John P. Crecine）所指出的："作为政治科学的一个分支领域，公共行政学做得最好的，大多是关于公共官僚机构在政策形成与执行中的角色研究。"② 也就是说，在政策问题上，公共行政研究仍然停留在职能的层面，即认为政策制定是公共行政的一项职能，从而认为行政机构和官员需要在政策过程中承担某种角色。而对于具体的政策过程与政策要素的研究，公共行政研究则显得无能为力。

根据李帕斯基（Albert Lepawsky）的看法，"……公共行政学这一具有部分政策导向的政治科学分支学科已经在美国的大学里建立起了自己的课程与独立的学院。在某些机构中，公共行政学正在加入根据政策研究的方向拓宽其视野的新潮流，在某些时候，它虽然明显地表现出对政策问题的关注，但所采用的却是公共事务这一更加宽泛的概念。……作为一个系统化的概念，公共事务可能显得过于宽泛，而不具有学科上的可控性，由于公共行政仅仅被当成一个执行性学科，因而显得过于狭隘。在当前的所有途径中，具有包含社会—政治科学及其多种多样的分

---

① Aaron Wildavsky, "The Once and Future School of Public Policy," *The Public Interest*, Number 79 (Spring, 1985), pp. 25–41.

② John P. Crecine, "University Centers for the Study of Public Policy: Organizational Viability," *Policy Sciences*, Vol. 2, No. 1 (Mar., 1971), pp. 7–32.

支学科的可能性的，就是以政策科学的面目而为我们所知的这门超学科（superdiscipline），它是一门最具包容性的科学"①。也就是说，对于新兴的政策研究而言，带有浓厚"公共管家"色彩的"公共行政"概念过于狭隘，而"公共事务"的概念又过于宽泛，只有"政策科学"才是最为适当的。

李帕斯基的观点得到了奎德（E. S. Quade）的赞同，在《政策科学》杂志的创刊词上，奎德作出了这样的阐述："在关于政策的性质以及它是如何或应当如何得到制定的基本观念上，过去30年可以说发生了一场革命。管理学与决策科学——仅举几个例子，如操作研究、系统分析、仿真学、'战争'游戏、博弈理论、政策分析、项目预算与线性规划——的哲学思想、程序、技术与工具等，在企业、工业与国防领域中得到了接受，并开始渗入国内政治舞台，甚至深入到了外交事务这一纯粹直觉主义者的最后堡垒之中。但是，在那些为了公众而制定的政策领域中，这场革命却步履蹒跚，也许很快就会遭遇一次中断。这场革命所包含的是两个相向而行的路径：一方面，把体现在'软的'或行为科学中的知识与程序引入系统工程和空间技术；另一方面，把系统分析与操作研究的定量方法引入社会和政治科学家所采用的规范途径之中。与其尝试处理交织在边缘地带的一种松散联合，支持公共事务分析的人已经开始意识到，如果这场革命要继续下去，就必须把各个学科整合到一场运动之中去，并融合定量与定性途径。于是就有了政策科学——一种试图融合决策与行为科学的跨学科活动。"② 随着《政策科学》杂志的创立，政策科学作为政策研究这一新兴领域名称的地位得到了公认。当然，由于政策科学研究集中在了政策分析的主题上，因此这一领域也经常被称作政策分析，而不像后来的发展所呈现出来的那样对涉及政策的几乎所有方面都进行了研究，并使研究中形成的知识被串联成一个有着逻辑线索的体系。不过，无论如何，到了这个时候，政策科学作为一个与公共行政学相并立的研究领域，已经成为无可争议的事实。

---

① Albert Lepawsky, "Graduate Education in Public Policy," *Policy Sciences*, Vol. 1, No. 4 (Winter, 1970), pp. 443-457.

② E. S. Quade, "Why Policy Sciences?" *Policy Sciences*, Vol. 1, No. 1 (Spring, 1970), pp. 1-2.

在《政策科学》创刊的同年——1970年，前公共行政研究生教育委员会被重新命名为"全国公共政策与行政学院协会"（NASPAA），新兴的政策科学家们拥有了一个属于自己的专业团体。不久，公共政策硕士（MPP）也从公共行政硕士（MPA）中独立了出来，成为与工商管理硕士（MBA）、MPA并列的三大专业硕士学位之一。至此，政策研究有了自己的学术身份，有了自己的教学和科研人员，有了自己的课程设置，有了自己的专业学位。这标志着作为一门独立学科而得以建立的条件业已具备。所以，原先作为公共行政学中的那些政策研究职能也就被剥离了出来，形成了政策科学。为了表示与公共行政学之间的区别，政策科学家们甚至选择了"implementation"一词来表达政策执行的含义，以表明与公共行政学意义上的"administration"或"execution"不同。

如果说二战后的反思所取得的最大成就是确认了公共行政的政策职能，进而将公共行政学从"组织与管理"的狭隘主题中解放了出来，那么，随着政策科学承担起了政策研究的职责，公共行政学反而只剩下了"组织与管理"的内容。这就是著名的"赫尼报告"所指出的："作为研究生学习的领域，公共行政多年以来被广泛认为是与政府的中央人事或管理职能——如预算、组织与管理、人事行政、项目或管理计划——以及城市的管理职能（尤其是市政经理的职能）有关的。在越来越多的研究机构中，它已经开始关注或想要关注诸如交通、都市事务、自然资源监管、卫生与福利管理以及科学研究等方面的公共政策的形成与执行。在某些地方，公共行政项目突出了行为科学与决策制定之间的关系，在另一些地方，则强调在系统分析的框架下对决策制定进行定量研究。近年来，它也被赋予了管理海外技术援助项目、通过帮助政府现代化与发展传统人事职能来管理社会与经济变革，以及管理国际组织的职能。……尽管取得了这些进展，但无论在国内还是国外，人们仍然认为美国式的公共行政学是一个集中于预算、人事，以及组织与管理问题的培训与实践领域。"①

---

① John C. Honey, "A Report: Higher Education for Public Service," *Public Administration Review*, Vol. 27, No. 4, Special Issue (Nov., 1967), pp. 294 – 321.

二 公共行政学的公共意识

正如前引威尔达夫斯基的话所指出的，在政策科学兴起的同时，一个名为"组织理论"的研究领域也在公共行政研究中成长了起来。这个时候，如果说"政策科学"的追随者只是想把自己与传统公共行政的研究区别开来的话，那么，50年代兴起的"组织理论"则大有取"公共行政学"而代之的趋势。

应当说，在现代社会科学体系中，组织理论绝不是一个新事物，沃尔多就曾戏谑，霍布斯在《利维坦》中就专门安排了一个名为"组织"的章节，因而无论如何也轮不到50年代的组织理论家来宣布自己对于组织理论的发明权。[1] 但从另一个方面来看，在今天的几乎所有行政学和管理学教科书中，我们又都能找到类似于"组织理论兴起于20世纪50年代"的断言。为什么会出现这种情况？在我们看来，合理的解释便是：虽然组织研究有着悠久的历史，科学管理运动等理论运动也早已提供了某种系统的组织理论，特别是马克斯·韦伯甚至描绘了一个典型的组织模型，但是，"组织理论"（organizational theory 和 theory of organization，组织理论家们还曾就这两种表达式发生过争论）这一提法却是在20世纪50年代开始得以流行的。就此而言，学者们把组织理论的发生史定格在了20世纪50年代是合乎历史事实的。当然，在一个概念的流行背后，一定有着现实或理论上的深层原由，组织理论在50年代的异军突起，也必然包含了不同于以往的组织研究内容——50年代的组织理论是所谓"行为主义革命"的一个重要组成部分。

一般认为，撇开心理学等外部因素的影响，组织研究中的行为主义取向发源于20年代的"霍桑实验"，并在巴纳德的《管理者的职能》中得到了系统化的总结。这种取向反对科学管理运动将组织管理视为一个纯粹的制度问题的观点，而是要求重视组织管理中人的因素，重视组

---

[1] Dwight Waldo, "Organization Theory: An Elephantine Problem," *Public Administration Review*, Vol. 21, No. 4 (Autumn, 1961), pp. 210–225.

织成员个人的行为对于组织效率的影响。在此意义上，它代表了组织研究视角的一种转变，即在组织研究中引入了一种个体主义的视角，并从个体主义的视角出发将组织看作一个人际协作的系统。显然，以制度或体制为研究对象的科学管理运动所追求的是事实以及客观性，要求排除任何主观的价值因素。与之不同，以个体为出发点的行为主义研究取向则必然会涉及个人在行为中所体现出来的价值因素。因此，组织研究中的行为主义是对科学管理的否定，也是对受到科学管理运动影响的公共行政研究的否定。

然而，价值因素的引入也给行为主义带来了极大的困惑。这是因为，行为主义者虽然反对科学管理无视个体的做法，但他们自身也是科学信念的追随者。在某种意义上，他们之所以反对科学管理，并不是因为他们反科学，而是出于这样一种理由，那就是认为科学管理排除了个体的做法是不科学的。因而，行为主义者要求在组织研究中超越科学管理的科学概念，要求在关照作为行为体的个人价值因素的前提下形成更为科学的研究结论。不过，行为主义在对组织研究的科学追求中却遇到了这样一个问题：从个体行为出发开展的研究如何才能是科学的呢？或者说，个体主义视角下的所有研究都是科学的吗？有关个体行为的所有观点都能够被视为一种科学的见解吗？对于这些问题，行为主义者无法回答。然而，当时正在向社会科学进军的哲学流派——逻辑实证主义却提供了一个现成的答案，那就是，只有关于个体行为中事实因素的研究才是科学的。

从逻辑实证主义的视角去看，"人的因素"并不等同于价值因素，而是同时包含了价值因素与事实因素，人所作出的判断也并不仅仅是价值判断，而是同样包括事实判断。比如，在不考虑二进制的情况下，1加1等于2，这就是一种价值无涉的事实判断，而且这种判断是科学的。反之，如果一个人非要说1加1不等于2，则这种判断就变成了一个价值判断，这种判断显然是不科学的。所以，科学的行为研究只能是关于个体行为中事实因素的研究。根据这一似乎无法反驳的逻辑，行为主义的组织研究很快就臣服于逻辑实证主义了，"它们被许多人认为是紧密结合在一起的，在当今的社会科学世界中经常是'彼此交融的'，这是一个不容忽视的基本方面"①。这种臣服的结果是，逻辑实证主义在社会科学研究中的崛起也被冠以"行为主义革命"的称号了。到了这个时候，行为主义与实证主义的概念已经雌雄难辨了。

当然，"行为主义革命"并不是"组织理论"兴起的全部背景，而只是这种背景的一个方面。我们知道，高斯在战后的反思运动中曾提出过"行政生态学"的概念，在某种意义上，战后关于公共行政公共方面的探讨也可以被称作公共行政研究中的生态途径或环境主义。虽然这种途径因为无法解决实际问题而得不到实践者的认同，但由于它的倡导者普遍拥有较高的学术声誉，因而在学术界的影响力依然是不容小觑的。根据沃尔多的看法，环境主义与行为主义实际上构成了 50 年代公共行政研究的两大途径："在行为意味着法则而环境意味着各别的意义上，它们当然是相反的。这就是说，在定义上，法则与各别代表了关于现实或至少它是如何得到掌控与理解的相反观点：严格意义上的行为主义者的愿望与意图自然是去发现'合乎法则的规律'，而后者则倾向于寻求与环境有关的'理解'。然而，随着时间的推移与研究的进步，行为主义与环境主义互相交织甚至或多或少地结合在了一起。在某些方面，它们不是彼此相反而是互为补充和相互协调的途径：行为主义的视角与目标可以被扩大到全部或部分地包含环境。……另一方面，对于理解一个特定问题而言，适当的环境变量的考虑可能是有利的，甚至是必要的。这样一来，就将一个明智且自制的人引向了中程理论（Middle - Range Theory）这一非常值得尊重的领域。"②

也就是说，在极端化的意义上，行为主义的途径和环境主义的途径都发现了自己在解释现实上的缺陷，因而，在持续的互动中逐步走向了融合，至少是达成了某种妥协。环境主义者缩小了自己的视野，行为主义者则放宽了自己的目光，在这种此消彼长的过程中，两种途径都将自己的焦点转移到了一个中间地带。在"中程理论"的视野中，这种中

---

① Dwight Waldo, "The Administrative State Revisited," *Public Administration Review*, Vol. 25, No. 1, Twenty - Fifth Anniversary Issue (Mar., 1965), pp. 5 - 30.

② Dwight Waldo, "Public Administration," *The Journal of Politics*, Vol. 30, No. 2 (May, 1968), pp. 443 - 479.

间地带就是系统,而行政世界中的系统就是组织。所以,公共行政研究中"组织理论"的兴起,其实也是环境主义与行为主义两大途径相互妥协的结果。同时,作为一种"中程理论",50年代的组织理论更多的是在系统的意义上看待组织的。这就使它在广度与深度上都超出了以往组织研究的范围:在广度上,它不仅关注单个组织,而且关注组织间的关系,关注由组织间关系所构成的行政系统;在深度上,它不仅关注组织的结构与功能,而且关注组织的个体成员,重视组织成员作为行动者的积极性,即注重组织管理中人的因素(当然,这里的"人的因素"是指事实因素)。

随着"组织理论"的兴起,公共行政的概念很快就显得不适应实践的要求了。在中程理论的视野中,"行政"的概念显得过于宏大;而在行为主义的视阈中,"公共"的概念又与科学的标准背道而驰。结果,"在那些赞同关于'协作行动'的科学路径的人中,存在着一种从'行政'、'行政的'与'行政理论'转向'组织'、'组织的'与'组织理论'的运动。据假定(借用我们的作者们所喜欢的一种表达),行为主义的方式与方法应当对这一运动负责。对此,……行为主义者最希望在关于社会现象的研究中达到科学的水平,并将他们所理解的物理科学的观点和方法作为模型。其总体目标是,对作为其研究对象的现象在给定条件下如何表现做出一种价值无涉的概括。……而行政(私人或公共)是一门应用科学——如果不是一项专业、一门艺术或者其他更卑微的事物的话。'行政理论'则意味着对世界的一种参与,一种价值指导下的奋斗。……另一方面,'组织'则意味着某种'就在那里'的东西。当然,组织是充满价值的,但研究者不仅可以独立于某些组织的价值,而且可以免于像行政官员一样被不自觉地卷入到组织价值之中。他可以成为一名人类学家,完全超然于他所观察的社会。简单地说,组织理论('事情是怎么回事')比行政理论('事情应当如何完成——至少如果你希望实现什么的话')意味着更少的价值参与"[1]。于是,在

---

[1] Dwight Waldo, "Organization Theory: An Elephantine Problem," *Public Administration Review*, Vol. 21, No. 4 (Autumn, 1961), pp. 210–225.

事实与价值二分的行为主义（逻辑实证主义）前提下，行政与公共行政的概念逐渐地被组织理论的基本概念所取代了。

　　与科学管理理论一样，"组织理论"所持有的也是一种"一般性"的视角，它强调公共组织与私人组织间的共性，淡化两者间的差异。比如，西蒙在他根据"组织理论"的一般观念写就并出版于1950年的《公共行政》教科书中，就是这样定义行政的："当两个人协力推翻一块他们任何一人都无法单独移动的石头时，行政的雏形就出现了。这一简单的动作包含了被称为行政的两大基本特征。这里既有一个目的——移动石头；也有一种协力的行动——许多人使用结合起来的力量以完成没有这种结合就无法完成的事。在最宽泛的意义上，行政可以被定义为群体间协作达成共同目标的活动。"① 根据这一定义，公共行政与私人行政显然是没有本质区别的。因此，"公共行政研究可以有两大目标，它们在观念上可以分开，但在实践中经常是交织在一起的。它可以关注（1）理解组织中的人如何行动，组织如何运作；（2）得到机构如何成为最有效组织的实际建议。当然，正如医学实践只能以关于人体生物学的科学知识的进步速度进步一样，有效组织和行政的技术也必须以一种关于组织中的人及其行为的健全理论为基础"②。在这段话中，我们看不到关于公共行政独特性的任何说明，在这一点上，它显然是不合于战后公共行政学界集体性反思的总体趋势的。因此，当西蒙试图将"组织理论"的观念引入公共行政研究的时候，不可避免地遭到了其他学者的强烈反对，包括达尔、沃尔多和朗在内的许多学者都对他提出了严厉的批评。

　　正如我们已经指出的，二战后的反思运动所依据的是学者们在"新政"与战争期间的实际任职经验，而这种经验到了50年代已经过时了。对于反思浪潮中的那一代学者来说，基于这种经验而对西蒙所作的批评是有说服力的，但对于在新的社会环境与学术潮流中成长起来的新一代学者来说，则显得文不对题。所以，尽管西蒙的观点在战后的反

---

① Herbert A. Simon, Donald W. Smithburg, Victor A. Thompson, *Public Administration*, New Brunswick, New Jersey: Transaction Publishers, 1991, p. 3.
② Ibid., p. 19.

思浪潮中被视为异类,但随着这一反思运动因为理论基础的薄弱和现实环境的改变而迅速消退时,随着在"行为主义革命"中成长起来的新一代学者逐渐登上了学术舞台后,西蒙的观点反而收获了越来越多的支持,组织理论也逐渐成为了公共行政在五六十年代的一个替代性概念。甚至连西蒙最为坚决的反对者沃尔多,也在其出版于1955年的《公共行政研究》中采纳了"组织理论"式的公共行政定义:"公共行政是属于行政属类的一种,这个属类反过来又是我们称为'人类合作行为'家族中的一员。"① 沃尔多甚至用西蒙的例子来解释什么叫做合作:"当两个人推动了他们中的任何一个都无法独自推动的石头时,他们就达成了合作。"②

当然,沃尔多是坚持公共行政之独特性的,但在上述定义中,他已明显受到了"组织理论"的影响。这充分证明,"组织理论"已经成为公共行政研究的主流。与此同时,公共行政的概念则走向衰落。这就是考夫曼(Herbert Kaufman)所说的:"政治理论家高度依赖那些从历史、哲学与个人经历中获得的观点与证据,组织理论家则高度依赖于社会学、社会心理学、经济学以及(如果条件允许)控制性实验。政治理论家坦率地承认他们的规范取向,组织理论家通常只相信其工作是价值无涉的。政治理论家很乐意与人际联合的无形方面打交道,因为很难对政府与政府机构的产出进行衡量;组织理论家则更习惯于与制造有形产品的组织打交道,并最终根据利润来衡量它们的效益。"③ 然而,随着"组织理论"的兴起,"50年代出现了两股非常独立的公共行政思想。一个强调其'公共'的方面,另一个则强调其'行政'的方面。但两者又都因为一整套全新的环境条件的出现而被遗忘或受到挑战。……顺带需要提及的是,50年代中期,对公共行政的兴趣出现了明显消退。许多学校取消了他们关于这一领域的本科课程,行政也越来

---

① [美]德怀特·沃尔多:《什么是公共行政学》,载彭和平、竹立家等编译:《国外公共行政理论精选》,中共中央党校出版社1997年版,第187页。

② Dwight Waldo, *The Study of Public Administration*, Garden City, N. Y.: Doubleday and Company, Inc., 1955, p. 5.

③ Herbert Kaufman, "Organization Theory and Political Theory," *The American Political Science Review*, Vol. 58, No. 1 (Mar., 1964), pp. 5–14.

越被视作——尤其在年轻人看来——一种由价值中立的专家所主导的技术领域。人们同意，行政官员有必要理解他在工作中所处的政治环境，但他的目标仍然是对他人制定的政策的中立执行"①。也就是说，随着"组织理论"的兴起，战后学者们关于公共行政公共性的反思受到了否定，尽管研究方法发生了变化，但公共行政研究却再度回到了"组织与管理"的传统范畴之内，从而失去了它刚刚意识到的那种它赖以生存的根本——对于公共问题的独特关注。

三　公共行政学的危机

也许有人会说，既然早期公共行政研究在"组织与管理"的范畴中取得了巨大成就，那么，现在回归这一研究主题又有何不可呢？提出这一问题的人显然是没有考虑到 20 世纪管理学的突飞猛进。我们知道，在市政研究运动中，关于企业管理的研究还只处于刚刚起步的阶段，市政研究者与企业研究者基本处于一个同等的科学竞争平台上，两类研究者关于"组织与管理"问题的看法都有着独创性的意义，因而，都能够为其所属的学科赢得社会的承认和尊重。然而，自"新政"以来，市政研究者纷纷转型为政府研究者，他们关注的对象早已从微观的"组织与管理"上升到了更加宏观也更具有特殊性的公共问题，至于在"组织与管理"等一般性问题上的发言权，则拱手让给了企业研究者。经历了 20 余年的发展，企业研究者及其所开创的管理学已经牢牢掌握了在"组织与管理"等问题上的话语权，也掌握了公共行政研究者所不拥有的一整套分析方法和工具。在这种情况下，公共行政学向"组织与管理"的主题回归，只能是自取其辱。比如，在管理学的学科发展史上，以古利克为代表的早期公共行政学者占有无可争议的地位，而在 50 年代之后，除了西蒙之外，我们则无法举出一个可以被称为管理学家的公共行政学者，即便是西蒙，也远不及古利克等早期学者。这充分说明公共行政学在 20 世纪后期被组织管理研究所边缘化了。

---

① Alan K. Campbell, "Old and New Public Administration in the 1970's," *Public Administration Review*, Vol. 32, No. 4 (Jul. – Aug., 1972), pp. 343–347.

既要以组织管理问题为研究对象,又不能在组织理论的方向上作出什么有价值的贡献,更无法回应政府在实际运行中所面对的特殊问题,这就不能不让人产生一种怀疑:公共行政学作为一门学科还有存在的必要性吗?因此,当公共行政学实际上蜕变为"组织理论"后,公共行政研究也就全面地陷入了低潮。并且,这种低潮并不是暂时的,而是 20 世纪后期公共行政研究的一个基本状况,即使在"新公共行政运动"之后,也没能摆脱这种不景气的状况。在 80 年代的一篇采访中,沃尔多作出了这样的评价:"'公共行政'在大多数情况下对大多数人而言并不是一个名声很好的词语,我同意这一假设。但要加上'不幸地'。我的公开态度,如你所知,倾向于一种拥有自己的组织身份并以公共行政为名的项目。……在总体上,我不同意这种观点,即如果公共行政研究被安排到政策项目或企业学院中会带来更多的名望、资金与切题性。我认为政策研究的倡议是适当的。尽管已经认识到了政策制定是行政的一个部分,但公共行政研究并没有对这一挑战作出人们所期望的回应。另一方面,一个新名称与新开端的最初优势已经消失。我所看见正在发生的是体现在某些传统公共行政学和某些新政策研究中的兴趣的融合——无论怎么称呼它。……就被安排到企业或管理学院中的情况来说,名望和资源严重不均的问题也没能得到解决。事实上,它可能得到了强化。当我与企业学院中的公共行政学者谈到这一最重要的主题时,只有一次,他们没有一种被孤立、忽视和作为二等公民的感觉。"[①] 事实上,从政策科学、组织理论到后来的公共管理的复兴,都包含着一种试图抛弃公共行政概念的倾向,从而使公共行政学成为学术王国中的二等公民,这已经成为一个不争的事实。沃尔多所描述的其实不只是 20 世纪中后期的情况,即使在今天,也依然是公共行政研究的基本状况。

在公共行政学者中,沃尔多是较为擅长修辞的一位,因此,尽管他在理论上并没有太多原创性的贡献,但他的一些宣言性的文章

---

① Brack Brown, Richard J. Stillman II, Dwight Waldo, "A Conversation with Dwight Waldo: An Agenda for Future Reflections," *Public Administration Review*, Vol. 45, No. 4 (Jul. – Aug., 1985), pp. 459–467.

却总能在当时起到一种振聋发聩的效果。比如，在1968年的"明诺布鲁克会议"上，学者们之所以能够展开如此激烈的讨论，很大程度上就是因为沃尔多的《骚乱年代中的公共行政》一文在参会者们的头脑中投射进了可供争论的无穷话题。除了沃尔多的这篇论文之外，明诺布鲁克会议的组织者还提前向每位参会者提供了当时的另一份重要文献，那就是以公共行政专业的研究生教育为主题的"赫尼报告"。这份报告对当时公共行政研究生教育的窘境作了非常详细的描述。报告指出："这一领域是很小的：公共机构中居于可以承担责任级别的官员的主要培训经历显示，来自公共行政项目的人所占比例可能不超过3%—4%。1964年一共只授出了约400个公共行政研究生学位。"① 这一数据表明，公共行政研究在实践者群体中没有得到足够的认同。"在实践者之间存在这样一种感觉，认为公共行政学者的学术兴趣是琐碎的，是与真正的公共服务问题无关的，而且学者与实际工作距离太远，因而根本无法成为好的教师、咨询对象或研究者。"②

由于存在着这种认识，实践者当然不会给予公共行政研究以充分的支持，相反的情况则是，"本领域中普遍缺乏各种资源……由于奖学金的严重不足，被吸引到公共行政领域的优秀学生的数目远远不够。教员数量通常也存在短缺，与之相伴的是过度拥挤的教室、办公室和图书馆。研究基金很难获取，尤其对于那些非项目性质的研究和除了那些高度应用性的调查以外。在大多数项目中，院长、所长们都在抱怨总是需要为了在财政上生存下去而不断挣扎，抱怨不可能在研究、课程开发以及相关培训活动上作出创造性的开拓"③。由于存在着这些不利条件，"在经历了几十年的发展之后，人们对公共行政的地位仍然缺乏共识：它被认为既不是一个专业、一门科学，也不是一个知识门类。在学术上，它很大程度上仍然只是一个训练基地，不断制造出伪装成通才的专家。简言之，公共行政的学术领域仍然处于一个未经定义和没有得到承

---

① John C. Honey, "A Report: Higher Education for Public Service," *Public Administration Review*, Vol. 27, No. 4, Special Issue (Nov., 1967), pp. 294-321.
② Ibid..
③ Ibid..

认的状况"①。甚至,根据巴洛维茨(James M. Banovetz)的看法,"公共行政学处于一种危机状态之中。它对公共机构和学术共同体的影响都是微不足道的。如果赫尼报告有什么缺陷的话,那就是没能足够响亮地拉响警报。这一领域正站在十字路口:它既可以冒着消失或被其他领域吞并的风险而维护其既有的存在,也可以通过扩大其对于公共机构和大学中公共事务项目的影响而使自己得到重组、重新定位与再度振兴"②。这就是 20 世纪 50 年代之后公共行政学科的基本状况,在这种日益紧迫的危机形势面前,公共行政学者们必须作出选择。"新公共行政运动"就是在这一背景下出现的。

总的说来,在"政策科学"将政策研究从公共行政学中剥离出去之后,"组织理论"确立了行为主义在公共行政研究中的主导地位。随着行为主义取得了垄断地位,二战后学者们对公共行政的集体性反思却受到了否定。这个时候,公共行政研究既不关注政策问题,也不强调公共行政相对于私人行政的独特性。也就是说,公共行政研究既失去了政策视角,又失去了公共意识。结果,作为一门学科的公共行政学就从市政研究运动以来的长期繁荣逐步走向衰落,陷入了学科危机之中。不过,我们也看到,公共行政这一学科并没有因此而消失,它的合法性也没有受到根本性的动摇。这是政策科学和组织理论研究上的缺陷造成的。因为,政策科学是以问题为导向的研究,事实上反对任何学科导向的研究;"组织理论"也只是关于组织的理论,一直没有把自己宣示为一门学科。从通常的称呼上,我们也没有见到过所谓"政策学"与"组织学"这样的表达式,所以,公共行政的概念仍然具有标示研究对象与研究名称的功能。不过,公共行政学的危机也是不争的事实,在某种意义上,正是因为存在着这种危机,才孕育了试图重振公共行政研究的"新公共行政运动"。

从理论倾向上看,"新公共行政运动"与战后的公共行政反思运动有着诸多相似的方面。但是,为什么 20 世纪 70 年代的年轻学者们把自

---

① James M. Banovetz, "Needed: New Expertise in Public Administration," *Public Administration Review*, Vol. 27, No. 4, Special Issue (Nov., 1967), pp. 321–324.

② Ibid., pp. 321–324.

己的学术活动称作"新公共行政运动"呢？这是由当时具体的学术背景所决定的。在五六十年代，以"组织理论"为基本内容的公共行政研究否定了战后的公共行政反思运动，因而，当需要对这一状态再加以否定时，也就被称为"新公共行政运动"了。从上面的历史考察中，我们也看到，此前也经常有人会使用"新公共行政"的表达式，一般说来，那都是针对某个特定时期的某种特定的公共行政研究状态而言的，并没有作为一个学术概念而提出来，更不构成一场学术运动。在20世纪的公共行政发展史上，可以被视作一场学术运动的"新公共行政"，也就是明诺布鲁克会议上的那群年轻学者所掀起的波澜。

第五章　从"新公共行政"到"新公共管理"

自20世纪50年代开始，由于"政策科学"与"组织理论"的兴起，公共行政的研究陷入了一场危机之中，其表现形式就是这个学科领域出现了其发展史上最激烈的一场争论。为了回应日益蔓延的危机，1968年，一批年轻的公共行政学者聚首锡拉丘兹大学的"明诺布鲁克"会议中心，试图用高分贝的呐喊去改变公共行政的研究现状，进而达到刷新公共行政研究和捍卫公共行政概念的目的。这就是史称"新公共行政运动"的一场年轻学者的骚动。"新公共行政运动"突出了公共行政概念的时代性，要求根据时代的要求来重新定义公共行政，即要强调公共行政的切题性。也就是说，根据新公共行政运动的意见，在当时的时代条件下，切题的公共行政研究应当正视变革、关注价值、重视公共行政概念中的"公共"方面，尤其是要突出社会公平的基础性地位。显然，这是一种全新的公共行政概念，是对五六十年代重视技术内容的公共行政概念的彻底否定，是公共行政规范性意涵的一次淋漓尽致的释放。

然而，尽管在公共行政学的发展史上留下了深刻的印记，但随着时代主题的改变以及研究群体自身的分化，新公共行政运动还是很快就沉寂了下去，新公共行政的概念也在文献中逐渐消逝。与此同时，另一个替代性的概念——公共管理——则从新近建立的公共政策学院中再度兴起，并呈现出取公共行政概念而代之的趋势。与流行于市政研究运动中的公共管理概念不同，70年代以后再度流行的公共管理概念从一开始就明确地要把自己与公共行政区别开来，并在与公共行政概念以及研究相区别的过程中发展出了B途径与P途径两种不同的研究途径，赋予了公共管理概念以多重含义。90年代初，胡德发明了"新公共管理"

（NPM）的提法，并用它来指称 20 世纪后期西方各国以市场化、私有化为基本内容的行政改革运动，从而使"新公共管理"的提法普及开来，而且事实上也出现了一场反对传统公共行政学的"新公共管理运动"，进一步加深了公共行政概念及其研究的合法性危机。然而，90 年代后期以来，公共管理概念的去公共行政化趋势发生了逆转，由于新公共管理运动对民主等上位价值造成了损害，学者们要求在公共管理的概念中加入更多规范性的内容，以求使公共管理能够与民主价值相一致，结果导致了公共管理概念的多元化，与公共行政的区别也开始重新变得模糊了起来。

第一节　"新公共行政运动"的追求

一　新公共行政运动的孕育期

在前面的考察中我们发现，"公共行政"是一个流动性的概念，对这个概念的不同理解和定义必然反映了时代的要求。对于中国社会而言，政府的性质以及政府过程都与西方国家有着很大的不同，同时，我们所处的时代也与过往的每一个时代都不同。在这种条件下，我们需要对公共行政的概念作出合乎中国国情和时代特征的理解。只有这样，才能使我们的公共行政理论建构适应于中国政府，才能有的放矢地对中国政府解决实际问题提出科学的建议。反之，如果我们囿于公共行政概念的某种既定的理解，就会使我们的公共行政研究脱离实际。在公共行政学的发展史上，"新公共行政运动"对公共行政概念的理解就具有其时代特色。回顾新公共行政运动对概念的独特理解，并不是单纯地出于学术兴趣，而是要从中发现如何根据我们的时代需求去重新定义公共行政概念的方法和路径。学术的发展就是这样，一种观点的价值往往是暂时的，而一种方法则能够在较长的时期内反复给人以启发。

我们已经看到，在 20 世纪 60 年代后期，美国公共行政研究者们突然发现他们进入了一个空前复杂的世界之中。

第一，作为一门学科，公共行政研究在经历了几十年的发展之后，对自身的理论化和系统化水平提出了更高的要求，迫切需要使自己得到一种学术界公认的科学理论的指导。然而，无论"市政研究运动"还是"战后反思运动",在对公共行政概念的理解上都具有明显的经验主义色彩,都只是对特定行政经验的概括和总结,无法从公共行政的概念出发去建构一种具有普遍性价值的"科学"理论。

第二,作为一种实践,公共行政是需要得到理论指引的,但是,在既有的公共行政研究无法为其提供有效指引的时候,它就会转而求助于其他理论、其他学科。事实上,以 PPBS 的发明为标志,60 年代以来,管理学家与经济学家已经成为华盛顿的座上宾,成本—收益分析、合同外包等企业管理方法也在政府过程中得到了日益广泛的运用,开始使公共与私人部门之间的关系发生了变化。

第三,进入 60 年代,不仅美国,而且整个西方世界都进入了一个"骚动期",迅速膨胀的社会治理需求使政府经常性地陷入手足无措的窘境,尤其是社会对于公平正义的强烈要求,使政府无法在它们所依赖的经济学和管理学理论中找到现成答案。

第四,现象学与存在主义等大陆哲学流派在这一时期开始进入英语学界,也逐渐渗入了公共行政的研究之中。[①] 虽然这两大流派并没有被视为科学,但它们都是在其他领域中得到了普遍宗奉的理论。所以,对于公共行政研究者来说,它们也成了可以用来反击逻辑实证主义的武器,被寄予了引导公共行政研究走出"组织理论"的狭隘眼界和回应日益增长的社会治理需求的希望。

正是在这样一些复杂的社会和学术背景下,一场旨在复兴与刷新公共行政研究的"新公共行政运动"诞生了。1968 年,在锡拉丘兹大学的明诺布鲁克会议中心召开了一次公共行政学研讨会,参加会议的学者

[①] 20 世纪后期的美国公共行政研究深受现象学的影响。1966 年,在欧洲系统学习过现象学的巴西政治难民 Alberto Guerreiro Ramos 接受了时任南加州大学公共行政学院院长 Frank Sherwood 的邀请,进入该学院任教,并讲授现象学课程。按照当时也在南加州任教的哈蒙的说法,Ramos 很快成为当时南加州的公共行政学博士生(包括全钟燮、Larry Kirkhart、Richard VrMeer、Robert Biller 等)和包括哈蒙在内的年轻教员们的精神教父(intellectual godfather)。1968 年,在 Ramos 到来之前已经从南加州大学毕业,并进入锡拉丘兹大学任教的弗雷德里克森向 Kirkhart、哈蒙和 Biller 发出了邀请,从而将南加州的现象学运动的气息带入了明诺布鲁克会议,并通过这次著名的会议扩散到了整个公共行政学界。参见 Michael Harmon,"PAT‐Net Turns Twenty‐Five: A Short History of the Public Administration Theory Network," *Administrative Theory & Praxis*, Vol. 25, No. 2, 2003, pp. 157–172。

主要是一群富有激情和渴望变革的年轻人，他们有着对"社会公平"等规范性价值的共同关注，因而在这次会议上形成了一本具有标志性的文集，而且在文集的书名中就包含了一个具有宣示性的提法——"新公共行政学"。因而，作为一场学术运动的"新公共行政运动"似乎在1968年的一天突然出现在了公共行政学的学术舞台上。不过，好景不长，到了70年代中期，"新公共行政运动"似乎又悄无声息地从公共行政研究中突然消失了。其实，新公共行政运动的出现是有着深刻的历史和社会根源的，虽然以新公共行政为名的学术运动似乎只是昙花一现，但实际上，它的出现却经历了一个较长的孕育过程，其影响也贯穿了整个20世纪后期，直至今日。如果观察公共行政的实践，可以发现，新公共行政运动的许多主张是在进入21世纪后才转化为公共行政的诸多操作性方案的。

我们知道，公共行政学界在战后爆发了两场具有历史意义的争论，即"达尔—西蒙之争"与"西蒙—沃尔多之争"。在这两场争论之后，达尔经由政策研究迈入了政治科学的殿堂，成为20世纪一位具有较大影响的民主理论家；西蒙则沿着建立行政科学的目标投入了逻辑实证主义的怀抱，成了"组织理论"的代言人；只有沃尔多仍然坚守着公共行政学的既有版图，在与公共行政学一道经历了50年代的低潮时期后传承了战后学者们对公共行政学进行集体反思的薪火。在某种意义上，尽管新公共行政运动更多地体现了新的时代特征与学术潮流，但是，如果没有沃尔多这样的竭力维护公共行政规范研究的学者的努力，单凭新公共行政运动中的一批新人是无法掀起这样一场声势浩大的学术运动的。也就是说，新公共行政运动的出现不是偶然的，乃是60年代以来学者们对主流公共行政研究进行再度检讨的一个必然结果。尽管它在表现形式上更多地具有"青年暴动"的特征，但实际上，参与这场运动的人并不是一群小"愤青"，而是具有科学创新能力的学者，他们代表了公共行政学领域中的一次新的学术自觉，而且使战后反思运动以来日益式微的公共行政规范研究取向得以重振。

1965年，《公共行政评论》刊载了沃尔多的《重访行政国家》一文，由沃尔多对他本人那部作为公共行政规范研究代表作的《行政国家》进行全面回顾，并根据《行政国家》的书写传统对其发表后十余年的公共行政研究总体状况作了总结。在沃尔多看来,第二次世界大战之后,"在政治—行政二分崩溃的同时,事实—价值二分却以某种方式而对某些人承担起了相同的功能。总之(当然也过度简单化),我们的历史总在努力将'公共行政学'与任何具有独特政府特性的东西分离开来,而将其等同于一般意义上的组织与行政(当然尤其是企业行政)。……我们已经从组织理论中受益颇多,幸运的是,这种受益短期内并不会终止。但更为有用的是,不仅去问所有哺乳动物有何特征,而是去问灵长动物、类人猿有何特征,以及最终是什么让人类如此独特(拥有灵魂、直立行走、制造工具、使用语言、创造文化)。我建议——但并不贬低寻找共性的研究——我们应当对公共行政的独特特征给予迫切关注"[①]。也就是说,当时以组织理论为代表的主流公共行政研究没能对公共行政的独特性给予足够的关注,而是打破了公共行政学产生以来经过努力而确立起来的公共部门与私人部门的界限,在组织与管理的意义上去寻求共通的一般性。这一时期,沃尔多还接连发表了一系列针对当时公共行政研究状况的评论性文章,不断重申要求重视公共行政独特性的观点和主张。

沃尔多的观点得到了巴洛维茨的认同,不仅如此,巴洛维茨还进一步从教学的角度指出:"公共行政课程通常以这样一种或两种方式来完成其使命:要么通过强调计划、人事与预算等政府内部职能的传统途径,要么通过强调更时髦的组织理论与计算机技术的行政科学途径。然而,这两种途径都既没能给公共行政研究提供一种万应灵药以医治其学术顽症,也没能提供足够的专门知识而使公共行政学可以成为一门更具有学术竞争能力的学科。传统途径变得过于专注于任务和对问题的描述,缺乏吸引学生的知识深度与挑战性。行政科学途径虽然克服了这一缺陷,但也存在着其他问题:它威胁到了这一领域的独立身份,无法向那些准备从事政府工作的人提供任何独特的专长,同时,其主题对于那些准备致力于州和地方政府工作的人也只具有一种非常有限的效用。"[②]

---

① Dwight Waldo, "The Administrative State Revisited," *Public Administration Review*, Vol. 25, No. 1, Twenty-Fifth Anniversary Issue (Mar., 1965), pp. 5–30.

② James M. Banovetz, "Needed: New Expertise in Public Administration," *Public Administration Review*, Vol. 27, No. 4, Special Issue (Nov., 1967), pp. 321–324.

总体而言，"两种途径都存在着严重缺陷。它们对行政技巧——预算与人事、数据利用、计划过程以及对组织中人的'管理'——的强调，已经导致或几乎导致了对公共行政官员工作中最为重要和独特的方面的完全排除，排斥了行政官员对于公共政策的制定与执行的有效参与"①。

尽管战后那一代学者已经根据公共行政的实际运行状况否定了"政治—行政"二分原则的合理性，但在"事实—价值"二分这一新的"科学"原则的庇护下，主流公共行政研究仍然回避了对政策问题的理论探讨，回避了对政府所面对的紧迫问题的必要关注，从而使公共行政学受到了政府及其行政官员们的抛弃，几乎失去了在学术世界中的立足之地。在巴洛维茨看来，要改变这一状况，"要提高其作为一个学科的生存能力，并扩大其所服务的市场，这一学术领域必须将其焦点转到政府最重要、最独特，却在很大程度上没有得到研究甚至不为人知的职能上，这些职能存在于政策的制定和执行过程中。同时，公共行政研究者还必须出于不同于政治科学家关于宏观系统（政策由以产生的整个过程）的通常观点，而是出于行政官员的微观视角（个体官员在参与到整个政策发展过程的一小部分中时所产生的视角与问题）来看待这一过程。……只有这样一种公共行政研究途径，才能使这一学科不仅对于公共事务项目中的学生来说是切题（relevant）的，而且对于将来可能进入公共机构的其他学科与专业学院中的学生来说也是切题的"②。

巴洛维茨的这些认识和观点很大程度上是在重复战后学者们已经发现的观点，即公共行政之所以不同，是因为它参与了公共政策的制定与执行的过程，因而必须比私人部门中的行政官员多考虑一个因素，而且是最为重要的因素，那就是行政过程中的那些与整个社会密切相关的公共价值。然而，当时的公共行政研究恰恰回避了对这些价值的关注。正是由于回避了公共价值，"组织理论"在提高公共组织的内部管理水平上虽然也取得了重要的进步，但在整体上，却致使公共行政研究原地踏步，而且在新的实践需求面前显得越来越不切题了。

---

① James M. Banovetz, "Needed: New Expertise in Public Administration," *Public Administration Review*, Vol. 27, No. 4, Special Issue (Nov., 1967), pp. 321 – 324.
② Ibid..

作为新公共行政运动的理论代言人，弗雷德里克森对当时公共行政领域状况的回顾可能最切合新公共行政运动由之发生的语境。根据弗雷德里克森的回忆，当时他正在锡拉丘兹大学讲授公共行政课程，"我所讲授的课程有'预算'、'政策分析'和'人事行政'；我的工作就是为拟进入公共服务领域求职的研究生作准备。我的学生们充满了敌对和愤怒的情绪，他们是对这个时代的挑战和抗议——骚乱的产物。他们宣称公共行政未能紧跟时代步伐，脱离了当下的重大议题和关键问题。他们是对的。正是在这种时代背景之下，我和许多同行共同投入到那场后来逐渐被人们称为'新公共行政'的发展运动之中"①。在这段话中，弗雷德里克森重申了当时学者们的一个共同认识，即公共行政研究严重滞后于时代的发展，严重脱节于时代的主题。

弗雷德里克森在这里对主流公共行政研究的描述可能是对1967年美国政治与社会科学研究院召开的一次公共行政学术会议的直接批评。在这次会议上，通过对当时公共行政研究的梳理和评价，会议得出了如下一些结论："（1）行政机构是政策制定者；（2）政策—行政二分已经过时；（3）我们难以界定公共行政并标明公共行政的边界；（4）公共行政管理和工商企业管理之间存在重大差异；（5）公共行政学与政治学科有明显差异；（6）公共行政无论是其规范性理论还是描述性理论都处于混乱状态；（7）等级制不再是界定或描述公共组织的恰当方式；（8）公共行政学所关注的管理问题和行政问题正在被政策问题和政治问题所取代；（9）应该会出现一些公共行政的专业学院；（10）公共行政尚未以一种重要的方式涉及诸如军事—产业复合体、劳工运动及都市暴乱等类似的社会问题；（11）公共行政领域一直都过度地专注于知识范畴、语义学、定义和边界。"② 应当说，这些结论是合乎当时公共行政研究的客观状况的，在某种意义上，也是正确的，不过，它却没有什

---

① ［美］弗雷德里克森：《新公共行政》，丁煌、方兴译，中国人民大学出版社2011年版，前言。

② James C. Charlesworth (Ed.), *The Theory and Practice of Public Administration: Scope, Objectives, and Methods*, Philadelphia: The American Academy of Political and Social Science, 1968, pp. 3 - 7. 转引自［美］弗雷德里克森《新公共行政》，丁煌、方兴译，中国人民大学出版社2011年版，前言。

么新意，只是在重复学者们早已认识到了的问题，所反映出的是当时公共行政学界安于现状的一种消极状态，而这种状态又是与当时整个世界的躁动格格不入的。

所以，这次会议之后，沃尔多萌生了一个想法，即组织一次年轻行政学者的会议，希望通过研究队伍的代际更替来迅速推动公共行政研究的更新换代。的确，年轻的行政学者们没有辜负沃尔多的期望。次年，在美国政治科学协会的年会上，包括被邀请参加明诺布鲁克会议的公共行政学者在内的一些年轻学者试图发起一场夺权运动，从而颠覆陈旧的会议程序与组织结构。① 不过，这一在美国政治科学协会年会上的夺权运动失败了。当其中一些满怀义愤的年轻人以失败者的身份在锡拉丘兹大学的明诺布鲁克会议中心重新聚首时，却为公共行政学的发展写下了浓墨重彩的一笔，这就是一场轰轰烈烈却又迅速消退的"新公共行政运动"。在新公共行政运动这里，形成了与主流公共行政学界完全不同的学术气氛，每一位参与到新公共行政运动中的学者，都努力去充分表达一种紧紧地跟随着时代去定义公共行政的要求。

二 刷新公共行政的概念

明诺布鲁克会议虽然是由沃尔多发起的，但既然是年轻人的大会，作为"老人"的沃尔多也就没有参与会议相关的具体事务。会议的筹办和举行，是由锡拉丘兹大学的三位年轻学者——弗雷德里克森、马里尼（Frank Marini）与兰布莱特（W. Henry Lambright）——具体负责的。作为主办人，这三位学者起初并没有提交论文，而是在出版会议论文集的时候各自补交了一篇总结性的论文，并列在文集之末。弗雷德里克森的著名论文《朝向一种新公共行政学》就是在会议之后写作的。所以，尽管弗雷德里克森的这篇文章似乎为我们描述出了一种系统化的新公共行政学观念，但这次会议的参会论文在主题上其实并没有那么集中，而是涵盖了对"组织理论"的反思、对行政官员伦理责任的探讨、

---

① Frank Marini, "Introduction: A New Public Administration?" In Frank Marini (Ed.), Toward a New Public Administration: The Minnowbrook Perspective, Scranton: Chandler Publishing Company, 1971, p. 13.

对 PPBS 的评估以及公共行政经验理论的总结等各个方面的主题。但是，与被参会者视为"老"公共行政学的主流公共行政研究相比，这些论文尽管主题不一，却在总体上呈现出了对时代课题的共同关注，表现出了要求理论研究切题性的共同呼唤。

为了进一步推动切合时代主题的理论探讨，除了会议论文之外，会议主办方还提前向每位参会者提供了两份充满时代感的重要文献——沃尔多在 ASPA 纽约首府区分会上的发言《骚乱时代中的公共行政》（该文以《革命年代中的公共行政》为题发表在 1968 年第 4 期的《公共行政评论》刊物上）、由同为锡拉丘兹大学教员的约翰·赫尼执笔的"赫尼报告"以及赫尼与萨瓦奇（Peter Savage）就这一报告所开展的学术通信——作为讨论的基本文本。在这些文献所设定的语境下，会议的实际讨论内容比参会论文体现出了更为深切的时代感，主题也自然而然地趋向集中，使会议体现出了对变革时代中的社会公平的强烈关注。在某种意义上，正是这些讨论（其中某些观点作为对参会论文的评论而被收录在了 1971 年出版的会议文集中，基本上完整地反映了会议的全貌）赋予了明诺布鲁克会议一种全新的内容，使公共行政概念的价值内涵得到了重新发现。也正是这一点，使新公共行政真正成为一场具有划时代意义的学术运动。

新公共行政运动对时代主题的回应首先体现为它对理论研究切题性（relevance）的呼唤。正如拉伯特（Todd R. La Porte）所说："作为一项学术事业（intellectual enterprise），公共行政学的主要问题在于：当前的公共行政学处于一种由过时或不适用的分析模型与规范性贫乏所构成的状态之中。除了政治—行政上的危机与学术时尚以外，几乎没有拒绝或接受实质性问题及其分析模型的基础。教学与研究倾向于建立在过去的问题之上，或满足于对当前'主导性'问题的回应性界定。这在发展行政眼界、政治领导力或持久性的学术活力方面，都只有着有限的效用。结果，就是学术活力的下降，相对于研究者、实践者以及未来而言，也都跑题了。"① 于是，"年轻的研究者、公共机构不同层级中的人

---

① Todd R. La Porte, "The Recovery of Relevance in the Study of Public Organization," In Frank Marini (Ed.), *Toward a New Public Administration: The Minnowbrook Perspective*, Scranton: Chandler Publishing Company, 1971, p. 21.

以及我们中的许多人,都在抱怨我们的研究不切题,抱怨公共行政学的知识产出对于他们的经验只有有限的意义,抱怨我们的研究错过了社会变革的大戏……根本没有抓住要领!"① 之所以会出现这种情况,在拉伯特看来,主要是当时占据主导地位的"组织理论"所造成的。

新公共行政运动对组织理论作出了激烈批评,认为组织理论"将客观社会科学的模型应用到复杂组织之中,通常导致了对何种条件下更为可取的问题的回避,或导致了决策制定过程的政策中立态度。大多数当代组织理论简单地假定:只要它是有效的,生产率就是好的;从与它们相关的社会条件来看,理性的决策制定将以某种方式变成好的决策;对于个人而言,能够促进效率和理性决策的组织控制体系与结构是一种有益的社会安排。……这些规定对于组织生活是切题的与中肯的。其实,公共组织在政治体中的角色是需要在一种更宽广的视角中得到定义的,而不应当是仅仅将产出与内部维持作为其首要的价值"②。这意味着我们需要一种新的公共组织观念:"公共组织的目的是为那些组织内外的人们减少其经济、社会和心理上的苦难,并为其提供更多更好的生活机会。更具体地说,这意味着公共组织需要出于使所有的人都能够从经济剥削和匮乏中解放出来的目的去对丰富的物质资料进行生产与分配,并把这种分配作为评价公共组织的依据。进而,它意味着,公共组织有责任通过以下方式去提升社会正义:允许它们的参与者和公民团体去决定他们自己的道路,给予参与者和公民团体更多的提高分享政治和社会权益的机会。"③ 根据拉伯特的看法,只有这样一种关于公共组织的观念,才是切合当时的时代主题的;也只有通过这样一种观念去对组织理论进行重构,才能使公共行政研究重新回到与实践相契合的轨道上来。这也可以说是新公共行政运动的基本观点,是对公共行政研究提出的基本要求,其中,也包含了对公共行政概念的新的界定。

在新公共行政运动这里,公共行政的概念必须反映时代的要求和时

---

① Todd R. La Porte, "The Recovery of Relevance in the Study of Public Organization," In Frank Marini (Ed.), *Toward a New Public Administration: The Minnowbrook Perspective*, Scranton: Chandler Publishing Company, 1971, p. 21.

② Ibid., pp. 31-32.

③ Ibid., p. 32.

代的特征，只有这样，才能说明公共行政学是切题的而不是跑题的。但是，如何才能保证公共行政学是切题的呢？比勒（Robert P. Biller）的意见是，要重塑公共行政学的切题性，就必须保证公共行政研究正视急剧发生着的社会变革。"无论在其职业的方面，还是在其学科的方面，公共行政都必须发现一个用以定义自身和指导其核心贡献的新基础，用来描述理性工业化占据无可争议的支配地位时期的假定不再有效。产生于一个以某种基本稳定为特征的时期中的程序，现在在许多情况下不仅是不切题的，而且完全是错误的。以前被认为是进步的愿望，现在则被一个流动社会中的大多群体视为一种退步。我们需要一种新的公共行政的定义，它能够面向不确定性，以关于变革而不是稳定的假定为基础，有能力处理情境式的相互依赖，能够将复杂性转化为纠错能力，且便利于那些流程发现的程序——它们不会阻碍人类价值的实现。"①

哈蒙也认为："如果本尼斯与斯拉特关于我们即将生活在一个'临时'社会中的预测是正确的，则公共行政教育就不能满足于稳定性与确定性的假定。关于公共服务的教育——尤其是规范理论——必须认识到由持续而混乱的变革给个体及组织所造成的压力。变革不是一种无条件的美德。但它的确是政治与行政生活的一大事实，而公共行政的规范理论必须适应这一事实。"② 正是在正视变革的意义上，比勒说道："这是我第一次感觉到，'新公共行政'的措辞可能真的意味着某种新的东西。因为这样的观念意味着新的公共行政学将成为对快速变革中的组织的研究。对公共组织的兴趣将落在不断变化的关注或焦点上，理论也将不再关注稳定的组织，而是关注骚乱环境中的组织。"③ 正是基于这些观点，学者们在明诺布鲁克会议上通过一场激烈的讨论而确立起了一个

---

① Robert P. Biller, "Some Implications of Adaptive Capacity for Organizational and Political Development," In Frank Marini (Ed.), *Toward a New Public Administration: The Minnowbrook Perspective*, Scranton: Chandler Publishing Company, 1971, pp. 119–120.

② Michael M. Harmon, "Normative Theory and Public Administration: Some Suggestions for a Redefinition of Administrative Responsibility," In Frank Marini (Ed.), *Toward a New Public Administration: The Minnowbrook Perspective*, Scranton: Chandler Publishing Company, 1971, p. 185.

③ Robert P. Biller, "Some Implications of Adaptive Capacity for Organizational and Political Development," In Frank Marini (Ed.), *Toward a New Public Administration: The Minnowbrook Perspective*, Scranton: Chandler Publishing Company, 1971, p. 126.

明确的方向，那就是刷新公共行政的概念，努力去建构一种不同于此前学者们所拥有的公共行政观念。

在反思组织理论的视角中所形成的新公共行政观念也反映在对政策科学的反思之中了。政策科学研究的代表人物之一威尔达夫斯基指出了政策科学的基本取向："公共政策学院不涉及、从未涉及，也绝不是被用来处理大规模的社会变革的。原因之一是，社会变革是从古至今人们最不能理解的主题之一。学究们已经靠试图谈论大规模的社会变革而赢得了名声。但是，就像他们谈论狗一样，值得注意的并不是他们谈论了什么，而是作出了谈论这样一个事实。另一个原因是，当你主要是在谈论硕士层次的学生时，是没有剧烈变革的市场的。毕竟，在民主社会中，大变革是为政客保留的。"[1] 在这段充满敌意的评论中可以看到，政策科学的支持者与新公共行政运动有着截然不同的研究取向，与后者积极拥抱社会变革的态度不同，前者拒绝对社会变革发表意见，也反对把社会变革作为学术研究的对象。从公共政策学者的激烈反应中，我们也可以读出，新公共行政运动不仅反对"组织理论"，也反对政策科学研究，即反对一种蜕变成了仅仅对那些与政策相关的事实因素进行客观分析的政策科学研究。也就是说，新公共行政运动所要反对的是那种蕴含在"组织理论"与政策分析之中的逻辑实证主义的认识论和方法论。在更广泛的意义上，也是对公共行政概念产生以来所包含的价值中立内容的清除。

今天看来，新公共行政运动对逻辑实证主义的反叛并没有取得什么效果，但在当时，却是有着广泛影响的。正如齐姆林（Bob Zimring）所说："如果 60 年代后期所使用的新公共行政学的概念与朝向'新社会学'、'新政治科学'以及一种新的'一般社会科学'的运动有任何联系的话，我认为，它应当被定义为对价值无涉或价值中立的经验研究的一种突破，应当被定义为使关于社会世界的研究直接关注社会正义问题的一种愿望。这一看法意味着，社会科学家将在他们的专业立场中作出价值判断。这一观点直接反对指导着大多数战后社会科学经验研究的

---

[1] Aaron Wildavsky, "The Once and Future School of Public Policy," *The Public Interest*, Number 79 (Spring, 1985), pp. 25–41.

实证主义立场,这一立场认为,社会科学家不能做出任何价值判断,'是'与'应当'被一道不可逾越的鸿沟分隔着。新社会科学——我认为新公共行政学认同于它——应当寻求逾越这一鸿沟。"① 根据齐姆林的这一认识,新公共行政实际上抛弃了"事实—价值"二分的逻辑实证主义原则,主动承担起了促进公共价值实现的职责。"新公共行政学应当关注的是使公共官僚机构成为实现社会正义与平等的一个工具。这种关注大大不同于仅仅使政府回应人民中的大多数的愿望的关注。"② 马里尼也认为:"新公共行政学并不必然比它的前辈拥有新的或'更好的'价值(尽管这是可能的),但其践行者将比他们的前辈把他们的价值问题看得与他们的专长、才干与工作更为直接相关。"③ 这样一来,公共行政的概念中就被赋予了价值内涵。

虽然倡导价值并不意味着新公共行政运动无视经验研究,但以自然科学为模板的经验研究的确不受明诺布鲁克会议与会者们的欢迎。事实上,为了平衡与会者之间的学术取向,会议主办方专门邀请了锡拉丘兹大学的一位实证研究专家,让他对社会科学研究中数学模型的功用以及当时政治科学定量化发展的最新趋势等问题作了介绍,但没有引起与会者的任何兴趣。在与会者们看来,这样的经验研究完全是与时代脱节的,根本没有认识到时代对经验研究提出的新要求——重视道德权威的价值。"就经验理论来说,建立一种新公共行政学要求我们对于科学和道德权威有着同样的敏感。……关于一种新公共行政学的如上建议应当得到这样的理解:关于我们应当做什么样的理论工作的判断包含着更多的选择。我们在理论工作中所强调的东西对于人类的生活是有影响的,它们成了那些制定与执行公共政策的人的行动前提。当然,这并不是说要抛弃对更大的科学成就的关注,我们不能因为数据对我们的政治或伦理偏好构成了威胁或产生了矛盾,就忽视它的潜在含义。但我们必须谨

---

① Bob Zimring, "Comment: Empirical Theory and the New Public Administration," In Frank Marini (Ed.), *Toward a New Public Administration: The Minnowbrook Perspective*, Scranton: Chandler Publishing Company, 1971, p. 230.

② Ibid., p. 231.

③ Frank Marini, "The Minnowbrook Perspective and the Future of Public Administration Education," In Frank Marini (Ed.), *Toward a New Public Administration: The Minnowbrook Perspective*, Scranton: Chandler Publishing Company, 1971, p. 356.

记，基于科学权威的选择标准是远远不够的。'理论何为'这一问题的答案必须是'为了人类的成功'!"① 也就是说，即使是经验研究，也必须回答目的的问题，而对目的问题的思考，显然只能通过价值判断才能得出答案。

尽管新公共行政运动所倡导的大多数价值都具有普适性，但也必须看到，它毕竟还是一场根源于美国社会具体背景的地方性的学术运动。所以，新公共行政运动对"切题"的呼唤，也带有明显的"方言"特征。具体地说，新公共行政运动要求必须切合的不是其他地方而是美国社会自身的时代主题。这就是亨德森（Keith M. Henderson）所说的："除非它能够切合当前美国的问题，否则公共行政学将不能生存；如果它的主要学术精力不是被用于同实践者尤其都市官员的接触，它也不可能变得切题。然而，学术与实践兴趣间的鸿沟是可以填补的，只要研究能够关注并回答在行政上得到定义的问题。"② 在此意义上，"公共行政学应当成为这样一种研究：它所关注的，是不同环境中政府行政组织与组织参与者的行为的真实而恰当的结构及其运行。比较公共行政将承担起这一领域知识领导的角色，并将它的关注扩展到'美国文化的'公共行政上来"③。因此，新公共行政学也意味着一种新的比较行政研究，一种以美国问题为最终指向，并试图对美国社会的发展不平衡提出解决方案的比较研究。

总之，虽然明诺布鲁克会议的参会论文在学术主题上是比较分散的，但在研究取向上，这些论文基本上都体现出了对时代主题的深切关怀。正是出于对时代主题的敏感，与会者们从各个方面对当时的主流公共行政研究作出了批判和检讨，从而对讨论中产生的一种新公共行政学的观念作出了初步阐释。但是，作为一场事先并未设定主题的学术会议，尽管学者们在会上形成了非常重要的共识，但仅仅依靠零散且多少

---

① Philip S. Kronenberg, "The Scientific and Moral Authority of Empirical Theory of Public Administration," In Frank Marini (Ed.), *Toward a New Public Administration: The Minnowbrook Perspective*, Scranton: Chandler Publishing Company, 1971, pp. 218-222.

② Keith M. Henderson, "A New Comparative Public Administration?" In Frank Marini (Ed.), *Toward a New Public Administration: The Minnowbrook Perspective*, Scranton: Chandler Publishing Company, 1971, p. 248.

③ Ibid., p. 245.

有些面红耳赤的讨论，显然还无法得出系统的理论观点。正是由于这个原因，会议结束之后，三位主办人才努力对会议上讨论过的内容进行系统整理，力求勾画出关于公共行政学的一种来自明诺布鲁克的独特观点。其中，尤以弗雷德里克森的论文《朝向一种新公共行政学》以及在新公共行政运动走向沉寂后的1980年出版的《新公共行政》最具系统性和代表性。正是在这些著作中，公共行政概念的价值内涵真正得到了确认。

三 公共行政的"公共"方面

学术研究是一项需要坐冷板凳的事业，但并不是所有学者都拥有把板凳坐穿的勇气。事实上，无论在哪一个学科中，坐冷板凳的学者都是少数，大多数的学者都只把学术研究看作是对现实热点或学术时尚的追逐。在这种情况下，坐冷板凳的学者要想让自己的声音得到倾听，除了不断提高其认识水平外，还要在表达方式上注意与主流研究的接轨，尽可能地做到简明扼要、层次分明，以降低阅读的难度。否则，他就可能被排除在忙碌的主流学术圈之外，从而无法对人类社会的进步产生积极影响。学术运动也是如此。任何处于边缘地带的学术运动要想尽可能地扩大其影响，也必须使自己的观点与主张得到焦点突出、条理清晰的表达，否则，就可能因为吸引不到读者而迅速地陨落下去。

明诺布鲁克会议的组织者们显然意识到了这一点，他们非常清楚，在当时的学术环境中，要把这次会议所提出的各种主张一一呈现给学术界，是非常困难的。显而易见，对于本次会议上充满哲学意味的文献，由实证主义者把持的主流学术圈可能会不屑一顾。所以，要最大限度地扩大本次会议的影响，势必要对会议的内容进行重新梳理和总结，使其以一种更加系统和简明的方式得到表达。为此，会议的三位组织者各自撰写了一篇论文。其中，兰布莱特的论文重申了公共行政就是公共政策制定的主张，反对主流研究逃避政策问题的倾向；马里尼的论文总结了与会者关于"赫尼报告"的讨论，并对未来的公共行政教育作出了初步的展望；弗雷德里克森的论文则对会议上提出来的各种新主张进行了系统化的整理，勾勒出了一种新公共行政学的基本轮廓。三者之中，弗雷德里克森的论文作为对整个会议的综述与重述，在学术界产生了极大影响，几乎起到了替代整本会议文集的功能，成了其他学者了解新公共行政运动最重要的文献。

弗雷德里克森认为："公共行政学的基本追求几乎总是更好的（更有效的或更经济的）管理，新公共行政学正是出于这种追求而把社会公平加入到传统的目标和基本原理中。传统的或古典的公共行政学试图回答下列问题中的任何一个：（1）我们怎样才能凭借可利用的资源提供更多的或更好的服务（效率）？或（2）我们怎样才能在花费更少资金的同时保持服务水准（经济）？新公共行政学则增加了这样一个问题：这种服务是否增强了社会公平？"[1] 在这段话中，弗雷德里克森把社会公平这一在会议文集中并未得到充分体现但在会议讨论中得到反复强调的关键词提升到了与传统公共行政学的核心价值——效率——同等的高度，从而为新公共行政运动的各种主张找到了理论建构的基点："对社会公平的追寻为公共行政学提供了一个真正的规范性基础。"[2]

在此基础上，弗雷德里克森认为，要实现对于社会公平的承诺，就必须改变既有的造成了不公平现实的社会结构，因而，"在根本上献身社会公平意味着新公共行政学渴望参与变革。简单地说，新公共行政学试图改变那些在制度上妨碍着社会公平的政策和结构……（并）寻求可以增强其目标——良好的管理、效率、经济和社会公平——的各种变革"[3]。具体而言，就是要进行组织变革，改变官僚制组织支配公共行政与整个社会的现实。"献身社会公平不仅包括对变革的追求，而且试图发现某些具有持续的灵活性或常规化的变革能力的组织与政治形式。传统的官僚制拥有一种已经被证明了的稳定性——事实上是超稳定——的能力。因此，新公共行政学在寻求结构变革的过程中，倾向于试验或提倡改变官僚—组织形式。分权、权力下放、项目、合同、敏感性训练、组织发展、责任扩展、对抗和顾客参与，在本质上都是表明新公共行政学特性的反官僚制概念。这些概念旨在加强官僚制与政策的变革，

---

[1] H. George Frederickson, "Toward a New Public Administration," 载竺乾威等编：《公共行政学经典文献》（英文），复旦大学出版社2000年版，第265—266页。

[2] 同上书，第282页。

[3] 同上书，第267页。

也因此增加社会公平的可能性。"①

这里所要求的变革官僚制,实际上是要增强公共组织的开放性,即通过增强公共组织的开放性而使它与其他类型的组织区别开来。因为,其他组织都只需要对特定的对象——如顾客、股东等——开放,而公共组织则必须对所有公民开放,"'公共'组织的独特性将受到突出。内部行政行为——一般行政学派的长处和现在被称为组织理论的许多学说的基础——将成为公共行政学术研究的一部分,但不再是中心部分。它在公共行政中的中心位置将被一种对前面描述的分配和边界交换进程的强调所替代"②。在根据新的观念建构起来的公共组织中,"我们的领导者将会逐渐成为组织关心公民并适应公民需要方面的专家,并且他们将越来越少地依赖科学和技术作为组织变革或社会变革的主要力量。……我们将逐渐地把公民、顾客、民选官员等相关人员纳入组织定义的范畴。好的公共管理者现在正是以这种广义的定义来界定他们的组织的"③。

在这里,将公民、顾客以及民选官员纳入组织的定义中,意味着公共组织需要积极地鼓励外部人员的参与。"新公共行政对回应性和社会公平的承诺蕴含着参与。新公共行政的有些倡导者强调内部参与,公务员参与和影响其工作政策的能力之积极效应已经在经验上得到了证实,公开且充分的参与决策过程长期以来一直都是良好管理实践的准则。新公共行政的另一些倡导者则强调政策制定过程中的公民参与,那些从事地方政府实践或者教授地方政府课程以及同所谓街头官僚共事的人最常持有这种观点。因此,公民参与、邻里控制、分权以及民主的工作环境都是新公共行政的标准主题。"④

在陈述了新公共行政学的基本主张后,弗雷德里克森为新公共行政学寻找到了一个新的学术身份:"新公共行政学的主张可以被称为'第

---

① H. George Frederickson,"Toward a New Public Administration,"载竺乾威等编:《公共行政学经典文献》(英文),复旦大学出版社2000年版,第267页。
② 同上书,第283页。
③ [美]弗雷德里克森:《新公共行政》,丁煌、方兴译,中国人民大学出版社2011年版,第44页。
④ 同上书,第8页。

二代行为主义',这是一种最恰当的描述。与其学术先驱不同,第二代行为主义者强调公共行政的'公共'部分。他承认,尽可能科学地去认识组织是如何行动以及为何如此行动,这是很重要的,但他往往更感兴趣于组织对其顾客的影响,反之亦然。虽然他对把自然科学的模型运用于社会现象的可能性不太乐观,但他既不是反实证主义,也不是反科学的。……简言之,与其先驱相比,第二代行为主义者不太偏重于'一般的',而较偏重于'公共的';不太偏重于'描述的',而较偏重于'顾客影响导向的';不太偏重于'中立的',而较偏重于'规范的'。并且,按照人们的期望,它在科学性上并不会有所减损。"① 在这里,弗雷德里克森其实响应了沃尔多在《重访行政国家》中所提出的观点,即公共行政研究中的行为研究并不是太多了,而是太少了,且完全受到了逻辑实证主义的支配。因此,新的公共行政研究必须把行为研究从逻辑实证主义的支配中解放出来,只有这样,才能对行政行为作出真正科学的理解。②

通过对沃尔多观点的响应,弗雷德里克森在突出新公共行政学之"新"的同时,也表明了新公共行政学与以沃尔多为代表的规范研究传统之间的渊源关系。这样一来,实际上达到了建立一个更为广泛的"统一战线"的目的,那就是,争得了公共行政学界中的那些并不信奉逻辑实证主义的行为主义者的支持。所以,尽管这段话所描述的新公共行政学的形象在一定程度上仍然是模棱两可的,但在当时的学术语境中,它却是易于得到人们理解和接受的。由此看来,弗雷德里克森后来之所以能够成为一个知名学者,与他有着高超的政治技巧分不开,在某种意义上,他是一位懂得学术中也有政治的学者。不过,正是这一点,使他在美国行政学会取得了学术职位时,违心地去说了许多与新公共行政运动的主张相背离的话,使他的形象在他曾经领导过的学术群体中失色。

经过弗雷德里克森的总结和编辑工作后,明诺布鲁克会议文集于

---

① H. George Frederickson, "Toward a New Public Administration," 载竺乾威等编:《公共行政学经典文献》(英文),复旦大学出版社 2000 年版,第 269—270 页。

② Dwight Waldo, "The Administrative State Revisited," *Public Administration Review*, Vol. 25, No. 1, Twenty - Fifth Anniversary Issue (Mar., 1965), pp. 5 - 30.

1971年得以出版,"新公共行政学"的概念由此在学术界迅速传播开来。对此,许多学者发表了积极的肯定性评价。比如,小莫舍尔(Frederick C. Mosher)指出:"生成中的公共行政学,真正的'新'公共行政学,将承担大量在任何当前的教科书中都没有得到体现的重要职责。它将在一个人类历史上变革最为迅速的社会中预判与处理变革。它本身也必须是可以快速变革与高度灵活的。它必须促进更高程度的理性,发展与利用日益复杂的理性决策工具,同时适应那些看似非理性的力量。它必须比过去更加关注'生命、自由与对幸福的追求'等人类目标,同时不能损害使民主成为现实的那些程序。而且,这些目标绝不能仅仅是数量上的增长。它必须承认社会所有部分在功能和地理上的相互依赖,同时不过度牺牲专业主义与地方利益。它必须开发能使集权与分权同步前进的协作式的工作方式,并使每一层级的政府都能高度胜任。"[1]

作为一个足以称作前辈的学者,沃尔多更不能不发表自己的看法,所以,他评论道:"在积极的方面,新公共行政学要求关注社会公平,关怀人类的苦难与社会的需求。它主张公共行政应当更加积极:'前瞻的'(proactive)而不仅仅是'回应的'(reactive)。它并不声言反科学,但希望在有利害关系和改革的语境中运用更先进的方法和程序,不是为了它们自己,当然也不是作为压制的工具。它并不反理性,但希望公共行政的考虑更加细腻、敏锐和充满人情味,希望公共行政的领域可以通过承认感情的重要性而得以扩大。它对中心城市的问题有一种特殊关怀:种族不平等、贫困、暴力、贫民窟,等等。它对组织人文主义与组织发展的先进技术有着浓厚的兴趣与接纳能力。它反对逻辑实证主义——它很大程度上忽略了实用主义——并从存在主义尤其是现象学等学派中寻求哲学指导。"[2]

---

[1] Frederick C. Mosher, "The Public Service in the Temporary Society," *Public Administration Review*, Vol. 31, No. 1 (Jan. – Feb., 1971), pp. 47–62.

[2] Dwight Waldo, "Developments in Public Administration," *Annals of the American Academy of Political and Social Science*, Vol. 404, American Higher Education: Prospects and Choices (Nov., 1972), pp. 217–245.

总之，经过弗雷德里克森的总结以及其他学者的宣传，新公共行政学的观念在公共行政研究中正式确立了下来。明诺布鲁克会议之后，在1968年的政治科学学会年会上夺权失败的年轻人们成功地在美国公共行政学会下一届的年会上发起了夺权行动，并在此后长达十年的时间里掌控了《公共行政评论》这一最为重要的理论阵地，在公共行政领域中实实在在地掀起了一场寻求一种新公共行政学的学术运动。虽然作为一场学术运动的新公共行政运动并未持续多久，但是，它对公共行政概念内涵的挖掘却是公共行政学科发展史上不可忽视的一页。正是新公共行政运动对社会公平的强调，使得公共行政概念中的"公共"一词有了全新的内涵。反过来说，也正是公共行政概念中"公共"内涵的变化，使公共行政学实现了学科转向。

正是由于这个原因，当其后占据了学术舞台的"新公共管理运动"在20世纪90年代后期开始引发人们诟病的时候，新公共行政的主张又重新被人们提起，甚至其许多方面都转化为了实践上的操作方案。进入21世纪后，当社会公平问题引发的各种各样的社会危机不断涌现的时候，新公共行政赋予公共行政概念的新内涵更显示出了其价值。也许人们可以不再把它与"新公共行政运动"这场学术运动联系在一起，但是，公共行政概念中"公共"一词所包含的价值内涵将会得到人们越来越深刻的体认。

四 新公共行政的认同危机

从明诺布鲁克会议的原始文献看，与会者们在关于一种新公共行政学的讨论中所表达的是一种与传统公共行政学决裂的愿望。然而，尽管明诺布鲁克会议文集的出版在学术界产生了广泛的影响，而且这次会议的领导者也在70年代担任了公共行政学术团体领导者的职位，但是，作为一个整体，新公共行政运动并未给主流公共行政研究带来实质性的改变。由此，新公共行政运动本身很快就发生了分裂，甚至一度从学术话语中消失。

1972年，在根据新公共行政运动的影响去评价当时的公共行政研究时，沃尔多发现，"作为一场运动——如果它曾经成功过——在获得自我意识几年之后，新公共行政在很多方面已经失去了一致性与认同"①。有鉴于此，沃尔多也开始对新公共行政学作为传统公共行政学替代方案的可能性产生了怀疑。"明摆着的是，公共行政本身将成为一个充满压力、骚动和加速变革的领域。在消极的方面，这意味着不会很快出现任何可以与前一个时代相比的清晰并得到普遍接受的特定信念的框架，各种参数过于笼统，变量则过于繁多，而且差异太大。在积极的方面，这将意味着哲学原则、学科导向和方法取向上的多元主义：各种观念与途径在争取生存、适应和控制变革的持续努力中不断增殖与展开竞争。使公共行政学保持统一——假如它仍然作为一项统一的自觉事业——将不再是对某套工具或未来道路的共识。相反，它将是关于公共行政的制度领域在促进社会转型上的重要性的共识，是对组织现象的一种普遍兴趣，对其前景的一种相对较高的'公共尊重'，以及一种将公共行政中的问题当做——无论是科学的、专业的、'饱含价值的'还是怎么样——问题的愿望。"② 在这段话中，新公共行政学显然只是被视作"哲学原则、学科导向和方法取向上的多元主义"中的一元了。

事实也的确如此。根据加森（G. David Garson）和欧弗曼（E. Samuel Overman）的看法："在20世纪60—70年代，那些提出了'什么是公共管理'（what is public management）问题的人试图为POSDCORB寻找替代方案。这样的替代方案是很多的。其中，人际关系、系统分析、通用管理、公共选择、新公共行政学以及政策分析是主要的竞争者。下面将会指出，它们中的每一个都强调了公共管理在战前被忽视了的那些方面，每一个都提出了新的术语和范畴，以对不断增长的公共管理文献进行组织，但没有一个概念性的方案得到了普遍的接受。"③ 也就是说，在当时的公共行政研究中，新公共行政运动其实只是与人际关系、系统分析、公共选择等相并列的一个特定的学术流派，它的影响

---

① Dwight Waldo, "Developments in Public Administration," *Annals of the American Academy of Political and Social Science*, Vol. 404, American Higher Education: Prospects and Choices (Nov., 1972), pp. 217–245.

② Ibid., pp. 217–245.

③ G. David Garson and E. Samuel Overman, *Public Management Research in the United States*, New York: Praeger Publishers, 1983, p. 55.

范围是非常有限的。事实上，尽管弗雷德里克森和马里尼等人在一个时期内掌握了美国公共行政学会的官方话语权，也在《公共行政评论》上多次推出与明诺布鲁克会议的主题相关的学术特辑，但从《朝向一种新公共行政学：明诺布鲁克观点》一书出版以后从未得到再版的情况看，学术界对新公共行政学的提法即使不是反对的话也是不认同的。70年代中期以后，这种不认同的状况由于弗雷德里克森对新公共行政学内容的修订而进一步恶化了。

1976年，在当选为ASPA主席之后，弗雷德里克森在《行政与社会》上发表了《新公共行政学的谱系》一文，将官僚制、新官僚制、制度主义、公共选择与人际关系学派都追认为新公共行政学的理论来源。这样一来，无异于放弃了与传统决裂的革命性立场。弗雷德里克森说："与新公共行政相关的价值观多种多样，而且，这些价值观也并非总是一致的。因此，我强烈反对只有一个公认的新公共行政及其模型并且完全否定该领域过去的理论和规范的观点。而且，新公共行政在逻辑上也是出自对社会科学领域新知识的集聚以及将那些社会科学在公共问题上的聚焦。如果事实果真如此的话，那么新公共行政就具有一个丰富而重要的世系。"①

弗雷德里克森也清楚地认识到："对于新公共行政的目标来说，这个诠释明显地要比许多认同该领域的人将会接受的解释更缺乏抱负。"② 但他又强调："如果我们认真对待'新'这个标签的话，那么所有这一切都是可以理解的。如果新公共行政学者和实际工作者更少地担心一个理念是新还是旧，并且更多地担心一个理念可以操作的范围，那么我们就可以发展出一种真正的新公共行政。"③ 在这里，明诺布鲁克意义上的"新公共行政学"也就没有什么"新"可言了。也许弗雷德里克森的目的是要为新公共行政学提供更多的合法性证明，试图使那些尚未被纳入新公共行政运动中来的人以及那些对新公共行政运动持怀疑态度的人都能够接受新公共行政运动的观点和主张。但事实恰好相反，一批怀

---

① ［美］弗雷德里克森：《新公共行政》，丁煌、方兴译，中国人民大学出版社2011年版，第10页。
② 同上书，第20—21页。
③ 同上书，第21页。

有同样抱负的学者对新公共行政运动的不满却因此得到了增强。后来成为"黑堡学派"代表人物的瓦姆斯利（Gary L. Wamsley）以及在对抗"新公共管理运动"中声名鹊起的登哈特等人，就分别对弗雷德里克森作出了批评。

瓦姆斯利认为："在学术层面上，阅读该文后，我们很难不产生弗雷德里克森可以被解释（或误解）为是在说'新公共行政学'并无太多新意的感觉，因为'所谓新的都直接来自于那些指导着传统公共行政学的价值'。尽管承认'新'的事物总是演化与传承的结果是很有价值的，但弗雷德里克森还是给我们留下了一些可能与他先前的著作产生矛盾的印象。……总的说来，我认为新公共行政学的谱系是一个重要的讨论话题，但我也感觉到，像其他所有人一样，弗雷德里克森并没有能够指出或深入考究一系列极其重要的观念的价值。"[1]

登哈特则进一步批评道："现在，我们也许必须宣布新公共行政运动失败了——至少在它没能满足对它的所有期望的意义上。不过，也许我们期望得太多了！无疑，新公共行政运动的历史，尤其是在作为开端的明诺布鲁那里，可能显示出了新公共行政学并不是一种成熟的替代传统公共行政学的方案。事实上，这一头衔本身可能只是一种漫不经心的称呼，归于其名下的只是一些彼此并无太多相关性的论文。"[2]

在批评了弗雷德里克森的观点之后，瓦姆斯利与登哈特分别提出了自己对未来公共行政学发展方向的看法。瓦姆斯利认为，公共行政研究应当借鉴"新社会科学"的发展思路，以"新社会科学"为指导进行新的理论建构。登哈特则呼吁重视现象学的 praxis 观念，并通过这一观念来整合公共行政研究中的理论与实践、事实与价值以及主观性与客观性等关系；登哈特认为，通过这种整合，公共行政研究将在根本上超越"政治—行政"二分，从而建立起一种真正的"新公共行政学"。

在某种意义上，弗雷德里克森的立场转变是可以理解的。这是因为，新公共行政运动是以切题为学术研究宗旨的，因而，随着时代主题

---

[1] Gary L. Wamsley, "On the Problems of Discovering What's Really New in Public Administration," *Administration & Society*, Vol. 8, No. 3 (November, 1976), pp. 385–400.

[2] Robert B. Denhardt, "The Continuing Saga of the New Public Administration," *Administration & Society*, Vol. 9, No. 2 (August, 1977), pp. 253–261.

的改变，学术研究的主旨也应当发生相应的变化。这就是坎贝尔（Alan K. Campbell）所说的："导致了被某些人称为'新公共行政'的当前的骚动，只是在回应了与其他时期不同的社会问题的意义上，才是新的。当前的问题如此重大，以至于当前的版本——在尘埃落定之后——可能比早些时期的版本具有更根本的特性。"① 具体而言，新公共行政运动在很大程度上是对 60 年代中期约翰逊政府"伟大社会"改革计划的一种回应，它所切合的是"伟大社会"所提出的社会公平的主题。到了 70 年代，一方面，"伟大社会"所带来的巨大财政负担开始显现；另一方面，以石油危机的爆发为导火索，美国经济陷入了一个"滞胀"的怪圈，这两者都对提高社会生产的"生产率"提出了迫切的要求。显然，"伟大社会"的社会公平主题仍然是"政治正确"的，因为没有人站出来反对它，但是，已经失去了市场也是显而易见的，因为也没有人去卖力地鼓吹它了。在这种情况下，新制度主义、公共选择理论等成了有助于提高生产率的理论主张，并成为一种更为"切题"的选择。所以，弗雷德里克森的立场转变在某种意义上是合乎新公共行政运动要求切题的理论宗旨的。不过，要求切题是否意味着学者应当亦步亦趋地追随实践的每一次变动，从而在随波逐流中放弃自己的思考？抑或相反，去努力保留自己对于实践走向的独立判断，进而引导实践的前行？这就是新公共行政运动的兴衰过程向我们提出的一个值得思考的问题。

关于"切题"的问题，新公共行政学者之间其实是有着不同看法的。比如，马里尼在会议文集的编者评注中就曾写道："行政官员对公共行政学的诱导（通过行政官员狭隘而缺乏批判性的观点控制整个公共行政学的发展与关注对象，这些官员认为，公共行政学应当切合他以及他的问题的需要）是与公共行政学相悖的。行政机构确立了某种结构以执行政策，却没有认识到这一结构本身也是总体政策的一个部分。"② 在这段话中，马里尼显然就提供了一种超越于实践者的具体需求的切题观，展现了新公共行政运动试图把握行政发展的宏观线索的理

---

① Alan K. Campbell, "Old and New Public Administration in the 1970's," *Public Administration Review*, Vol. 32, No. 4 (Jul. – Aug., 1972), pp. 343–347.
② "Editorial Note," In Frank Marini (Ed.), *Toward a New Public Administration: The Minnowbrook Perspective*, Scranton: Chandler Publishing Company, 1971, p. 90.

论抱负。当然，无论马里尼、弗雷德里克森还是其他学者，都没能为这样一种宏大的切题观提供一种具体的理论方案，以至于 20 世纪后期的公共行政研究仍然在切题的名义下沉湎于技术性的内容，也导致了弗雷德里克森在对切题的追求中走向了自我否定。由此可见，新公共行政运动之所以走向分裂，在很大程度上，是学者们对于切题的不同认识所决定的。

新公共行政学者间的分歧并不仅限于此。事实上，无论是瓦姆斯利所说的"新社会科学"，还是登哈特所提倡的现象学观念，都已经在明诺布鲁克会议中得到了充分体现，是明诺布鲁克会议学术多元性的具体表现形式。这表明，在明诺布鲁克会议上，学者们对于新公共行政学的认识是有着很大差异的（这一点，从弗雷德里克森在总结中所表现出来的含混性上就可以看得出来）。可是，出于提出一种统一的明诺布鲁克观点的需要，弗雷德里克森等人对学者们的不同看法进行了通约，把它们归并到了一个共同的主题之下，从而形成了"新公共行政学"。这样做，对于扩大新公共行政运动的影响力而言，起到了不可磨灭的作用。

但是，到了 70 年代中期，由于这种被通约了的新公共行政学主张不能取得进一步的理论突破，甚至无法自圆其说，致使原先受到忽略的观点重新获得了话语空间，并对新公共行政学发起了挑战。从此，新公共行政运动走向了分裂，一些学者开始有意识地回避"新公共行政"的提法。结果，"新公共行政"这个提法在学术文献中的出现频率呈现日益下降的趋势，尤其是在原创性的理论文献中，学者们几乎不再使用这一提法了，甚至存在着试图与其保持距离的倾向。这也意味着，新公共行政运动所赋予公共行政概念的一些新的内涵受到怀疑，甚至被逐渐地抛弃。不过，新公共行政毕竟为公共行政的概念输入了一些价值内涵，从而改变了公共行政研究的传统，使后来的研究者可以拥有另一个方面的文本。特别是当一个社会出现了严重的社会公平问题时，新公共行政为公共行政概念注入的价值内涵总是可以给人以新的启发的。

经历了六七十年代之交的短暂辉煌之后，新公共行政运动迅速地被新的学术潮流所取代，但它对于公共行政概念的坚守、对于公共行政规范性内涵的独特阐释，还是为公共行政这一学科的守望者以及反映了新公共行政运动主张的治理方式的捍卫者提供了巨大的精神支持。在 20世纪后期，新公共行政的提法实际上成了一个重要的武器，被一些学者用来对抗那些试图削弱政府在社会治理中的作用的做法。尽管这种努力恢复新公共行政运动的尝试迄今尚未真正成为公共行政研究的主流，[①]但是，它使公共行政的价值取向成为一种不可忽视的意见。当我们对新公共行政运动进行评价的时候，赋予公共行政概念以价值内涵是它不可磨灭的贡献。另一方面，之所以在组织理论（70年代转向了"组织发展"）、政策科学（越来越多地以政策分析的名目出现）以及 70 年代中期以后重新流行起来的公共管理等概念的冲击下公共行政学还能够作为一门学科而得到承认，是与新公共行政运动的贡献分不开的。正是因为有了新公共行政运动，今天的一些学者才能够继续坚持从公共行政的角度去审视政府的社会治理活动。

第二节 "公共管理"概念的再兴

一 起源于政策学院的公共管理

学术研究历来都有主流与支流之分，但是，所谓主流与支流，并不是一成不变的，而是随着历史的演进而不断更迭的。就公共行政学而言，以"新政"为分界，公共行政研究的主题从市政管理变为了国家行政。在这一过程中，尽管也产生了行政管理、公共管理等概念，但公共行政概念的中心地位并没有发生动摇。50 年代后，主流公共行政研究再度把视线从国家中的行政现象转向了组织中的管理现象，在这一过程中，随着一批以公共政策或公共事务为名的研究生院的建立，公共行政的概念逐渐被边缘化。为此，一批年轻的公共行政学者发起了"新公共行政运动"，试图重振公共行政的概念，但收效甚微。尽管这场运动培育出了一批坚持公共行政取向的学者，也揭开了公共行政规范研究的新篇章，但却无力改变主流公共行政学界"去公共行政化"的趋势。

随着哈佛、伯克利等居于美国大学体系中心地位的名校纷纷建立起

[①] Christopher Hood, "The 'New Public Management' in the 1980s: Variations on a Theme," *Accounting, Organizations and Society*, Vol. 20, No. 2/3 (1995), pp. 93 – 109.

了自己的公共政策或公共事务学院并与实务界建立起了越来越紧密的联系，公共行政学的建制不断地滑向既有大学体制的边缘，以公共行政为主题或取向的研究也被新的学术时尚所抛弃。相反，新兴的政策科学家们乐观地认为，政策分析将成为政府中的一项新职业，因而，政策学院及政策研究必须以培养政策分析员为己任。① 不过，人们很快就发现，政府工作在性质上只有很少一部分属于分析工作，其余绝大部分都是属于行政或者说管理性质的。因而，即使政策分析能够成为一项政府职业，其"市场"规模也是非常小的。如果这些如雨后春笋般建立起来的政策学院都致力于培养政策分析员，那么，供过于求的必然结果就是，其中的很多政策学院很快就会被市场淘汰。因此，政策学院必须将重心重新调整到行政或者说管理的方面上来。

如此一来，政策学院和政策研究又与传统的公共行政学院及其研究有何区别？如果没有，它们将如何证明自己存在的合理性？在这些现实的追问下，公共管理的概念成了这些政策学院既强调行政管理的内容又与传统公共行政学院及其研究保持必要距离的两全之策。事实上，正是借助于这些政策学院的影响，50年代之后一度走向沉寂的公共管理概念也得以重生，并最终在90年代的"新公共管理运动"中成为公共行政学科的研究主流。

我们知道，在20世纪40年代，"公共管理"的概念曾一度流行过，但是，学者们并未赋予其不同于公共行政的独特含义。所以，50年代以后，这一概念在学术文献中的出现频率明显下降。当然，由于1926年由《市政经理杂志》更名为《公共管理》的刊物一直存在，因此"公共管理"这一概念并没有消失。事实上，弗雷德里克森在《通向一种新公共行政学》中就使用了这一概念，而在明诺布鲁克会议之后，弗雷德里克森还多次在《公共管理》杂志上发表过介绍新公共行政思想的文章。② 这表明，新公共行政运动在当时并不排斥公共管理的

---

① Yehezkel Dror, "Policy Analysts: A New Professional Role in Government Service," *Public Administration Review*, Vol. 27, No. 3 (Sep., 1967), pp. 197–203.

② George H. Frederickson, "Creating Tomorrow's Public Administration," *Public Management*, Vol. 53 (November, 1971), pp. 2–4; "New Public Administration and Organization Structure," With Henry Anna, *Public Management*, Vol. 53 (July, 1971).

概念。不过，从理论上看，作为一场旨在维护公共行政概念的运动，新公共行政运动与公共管理的概念之间是存在着冲突的，尽管它可能没有意识到这一点。20世纪80年代公共管理概念的再度流行是与新兴政策学院联系在一起的，或者说，这一概念的流行是政策学院发展的一个结果。这就是哈格罗夫（Erwin C. Hargrove）所说的："'公共管理'是各公共政策研究生院与APPAM（公共政策分析与管理协会）所使用的一个专门术语，其所指的是过去被称作'公共行政'的东西。"①

如果哈格罗夫的说法是准确的，如果这些政策学院所使用的公共管理概念所指的就是公共行政，那么，为什么不直接叫它公共行政呢？对此，波兹曼的分析是："政策学院过去所着重的是正式的定量分析，尤其是应用经济学。不过，它们开始日益认识到了一种严重的局限：公共部门对于正式定量分析或政策的'宏大设计'的需求极小，而其对于管理的需求则是很大的。政策学院需要某种类似于公共行政但又不属于这一'老式的'、手艺导向的东西。于是，公共管理就作为一种解决方案而被发明了出来。20世纪70年代中期，公共政策学院的教员们开始使用公共管理的概念，并开始构想（如果还没有开始实施的话）公共管理的课程了。"② 威尔达夫斯基也看到，"有些学院（如哈佛的肯尼迪学院与马里兰大学的公共事务学院）开始更加强调管理的重要性。目前来说，这意味着在常规课程之外少量增加公共部门会计与财务（征集收入、借款、还债、投资，以及通过支出分配控制内部运作）的课程。通过置换一个词语，即从'行政'到'管理'，公共行政的旧世界在'公共管理'的新名号下得到了复活"③。

在这两段话中，波兹曼与威尔达夫斯基都指出了"公共管理"概念从政策学院中兴起的事实，但他们对于这一事实的看法则不尽相同。威尔达夫斯基倾向于哈格罗夫的观点，认为这种变化只是"新瓶装旧

---

① Erwin C. Hargrove, "Theory and Practice in Public Management," *Journal of Policy Analysis and Management*, Vol. 8, No. 3 (Summer, 1989), pp. 518–520.

② Barry Bozeman, "Introduction: Two Concepts of Public Management," In Barry Bozeman (Ed.), *Public Management: The State of the Art*, San Francisco: Jossey-Bass Publishers, 1993, p. 2.

③ Aaron Wildavsky, "The Once and Future School of Public Policy," *The Public Interest*, Number 79 (Spring, 1985), pp. 25–41.

酒",并不包含内容上的进化,因此,所谓公共管理其实也就是公共行政。但是,根据波兹曼的分析,政策学院所采纳的公共管理概念则是与传统的公共行政概念有所不同的。尽管他们对公共管理这一概念的认识不同,但都把这一概念的使用与政策学院联系在了一起。这应当是合乎客观事实的。实际情况正是,公共管理的概念被作为政策量化分析不足的补充而被提出来并加以使用的一种视角。所以,阅读这一时期的文献,可以发现,公共管理的概念经常性地出现在政策分析的文献中,代表了一种不同于完全量化分析的政策分析途径。

1979年,APPAM正式成立,1981年,该协会将旗下两大杂志《政策分析》与《公共政策》合并为《政策分析与管理学报》,无论在职业团体还是在专业杂志的名称上,"政策分析与(公共)管理"都成了一种习惯性的表达。1982年,在新的《政策分析与管理学报》上,APPAM主席、兰德公司公共政策研究生院院长沃尔夫(Charles Wolf)发表了题为《政策分析与公共管理》的文章,提出了"政策分析与公共管理是一个新领域"的观点,认为这一领域"有六大特征可以把我们的领域同与其相近并对其发展作出了贡献的其他学科和专业区分开来。……第一,政策分析比经济学或操作研究更加关注更为广泛的政策问题,因此也更关注分析的跨学科方面。……第二,政策分析比政治科学或公共行政学更具有定量性、统计性且更加数学化。……第三,政策分析与公共管理比系统分析和操作研究更加关注政策的执行和管理,视其为好的分析的入门与构成部分。……第四,政策分析比经济学更加关注规范性问题、客观职能的替代性说明、公平(包括其极其广泛的解释与标准)、伦理以及道德困境。……第五,政策分析与公共管理经常并日益与涉及工艺学、工程学以及自然科学的问题和选择联系在了一起。……最后,政策分析已经与编程实验建立起了紧密的联系"[①]。

在这段话中,政策分析的出现频率显然比公共管理要高,且公共管理总是尾随政策分析而出现的。这表明,公共管理在很大程度上只是政策分析的一个途径,或者说,政策分析是当时政策学院研究与教学中的

[①] Charles Wolf, "Policy Analysis and Public Management: Strengths and Limits," *Journal of Policy Analysis and Management*, Vol. 1, No. 4 (Summer, 1982), pp. 546–551.

基本内容，而公共管理则是从属于政策分析需要的另一项内容。不过，在稍后一段时间内，公共管理与政策分析的从属关系开始发生变化，公共管理开始获得了不同于政策分析的管理内容。再后来，公共管理与政策分析的关系甚至出现了颠倒。总的来说，公共管理这一概念在政策学院中的成长和发展经历了一个从属于政策分析到作为政策分析之补充再到包含了政策分析的过程。

在政策学院的教学与研究体系中，公共管理作为重要的一部分内容也体现在政策学院的课程设置中。比如，在杜克大学的公共政策硕士（MPP）项目中，"其核心课程包括政策过程、微观经济学、分析方法（决策分析、数据分析、评估）、伦理学、宏观经济学以及一个政策分析研讨会。在这些核心课程中增加了一门一学期的公共管理调查课程。此外，学生们还被要求从一份包括高级调查课程、预算或财政管理的选修名单中选择一门额外的公共管理课程。哈佛的 MPP 核心课程就包括公共政策的哲学与实践、政治与组织分析、决策分析、经验分析（数据、研究设计）以及一个政策研讨会。这一核心课程也被加上了一门一学期的公共管理调查课。此外，学生们还可以选修大量更加专门化的公共管理课程，包括核心调查的进级课程"①。

在埃尔默尔（Richard F. Elmore）看来，"使管理与政策分析杂交，制造出了一种明显不同于公共行政的混合物。这些差异可以被总结为以下三点。第一，由于其与经济学理论的原初'契约'，政策分析对政府干预有一种根深蒂固的偏见，Charles Schultze 称之为一种'可辩驳的假定'，即实施经济与社会活动的理想模式是通过……私人性质的志愿安排——简言之，就是'私人市场'。政策分析大体上就是在'界定使这一假定真正可以辩驳的条件'。……第二，政策分析是规定性的和政策驱动的。这种对于好的决策及围绕它的分析框架的专注，意味着公共管理更有可能将管理者视为决策制定者，并告诉学生，他们作为管理者的职责就是分析与决策，或是作为那些分析与决策的人的下属。……第三，政策分析与政策—行政二分没有任何关系。……通过将学生视为决

---

① Richard F. Elmore, "Graduate Education in Public Management: Working the Seams of Government," *Journal of Policy Analysis and Management*, Vol. 6, No. 1 (Fall, 1986), pp. 69–83.

策制定者或决策制定者的咨询对象,而不是决策制定的观察者或对象,公共政策项目表达出了一种政府就是政策制定的观念。……换句话说,管理就是政策制定"①。正是基于这些认识,公共管理这一主要在政策学院中得到使用的概念被赋予了强烈的政策内涵与市场属性。在这一点上,公共管理的概念事实上是有着不同于公共行政概念的内容的。至少,"'公共管理'思想中不存在传统公共行政思想中极为常见的政治与行政的二分"②。

当然,正如公共行政学者在公共行政的概念上存在着不同的认识和解读一样,政策学院中的学者们在公共行政与公共管理的关系问题上也有着彼此不同的看法。尽管如此,"产生于20世纪60—70年代的美国的新的公共政策研究生院(尤其哈佛肯尼迪政府学院)将'公共管理'引入了它们的课程安排之中,正是这一举动使这一概念变成了现代意义上的通货,并引起了一场新的学术运动。这场运动将其自身与在前一个时代成长起来的公共行政学院以及大学中流行的正统的政治与社会科学研究途径区别了开来,正如15、16世纪的新教教会将它们自己与旧的教会体制区别开来一样。到了20世纪80年代,'公共管理'的概念已经约定俗成地可以同时用来指称一种活动与一个研究领域,尽管它相对于公共行政与一般管理科学的独特性仍然是难以捕捉的。作为一个概念,就像之前的公共行政一样,由于被用于学院及其课程中,由于频繁地出现在期刊与书籍中,由于一些会议机构用来命名,公共管理日益为人们所熟知"③。"在20世纪80年代,在关于公共部门的著述中,公共管理倾向于取代公共政策分析而成为一个支配性主题。"④ 可见,通过

---

① Richard F. Elmore, "Graduate Education in Public Management: Working the Seams of Government," *Journal of Policy Analysis and Management*, Vol. 6, No. 1 (Fall, 1986), pp. 69 – 83.

② Erwin C. Hargrove, "Theory and Practice in Public Management," *Journal of Policy Analysis and Management*, Vol. 8, No. 3 (Summer, 1989), pp. 518 – 520.

③ Christopher Hood, "Public Management: The Word, the Movement, the Science," In Ewan Ferlie, Laurence E. Lynn, Jr., Christopher Pollitt (Eds.), *The Oxford Handbook of Public Management*, Oxford: Oxford University Press, 2007, pp. 10 – 11.

④ Richard Parry, "Concepts and Assumptions of Public Management," In Colin Duncan (Ed.), *The Evolution of Public Management: Concepts and Techniques for the 1990s*, London: The Macmillan Press Ltd, 1992, p. 4.

这些影响广泛的公共政策学院的活动，在公共行政研究史上一度流行又一度沉寂了的公共管理概念不仅得到了复活，而且被深深地嵌入了既有的大学体制与社会科学体系之中。

二 作为研究主题的公共管理

随着公共管理的概念进入了各大公共政策学院的核心课程，以公共管理为题的相关文献也迅速增多起来，其中比较有代表性的有：戈伦别夫斯基从 1960 年代就开始出版的一系列著作、波兹曼出版于 1979 年的《公共管理与政策分析》，以及佩里与克莱默（James L. Perry and Kenneth L. Kraemer）出版于 1983 年的《公共管理：公共与私人部门的观点》等。① 这些著作的出现，标志着公共管理已经从一个学术概念变成了一个特定的研究主题。不仅如此，70 年代中期以后，公共管理也开始越来越多地受到了各种官方和非官方研究机构的重点关注。

欧弗曼和加森指出，1975 年，美国管理与预算办公室下设的"Study Committee on Policy Management Assistance"在一份研究报告中"将公共管理分为政策管理（包括资源分配的战略性问题）、资源管理（包括预算、人事等行政辅助职能）以及项目管理（包括公共项目的日常运作与执行）三大范畴。这一三分法在吸引那些希望整合政策分析与公共管理的群体上是相当成功的"②。接着，1978 年和 1980 年，"Georgetown Public Service Laboratory"与国家公共行政学院（NAPA）分别进行了两项调查，欧弗曼和加森在评价这两项调查时说："乔治城调查将公共管理的要素分为：人事管理、人员规划、集体议价与劳资关系、生产率、组织/重组、财务管理以及评估研究。NAPA 调查采取了一种更广泛的途径，只描绘了公共管理的三大要素：人事行政、生产率

---

① Robert T. Golembiewski, *Perspectives on Public Management: Cases and Learning Designs*, Itasca, Ill.: F. E. Peacock, 1968, 1974, 1976; Robert T. Golembiewski and Michael J. White, *Cases in Public Management*, Illinois: Rand McNally, 1973, 1976, 1980, 1983; Barry Bozeman, *Public Management and Policy Analysis*, New York: St. Martin's Press, 1979; James L. Perry and Kenneth L. Kraemer, *Public Management: Public and Private Perspectives*, Palo Alto, CA: Mayfield Pub. Co., 1983.

② E. Sam Overman, G. David Garson, "Themes of Contemporary Public Management," *Public Administration Quarterly*, Vol. 7, No. 2 (Summer, 1983), pp. 139 – 161.

以及财务管理。"① 可以看到，这三份研究报告都提到了公共管理，并各自表达了对公共管理的认识。显然，1975年的报告对公共管理的描述反映了政策学院中的新情况，而1978年与1980年的两份调查则更多地体现了传统公共行政学的特征。虽然在对公共管理的认识上还存在着诸多不同，但是，毫无疑问的是，公共管理作为研究主题与研究对象的地位已经被确立了下来，从而为其含义的进一步丰富和明晰化打下了必要的基础。

需要指出的是，以上三次调查所针对的都是在联邦机构资助下进行的研究，也就是说，它们是官方机构的研究成果，所以，呈现给读者的也是官方研究机构对公共管理概念的理解。至于学术界是如何看待这一重新流行起来的概念的，在这三份研究报告中都没有提及。有鉴于此，1980—1981 年，"National Association of Schools of Public Affairs and Administration"组织了一项新的研究——the national public management research survey (NPMRS)，对学术界的公共管理研究做了一次系统的调查和整理。这次调查的最终成果反映在加森和欧弗曼的《美国的公共管理研究》(*Public Management Research in the United States*)② 一书中。

由于加森和欧弗曼所持的观点是，"公共管理根源于公共行政的思想传统"③，因此，他们认为，要弄清当代公共管理研究的主题，就必须首先弄清楚公共行政学的基本历史脉络。为此，他们回顾了自古利克提出 POSDCORB 以来美国公共行政研究的状况，并发现，"在一份完成于锡拉丘兹大学的先知性的博士论文中，华尔德（Emanuel Wald）通过对整个美国的公共行政学者进行的调查而勾勒出了公共行政学在两个维度上的特征。华尔德所描述的关于公共行政学未来的意见模式，表明了一边是传统的公共行政学、另一边是管理与政策科学之间的分裂，并如

---

① E. Sam Overman, G. David Garson, "Themes of Contemporary Public Management," *Public Administration Quarterly*, Vol. 7, No. 2 (Summer, 1983), pp. 139–161.

② G. David Garson, E. Sam Overman, *Public Management Research in the United States*, New York: Praeger Publishers, 1983.

③ E. Sam Overman, G. David Garson, "Themes of Contemporary Public Management," *Public Administration Quarterly*, Vol. 7, No. 2 (Summer, 1983), pp. 139–161.

他所说，反映了'公共行政领域中行为主义与非行为主义的传统对立'"①。"正是由于公共行政学两大传统的分裂，公共管理才搭着政策科学的顺风车获得了独立的发展。政策分析将政府的政策与项目作为其分析单元，公共管理则聚焦于贯穿在各政策和项目领域的政府行政职能和过程。政策分析学者已经将其研究范围扩大到了把全部行政与管理问题都包括进来的地步，政策执行与政策效果等问题也在同等范围内被纳入公共管理的视野之中。"② 也就是说，独立于公共行政学的公共管理研究从政策科学中产生了出来，并通过与后者的互动开始了最基本的自我建构。

在对 NPMRS 调查的认真整理中，欧弗曼和加森总结出了当时公共管理研究的六大特征：

第一，公共管理仍然与关于行政的科学管理传统有着紧密的联系。

第二，公共管理信奉关于公共行政的更为理性化和技术性的解释。……公共管理仍然代表着对于今天的公共管理和政策问题的以科学为基础的救治方案。大多情况下，公共管理回避了对公共行政所作的新自由主义解释。在所调查的公共管理研究中，"新公共行政运动"所倡导的社会正义价值、公平与责任的标准等并没有一个稳固的根基，而是仍然局限于作为政治理论的公共行政探讨之中。很少有研究会认为公共管理最终是一个政治理论的问题。……公共管理研究通常所遵循的，是西蒙在 1946 年描述的作为一种行政理论之途径的理性方法论。

第三，公共管理以一套相对狭窄的评价标准反映了经典的行政原则。……古典公共行政的基础是采纳自私人部门的经济与效率的标准。行政诸原则——专门化、统一指挥、控制幅度——的目的就是最大化这些行政标准。……效能（effectiveness）是公共管理研究所使用的最主要标准，效率（efficiency）则远逊于此。在所进行的调查研究中，公平与责任的标准出现得极少。效能标准维护了事实与价值的区分，并通过衡量的与预先设定的目的和目标有关的管理效能而回避了规范性问题。

---

① E. Sam Overman, G. David Garson, "Themes of Contemporary Public Management," *Public Administration Quarterly*, Vol. 7, No. 2 (Summer, 1983), pp. 139–161.

② Ibid..

对这些目的和目标的证明,更多属于政策研究和政治科学的范围。根据我们所使用的变量所展现的当前的公共管理研究,更多关注的是政策执行与影响的效能。

第四,公共管理不是关于与政治背景相分离的行政的研究。

第五,公共管理在其方法与技术应用上与公共政策分析有着密切的联系。……对政策与管理研究的适当类比是经济学中关于宏观与微观经济学的区分。政策研究所强调的问题多是处在一个更加抽象的宏观层面,而管理问题则主要处于组织或微观层面上。公共管理与公共政策研究的联姻不只是出于概念上的方便,而是包含了对许多技术的共享,诸如成本/收益和成本/效能分析、PERT、MBO、ZBB,等等。

第六,公共管理是一种拥有多学科来源的以理论为基础的研究命题的应用社会科学。……作为一个应用性学科,公共管理从所有领域和学科中挖掘其理论,但与公共行政学一样,它现在也发展出了某些自己的理论。……然而,在大多情况下,也许是由于公共管理研究很少表现出理论检验性,本样本中各种研究背后的理论是模糊不清的。大多数研究都采取了案例研究或多案例研究的方法,这对于研究目的的应用性质和使研究与一种组织背景相关联的需要而言,是更为适当的。①

总的来说,在上述六大特征中,"前三者将公共管理置于一个理性和科学的领域之中,它所关注的是技术与效率。正是在这一意义上,公共管理仍然处于科学管理和行政科学的传统之中。后三者则强调了公共管理研究的政治维度,强调它与政策研究和政治科学等学科中更为广泛的主题之间的联系。正是在这一意义上,公共管理超越了传统的分析,并可以宣称,它代表了一种新的综合"②。

既然公共管理研究已经超越了传统的分析,并代表了一种新的综合,那么,它是否已经完全取代了公共行政研究呢?欧弗曼与加森并不这么认为。相反,在他们看来,这次调查所显示的情况是:"公共行政既包括公共管理也包括公共政策,其中,公共管理扮演着一种至关重要

---

① E. Sam Overman, G. David Garson, "Themes of Contemporary Public Management," *Public Administration Quarterly*, Vol. 7, No. 2 (Summer, 1983), pp. 139-161.

② Ibid..

的角色。……公共管理既不是科学管理也不是行政科学，尽管它仍然受到了它们的极大影响。它也不是政策分析、新公共行政或更新的框架。公共管理是一种关于公共行政一般方面的跨学科研究，它体现了理性—工具导向与政治—政体关注之间的紧张关系。就其本身而言，它试图解决理论与实践、经济与社会政治价值的关系问题，并试图统合行政中集体性的与个体性的、心理性的行为之间的关系。"[①] "公共政策与公共管理是两个相互重叠的领域，且它们都是公共行政的部分。"[②]

根据这一意见，作为一个研究主题的公共管理仍然处于公共行政的传统范围之内，并且，它既不等同于公共政策和政策分析，又与公共政策和政策分析有着紧密的联系。因此，公共管理研究往往并不回避对许多不同甚至是彼此冲突的价值的关注。当然，学者们对公共管理的概念是存在着认识上的分歧的，但是，他们的分歧主要集中在公共管理是独立于公共行政（在公共行政之外）还是作为公共行政的一个构成部分（在公共行政之中）这个问题上，而在公共管理不等同于公共政策和公共行政方面，他们的意见可以说是一致的。比较而言，当时官方的研究报告把公共管理或者等同于公共行政或者等同于公共政策的做法显得缺乏科学意识。

三 公共管理研究的两种途径

尽管学者们在公共管理的概念认识上难以取得一致，但在公共管理的研究途径方面，却达成了基本共识，那就是，大家都接受公共管理研究有两种不同途径的观点。事实上，1980—1981 年的 NPMRS 及其以前的几次调查都发现，70 年代以来的公共管理研究包含着两种截然不同的取向，一种关注的是与技术和效率有关的因素，另一种则关注更为广泛的政治问题。不过，在《美国的公共管理研究》中，欧弗曼和加森是努力把这两种取向当成一个整体对待的。当波兹曼在 10 年后思考公共管理的研究途径时，把这两种途径明确地区分了开来，并认为它们都

[①] E. Sam Overman, G. David Garson, "Themes of Contemporary Public Management," *Public Administration Quarterly*, Vol. 7, No. 2 (Summer, 1983), pp. 139–161.

[②] E. Sam Overman, "Public Management: What's New and Different?" *Public Administration Review*, Vol. 44, No. 3 (May–Jun., 1984), pp. 275–278.

是具有合理性的公共管理研究途径。或者说，公共管理研究可以有两种不同的途径。

1991年，在波兹曼的召集下，第一次"全国公共管理研究大会"（National Public Management Research Conference）在锡拉丘兹大学召开，两年之后，会议文集以《公共管理的现状》为名出版。在这本文集的篇首，波兹曼对当时的公共管理研究进行了评价，并作出了关于公共管理研究途径的经典划分。波兹曼认为："存在两种彼此竞争的公共管理——公共政策学院的版本与工商学院的版本。20世纪70年代后期，两种极为不同的公共管理研究途径几乎同时产生，一种源自公共政策学院（P途径），另一种则受到工商学院和公共行政发展的影响（B途径）。"[①] 具体来说，"20世纪70年代，工商学院一个接一个地将它们的名字从工商行政（business administration）学院改为管理（management）学院。这一变化通常以这样一种方式得到了合理化，即认为它体现了对战略和企业政策而不是内部行政机制与过程的强调"[②]。也就是说，根据B途径的理解，management包含着更多战略和政策的含义，administration则意指微观的行政细节。所以，工商学院的改名行为反映了企业管理的一种转向，即战略管理的兴起。

同时，这种普遍的改名现象还反映出了这些学院的一种研究取向，即认为政府和企业在管理问题上是没有实质性区别的，因而没有必要在学院的名称中加上"business"的定语。在此意义上，工商学院的改名现象其实反映了这样一个学术现象，那就是，在20世纪初科学管理运动中形成的一般管理学派再次复兴了。我们知道，根据一般管理学派的基本思想，组织管理的原理与技术在所有部门中都是通用的，因而没有必要区分工商管理与公共管理。也就是说，对于一般管理学派而言，并不需要使用公共管理的概念，更不会去追究公共管理与公共行政的关系。然而，一般管理学派战后在管理问题上的研究取得了许多新的成果，以至于那些试图对公共管理问题发表意见的学者不得不吸收他们的

[①] Barry Bozeman, "Introduction: Two Concepts of Public Management," In Barry Bozeman, (Ed.), *Public Management: The State of the Art*, San Francisco: Jossey-Bass Publishers, 1993, pp. 1-2.

[②] Ibid., p. 2.

研究成果，求助于他们的研究方法，从而产生了公共管理研究的 B 途径。准确地说，所谓公共管理研究的 B 途径也就是一种管理主义的途径，只是因为这一途径产生于从前的工商学院，波兹曼才把它称为 B 途径。

另一方面，"自其偶然的开端始，公共政策学院取向的公共管理研究已经开始具体化并获得了自己的身份。这一路径聚焦于所谓的高层政策管理。它所关注的不是机构的日常行政，甚至也不是机构的战略管理，而是管理者（或政治官员）在高层政策中的角色。所以，P 途径公共管理研究中所进行的案例研究通常更多地关注政治官员，而不是高级文官。正如人们所期望的，这一途径高度重视公共管理的政治方面"[1]。也就是说，P 途径更加重视管理者个人在政策制定中的角色。而能够参与政策制定的管理者，主要是政治官员，所以，P 途径体现出了更为浓厚的政治色彩。根据波兹曼的观察和分析，"公共管理研究的 B 途径与 P 途径之间的差异非常鲜明。首先，B 途径更习惯于采纳诸工商学科中的观念。其次，P 途径可以通过华莱士·塞尔的一段经常被引用的话——'公共与私人组织在所有不重要的方面是相似的'——来得到最好的总结，而 B 途径则不在公共与私人部门之间作出那么严格的区分，或者改变了这样的区分。B 途径与公共行政学有着紧密的联系，而 P 途径则远离公共行政学"[2]。也就是说，尽管 B 途径的公共管理研究突出了战略管理的因素，但仍然是管理取向的，因而，与作为组织理论的主流公共行政研究非常相似；而 P 途径的公共管理则极力要把自己与公共行政的概念区别开来，试图割断它与公共行政相连的那根脐带。

其实，在波兹曼的分类中暗含了一个假设，即公共行政是一个技术性的概念，正是以这一假设为前提，他才会断言"B 途径与公共行政学有着紧密的联系，而 P 途径则远离公共行政学"。显然，波兹曼的这一假设反映出他对公共行政概念的认识是片面的。我们知道，"新公共行

---

[1] Barry Bozeman, "Introduction: Two Concepts of Public Management," In Barry Bozeman (Ed.), *Public Management: The State of the Art*, San Francisco: Jossey – Bass Publishers, 1993, p. 3.

[2] Ibid. .

政运动"发生之后，公共行政早已不是一个纯粹技术性的概念了，公共行政学也早已不再是一种纯技术性的研究了。所以，波兹曼对于公共管理研究的B途径与P途径的划分是存在缺陷的，或者说存在着立论根据不足的问题。也就是说，在波兹曼的两种途径的划分中，没有体现出公共行政概念的复杂性，而这一点又可能反过来影响到我们对于公共管理概念作出一种较为全面的理解。

事实上，B途径的倡导者可能更多地把公共行政视为一个规范性概念，只有这样，作为一种技术性概念的公共管理才是有新意的，因而才是有价值的。波兹曼仅仅看到了B途径与公共行政之间的联系，却没有理解到这一点。当然，波兹曼所说的情况也是一个客观事实，这是因为，向公共行政求亲是有助于B途径的公共管理研究者表明其学科归属的。也就是说，他们虽然采用了一般管理学的方法，但所研究的却是公共部门中的管理问题。总的来说，由于公共行政概念有着复杂的内涵，因此B途径的公共管理研究可能同时存在着向公共行政的技术概念求亲和向公共行政的规范概念求异的情况。其中，后一种情况突出了公共管理与公共行政的区别，因而更有助于这一概念的独立发展。但是，这两种情况所突出的，都是公共管理概念的技术特征。

需要指出的是，尽管存在着一种公共管理研究的B途径，由于这种途径并不刻意区分公共管理与私人管理，而是更多地强调公共管理的一般管理特征，所以，B途径所研究的公共管理与各公共政策学院中所使用的公共管理概念是有着很多共通之处的。单就公共管理这一概念而言，可能正是因为这些政策学院中流行着对它的使用，才使管理学院把关于一般管理问题的探讨也纳入了公共管理的范畴之中。这正如早期市政研究运动时期的科学管理文献也被人们视作公共行政学经典一样。不同的是，在20世纪初期，科学管理运动与市政研究运动有着许多共同的关注点和共同的主题，而到了70年代，管理学院与政策学院之间有着极为不同的取向。所以，管理学院对技术特征的关注和政策学院对政治属性的强调，构成了公共管理研究的两种不同途径。

1986年，在《管理公共组织》（*Managing the Public Organization*）中，格拉汉姆和海斯（Cole Blease Graham, Jr. and Steven W. Hays）对

公共行政与公共管理做了这样的区分："在惯常的用法中，公共行政是关于涉及公共政策的制定与执行的全部活动的一个通用表达。它被大多数学者——如果不是大多数实践者的话——视为这样一部分，其焦点是官僚机构及其与政府的行政、立法、司法部门之间的关系。因此，它关注诸如公平、代表、正义、政府效能、对行政裁量的控制等极其广泛的问题。公共行政的研究者研究政府的各种机构，以尝试确定在我们的社会中各种问题是如何得到处理的。因此，公共行政官员在制定、执行和改变公共政策与项目的过程中所承担的角色是公共行政优先关注的。……相反，公共管理更直接关注的是发生在政府机构内部的行政活动。不同于强调遍布整个政策过程与弥漫在政府组织的外部关系之中的政治考虑，公共管理首要关注的是政策执行。尽管公共管理者确实不断在与政治问题和政治关系打交道，但公共政策却被公共管理看成是一种给定之物，而他们的注意力也被固定在公务员完成其给定任务的方法之上。因此，公共管理研究者关注的是效率、可靠性、目标实现以及大量其他的管理与技术问题。"[1] 在格拉汉姆和海斯这里，公共行政与公共管理的关系显然是与波兹曼关于 B 途径的描述截然不同的，格拉汉姆和海斯的观点是要求在公共管理与公共行政之间作出明确的区分。也许正是这种对公共行政与公共管理所作出的截然相反的区分，才能激发出人们对公共管理概念的兴趣。如果人们都像 50 年代之前的学者们那样不加区别地使用公共行政和公共管理的概念的话，那么，公共管理的概念是不可能重新流行起来的。也就是说，公共管理的概念能够得以重新流行，必须被赋予不同于公共行政的内容。

但是，在后来关于公共管理的理解方面，波兹曼关于公共管理两种途径的观点得到了更多学者的接受。虽然在表述上人们把波兹曼的两种途径的划分称作公共管理研究的两种途径，但在实际上，这也是公共管理这个概念得以产生的两种途径，包含着对公共管理这个概念的认识和定位。在此问题上，我们发现，P 途径看到的是公共行政的技术方面，

---

[1] Cole Blease Graham, Jr., Steven W. Hays, "Management Functions and Public Administration – POSDCORB Revisited," In J. Steven Ott, Albert C. Hyde and Jay M. Shafritz (Eds.), *Public Management: The Essential Readings*, Chicago: Lyceum Books/Nelson – Hall Publishers, 1992, p. 13.

所以更多地强调公共管理的规范方面；B 途径则更多看到了公共行政的规范方面，所以更多强调公共管理的技术内容。这两种途径的不同也可以颠倒过来理解：P 途径希望突出的是公共管理的规范方面，所以把公共行政描述为一个技术范畴；B 途径希望突出的是公共管理的技术内容，所以更多地强调了公共行政的规范特征。这一点在 1992 年出版的《公共管理经典文选》(*Public Management: The Essential Readings*) 的三位编者那里，得到了再次强调。

《公共管理经典文选》的三位编者认为："从 1900 年到 1950 年，几乎所有涉及政治领域的政府问题都被视作政治科学而不是公共行政学的领地。在关于公共行政的这一悠久而流行的观点之下，公共行政与公共管理是没有区别的。对于所有实际目的而言，这两个概念在 1950 年之前都是同义的。……然而，在'二战'之后，美国社会关于公共行政的主导观点开始扩张，并一直扩张到了 1990 年代。今天，通常认为公共行政的范围包括涉及公共政策的制定与执行的大多数活动，而公共管理的概念则意指曾经被视为公共行政定义的更加狭隘的机构内的职能与技能。因此，公共管理这一次级领域实际上填补了在公共行政扩张到一个更广阔的空间之后所留下来的空白。"①

"更具体地说，公共管理强调的是组织在执行公共政策的过程中应当如何去做。'计划、组织与控制是一位公共管理者塑造政府机构的主要手段。'因此，公共管理所关注的是能够将观念与政策转化为行动方案的管理工具、技术、知识与技能。举例来说，这样的技术与能力包括：职位分类制度、招募与选拔程序、影响式管理、预算分析与制定、监督技能、远程或战略规划、项目与组织评估、反馈与控制机制（一般通过管理信息系统）、契约管理、项目管理与重组。"② 因而，"公共管理概念所指的是公共行政或公共事务这一更大领域中的一个分支。它是公共行政中的这样一个部分，其职责是对以下应用性方法的艺术与科学进行总结：公共行政项目的设计与组织重构、政策与管理规划、通过预算制度进行资

---

① J. Steven Ott, Albert C. Hyde and Jay M. Shafritz (Eds.), *Public Management: The Essential Readings*, Chicago: Lyceum Books/Nelson‑Hall Publishers, 1992, p. 2.

② Ibid., p. 1.

源分配、财政管理、人力资源管理以及项目评估和审计"①。

可见,所谓公共管理研究的 B 途径,所参照的主要是公共行政概念中的规范性内容,正是与这些内容相比,作为一个技术性概念的公共管理才具有了独特的价值。至于从政策学院中演化出来的 P 途径,关于公共行政的认识基本上还停留在 20 世纪 50 年代的时间点上。那时,公共政策研究从公共行政中分离了出来,学者们凝固在了那种促使他们从公共行政中分离出来的不满之中,至于"新公共行政运动"等对公共行政概念所作出的新定义,都在他们的视线之外。所以,在 P 途径中形成的关于公共管理的认识,恰恰属于新公共行政运动重新定义后的公共行政概念。也就是说,在 P 途径的公共管理这里,希望用公共管理的概念去置换那个在新公共行政运动发生之前的公共行政概念,可是,由于新公共行政运动在这群政策学者从公共行政的研究领域中愤而出走之后已经对公共行政概念进行了重新定义,因而他们的这种做法显得无的放矢。不过,这也反映了科学发展中的一个非常有趣的现象,那就是不同的学术群体可能会走向同一个方向。政策学者从公共行政的研究领域中离家出走的时候是要自立门户,但是,却投靠到了逻辑实证主义的门下为奴,过了若干年后,有了自主意识,建起了一个新家,并对新家作了命名,以示区别于它由之出走的那个家。可是,他并不知道,他原来出走的那个家也已经不存在了,或者说,改换了门庭。

四 公共管理概念的多重含义

在《行政国家》中,沃尔多非常容易地识别出了一种关于公共行政的"正统学说",然而,无论是在《美国的公共管理研究》还是在《公共管理的现状》里,欧弗曼与波兹曼都向我们提供了关于公共管理的两种相持不下的理解。这表明,作为 70 年代以来的一个新兴领域,公共管理研究从一开始就表现出了多元性的理解和观点,这种多元性的理解和观点导致了多元化的研究,其结果却给公共管理的概念注入了多重内涵,以至于学者们很难像沃尔多那样梳理出一种关于公共管理的正

---

① J. Steven Ott, Albert C. Hyde and Jay M. Shafritz (Eds.), *Public Management: The Essential Readings*, Chicago: Lyceum Books/Nelson – Hall Publishers, 1992, p. ix.

统理论。

1980年，在一篇比较公私部门管理的著名论文中，肯尼迪政府学院院长阿利森（Graham T. Allison）认为："当前公共管理探讨中所流行的基本范畴——战略、人事管理、财务管理、控制——大多源自一种企业背景，主管们在其中管理着各种等级体制。"① 这说明，在80年代初，由于P途径尚未得到充分发展，人们关于公共管理的认识还主要是由B途径所主导着的。不过，阿利森看到，由于公共管理与私人管理存在着明显的区别，并且这种区别比它们之间的共性更加重要，所以，这样一种公共管理概念是不完整的，对于政策学院的宗旨来说，甚至可能是错误的。在阿利森看来，公共政策学院需要一种新的公共管理概念。

1984年，阿利森的同事摩尔（Mark Moore）在另一篇经常受到引用的论文中提出了他所理解的——也可以被视为各公共政策学院所理解的——公共管理概念："我们的'公共管理'概念在公共行政的传统责任中加上了目标设定与政治管理的责任。……我们的公共管理概念增加了某些根本性的行政职能，如设定目标、通过监督维持可靠性、掌管权威与资源，以及在一个给定政治环境中定位某一组织，并把它们视为公共管理者工作的核心要素。"② 在整个80年代，得益于各公共政策学院的积极活动，这样一种公共管理概念在学术界与实践领域都赢得了相当大的市场，并与阿利森所指出的前一种公共管理概念形成了长期对峙。

两种公共管理概念的对峙在《公共管理经典文选》中也得到了反映。我们发现，在这本书的前言中，阿尔贝特、海德与沙夫里茨对公共管理概念的内涵所作出的基本上是一种基于B途径的解释。不过，我们也同时发现，作为对本文集中各篇选文观点的一种综合，他们三人在前言中也同样对公共管理概念的内涵作了一种基于P途径的解释。这

---

① Graham T. Allison, "Public and Private Management: Are They Fundamentally Alike in all Unimportant Respects?" 载竺乾威、马国泉编：《公共行政学经典文选》（英文），复旦大学出版社2000年版，第332页。

② Mark H. Moore, "A Conception of Public Management," In *Teaching Public Management*, 1984, pp. 1–12, Quoted in Laurence E. Lynn, Jr., *Public Management: Old and New*, Taylor & Francis e–Library, 2006, p. 106.

就是："除了许多技术职能以外，公共管理的领导角色也是至关重要的，正如行政伦理一样。一种道德的领导角色一方面要求、另一方面也使公共管理者有能力在追求政府效率的同时追求诸如公平、公正以及效能等其他目标"①。所以，"公共管理不仅仅是关于人们如何管理公共组织的研究。公共管理是一系列复杂的角色、关系与职能，要求敏锐地平衡公平、伦理和公正的政治、经济与社会关注，并将各种不同的视角整合进一个共同的议程，以改善公众的福祉。这一议程通常需要在一个复杂、竞争和不公平的环境中得到设定。……正如一个人会对这样一个有着如此崇高目标和复杂期望的主题所期望的，公共管理将成为一个高度规范性的主题"②。在这里，我们看到的是包含着冲突的观点，在普通的学术文献中，如此前后矛盾的表述是不应出现的，但作为一种概括全书内容的前言，包含这样的矛盾是可以理解的，它证明了该书存在着激烈冲突着的观点。事实上，在对公共管理概念的理解上，由于学者们在研究基点上有着 B 途径和 P 途径的区别，因此所描绘出的公共管理概念也就难免会有两种不同内涵。

关于公共管理概念的两种内涵，波士顿大学公共管理项目主任戴福尔（Colin S. Diver）作了另一番表述："当前关于公共事务的评论展示了两种关于公共管理职业的相反观点。一种我称为'工程师'（engineering）模型，另一种可以称为'企业家'（entrepreneurial）模型。……工程师模型将公共管理视为一种监督一个先前设定的政府目标之实施的过程。在这种观点看来，公共管理者是公共政策的一个工具、一个技术大师。正如土木工程师把建造堤坝或搭设桥梁的决定视为事实，公共管理者也把他所管理项目的社会目标看成一个既定的事实。……企业家模型则以一种相当不同的观点来看待公共管理。它替公共管理者想象出了一种孤身处于政治荒野中的开拓者形象，一方面被无从知晓的陷阱所包围，另一方面则被尚未发现的财富所吸引。企业家行政是自我完善、权力政治、冒险前进与持球突破。不同于他的工程师兄

---

① J. Steven Ott, Albert C. Hyde and Jay M. Shafritz (Eds.), *Public Management: The Essential Readings*, Chicago: Lyceum Books/Nelson – Hall Publishers, 1992, p. xi.

② Ibid., p. xvi.

弟，企业家决定而不是接受目标。"①

在这里，戴福尔提出了公共管理的"企业家模型"，并且，这一模型显然既不属于波兹曼所说的 B 途径，也不属于 P 途径。也就是说，当时的公共管理研究中还存在一些不能被波兹曼所说的 B 途径与 P 途径所完全概括的内容。具体来说，这是一种以市场为取向的研究途径，市场就是戴福尔所形容的公共管理者所处的政治荒野。不过，尽管"里根革命"已经掀起了市场化与私有化的浪潮，但在 80 年代的美国公共行政与公共管理文献中，市场化与私有化的内容并没有被普遍地和稳定地纳入公共管理概念之中，更没有成为公共管理研究的第三种主要途径。到了 90 年代，随着"新公共管理运动"的出现，这一"第三种途径"才得到公认，并一举取代了波兹曼所说的 B 途径与 P 途径而成为公共管理研究的主流。

20 世纪 80 年代是一个急剧变革的时代，许多新的社会现象在这个时代萌生，或者在这个时代引起人们的广泛关注。在这一背景下，公共管理的概念也需要反映时代的特征和要求。其中，非营利组织作为一个开始引起人们重视的社会现象，也被要求反映到公共管理的概念中来。根据阿尔贝特等人的意见，公共管理应当包括非营利组织管理的要素。在这个意义上，"公共管理是公共行政这一更大领域的一个主要部分。它所关注的是政府与非营利部门中所有层级上各机构的管理职能与过程。公共管理聚焦于作为一项职业的公共行政与作为这一职业践行者的公共管理者。它更关心一个政府机构或非营利组织的内部运作，而不是它与其他政府部门——立法部门及其委员会、法院——或另一个经济部门中的组织间的关系与互动"②。也就是说，非营利组织管理也属于公共管理的内容，非营利组织中的管理者也属于公共管理者。因此，"公共管理研究的基本任务是形成这样一种理解与应用知识，它的对象是在

---

① Colin S. Diver, "Engineers and Entrepreneurs: The Dilemma of Public Management," *Journal of Policy Analysis and Management*, Vol. 1, No. 3 (Spring, 1982), pp. 402–406.

② J. Steven Ott, Albert C. Hyde and Jay M. Shafritz (Eds.), *Public Management: The Essential Readings*, Chicago: Lyceum Books/Nelson-Hall Publishers, 1992, p. 1.

公共部门和非营利组织中得到使用的主要的行政与管理制度"①。在这里,通过对非营利组织的引入,阿尔贝特等人扩大了公共管理的范围。但是,由于他们把关注点集中在了非营利组织和政府组织的内部运作上,因而使得公共管理又没能超越公共行政的范畴,而是被视为早已被赋予了调节外部"公共关系"职能的公共行政中的一个部分。

通过对公共管理概念的考察,可以发现,正如埃利亚森和克伊曼所说,"任何人想要给'公共管理'下定义都会受到挑战,因为这就像打开了潘多拉盒子,它涉及诸如学科见解、先入之见,甚至是偏见等方面的问题"②。公共管理内涵的复杂性使得学者们一直无法对它作出统一的定义,甚至公共管理与公共行政究竟有无区别、有何区别,也是仁者见仁,智者见智。所以,直到今天,在概念的选择上,学者们仍然表现出了极大的随意性,这种随意性甚至使得2007年出版的《牛津公共管理手册》无法统一各位作者的措辞:"我们的某些作者选择的是'公共管理'或'新公共管理',其他人则选择了'公共行政'——主编们将术语的选择问题留给作者决定!"③

可见,同公共行政的概念一样,对于公共管理的概念,学者们也缺乏基本的共识。在没有共识的前提下,尽管这一概念和关于它的研究已经有了30余年的发展,在"新公共管理"的旗号下,它也对20世纪后期以来的社会治理实践产生了重大影响,但是,在拥有着现代科学体系话语霸权的西方,以公共管理为题的研究始终没能做出有价值的理论建构,更没能向我们提供一种能够适应全球化与后工业化这一历史发展之需要的社会治理安排。所谓"新公共管理运动",也只是作为一股行政改革的季风而从地球上掠过,并没有给人类的社会治理状况带来根本性的改善。这说明,在社会治理的宏观视野中去认识公共管理将会成为

---

① J. Steven Ott, Albert C. Hyde and Jay M. Shafritz (Eds.), *Public Management: The Essential Readings*, Chicago: Lyceum Books/Nelson - Hall Publishers, 1992, p. ix.

② K. A. 埃利亚森、简·克伊曼:《导论》,载 Kjell A. Eliassen, Jan Kooiman 编:《公共组织管理——当代欧洲的经验与教训》第2版,王满船等译,国家行政学院出版社2003年版,第3—4页。

③ Ewan Ferlie, Laurence E. Lynn, Jr., Christopher Pollitt, "Introductory Remarks," In Ewan Ferlie, Laurence E. Lynn, Jr., Christopher Pollitt (Eds.), *The Oxford Handbook of Public Management*, Oxford: Oxford University Press, 2007, p. 1.

一项非常重要的任务。只有当我们能够在社会治理创新的意义上去定义公共管理的概念时,才可能赋予这一概念革命性的内涵,才能在这一概念的基础上建构起全新的理论体系,并用来指导社会治理的实践,从而找到应对纷至沓来的危机事件向社会治理挑战的门径,把人类从"全球风险社会"中引领出来。

第三节 "新公共管理运动"与公共管理

一 英国的公共管理研究

我们知道,公共行政的概念是起源于英国的,但是,只要人们提起公共行政这门学科,首先就会想到美国。事实上,正是在美国的社会治理发展过程中建构起了这门学科。相反的情况是,公共管理的概念早在20世纪40年代就已在美国公共行政学界得以广泛流行,而且,70年代以后,在美国的一些公共政策学院的推动下,这一概念再度成为学者们乐意使用的概念。但是,公共管理能够成为一个可以与公共行政相并列的概念,则得力于一场发轫于所谓威斯敏斯特国家——英国、澳大利亚、新西兰等英联邦国家——的"新公共管理运动"。

就学术运动来看,在美国,"新公共行政"一词早在新公共行政运动之前便已成为学者们经常使用的一种提法,而新公共管理运动则早于"新公共管理"这一提法。今天,人们往往把新公共管理运动的起源追溯到70年代后期"撒切尔政府"的私有化改革,而新公共管理的提法则是因为1991年第1期的英国《公共行政》杂志发表了胡德的文章而正式进入学者们的视野的。当然,在此之前,与美国一样,公共管理的概念也已经在英国公共行政学界中流行开来,不同的是,英国的公共管理概念更多地受到了撒切尔改革的影响,[①] 因而与诞生在政策学院或工商管理学院中的美国的公共管理概念有着内涵上的不同。在某种意义上,正是由于看到了撒切尔改革与传统公共行政实践决裂的决心,英国学者才在"公共管理"一词前面加上了一个"新"字,并最终让这一

---

① Colin Duncan, "Introduction," In Colin Duncan (Ed.), *The Evolution of Public Management: Concepts and Techniques for the 1990s*, London: The Macmillan Press Ltd, 1992, p. xii.

新的公共管理概念取代了传统公共行政以及80年代美国的公共管理概念，从而成为理解90年代以来人类社会治理发展的关键词。在新公共管理运动这个问题上，年代上的准确确认是比较困难的。在撒切尔夫人的改革中，没有"新公共管理"这个提法，也没有人将其称为"新公共管理运动"，当时流行的称呼是"私有化"。但是，当胡德提出了"新公共管理"这个提法后，也由于20世纪90年代新公共管理运动显现出了一种不同于以往的特征，有了自己的模式化形象，人们才开始回溯式地把撒切尔夫人的改革以及里根的改革都归入新公共管理运动的范畴中去了。

凯特尔（Donald F. Kettl）认为："从20世纪的70年代到90年代中期，一场引人注目的革命席卷了世界的大部分地区。全球范围内，各国政府纷纷采取了管理改革，以求从公共部门中挤压出额外的效率——以更低的成本制造出更多产品和服务。威斯敏斯特国家——澳大利亚、英国，尤其是新西兰——被证明是世界上最激进的改革者，并被广泛地视为样板。从韩国到巴西，从葡萄牙到瑞典，政府部门改革已经改变了公共管理。"[1] 显然，在这段话中，凯特尔所说的"公共管理"所指的是政府的社会治理活动。不过，与之同时也发生改变的是关于社会治理活动的学术研究。在这场改革运动中，英国的公共行政研究首先形成了逐渐用公共管理的概念替换公共行政概念的学术发展轨迹。

我们知道，英国学者对公共行政的理解是与美国学者大不相同的，如果说美国学者对"政治—行政二分原则"总是抱有一种难以名状的迷恋的话，那么，在议会主权的政治体制下，英国学者则从来也没有真正接受把政治与行政进行严格区分的观点。在英国，"公共行政是建立在对一个议会制政府的政治模型和一个关于国家结构及其运行的专业化的官僚模型的接受之上的"[2]。相应的，"传统上，作为一个学科，英国公共行政被视为政治学研究的一个附属物，其实践也由一代又一代的政客与行政官员所主导，他们对于行政的政治背景以及服务于诸政治和行

---

[1] Donald F. Kettl, "The Global Revolution in Public Management: Driving Themes, Missing Links," *Journal of Policy Analysis and Management*, Vol. 16, No. 3 (1997), pp. 446–462.

[2] Andrew Gray and Bill Jenkins, "From Public Administration to Public Management: Reassessing a Revolution?" *Public Administration*, Vol. 73, No. 1 (Spring, 1995), pp. 75–99.

政价值之结合体的各种结构拥有一种共识"①。当然,由于实践的演进,也由于美国公共行政研究的影响,英国学术界关于公共行政的理解也不断地发生变化,但是,存在于英国学者中的基本共识一直是把公共行政学作为政治学的一个学术子系统来看待的。"然而,从 20 世纪 70 年代后期直到整个 20 世纪 80 年代,这些共识受到了猛烈的攻击,认为它们在理论上是有缺陷的,在实践上则是失败的。取而代之的是对市场、灵活而具有回应性的组织以及分权的强调。在公共部门研究的辞典中,'管理'一词开始取代'行政'的位置。"②

这种变化给英国的公共行政研究带来了极其深远的影响:"对于公共行政研究来说,撒切尔主义的到来预示了一个令人不安的年代。历届政府已经缩减了公共部门的规模,并将提供公共服务的效率置于向那些处于贫困之中的人们提供公共服务的需要之上。这些压力促使公共行政研究者将这一学科的重心与方向从政治与伦理考虑调整到一个更加强调管理的取向上来。大量研究经费被输送到关于中央政府的管理和效率的研究之中,教学也被推向了这一方向。尤其是本科以下的 BTEC(Business & Technology Education Council)项目,要求其公共行政课程拥有一种实质性的'技术'内容。在过去的十年里,大量公共管理研究生课程被创造了出来,其中的某些课程包含了此前的公共行政课程内容。"③ 可见,公共管理的概念是在 20 世纪 70 年代开始流行起来的,特别是在学术追求与改革实践相呼应时,公共管理的概念也就被刻上了撒切尔主义的印迹。

格雷(Andrew Gray)与詹金斯(Bill Jenkins)看到,"英国公共行政研究发展的结果包括:将公共行政研究重新定义、分离和安置为公共管理,在这一领域中引入许多新的角色,以及重构相关的文献。公共管理研究越来越多地不再被安排在大学中传统的政治科学部门,而是被安排在商学院(比如伦敦、阿斯顿与瓦利克大学)、专门的研究机构(比

---

① Andrew Gray and Bill Jenkins, "From Public Administration to Public Management: Reassessing a Revolution?" *Public Administration*, Vol. 73, No. 1 (Spring, 1995), pp. 75 – 99.
② Ibid., pp. 75 – 99.
③ J. A. Chandler, "Public Administration or Public Management?" *Teaching Public Administration*, Vol. 8, No. 1 (Spring, 1988), pp. 1 – 10.

如地方政府研究所、高级城市研究学院)、试图连接理论、实践与咨询世界的各种专业机构（公共管理基金会与公共财政基金会），甚至各种颇具争议的'智库'（亚当·斯密研究中心、欧洲政策论坛、经济事务研究所、公共政策研究中心）。这些机构之间存在着广泛的差异，但它们通常共享着一种不同于那些支持传统意义上的公共行政研究的机构（如前皇家公共行政学院）所拥有的方法和视角"[1]。

在这些机构的努力下，"公共行政似乎被描述为与一个过时的部门联系在一起的相当乏味的领域"。"许多人倾向于将这一领域视为没有什么激动人心的内容，而主要是面向有效执行的描述性的和条文性的分析。……另一方面，公共管理则被描述为一个紧跟时代步伐、切合像英国这样的美好新生意（brave new business）之需要的全新的动态主题。它是这样一种课程，可以在一个通过私有化而变得充满活力也更加苗条的公共部门中提供工作。它的支持者将它看成是对于一个更高效社会的一种令人兴奋的现代回应。"[2] 在如此强烈的对比之下，结果显然是不难预料的，那就是，英国公共行政研究很快地就把公共管理视为对自身进行重构的方向。结果，"这一学科已经变得更加'实用'，更加职业化，而不是维护其传统的边界。特别是，在 PCFC（Polytechnics and Colleges Funding Council）机构中，'公共行政'这一老名称正在迅速地消失"[3]。

不过，在钱德勒（J. A. Chandler）看来，虽然公共管理的概念已经非常流行，但所谓的公共管理研究却没有取得什么实质性的进展，相反，"一种以公共部门管理为名的学位之所以成长起来，可能更多的是基于这样一种信念，即一门名称中包含了管理一词的课程将比以公共行政为名的课程能够吸引更多的学生。许多理工学院和大学院系在没有对课程内容做出任何实质性改变的情况下将公共管理加到了公共行政之上，仅仅反映出了一种关于学生偏好的时代风气。在全英学术奖项理事

---

[1] Andrew Gray and Bill Jenkins, "From Public Administration to Public Management: Reassessing a Revolution?" *Public Administration*, Vol. 73, No. 1 (Spring, 1995), pp. 75–99.

[2] J. A. Chandler, "Public Administration: A Discipline in Decline," *Teaching Public Administration*, Vol. 11, No. 2 (Autumn, 1991), pp. 39–45.

[3] Ibid..

会上，一个由公共行政教师组成的调查委员会发布了他们的调查发现，让许多代表都看到，从行政到管理的更名能够吸引更多的学生参与课程，并且提供了许多可信的证据证明，如果对这一学科进行重新命名，则学生数量将会有更大规模的增加"①。

钱德勒认为，这样的更名行为实质上是一种欺骗，但这种欺骗行为又正好迎合了公共管理支持者们关于市场决定一切的信条。因而，在短期内，它得到了一种变相的合理化，但从长期来看，它必将破坏这一领域继续发展的基础。"这种不道德的欺骗从长远来看将是一种自杀式的策略。如果公共行政学者对他们的学科感到如此绝望，以至于不得不窃取另一个名称来描述它，则这一学科缺乏信心的状况就变得恶化，它离消失也就更近了一步。"② 也就是说，尽管公共管理的概念日益流行，但关于公共管理的实质性研究却处于一种极度贫乏的状态。所谓公共管理研究，其实只是对公共行政学的一种扭曲与剪裁。钱德勒的不满，正是对公共管理研究的这一现实状况的表达。

既然公共管理研究所表现出来的仅仅是对公共行政的一些主题的扭曲，那么，对公共管理研究产生怀疑甚至否定也就在情理之中了。事实就是如此，钱德勒明确地反对公共管理研究，他认为："将狭隘的公共管理研究——事实上就是被剥夺了政治、社会与道德内容的公共行政学——与公共行政研究相比，认为前者是有趣的而后者是乏味的这样一种观点是非常荒谬的。一种缺乏政治或道德内容的关于管理技术的研究应当被看成是乏味且不真实的。相反，公共行政则是一个有趣得多且更有挑战性的主题，它要求不仅研究好的管理实践，而且分析其在一个广泛的社会与道德背景下的可行性。如果关于一个学科领域的一种更为广泛的分析解释比一种更狭隘的实际分析更加可取的话，则公共行政应当在研究的深度、刺激性和有趣性上获得轻而易举的胜利。"③

在钱德勒的这段话中，我们可以看到一些与美国不同的情况。在美国，由于公共管理研究存在着 B 途径与 P 途径两种不同的途径，因而

---

① J. A. Chandler, "Public Administration: A Discipline in Decline," *Teaching Public Administration*, Vol. 11, No. 2 (Autumn, 1991), pp. 39–45.
② Ibid..
③ Ibid..

在公共管理研究中包含着对公共行政概念的不同认识和理解。而且，这种对公共行政概念的不同理解实现了公共管理概念建构上的相互牵扯，起到一种制衡和"中和"的作用，以使公共管理的管理主义倾向不会显得过于激进。英国在这一问题上就有所不同了，它因为缺乏 B 途径和 P 途径这两种不同的研究取向，从而在管理主义的方向上前进得更加坚决，使得公共管理这个概念显得更加偏激，成为完全反公共行政的概念。

正是由于这个原因，试图维护公共行政研究传统的钱德勒表达了他激烈的反对意见。不过，在滚滚涌动的市场大潮面前，钱德勒对于公共行政研究所持的乐观态度注定是悲剧性的。1990 年，《公共行政》杂志增设了一个"公共管理"专栏，① 这表明，公共管理研究完全攻陷了英国公共行政研究的传统阵地。1991 年，该杂志发表了克里斯托夫·胡德的著名论文《一种普适性的公共管理?》，将 70 年代以来的市场化改革正式命名为"新公共管理"（NPM），并通过对这一模式及其各要素的经典性归纳而对 70 年代以来的西方政府改革浪潮作出了第一次系统的理论总结，也将英国式的公共管理研究推向了整个世界。

二 何谓"新公共管理"

需要指出的是，尽管"里根革命"在时间点上要晚于撒切尔的"私有化"，但即使在"里根革命"之前，市场化与分权等主题也并不是英国公共行政研究的"专利"，相反，无论是在约翰逊的"伟大社会"还是在尼克松的"新联邦主义"中，分权都是行政改革的一种基本取向，也是学术研究的重要主题，② 美国的"市场化"事实上已经发

---

① R. A. W. Rhodes with Charlotte Dargie, Abigail Melville and Brian Tutt, "The State of Public Administration: A Professional History, 1970 – 1995," *Public Administration*, Vol. 73, No. 1 (Spring, 1995), pp. 1 – 15.

② Herbert Kaufman, "Administrative Decentralization and Political Power," *Public Administration Review*, Vol. 29, No. 1 (Jan. – Feb., 1969), pp. 3 – 15; David O. Porter and Eugene A. Olsen, "Some Critical Issues in Government Centralization and Decentralization," *Public Administrative Review*, Vol. 36, No. 1 (Jan. – Feb., 1976), pp. 72 – 84, 等等。

展到了催生出"再私有化"①、"第三部门"② 等概念的地步，表明社会结构因市场化而发生了重大变革。但在美国人的观念中，直到 90 年代之前，这一类主题在很大程度上仍然被视作内容已经极度泛化了的公共行政的内容，而没有与公共管理的概念建立起独特而稳定的联系。所以，在美国，公共管理的概念主要是一个由政策学院加以使用的专门术语。在英国，由于其公共行政概念包含着浓烈的政治属性，致使那些具有明显"去政治化"色彩的主题与公共行政的概念相冲突，从而不得不被归入公共管理的概念之下。正是由于这个原因，英国的公共管理概念从一开始就表现出与美国的公共管理概念的不同特征。

另一方面，从钱德勒的叙述中又可以发现，英国的公共管理概念在含义上也存在着不确定性，既有人试图将其与撒切尔主义的政府改革相联系，也有人只是把它看成公共行政学中的技术方面，因而，学者们对于这一概念的使用也是比较随意的。1991 年，胡德发表了《一种普适性的公共管理?》，明确地使用了"新公共管理"的提法来指称以撒切尔改革为代表的西方政府改革运动，为此后英国甚至世界范围内的公共管理研究开辟出了一种不同于美国的途径。

胡德指出："'新公共管理'（NPM）的兴起是过去 15 年公共行政中最引人注目的国际潮流之一。尽管本期杂志中其他论文所报告的研究主要是基于英国的经验，但 NPM 绝不只是英国独有的一种发展。NPM 的兴起与其他四股行政'元潮流'有关，它们是：（1）减缓或逆转政府增长——在公开的公共支出与人员上——的努力；（2）从核心政府机构转向私有化与准私有化，并重新强调前者在服务提供上的'辅助性'；（3）自动化的发展，尤其是在信息技术与公共服务的生产与分配上；（4）一种更加国际化议程的发展，除了公共行政中单个国家专业主义的旧传统以外，日益聚焦于公共管理、政策设计、决策风格与政府

---

① Peter F. Drucker, *The Age of Discontinuity: Guidelines to our Changing Society*, New York: Harper & Row, 1969.

② Amitai Etzioni, "The Third Sector and Domestic Missions," *Public Administration Review*, Vol. 33, No. 4 (Jul. - Aug., 1973), pp. 314-323.

间合作的一般问题。"①

更准确地说,"NPM 的起源可以被解释为两种不同理念的联姻。一方是'新制度经济学',它建立在我们现在非常熟悉的二战后公共选择、交易成本理论以及委托—代理理论发展的基础上。……'婚姻'中的另一方是公共部门中一系列企业类型的'管理主义'浪潮的最新发展,它所继承的是国际科学管理运动的传统"②。胡德看到,尽管都可以被归入 NPM 的范畴之中,但在不同国家中,NPM 的侧重点是不一样的。"即使是在'威斯敏斯特模型'传统之内,'婚姻'双方的相对优势也因时因地而有所不同。例如,在新西兰的独特环境下,公共选择、交易成本理论以及委托—代理理论的综合明显处于优势地位,造就了一场具有不同寻常一致性的理论驱动的 NPM 运动。但在英国和澳大利亚,企业类型的管理主义则更加突出,造就了一种更加实用主义而在理论上不那么优雅的 NPM 或'新泰勒主义'。"③

不过,如果抛开上述这些差异的话,那么,不同国家的 NPM 还是有着非常明显的共性的。胡德也对此作了详细的描述,并概括出了构成"新公共管理"的七大要素:"(1)转向更加分散化的公共组织,并成为提供公共部门产品的独立运营单位(每个都是独立的,具有事实——如果不是法律上——的独立组织身份,在资源决策上进行更大程度的分权,并处于一场朝向单行预算、任务陈述、业务计划与管理自主的运动之中)。与这一公司化的运营方式相对的则是通过一个单一集中单元中的'半匿名'组织提供所有公共服务的进步主义公共行政(PPA)方式,这种方式拥有详细的适用于全机构的规则、关键操作领域中的共同服务供给,以及对工资谈判和人员配备水平的事无巨细的中央控制。(2)转向公共部门组织之间以及公共部门组织与私人部门之间的更强竞争。与朝向一种更具竞争性的方式的目标相对的,是将准终身制的'指定'职能指派给公共部门组织的 PPA 方式,也就是被无限期分配给特定'特权'生产者的圈养市场。(3)在公共部门内更大程

---

① Christopher Hood, "A Public Management for All Seasons?" *Public Administration*, Vol. 69, No. 1 (Spring, 1991), pp. 3–19.
② Ibid..
③ Ibid..

度地借鉴广泛采纳自私人部门中的管理实践，而不是像 PPA 一样，使用所谓专属公共部门的工作方法。(4) 更加强调资源使用上的有序性和节约性，并积极寻找更加低廉成本的提供公共服务的替代方式，而不是把重点放在制度连续性、机构维持与政策发展上。(5) 更多强调'抓手管理'（hands-on management，即高级管理者通过行使裁量权来对公共组织施以更积极的控制）而不是传统 PPA 的'放手管理'（hands-off management），后者所涉及的是在公共部门组织高层的相对匿名的官僚，旨在防止被任人唯亲与打击报复的人事管理规则严格地包围起来。(6) 强调根据所要提供服务的范围、层次与内容来为公共部门组织制定更为详细和可以衡量（或至少可以检验）的绩效标准，而不是相信公共部门中的专业标准和技能。(7) 尝试依据预先设定的产出标准（尤其根据以报酬为基础的在职绩效而不是教育等级）而以一种更加'自动平衡的'方式来控制公共组织。"①

显然，无论是相对于美国的公共行政概念还是相对于英国传统上的公共行政概念，以上这些内容都是一些新的要素。因而，胡德把包含这七大要素的 NPM 看成是主要形成于美国进步主义时期的传统公共行政 PPA 的一种替代模式。胡德认为："对于进步主义公共行政（PPA）而言，民主责任取决于对注定与之相伴的腐败、浪费与低能的限制。……进步主义公共行政的责任范式强调两条基本的管理原则。其一是从连贯性、道德观、工作方法、组织设计、人、奖励以及职业结构等各个方面保持着公共部门与私人部门的显著区别。……其二是通过一个旨在防止任人唯亲与腐败的复杂的程序性规则结构来缓冲政治与管理裁量权的行使，并在政客与特定公共服务'信托'的稳定监护人之间保持必要的距离。"② 作为 PPA 的替代模式，"NPM 包含了一种关于公共责任的不同理解，拥有不同类型的信任与不信任，因此也拥有一种不同的追责方式。NPM 奠基于对 PPA 两大基本原则的颠覆，即缩小或消除公共与私人部门之间的差异，并将所强调的重点从过程责任转向一种以结果为依

---

① Christopher Hood, "The 'New Public Manageemnt' in the 1980s: Variations on a Theme," *Accounting, Organizations and Society*, Vol. 20, No. 2/3 (1995), pp. 93–109.

② Ibid..

据的更强的责任要素。审计是这一新的责任观念中的关键要素,因为它反映了对市场与私人企业方法(不再被等同于有组织犯罪)的高度信任,特别反映了对公务人员和专业人员(现在被视为预算最大化的官僚而不是伪苦行僧)的不信任。因此,后者的活动应当受到审计技术更严厉的核算与评估。NPM 的理念通过经济理性主义的语言得到了表达,并得到了高级公共职位中新一代的'经济官僚'(econocrats)与'审计官僚'(accountocrats)的推动"[1]。在这里,胡德从责任的角度阐述了 NPM 与他所理解的作为传统公共行政代表的 PPA 的基本差异,并提出了用 NPM 替代 PPA 的主张。

作为《公共行政》杂志的编辑,罗兹(R. A. W. Rhodes)在这期杂志的介绍文字上呼应了胡德关于新公共管理的提法:"20 世纪 80 年代见证了一种坚决的努力,要在英国政府的所有层级上贯彻经济、效率与效能的'3E'标准。作为一场既不局限于'3E'也不局限于英国的运动,'新公共管理'包含以下核心原理:一种对于管理而不是政策的关注,强调绩效评估与效率;将公共官僚机构分散化为以使用者付费为基础的相互关系的机构;使用准市场与合同外包以促进竞争;成本削减;建立起一种强调产出目标、短期合同、金钱激励以及自主管理的管理方式。"[2]

这样一来,新公共管理的概念正式进入了英国主流公共行政学界,也成了 70 年代以来以"私有化"、"市场化"为取向的政府改革运动的旗帜。同时,"新公共管理"这一名称也迅速地传向了大洋彼岸,其标志就是,奥斯本与盖布勒出版了《再造政府》一书,从十个方面详细阐述了"企业家政府"的基本内容。尽管这本书并没有使用"新公共管理"的提法,但由于它的主张与胡德、罗兹等人对新公共管理的概括高度一致,所以,这本畅销书很快就被人们与同样流行的"新公共管理"的提法联系到了一起,"掌舵,而不是划桨"也被"新公共管理运动"的支持者们奉为座右铭。

---

[1] Christopher Hood, "The 'New Public Manageemnt' in the 1980s: Variations on a Theme," *Accounting, Organizations and Society*, Vol. 20, No. 2/3 (1995), pp. 93 – 109.

[2] R. A. W. Rhodes, "Introduction," *Public Administration*, Vol. 69, No. 1 (Spring, 1991), pp. 1 – 2.

此后，新公共管理的概念在学术文献中的出现频率逐年上升，根据 BIDS（Batu Information Data Systems）的数据，"'新公共管理'一词没有出现在整个 20 世纪 80 年代学术论文的标题、关键词或者摘要之中，它们首次出现在 1993 年。数据显示出了'新公共管理'作为一个社会科学关键词的稳定增长：1993：2；1994：5；1995：12；1996：16；1997：22；1998：30"[①]。"到了 20 世纪 90 年代末，'新公共管理'一词在学术、政府和组织讨论中得到了国际层面上的广泛使用。"[②] 至此，新公共管理运动已经不再仅仅是一场政府改革运动，同时也成了公共行政研究领域中的一场声势浩大的学术运动。

三 公共管理概念的多元建构

应当看到，在胡德提出新公共管理的提法之前，无论在英国还是在美国，都主要是把公共管理作为一个研究主题对待的，而在胡德提出了新公共管理的提法之后，"公共管理"一词被赋予了一种形成于进步主义时期的公共行政模式的替代方案的意义。但是，无论是作为一个研究主题，还是作为一种实践模式，70 年代以来的公共管理概念都被赋予了强烈的反公共行政取向：作为研究主题，它力求把自己与传统的公共行政研究区别开来；作为实践模式，它试图颠覆公共行政的基本价值追求。在此意义上，无论是否在"公共管理"一词前加上"新"的定语，都是以一种新的公共管理概念出现的。另一方面，当公共管理与"新"的定语固定地联系到一起的时候，又被赋予了特定的内涵，用来指称一场特定的政府改革运动。

与 20 世纪初期发生在美国的市政改革及其市政研究运动不同，新公共管理运动是一场席卷了主要西方国家，并逐渐扩散到整个世界的全球性的政府改革运动。尽管以胡德为代表的一些学者试图为这场运动勾

[①] Sandra Dawson and Charlotte Dargie, "New Public Management: An Assessment and Evaluation with Special Reference to UK Health," *Public Management: An International Journal of Research and Theory*, Vol. 1, No. 4 (1999), pp. 459–481. 胡德论文中的"新公共管理"出现在摘要之中，但该数据库没有收录该杂志的摘要信息。

[②] Sandra Dawson and Charlotte Dargie, "New Public Management: An Assessment and Evaluation with Special Reference to UK Health," *Public Management: An International Journal of Research and Theory*, Vol. 1, No. 4 (1999), pp. 459–481.

画出一个基本的轮廓，寻找其共同的方面，但不同国家之间的差异是不容抹杀的。因此，由新公共管理运动所建构起来的公共管理概念也必定比形成于市政研究运动中的公共行政概念更加复杂，受到来自更多方面的力量的影响。事实上，所谓 NPM 也并不像胡德所说的那样是一种普遍适用的模型。比如，费利耶（Ewan Ferlie）等人就指出了 NPM 的四种模型，分别是：效率驱动；小型化与分权；追求卓越；公共服务导向。其中，前三种模型都生成于 80 年代，第四种模型是 90 年代以来逐渐发展起来的。"NPM 模型 4（公共服务导向）目前发展最不充分，但仍在展示其巨大的潜力。它代表了对私人与公共部门管理理念的一种结合，通过描绘出一种独特的公共服务使命来重新赋予公共部门管理者活力，但又与源于私人部门并可以向公共部门转化的那种关于良好实践的高质量管理的公认理念相协调。"① 在这里，如果说前三种模型仍然可以被放入胡德对于 NPM 所作的定义之中的话，那么，NPM 模型 4 则与胡德笔下的 NPM 大为不同，而是更多地受到了公共行政研究中公共服务取向的影响。这表明，新公共管理运动不仅在不同国家和地区具有不同的侧重点，而且在不同的时期也有着不同的主题。具体来说，90 年代以来，新公共管理以及公共管理的概念都有着一种走向规范化的趋势。

1999 年，在一篇回顾性的文章中，道森（Sandra Dawson）和达吉（Charlotte Dargie）写道："在过去十年关于新公共管理的讨论中，可以指出，尽管新公共管理最初是根据管理主义与理性选择而得到概念上的定义的，但随后的辩论则包含了关于伦理、责任、民主、规制以及公共部门内在本质的探讨。这一变化重新证明了可以被定义为传统'公共'部门概念和公共部门价值的事物的切题性。我们可以将新公共管理的这些发展解读为是对其在 20 世纪 90 年代后期发展并扩展为一个更加鲜明的'公共'概念的一种明证。"② 也就是说，在整个 90 年代，在新公共

---

① Ewan Ferlie, Lynn Ashburner, Louise Fitzgerald, and Andrew Pettigrew, *The New Public Management in Action*, Oxford: Oxford University Press, 1996, pp. 14 – 15.

② Sandra Dawson and Charlotte Dargie, "New Public Management: An Assessment and Evaluation with Special Reference to UK Health," *Public Management: An International Journal of Research and Theory*, Vol. 1, No. 4 (1999), pp. 459 – 481.

管理问题的研究中出现了主题上的变化，学者们逐渐为这一概念注入了许多规范性的内容。这一点，在美国公共行政和公共管理学界表现得尤为明显。在某种意义上，突出了公共管理概念的规范性内容可能反映了美国学术界的基本状况。因为，与其他国家相比，美国的人文社会科学在规范研究方面显得更为成熟一些，而且学科间的交往途径也最为畅通。在此背景下，公共管理也就自然而然地吸收了其他人文社会科学的研究成果，增强了公共管理概念的规范性内容。

就美国的情况来看，《公共行政评论》在1998年推出了一期名为"领导、民主与新公共管理"的特辑，根据90年代中期以来的研究状况，对新公共管理的概念作出了一系列新的说明。在这期杂志中，特里（Larry D. Terry）认为："企业家模型已经受到了怀疑，因为它的支持者没能针对民主责任这一难缠的问题提出有说服力的观点。那些致力于民主理想的人对于公共企业家总是抱着一种怀疑，不相信他们能够或者愿意抛弃自私自利的行为而支持公共利益（无论如何定义）。新管理主义者所倡导的公共企业家恰恰使这一问题变得恶化了，因为，蕴涵在新管理主义之中的理论无法满足任何一种公共利益的观念。由于公共选择理论与组织经济学信奉方法论上的个人主义，又由于自利是这些理论的核心，因此有理由怀疑，'公共利益'与'公共善'的观念在这些理论中不会具有什么思想地位。……因此，新管理主义版本的公共企业家需要得到检讨。在民主治理的层面上，由于烦人的责任问题，公共企业家对民主构成了一种严重的威胁。"①

其实，还不仅仅是理论取向上存在着这些问题，新管理主义实践自身也存在着矛盾，并经常性地处于一种两难境地："公共企业家肯定拥有一种内在的自利、冒险与不循常规的取向，为倡导解放和市场驱动式管理的人制造了一种困境。一方面，这些品质是值得赞扬的，它们帮助公共企业家作出了创新和激进的变革；另一方面，这些品质又加深了许多美国人对官僚权力的忧虑，进而，这些忧虑又强化了这样一种观点，

---

① Larry D. Terry, "Administrative Leadership, Neo-Managerialism, and the Public Management Movement," *Public Administration Review*, Vol. 58, No. 3 (May – Jun., 1998), pp. 194 – 200.

即我们需要对公共企业家作出更多而不是更少的限制，以保证他们对我们负责。"① 也就是说，企业家模型内含着一种创新与责任的两难困境，这使它在实践中往往造成一些悖论性的后果。作为一种新的责任实现机制，它经常性地使民主责任的实现遭遇无法得到保障的尴尬。

应当承认，经历了工业革命后，国家与政府发生了分化，在此前提下，政府在直接的意义上主要考虑的是管理上的问题。但是，在整个近代以来的社会中，民主任何时候都被看作是一种上位价值，是属于国家层面的价值。然而，新公共管理却呈现出了反民主的倾向，在回避对政治价值问题的关照中用实际行动为民主掘墓。虽然新公共管理在一个时期内大获成功，但受到一些较为谨慎的学者的怀疑也是在情理之中的。林恩（Laurence E. Lynn, Jr.）就断定："尽管被赞美者称为一种新的范式，但新公共管理却是一个昙花一现的主题，很可能因为许多原因而走向衰落：（1）激发了这一概念的威斯敏斯特改革的最初形象最终将在政治更替中受到破坏，党徒及学者们都将在宣布新公共管理的蜕变或消亡中发现新的机会；（2）随着跨越国家和部门的比较研究的不断累积，各种改革之间的根本性差异将迅速地遮蔽其表面上的共性；（3）'新的'一词将被视作对生成中的研究形式或对象的一个不便的修饰语；（4）政治论辩将需要一个新鲜的主题，以吸引人们对于新一波的改革观念的支持。我们中的许多人现在已经可以开始写新公共管理的验尸报告了。"②

尽管林恩认为新公共管理运动即将衰落，但他又承认，要彻底拒绝新公共管理的主张也是不切实际的。这是因为，效率是公共行政永远也不能缺失的目标。在此意义上，学者们应当做的只能是重构新公共管理的内涵，尽可能地使其与民主的上位价值相一致。对于这一问题，道森和达吉也作出了相同的思考："传统上将公共领域视为其保留地的学者们发现它受到了管理观念的入侵。我们可以将此解释为一个简单的选

---

① Larry D. Terry, "Administrative Leadership, Neo–Managerialism, and the Public Management Movement," *Public Administration Review*, Vol. 58, No. 3 (May – Jun., 1998), pp. 194 – 200.

② Laurence E. Lynn, Jr., "The New Public Management: How to Transform a Theme into a Legacy," *Public Administration Review*, Vol. 58, No. 3 (May – Jun., 1998), pp. 231 –237.

择，要么批判与拒绝（新公共）管理的观念，去寻找一些替代方案；要么把它接纳为一个属于自己的概念，并寻求根据公共部门的语境来形塑与调节其含义。20世纪90年代后期的概念探讨表明，许多评论者已经作出了后一种选择，这是因为，选择反对改进效率的立场就等于选择了工业革命期间破坏机器的卢德派的立场，因而，也就失去了他们想要影响的群体的倾听。"①

我们知道，现代民主是一种代表制民主，衡量一个国家是否民主的基本标准主要在于其政治系统是否具有代表性。因而，要使新公共管理与民主相一致，就意味着新公共管理也需要具有代表性。凯利（Rita Mae Kelly）的设想是："考虑到大多数公民——即使是作为政府产品与服务的消费者——很少拥有如何选择的足够信息与知识，即他们拥有'有限理性'，公民们经常向同他们持有相同观点的领导者或代表求助，以在什么才是'最好的'决策的问题上得到指导。如果民选官员不能或不愿履行这一职能，反而在官僚机构或外包机构中拥有可能体现他们观点的代表，那么，就可以成为一种可行的替代方案。在新公共管理结构之中，代表性官僚制与多元政治领导有助于消费者/公民接受这一观念，即关于一种特定政策及其执行的社会平衡已经得到了实现，公平正义也已经发生，尽管在特定情况下，特定消费者/公民可能并未得到如同他或她的邻居或敌人那样的同等对待。"② 因此，"在一个具有地理多样性的民主政体中，代表性官僚制可以提高新公共管理与传统等级结构的效率与效能。它们有助于在政治侵入了执行的时候实现被理性选择理论家视为必不可少的社会平衡，也可以在选定情境中帮助管理者强调竞争性和真正的市场条件的缺乏"③。在这里，通过对代表性官僚制的一

---

① Sandra Dawson and Charlotte Dargie, "New Public Management: An Assessment and Evaluation with Special Reference to UK Health," *Public Management: An International Journal of Research and Theory*, Vol. 1, No. 4 (1999), pp. 459–481.

② Rita Mae Kelly, "An Inclusive Democratic Polity, Representative Bureaucracies, and the New Public Management," *Public Administration Review*, Vol. 58, No. 3 (May – Jun., 1998), pp. 201–208.

③ Rita Mae Kelly, "An Inclusive Democratic Polity, Representative Bureaucracies, and the New Public Management," *Public Administration Review*, Vol. 58, No. 3 (May – Jun., 1998), pp. 201–208.

种实用主义解释，凯利试图发现新公共管理与民主之间协调的方案。

考察美国 90 年代新公共管理运动的新进展，可以发现，由于众多学者的共同努力，尤其是代表性官僚制的引入，新公共管理的概念被纳入了公共行政学的规范研究传统之中，其甫一出现时的反公共行政内涵变得越来越稀薄了。或者说，新公共管理的概念出现了公共行政化的趋势。在这种情况下，公共管理与公共行政概念的区别也就变得模糊了起来。比如，在进入新世纪后出版的一本考察公共管理历史的著作中，林恩就认为："公共管理是一个充满争议的概念，与其之前的'行政管理'（administrative management）一样，在争取其作为一个学术与实践范式的永久地位的努力上已经失败了。"① 这是因为，"在行政与管理的概念之间，无法作出决定性的区分，尽管许多学者都试图作出这一区分。我还主张，公共管理并不仅限于'管理者所做之事'，也不限于政府运作。因此，公共行政的历史——它包含了权威结构、'最佳实践'和制度化价值的出现与演化——同样也是公共管理的历史。换句话说，本书中关于被某些人称为（法国、德国、美国以及英国的）旧公共行政的章节与那些讨论近年来的 NPM 与管理主义的章节是在同等程度上与公共管理有关的。……尽管我在整本书中都被诱使而使用'公共管理'的概念，但这一用法无疑会激怒那样一些读者，他们往往认为公共行政的概念不仅是可以接受的而且是具有历史正当性和准确性的。当我认为语境需要的时候，我选择了'公共行政'的概念。而在两个概念都可能适合的地方，我则使用了'公共管理'的概念"②。从林恩对他自己用词上的交代可以看出，在学术研究已经实现了公共管理概念的公共行政化之后，是没有必要在"公共行政"与"公共管理"两个概念之间再作出区分了。

不仅如此，在这本覆盖了从古希腊与古中国直到 21 世纪的社会治理思想的著作中，林恩还对公共管理作了一种泛历史主义的解释，即认为人类的社会治理史就是一部公共管理和公共行政的历史。在这本书

---

① Laurence E. Lynn, Jr., *Public Management: Old and New*, Taylor & Francis e-Library, 2006, p. 10.

② Ibid., p. xii.

中，林恩列举了历史上的"公共管理大事记"，比如：第一项，公元前4世纪，申不害的行政原则；第二项，公元前124年，西汉创立"太学"，以"教授公共服务的价值与观念"；第三项，公元529年，第一份查士丁尼法典公布；第四项，1154—1189年，英国普通法形成……①根据这一记录，"这一领域可能起源于古代中国"②。林恩的泛历史主义解释在新公共管理概念的提出者胡德那里得到了呼应。在1998年出版的《国家的艺术》这本书里，胡德花了大量笔墨来讨论诸如"父权主义：儒家公共管理思想"、"'古希腊合唱队'：公共管理中的宿命论"等问题，③ 同样把公共管理的历史向前推进了2000多年。虽然为一种现代现象去寻找远古模型是西方近代以来学者们的共同嗜好，比如，早期的资产阶级学者在反封建的过程中为了证明民主的合理性和正当性，就在古希腊那里杜撰出了民主的典范；但是，在公共管理的问题上，采取如此泛历史主义的做法究竟有何意图，则是让人难以理解的。因为，这既不符合科学讲究事实的原则，也缺乏政治动机。也许，这只是这个学科普遍缺乏历史意识的又一种表现而已。

公共管理概念的公共行政化和泛历史主义解释都是90年代以来公共管理概念探讨中出现的新迹象。除此之外，胡德早期关于新公共管理的经典阐述也仍然拥有大批的支持者。事实上，到了90年代后期，公共管理的概念已经变得与公共行政的概念一样，具有了多元性和复杂性的内涵，关于它的反公共行政解释与公共行政化的解释，也处于一种相对稳定的对峙之中。这表明，在经历了早期新公共管理运动的冲击之后，公共行政学界中规范主义与实证主义的平衡得到了恢复。因而，公共管理的概念也被纳入了这种平衡之中，并能够在这种平衡中得到多元主义的解释。林恩就描述了关于公共管理概念的三种解释："美国公共行政学的经典文献将管理视为公共行政官员裁量权力的依法负责行使。

---

① Laurence E. Lynn, Jr., *Public Management: Old and New*, Taylor & Francis e-Library, 2006, p. xiii.

② Laurence E. Lynn, Jr., "Public Management: A Concise History of the Field," In Ewan Ferlie, Laurence E. Lynn, Jr., Christopher Pollitt (Eds.), *The Oxford Handbook of Public Management*, Oxford: Oxford University Press, 2007, p. 29.

③ ［英］胡德：《国家的艺术：文化、修辞与公共管理》，彭勃、邵春霞译，上海人民出版社2008年版。

根据这种观点，公共管理是一种治理结构，是旨在使政府有能力行使人民意志的管理裁量权的一种合乎宪法的、适当的正式化。相反，近来的文献则倾向于将公共管理视为一种技艺，即个体在行使管理职责时所展现出来的熟练操作。在公共管理者负责任地实践其技艺——他们尊重宪法约束，并通常能够体现出被广泛视为合法的与适当的（而不是党派性的或自私的）价值——的意义上，公共管理又意味着更多：一种宪政制度。作为一种制度，公共管理遵循'实践规则'，是对行为的实际限制或指导，这保证了它在一个宪政政体中的合法性。因此，公共管理可以被恰当地理解为一种结构、技艺与制度：'管理'、'管理者'与'负责任的实践'。"①

其实，这里的三种解释都只是林恩的解释，或者说是林恩所理解的解释。实际上，与公共行政的概念一样，公共管理的概念也已经进入了一个多元主义的时代，学者们若想对各种不同的解释进行通约并进而整理出一种得到公认的公共管理概念，已经变得不可能了。但是，关于公共管理的理论建构应当是有价值的，正如关于公共行政的理论建构也是有价值的一样，而这正是当前的公共管理研究所欠缺的。在我们看来，人类社会已经进入了一个全新的发展阶段，关于人类社会治理新模式的探寻，也许可以在公共管理的概念下进行。如果说公共管理与公共行政的概念有什么不同的话，恰恰需要在人类社会治理转型的意义上来加以理解。因此，对公共管理的全新理论建构是必要的，但是，这种理论建构是要走出既有的研究途径和思维模式的。

---

① Laurence E. Lynn, Jr., "Public Management," Prepared for the Forthcoming *Handbook of Public Administration*, to be Published by Sage Publications, Inc., 2001, http://harrisschool.uchicago.edu/about/publications/working-papers/pdf/wp_01_24.pdf, Accessed on Apr. 10, 2012.

第六章　多元语境中的公共行政

"新公共行政运动"与"新公共管理运动"是公共行政发展史上最具标志性的两场运动，它们代表了关于政府行政活动的两种截然相反的认识。并且，就新公共行政运动是一场学术运动、新公共管理运动是一场改革运动而言，它们分别反映和汇聚了来自学术界和实务界的不同观点。也就是说，这两场运动的出现标志着公共行政的理论与实践出现了分裂，学者们不再像市政研究先驱们那样完全从实务者的需要出发来思考问题了。一方面，这意味着学者对实践的影响日益减弱，比如，与罗斯福政府高度依赖学者和专家来实施政府方案不同，克林顿政府在推行"国家绩效评估"时则几乎完全将学者排除在外；①另一方面，意味着学者们关于公共行政的理论思考获得了超越实务者的具体需要而进行宏观建构的可能。事实上，在20世纪，当工业社会呈现出一派繁荣景象的时候，一种否定工业社会的力量也于无声处积聚，由于学者有着天生的敏锐，从而以超脱实务的姿态去进行理论建构也是值得肯定的现象。

但是，当学者们的思考从实务者的狭隘眼界中解放出来时，关于公共行政概念的建构也就进入了一种多元主义的语境之中。其一，出于公共行政陷入了一场合法性危机的现实，以"黑堡学派"为代表的一大批学者从合法性的角度对公共行政进行辩护，从宪法、民主、性别、效率等各个方面寻找出了公共行政的合法性依据，或提出了公共行政的合法化建议，将合法性的观念注入公共行政的概念之中；其二，承袭

---

① ［美］里查德·J. 斯蒂尔曼：《美国公共行政重建运动：从"狂热"的反国家主义到90年代"适度"的反国家主义（下）》，闻道译，《北京行政学院学报》2000年第1期。

"新公共行政运动"的传统，学者们在公共行政研究中掀起了公民主义与行政伦理两大思潮，明确了公共行政维护公民权利的基本责任，并将鼓励与保障公民参与作为履行行政责任的基本方式，在参与治理中践行公共行政的公共性；其三，受到哲学中后现代主义思潮的影响，后现代公共行政理论异军突起，在公共行政研究中掀起了一场风行一时的"话语运动"，从后现代主义的立场出发对公共行政作出了全面的检讨与解构，并对现代主义公共行政的所有建制都表达了明确的反对。在多元主义语境中，公共行政的概念变得更加复杂且更具有不确定性，尤其是随着后现代公共行政理论的出现，附着在公共行政概念中的一切因素都开始变得可疑，这意味着我们即将进入一个全新的公共行政重构的时代。

第一节　合法性视角中的公共行政

一　公共行政的宪法合法性

合法性是现代社会科学语汇中的一个重要概念，却不是一个讨人喜欢的词语。作为一种关于存在理由的追问，当人们想到合法性的概念时，往往意味着出现了某种危机。也就是说，只是出现了某种危机状态时人们才会考虑合法性的问题。所以，如果一个领域热衷于合法性问题的探讨，就表明这个领域陷入了严重的危机之中。20世纪后期的公共行政领域便是这样的。在较为宽泛的意义上，国家及其政府存在的合法性一直是自由主义与国家主义两大思想传统的争论焦点，并且，在这个问题上，双方谁也没能够说服谁。因而，在理论上，国家及其政府的合法性问题一直悬而未决。

但是，在一个很长的时期内，关于政府及其行政的合法性问题，并未在相对而言较为狭隘的公共行政领域中受到追问，人们反而默认了政府及其行政的合法性。如果没有人们对政府及其行政合法性的默认的话，公共行政这门学科也就根本无法建立起来。也就是说，只有合法性的问题在政治学的领域中得到了解决才会为公共行政学留下探索的空间，否则，如果公共行政学探讨合法性的问题，那就与政治学没有什么区别了。所以，在早期的公共行政研究中，是没有关于合法性问题的探讨的。合法性的概念是在"新公共行政运动"中流行起来的。新公共行政运动对公共行政的存在价值发出了追问,要求公共行政正视其存在的合法性,并从合法性的角度出发提出了增强公共行政的"代表性"与"回应性"等主张。

在20世纪六七十年代的美国,尽管针对公共行政的怀疑已经开始蔓延,但"行政国家"仍在不断扩张其版图,因而公共行政所面对的合法性问题并不迫切。到了80年代,随着"新公共管理运动"的兴起,特别是"政府失灵"情况的增多,公共行政陷入了一场严重的合法性危机之中。随着危机的出现,合法性逐渐成了公共行政学者们思考的重心,学者们开始对公共行政的合法性建构进行研究,并为公共行政的概念注入了新的内涵。我们看到,1984年,在"公共行政理论网络"的非正式出版物《对话》上,文特里斯(Curtis Ventriss)指出:"我们今天所面对的问题远不止是理论问题。事实上,我们可以说,公共行政所面对的最为迫切的是合法性问题。"[1]

同样,葛德塞尔也描述了这一情况:"从20世纪70年代开始,美国的官僚机构成了人们对公共问题不满时随手可及的替罪羔羊,不停地被人们攻击着。包括总统在内设法要进入官僚机构的候选人在竞选时都声称政府里存在着大量的浪费、欺诈、滥用职权。……与此同时,媒体、立法者、社论作者和企业领导们想尽各种办法痛击官僚,蔑视政府雇员的话语铺天盖地地存在于周日的报纸增刊、动画片、报纸、广播节目和大量其他流行文化的载体中。"[2]"在最好的情况下,公共行政被视为满足公众——通过其民选代表而得到表达的——对于服务的需求的一种必要的恶,在最坏的情况下,则被视为有效提供这些服务的一种自私自利的障碍。不同于我们的民选官员以及法院,公共行政官员往往被认为不能合法地在政府过程中施加任何独立的影响。政府观察者都承认或经常接受独立行政行动的存在,甚至认为这种独立行动是不可避免的,

---

[1] Curtis Ventriss, "The Current Dilemmas of Public Administration: A commentary," *Dialogue*, Vol. 6, No. 4 (Summer, 1984).

[2] [美]查尔斯·T.葛德塞尔:《为官僚制正名——一场公共行政的辩论》,张怡译,复旦大学出版社2007年版,第11页。

但是，他们却很少在规范基础上去捍卫它或为之辩护。"①

事实上，在斯派塞（Michael W. Spicer）看来，这样的辩护根本就是不可能发生的，"无论如何努力，公共行政官员都无法获胜。他们处于一场意识形态的枪林弹雨之中，其中，媒体辩论经常类似于一种合法的猎杀，而不是一种开放、文明的观点交流。由于缺乏关于政府角色的共识，官僚机构越来越被视为某些集团以其他人为代价而谋求利益与特权的工具。许多20世纪80年代的保守主义者将公共行政官员视为他们努力增进自由、削减税收和政府规制的一个障碍，并导致了经济的低迷。相反，许多自由主义者则认为公共行政维护并强化了既有的社会与经济不平等，并使经济压迫得到了永久化。他们把指向他们认为会带来期望结果的宏大计划的失败归咎于公共行政。在这样一种歧异而充满敌意的意识形态氛围中，不难想见，无论公共行政曾经拥有过何种合法性，而现在这些合法性都已不复存在了"②。公共行政陷入了一场前所未有的合法性危机之中。

在现代社会科学的话语体系中，与合法性（legitimacy）相关的还有一个类似的概念，那就是合法律性（legality）。两者之中，前者具有更多的主观性，它体现了人们对于合法化对象的一种主观上的认同，或者说，对于这一对象的存在与行动表示了同意或认可；后者则具有更多的客观性，它反映了合法化对象与法律的客观依据之间的一致性。在某种意义上，后者是一种浅层的合法性，满足了形式上的要求就可以认定为具有合法性，而前者则是一种深层的合法性，虽然必然有着客观基础，却是根源于人们的认识和认同的，并不具有稳定的和明确的判定标准，或者说，没有一个可以把握的形式，即使采取定量分析的方式，所呈现出来的也只能是一种含糊的判断。

在工业社会的法治条件下，合乎法律是社会治理行为必须满足的基本要求。但是，仅仅合乎法律也并不能保证社会治理行为是具有合法性的，因为法律本身可能是与民意或者说主权者的意志相悖的，法律本身也有一个合法性的问题。比如，一些被认定为"恶法"的法律就不具

---

① Michael W. Spicer, *The Founders, the Constitution, and Public Administration: A Conflict in World Views*, Washington D. C.: Georgetown University Press, 1995, p. 2.
② Ibid., pp. 3-4.

有合法性。因而，合乎法律的社会治理行为却可能是不具有合法性的。在现代语境中，这种情况大多数是因为不符合民主的要求而引发的。在现代社会中，合法律性的社会治理行为如果是违背民主原则的，就可能得不到民众的主观认同，虽然具备了合法律性的一切特点，也可能是不具有合法性的。

因此，现代社会治理在合法性的问题上反映出了两个层次：第一，浅层次的合法性是指合法律性，即特定的社会治理行为必须合乎法律，要有明确的法律授权。这在理论上可以理解为，法律自身的合法性是不容置疑的，或者，法律自身的合法性已经经受过审查而被确认。第二，深层次的合法性是指社会治理行为必须得到民众的认同与同意，必须贯彻主权者的意志。一个健全的社会治理体系应当同时具备这两种合法性。具体地说，既要体现法治，又要贯彻民主的原则。如果一个社会治理体系只体现了法治，而没有贯彻民主的原则，那么，就必然会出现政治输入不足的问题，就会受到民众的质疑，甚至会被民众所抛弃。反之，如果一个社会治理体系只贯彻了民主的原则却没有体现出法治的特征，其社会治理行为就会失去理性的指引，而蜕变成一种激情的暴政。所以，这两个层次又是连为一体而不可或缺的。

关于政治部门的合法性问题，现代政治学往往从这两个层次进行非常细致的分析，也提出了许多政治合法化的方案。而在公共行政学中，关于合法性的话题则显得相对陌生。这是因为，从进步主义时代开始，公共行政就一直是受效率驱动的，或者说，合理性追求主导了公共行政的研究。同样，在实践中，关于行政行为的评价标准也是基于合理性的要求而制定的，至于合法性问题，则很少有人给予关注。所以，在公共行政的研究中，合法性问题也就长期被排除在了学者们的视野之外。新公共行政运动虽然从回应性的角度提出了公共行政的合法性问题，但在卡特政府的文官制度改革中，新公共行政运动所要求的行政官员对于公民的回应性被篡改成了行政官员对政治官员的回应性，[①] 因而，既剥夺

[①] Patricia Wallace Ingraham, David H. Rosenbloom, Carol Edlund, "The New Public Personnel and the New Public Service," *Public Administration Review*, Vol. 49, No. 2, Special Issue: Minnowbrook II. Changing Epochs of Public Administration (Mar. – Apr., 1989), pp. 116–126.

了行政官员直接的民主责任，也使回应性以及回应性意义上的合法性变成了加强政治控制与复辟政治分肥的一种说辞。

这表明，作为一个非民主机构，公共行政要想与作为民主机构的政治部门争夺合法性资源的话，那是非常困难的。因为，主动承担民主责任就等于向政治部门夺权，而这又可能威胁到政治部门的合法性，肯定是政治部门所不能允许的。另一方面，公共行政又的确陷入了合法性危机，尤其是在"新公共管理运动"兴起之后，公共行政的合法性受到了舆论的广泛质疑，尽管公共行政努力改善其输出状况，但效果并不明显。对于舆论以及公众的广泛质疑，公共行政的支持者们必须作出回应。这样一来，就陷入了一种悖论之中：公共行政既需要谋求合法化，又不能与政治部门争夺合法性资源。因而，公共行政学者们就必须去寻找其他的合法化途径。在罗尔（John A. Rohr）看来，这就需要诉诸美国独特的"政体价值"（regime values），也就是宪法价值。

罗尔认为："如果公共行政理论在根本上与构成了宪法主要基础的美国思想不一致，那它将很难被有效地整合进美国政治思想的宽广范围之内。……如果希望在行政国家合法化的问题上取得进步，我们就应当努力与宪法的浪潮共泳，而不是反对它。主权在民的宪法原则可以成为一个好的出发点，它教会我们将公共行政看成宪法本身的工具，而不是根据宪法规定产生的民选官员的工具。这意味着，行政官员变成了依据宪法而与控制公共行政的行为进行持续斗争的积极参与者，而不是无名小卒。"① 我们知道，美国宪法并没有对公共行政作出规定，甚至没有使用过"公共行政"这一表述，要想在宪法文本中寻找公共行政的合法性依据，显然是非常困难的。所以，罗尔强调的并不是宪法的文本，而是宪法所蕴涵的价值内涵，以及"构成了宪法主要基础的美国思想"。

通过对宪法的这种转换，也就使宪法成了公共行政的一个合法性依据。同时，在罗尔的这段话中，我们还看到，他通过对"主权在民"这一政治原则的重新解读，明确了公共行政与宪法之间的联系，

---

① John A. Rohr, "Professionalism, Legitimacy, and the Constitution," in Willa Bruce, (Ed.), *Classics of Administrative Ethics*, Boulder: Westview Press, 2001, p. 383.

从而否定了行政官员需要通过民选官员的中介来承载宪法价值的观点，这样一来，既为公共行政找到了宪法上的依据，也赋予了行政官员以宪法行动者的角色。所以说，罗尔为公共行政找到了宪法上的合法性，并因此而影响了一大批学者。在罗尔的影响下，1984 年，包括罗尔在内的五位弗吉利亚理工大学的学者在《对话》杂志上发表了后来被称为"黑堡宣言"的著名论文，重申了关于公共行政宪法合法性的主张。

在罗尔的分析基础上，"黑堡宣言"进一步主张："如果公共行政接受与坚持其道德权威，并正当地主张行政官员是治理过程中的在宪法上合法的参与者，将有益于对宪法中一个重大缺陷的矫正，即矫正宪法对代表问题的那种令人不满的解决。"① 这一表述其实是说，公共行政不仅具有宪法上的合法性，而且可以弥补宪法文本的不足。我们知道，在美国宪法文本生成的时候，利益集团政治尚未出现，因而，宪法关于代表性的规定没有考虑到利益集团的问题，因而无法解决利益集团政治条件下的代表性不平等的问题。"考虑到这一宪法缺陷，公共行政作为一种政府制度，拥有一种与一个被终身任命的法官和一个被东南内布加斯佳的少数公民勉强选上的国会新手或一个来自罗德岛的参议员一样正当的主张，可以在社会学和职能的意义上成为人民的代表。就此而言，公共行政作为一个整体可以与总统——他是由在少于 51% 的全民选票和 29.9% 的合格选民即将近 19% 的人口总数的基础上宣告胜利的选举团体和利益集团的联盟选举出来的——一样代表人民，而不是像政治评论家们那样，仅仅在民选官员身上寻找代表性。"②

显然，"黑堡宣言"汲取了人事行政探讨中的"代表性官僚制"思想，倡导通过行政职位的开放来帮助那些在政治代表过程中没能得到代表的群体重新得到代表，从而去增强整个社会治理体系——"宣言"将它表述为宪法秩序——的代表性与合法性。反过来，既然公共行政取得了增强整个宪法秩序的合法性之效果，那么，公共行政本身的合法性

---

① Gary L. Wamsley, Charles T. Goodsell, John A. Rohr, Orion F. White, Jim F. Wolf, "The Public Administration and the Governance Process: Refocusing the American Dialogue," *Dialogue*, Vol. 6, No. 2 (Winter, 1984).

② Ibid..

也就不成问题了。所以,"是时候让我们提出这一主张了,人民意志并不仅仅体现于民选官员,而是体现在一种可预期的宪法秩序之中的,在这种宪法秩序中,各种各样的参与治理过程的合法权利得以实现。基于宪法秩序的条款而建立起来的公共行政,也就同时拥有了其中的某些权利。因此,公共行政不应在一个拥有主权地位的立法会议或民选官员面前表现出退缩……相反,公共行政的任务是分担对由宪法制定者所制定的、作为人民——其本身就是主权者——意志之表达的宪法秩序的明智而良好的治理"①。

"黑堡宣言"的发表产生了广泛影响,在1988年召开的第二次明诺布鲁克会议上,英格拉汉姆与罗森布鲁姆等人就对这一主张表达了支持。他们认为:"美国公共行政能够合法地建筑在其之上的唯一基石就是宪法。公共行政不能仅仅是'一个事务领域'或社会公平的一个独立的促进者,而且应当是合宪的,在行政文化方面也可以是民主的。……联邦制度现在已更具有代表性、更分权、更灵活,比过去更注重参与和权利导向。然而,公共服务长久以来的合法性问题仍然没有得到解决。显然,在美国的政治文化中,一个行政上的'第四部门',只有在被完全融入这个国家的宪政框架之后才不会继续受到质疑。如果公共行政满足于管理或社会公平行动的价值,就无法实现融入宪政框架的目的。"② 因此,"未来的实质性挑战在于巩固与整合权利、代表、参与和分权,以使公共服务——行政国家的支柱——变成真正合宪的与合法的。公共行政必须被看成现代治理的一个必不可少的组成部分,而不是作为一个入侵者的'第四部门'。第一次明诺布鲁克会议的文本终止于对公务员教育的呼吁,第二次明诺布鲁克会议及其之后的文本也许会好好考虑公共服务的现实、合宪性及其合法性如何能够被传达给公众和民

---

① Gary L. Wamsley, Charles T. Goodsell, John A. Rohr, Orion F. White, Jim F. Wolf, "The Public Administration and the Governance Process: Refocusing the American Dialogue," *Dialogue*, Vol. 6, No. 2 (Winter, 1984).

② Patricia Wallace Ingraham, David H. Rosenbloom, Carol Edlund, "The New Public Personnel and the New Public Service," *Public Administration Review*, Vol. 49, No. 2, Special Issue: Minnowbrook II. Changing Epochs of Public Administration (Mar.-Apr., 1989), pp. 116–126.

选官员,特别是应当考虑公共行政如何能够被完整地植入政治文化之中"①。也就是说,公共行政必须从合宪性的角度重新得到建构,以使权利、代表、参与和分权等宪法价值都能得到体现。在这里,传统公共行政对于管理的强调和新公共行政运动对于公平的追求,都在宪法合法性的追求中得到了超越。宪法取代了管理主义而成了公共行政的基本精神。

二 公共行政的民主合法性

向宪法求援,或者说提出公共行政的宪法合法性问题,可以有效避免直接与政治部门争夺合法性资源的问题,因而,可以使公共行政的合法化获得一个比较有利的环境。我们也看到,尽管罗尔等人在宪法中所寻找的并不是文本上的依据,而是一种价值因素,但是,就宪法合法性的思维逻辑而言,依然是属于"合法律性"意义上的合法性。也就是说,"黑堡宣言"在公共行政合法性问题上所追求的境界只是"合宪法性",并未包含与公民互动的内涵,也不意味着公共行政包含着主权者同意的原则。不难想象,合宪法性并不必然意味着公共行政能够满足公民的公共服务期望,甚至不能真正避免公共行政因官僚主义等问题而变异为公民的对立物。至少,宪法合法性是一种片面的合法性,仅仅拥有这种合法性是无法使公共行政得到合法化的。因此,寻求宪法合法性的设想一经提出,便受到了诸多批评。

登哈特对此作出了这样的批评:"在所有这些论述中所缺失的,无疑是对公民——他们的公共的与私人的价值可能通过政府过程而获得——的忽视。如果公共行政领域存在一种合法性危机的话,那么,这种危机显然不能通过对行政国家宪法基础的一种模棱两可的申述而得到解决。相反,我们必须让公民们相信存在着这样的机制,它既能保证公共机构在政府过程中担负起负责任的角色,又能保证这种角色的履行能够回应更普遍的公共利益。毫无疑问,在像我们这样的复杂社会中,公

---

① Patricia Wallace Ingraham, David H. Rosenbloom, Carol Edlund, "The New Public Personnel and the New Public Service," *Public Administration Review*, Vol. 49, No. 2, Special Issue: Minnowbrook II. Changing Epochs of Public Administration (Mar.-Apr., 1989), pp. 116–126.

共官僚机构必然扮演着一种重要的角色。但是,当官僚机构的决策似乎是以一种等级式的而非参与式的方式做出,当官僚机构优先考虑私人(机构)而非公开界定的价值时,这一官僚机构就会持续地经受疑问与质疑。如果我们仅仅遵循黑堡处方,这一点将变成现实。"①

斯派塞也指出:"合法性(legitimacy)不只是合乎法律(legality)。无疑,如肯尼思·沃伦(Kenneth Warren)所说,行政国家是合乎法律的。自从 20 世纪 30 年代以来,联邦法院再未严重质疑过国会向行政机构的各项授权的合法律性。然而,合法性所蕴涵的远不只是遵从法律,它还意味着遵从在一种既定的政治与社会秩序中得到广泛接受的原则、规则与习惯。在这一广泛的意义上,我们是很难断言美国人普遍相信行政国家的合法性的。"② 也就是说,即使确认了公共行政的宪法合法性,也不可能真正解决公共行政的合法性危机问题。

如前所述,现代社会治理在合法性上包含了法治与民主两个层次,在某种意义上,民主是高于法治的,或者说,民主本身是包含着法治的,而不是相反。民主与法治的关系可以这样认识,仅有法治而没有民主(尽管这在实践中是不可能的)的话,那么,法治就是反民主的;如果民主不是建立在法治前提下的话,那么它就不是制度化的民主,也不可能持续存在下去。一般说来,一个特定的社会治理体系只有在同时符合法治与民主两大要求的条件下才能被认为是具有合法性的。

就公共行政而言,尽管"民主行政"的提法早在 20 世纪 40 年代便已出现并获得了相当大的影响,但是,从 1978 年文官制度改革看,强调行政中的民主可能会造成与政治部门争夺合法性资源的问题,也就必然会遭遇来自政治部门的阻力。在这种情况下,当学者们希望去为公共行政寻找合法性的时候,也就只能选择法治层面的合法性,即试图确认公共行政的合法律性。在这个过程中,通过对宪法原则的追溯,代表性、分权以及参与等政体价值都被看作是理论层面的问题,被视为对公共行政合法性追求进行理论证明时需要援用的基本要素。而从实践的角

---

① Robert B. Denhardt and Edward T. Jennings, Jr., "The Future of Public Administration: The Pursuit of Excellence," *Dialogue*, Vol. 6, No. 3 (Spring, 1984).

② Michael W. Spicer, *The Founders, the Constitution, and Public Administration: A Conflict in World Views*, Washington D. C.: Georgetown University Press, 1995, p. 2.

度去考虑问题时，关于民主行政的讨论更需要关注的则是法理上的支持。所以，罗尔从宪法价值（constitutional values）的概念中精心区分出来的政体价值（regime values，罗尔是在 polity 的意义上使用"regime"一词的①）也就被关注民主行政实践建构的学者们解读为公共行政获得合法性的可行路径。

显然，法治与民主所代表的是两种虽然有联系却又不同的思路。事实上，在学者们的理论建构中，它们一直是彼此冲突的两条路径。不过，就西方国家现实政治运行来看，法治与民主又都属于基本的政体价值。这样一来，如果说公共行政的合法性是蕴涵在政体价值之中的话，那么，法治与民主也就都应当是公共行政合法性的来源，公共行政不仅需要具备宪法合法性，而且也需要具备民主合法性。特别是当学者们认识到了作为政体价值的民主高于法治的时候，也就不会再满足于合法性问题上的合法律性了。所以，随着政体价值的概念得到了越来越多学者的接受，黑堡学派的学者们关于公共行政合法性的探讨也逐渐突破了罗尔所设定的宪法合法性的界限，从而走上了追求民主合法性的方向。这可以看作是一场来自罗尔又超越了罗尔的思想运动。

1990年，经过扩充的"黑堡宣言"以《重建公共行政》为名出版。在这本书中，尽管罗尔的观点仍然占据着重要的地位，但随着倡导公民参与的斯蒂福斯（Camilla Stivers）的加入，转向民主合法性的趋势开始得到展现。1996年，黑堡学派推出了第二部集体作品《重建民主公共行政：现代悖论与后现代挑战》，把寻求公共行政合法性的努力真正地转向了对民主的求助，从而使"民主行政"的概念真正确立了起来。在这本书中，"黑堡宣言"的两位执笔者瓦姆斯利（Gary L. Wamsley）和沃尔夫（James F. Wolf）明确宣布他们的观点已经发生了改变："考虑到美国政治制度所面临的挑战与问题，它需要一种不仅可以作为政策的有效执行者，而且作为治理过程的合法行动者的公共行政。公共行政的合法性可以通过各种方式获得，但这种合法性最终还是

---

① John A. Rohr, *Ethics for Bureaucrats: An Essay on Law and Values*, Second Edition, New York: Marcel Dekker, Inc., 1989, p. 3.

建立在民主性之上的。"①

瓦姆斯利和沃尔夫这种观点上的转变，显然对"黑堡宣言"的基本主张构成了挑战。正如邓纳德（Linda F. Dennard）所说："事实上，一种公共行政民主身份的发展，多多少少地受到了那些支持其合法性的论点的阻碍。宪法合法性可以充分地支持公共行政在政府中的地位，并赋予其权威以效力。但是，如果不承认某种可以制约公共行政官员裁量行为的民主身份，那么，黑堡宣言就很容易被误认为是另一种关于政府权力的主张。"② 因此，仅仅具有宪法合法性是不够的，公共行政还必须获得一种民主身份。"一种更民主的身份将会让公共行政官员发现，在他们与公民间充满冲突的互动中，所消耗的能量会更少，而生产的知识和力量则会更多。在这一点上，公民与他们的政府是共同进步的，并在承认相互依赖和承认个体性的基础上创造并再创造着社会。……然而，要做到共同进步，则意味着公共行政必须感知到它与公民之间有一种比单纯的政策指令更紧密的联系。"③ 也就是说，公共行政需要鼓励公众的参与，并通过公众参与去使行政过程变得更加民主。在这里，民主行政被寄予了这样一种期望，那就是能够更加提倡积极公民角色（active citizenship），从而改变传统上的一切关于消极公民的假定。"事实上，利益集团政治和内城暴乱的病理现象如果说有什么潜在的含义的话，那就是公共行政的现代身份使它寻求改善的消极公民角色反而得到了永久化。作为混权系统的产物和疏导者，公共行政必须选择一条道路。它可以选择继续作为权力政治四处受敌的同谋，也可以选择成为民主转型的自觉代理人。"④ 实际上，它必须选择后者。

《重建民主公共行政》一书对公共行政的要求是让它成为民主转型的自觉代理人，因此，它所宣示的是："我们的视角需要一种积极的公

---

① Gary L. Wamsley, James F. Wolf, "Can a High – Modern Project Find Happiness in a Postmodern Era?" In Gary L. Wamsley, James F. Wolf, (Eds.), *Refounding Democratic Public Administration: Modern Paradoxes, Postmodern Challenges*, Thousand Oaks: Sage Publications, 1996, p. 21.

② Linda F. Dennard, "The Maturation of Public Administration: The Search for a Democratic Identity," In Gary L. Wamsley, James F. Wolf, (Eds.), *Refounding Democratic Public Administration: Modern Paradoxes, Postmodern Challenges*, Thousand Oaks: Sage Publications, 1996, p. 313.

③ Ibid., pp. 307 – 308.

④ Ibid., p. 310.

民,以获得一种对于责任的理解,这种责任既不依赖于等级式的行政管理范式,也不神化行政判断,更不会将责任翻译成'顾客满意'。"① 也就是说,行政责任在本质上是公共行政对公民的责任,包括培育积极公民的内容。只有培育出了积极的公民,公共行政才算承担起了促进民主转型的职责。反过来,如果实现了民主转型,在公民积极参与行政过程的条件下,行政权力又可以得到最大限度的约束,从而维护宪法中的分权制衡原则。可见,公民参与或者说民主合法性可以成为公共行政宪法合法性的一个重要支撑因素。

在此意义上,转向民主其实并不意味着否定"黑堡宣言",反而是对"黑堡宣言"的进一步推进,是黑堡学派合法化努力的一种进化。这就是斯蒂弗斯所说的:"重建计划最基本的规范基础在于它忠诚于一种根源于持续合宪性的重建,其中也包括对公共利益的开放性理解,并坚持认为公共利益在本质上是不可定义的,而在特定情况下——在行动可以通过参照它而始终得到合法化的意义上——又是可以达成的。黑堡宣言的批评者们有理由担忧行政权力太容易将他们自己的利益合理化为'公共利益'。然而,只有通过与公民的对话,行政官员才能建构起一种'代理人视角'(agency perspective),从这一视角出发,才能获得对公共利益的正确理解,因为积极公民可以使行政免于将官僚政治等同于政治。正是在与积极公民的关系中,公共行政才合法地获得了政治含义:不是通过几乎从不可能达成的共识,或通过寻求更接近于友谊而非公民角色的亲密关系,而是通过对进行中的具有公共精神的对话的维护,使行政官员和其他公民共同'创造一个世界',即使这种对话是以最激烈的形式出现的,也仍然是获得公共行政合法性的唯一手段。"②因此,为公共行政寻求合法性的努力也就从宪法转向了民主,关于公共行政的认识,也就从一个合乎宪法的行动者转变成了民主参与和公共对话的促进者。

---

① Camilla Stivers, "Refusing to Get It Right: Citizenship, Difference, and the Refounding Project," In Gary L. Wamsley, James F. Wolf, (Eds.), *Refounding Democratic Public Administration: Modern Paradoxes, Postmodern Challenges*, Thousand Oaks: Sage Publications, 1996, p. 276.

② Ibid., pp. 273-274.

三 公共行政合法化的其他路径

在公共行政研究的各种流派中，黑堡学派的最大贡献是使合法性概念在公共行政领域中得到了广泛接受，而且，使之逐渐成为人们观察和思考公共行政问题的一个独特视角。随着合法性概念被引入公共行政之中，学者们逐渐突破了政治学关于合法性的传统两分，不再仅仅停留在合法律性和合法性这两个层面上，而是对合法性的概念作出了更加宽泛的理解。由于合法性概念外延的扩展，学者们可以对公共行政的合法化问题提出更多的意见和建议。

1988年，在一本深受"黑堡宣言"影响的著作中，斯蒂弗（James A. Stever）提供了一个进一步改善的"版本"。他认为，由于受到新公共管理运动的影响，美国社会存在着一种对公共行政普遍怀疑的情绪，并且，当这种怀疑以新公共管理运动的治理方案出现的时候，并没有带来什么积极的结果。这是因为，"只要公众对为了公共利益而行动的公共行政的前景仍然持有怀疑态度，就肯定会助长私人控制的行政组织将人力、资源和技术越来越多地用于私人而非公共目的，谁都无法想象，私人控制的强大的行政技术还能够继续服务于公共或集体性的目的多久。维持对公共行政的美国式怀疑的传统，阻碍了朝向一种真正的公共行政的进程。在此，一种'真正的公共行政'（truly public administration）被定义为一种将不断增长的行政权力用于促进广泛的公共利益而不是法律目的的公共行政"①。要促进真正的公共行政的生成，首先需要对公共行政进行合法化，为其营造一个良好的社会环境。

斯蒂弗认为，长期以来，在公共行政的合法化问题上，学者们主要采取了三种途径："（1）通过立法进行监督，以确保公共行政的行动符合民选官员的意志；（2）促进对公共行政官员专业技能的尊重；（3）发展允许公众中的适当部分（个体的或集体的）参与行政决策的程序。"② 具体说来，第一种，"民选官员对公共行政官员的监督是保证行政行为

---

① James A. Stever, *The End of Public Administration: Problems of the Profession in the Post-Progressive Era*, New York: Transnational Publishers, Inc., 1988, p. 6.

② Ibid., p. 13.

与政策合法的一种方式。这一合法化策略的直接依据是：民选官员因为选举产生而具有合法性，因此，只有在受到了这些民选官员严格控制的情况下，公共行政官员与机构才能得到合法化"①。第二种，"那些主张通过诉诸公共导向的公共行政专业主义合法化的人则倾向于强调以下的术语和观念：权威、领导、判断以及行政裁量。这一主张认为，由于（1）长期的教育、（2）服务的传统、（3）获取信息的途径以及（4）接近其他专家的途径，往往假定公共行政官员在其选定领域中拥有卓越的专业技能。这一合法化策略将服务于普通公众的文官与在利润动机下服务于特定客户的其他专业人员区别了开来"②。第三种，"关于合法性的程序途径聚焦于程序本身的性质。'程序主义者'认为，当它们不遵从适当的法律/宪法原则时，行政程序本身就是不合法的。因此，公共行政合法化的方式就是检查与发展合法的程序。这一观点强调，公共行政官员在形成与执行公共政策的时候应当遵循'正当程序'"③。

在某种意义上，斯蒂弗所归纳的公共行政合法化的三种途径是与罗森布鲁姆所归纳的公共行政的三种研究途径有着异曲同工之处的，也就是说，如果使用罗森布鲁姆的表述，那么，斯蒂弗所说的三种合法化途径就变成了政治途径、管理途径与法律途径。④ 其中，政治途径与法律途径都是通过控制——不同之处在于是政治控制还是法律控制——来保证公共行政的合法性，管理途径则是通过专业化的服务供给来获取公共行政的合法性。在这个意义上，斯蒂弗将政治途径和法律途径称作消极的合法化途径，而将管理途径看作是积极的合法化途径。他说："监督和程序主义者的策略在性质上是消极的。这即是说，这些策略关注的是限制与控制公共行政，以使其得到合法化。……相反，选择公共导向的专业主义就是选择一种积极的合法化策略。这一策略选择所强调的是公共行政内在的积极品质。它寻求发展一种与美国基本的价值和需要相一

---

① James A. Stever, *The End of Public Administration: Problems of the Profession in the Post - Progressive Era*, New York: Transnational Publishers, Inc., 1988, p. 13.
② Ibid., p. 14.
③ Ibid., 1988, p. 15.
④ ［美］罗森布鲁姆、［美］克拉夫丘特：《公共行政学：管理、政治和法律的途径》第5版，张成福等校译，中国人民大学出版社2002年版。

致的专业主义。通过这种方式，我们对消极的合法化控制与策略的需要是极少的。与那些把公共行政视为美国式自由民主的一种威胁的新韦伯主义怀疑者不同，那些诉诸积极的公共专业主义的人则相信，在一个自由民主制度中，公共行政官员因其技能和承诺而扮演着至关重要的角色。"①

显然，从"消极的"与"积极的"措辞中，斯蒂弗已经表达出了他对公共专业主义的偏好。在他看来，公共专业主义是进步主义时代留给公共行政的遗产，正是这一遗产，奠定了公共行政在 20 世纪前期的繁荣。随着进步主义时代的终结，学者们在公共行政的合法性问题上失去了共识，从而导致了一种"默认的多元主义"（pluralism by default）——意指没有更好选择，因而只能默认其存在的多元主义——状况的出现，使公共行政进入了一个漫长的"后进步主义"时代，陷入了一场持久的合法性危机之中，甚至面临着走向终结的危险。因此，要实现公共行政的合法化，必须重新求助于公共专业主义的合法性力量。

但是，如果仔细观察公共行政从进步主义时代走向合法性危机的路程，又将发现，仅仅诉诸公共专业主义也是不够的，因为，时代已经对公共行政提出了丰富得多的要求。斯蒂弗认为，考虑到所有这些要求，还应当在公共专业主义基础上形成一种能够适应自由社会之需要的公共文化，才能使公共行政获得一种较为稳定的合法性。"鉴于后进步主义时代的公共行政理论和实践都能够承认文官在促进公共文化中扮演着关键性的角色，从而可以使公共行政成为一项公共导向的专业。文官体系的合法性取决于这一专业是否理智地理解了它在促进公共文化上的局限与力量。一个合法的、公共导向的专业应当是有自信心的，应当相信它所提供的服务与产品能够对公共文化产生积极的影响。回避公共文化的问题，等于将文官贬低为执行他人意志的技术走狗。通过应对这些棘手的问题，公共行政可以无愧于进步主义遗产而成为一种充分发展的政体专业，并对自由社会中的公共文化有着合

---

① James A. Stever, *The End of Public Administration: Problems of the Profession in the Post-Progressive Era*, New York: Transnational Publishers, Inc., 1988, p. 17.

法而卓著的贡献。"① 由此，在公共行政概念中，"公共"（文化）与"行政"（专业主义）两方面的内容得到了兼顾，因而，公共行政存在的合法性也就更加充分了。

我们看到，黑堡学派在公共行政合法性的问题上存在着"宪法合法性"与"民主合法性"两种意见，而且在争论中实现了对这两种意见的综合。与黑堡学派关于公共行政合法性的论述相比，斯蒂弗关于公共专业主义的论述虽然也根植于公共行政学的研究传统，但却显得有些晦涩，最终走向了公共行政学者们较不熟悉的文化问题。因而，这一关于公共行政合法性建构路径的构想并没有在学术界产生广泛的影响，或者说，远逊于黑堡学派那些关于公共行政合法性问题论述的学术影响。但是，从公共行政学的发展史来看，斯蒂弗是应当被提起的，因为，他为我们理解公共行政的概念提供了一个独特的视角。除了斯蒂弗，在公共行政合法性问题的探讨中，还有几位学者也是应当给予关注的。其中，斯蒂福斯和西蒙在公共行政合法性问题上的意见可能会随着时间的推移而产生越来越大的影响。

斯蒂福斯是在弗吉利亚理工学院获得的博士学位，显然与黑堡学派有着千丝万缕的联系，但是，她在公共行政合法性问题上的观点可以说实现了对黑堡学派的超越。在《公共行政的性别角色》等作品中，斯蒂福斯从女性主义的角度阐述了一种关于公共行政合法性的不同见解。斯蒂福斯认为，公共行政历史上最重要的二分并不是政治与行政的二分，而应当是"机关男人"与"社区女人"的二分。根据这种二分，女性作为一种"社区"动物而被排除在了"机关"这一男人的世界之外。结果，"公共行政像其他公共部门的活动一样，在结构上是男性的，尽管它表面上是中性的……因此，为公共行政的合法性辩护可从以下两点着手：（1）对女性一系列义务的分配，不管多么必要，通常都被认为是没有价值或不重要的，这与对女性的这种次要位置的看法是一致的；（2）限制女性参与公共生活的机会，或者是她们必须投入的时

---

① James A. Stever, *The End of Public Administration: Problems of the Profession in the Post-Progressive Era*, New York: Transnational Publishers, Inc., 1988, p. 178.

间和精力"①。也就是说，根据斯蒂福斯的看法，在公共行政的传统上，男性化往往被视为公共行政合法性的基本标志，而一旦公共行政表现出了女性化的特征，就会被人们认为出现了不合法的状况。所以，传统公共行政所推崇的都是具有男性特质的价值，如专业知识、领导与美德，而其他更具女性化特征的价值——比如服务——则一直不受重视。以至于"我们看到历史上公共行政中价值观（善意、民主、公众）和技巧（效率、管理）之间的核心冲突到处都有性别的影响：正如在改革中女性牺牲了她们从事慈善工作时独特的女性方法，以便达到公事化实践的标准，因此，公共行政为了效率至上也牺牲了民主"②。

在斯蒂福斯看来，这种男性至上的合法化策略有着内在的矛盾，因为"公共行政的政治角色的其他方面是类似女性特质的——例如，服务的规范。在文化意识形态的层面上，是女性服务他人，而男性是被服务的对象；女性无私地奉献以帮助不幸的人，而男性追求自我利益，尽管有时候也有很多变数。如果说公共行政人员不同于其他专家的是他们的服务的责任和回应性，那么他们作为一个团体，也像女性一样，并不很符合职业的角色：职业主义对公共行政的女性化方面而言，太男性化了。在这种情况下，宣称公共行政的价值在于职业性的、舵手、代理人、客观的科学家和匿名的专家这些术语，其本身就是获得男性化、压抑女性特质或将之排除在外的一种努力。在这种意义上，公共行政不只是男性化和家长化的，它从根本上否认了自己的本质，结果从概念和实践上使自身枯竭了"③。也就是说，在性别形象上，公共行政不同于其他实践领域的根本特质恰在于那些被视为女性特征的价值。因而，当它出于合法化/男性化的需要而排除了这些价值的时候，结果反而造成了自身的合法性危机。所以，要重塑公共行政的合法性，就要在根本上摒弃"机关男人"与"社区女人"的二分，从而使公共行政能够同时包容男性与女性的不同文化特质。

需要指出的是，前面这些合法化的方案都是从规范的角度进行论证的，

---

① ［美］斯蒂福斯：《公共行政中的性别形象：合法性与行政国家》，熊美娟译，中央编译出版社2010年版，第5页。

② 同上书，第148页。

③ 同上书，第59页。

所表明的都是要求公共行政在现代社会治理体系中拥有一种规范意义上的合法性。实际上，在关于公共行政的合法性问题的探讨中，存在着两种倾向：试图寻求公共行政合法性建构的学者都试图从规范的角度去提出合法化的方案；而那些分析公共行政合法性危机的学者基本上都从技术的角度看问题，比如，认为公共行政由于不像市场那样拥有效率而出现了合法性危机。这样一来，我们发现，在关于公共行政合法性问题的讨论中，理论对话其实并不是在同一个平台上展开的，甚至在公共行政合法性问题的探讨中根本就没有构成真正的对话。不仅在美国，而且在世界范围内，公共行政的规范研究与实证研究也都处于一种各说各话的状态。在这种情况下，关于公共行政合法化的所有规范性努力其实都不能解决公共行政的合法性危机，因为它们并没有正面回答关于公共行政陷入危机的质疑与批评。要真正解决公共行政的合法性问题，学者们还必须证明公共行政是有效率的，而作出了这种论证的人，正是早年因为倡导公共行政的效率取向而备受批评的西蒙。所以，在公共行政的合法性问题的讨论中，西蒙也是一种意见的代表。

1997年，淡出公共行政研究多年的西蒙在 ASPA 年会上发表了题为《为什么需要公共行政？》的演说，对 80 年代以来私有化的支持者们对于公共行政的批评作出了有力的反击。次年，《公共行政评论》与《公共行政研究与理论学报》分别在当年的第一期杂志上摘登和全文刊登了这篇演说，为关于公共行政的合法性争论提供了一种新的意见。西蒙指出："近年来，我们的社会与其他某些西方社会已经被一种通过完全依赖于市场和私人企业来提高生产率的前景晃花了眼。它的口号是'私有化'组织，尤其是政府组织，在一个现代社会中的角色根本没有得到充分的理解，特别是没有认识到组织忠诚和组织认同的过程在塑造人所应扮演的组织角色时所发挥的重要作用。认为经济自利是一个社会运行中唯一重要的人类动力的观点是完全错误的，因为，在组织中，组织认同需要至少与自利同等的关注，这是一个可以简单观察到的事实。"[①]

根据西蒙的意见，如果说个人的自利本性在市场中所表现出来的是

[①] Herbert A. Simon, "Why Public Administration?" *Journal of Public Administration Research and Theory: J-PART*, Vol. 8, No. 1 (Jan., 1998), pp. 1–11.

一种生产力的话，那么，组织成员对于组织的忠诚与认同也同样是一种生产力，甚至可能是一种更高的生产力。因而，市场并不必然比组织更有效。在这里，西蒙通过重申自己早年在组织认同研究中的发现而反驳了私有化的支持者对政府必然低效的无理论断。其实，在《企业的性质》中，通过对交易成本与行政成本的比较，科斯早已得出过与西蒙相同的结论。但是，科斯关于交易成本与行政成本的比较研究还不足以说明公共行政是不可缺少的，因为，即使政府是有效的，市场也可以通过竞争而对它进行局部或者大部分的替代。那么，究竟是什么决定了政府及其行政是必不可少的呢？在回答这一问题时，西蒙这位沃尔多的论敌（也是"沃尔多奖"的获得者）给出了一个沃尔多式的答案："一个社会仅仅卓有成效地运行当然是不够的。我们同样期望一个社会公平地分配物品与服务，无论我们关于公平的标准引发出了多么激烈的争论。特别是，除非这个社会的所有成员都在分配过程中得到了代表，否则，我们将无法期望分配的公平——无论以何种标准进行衡量。"① 而这一点显然是市场所无法做到的，市场绝不可能使一个社会公平地分配物品与服务，能够做到这一点的，唯有公共行政。所以，西蒙也学着黑堡学者的样子大声呼吁："是时候停止对公共服务的诽谤了。"②

在某种意义上，与关注公共行政合法性的其他学者相比，西蒙在这篇演说中所作出的也许算不上一种论证，而是更多地像一种表态。但是，西蒙却揭示了一个非常重要的问题，那就是，市场的效率并不是公平地分配物品与服务的效率，公共行政应当拥有一种完全不同的效率观，而这种效率观恰恰是新公共管理运动等所不理解的。所以，从市场效率的角度对公共行政的合法性提出质疑是没有根据的。的确，从公共物品和服务供给的角度看，是不可能找到比公共行政更有效率的方式了。考虑到这一点，西蒙对"我们为什么需要公共行政"的回答无疑是一项对公共行政合法性最有力的辩护。值得注意的是，西蒙在认识公共行政的合法性问题时，既不是从是否合乎法律的角度，也不是从是否

---

① Herbert A. Simon, "Guest Editorial: Why Public Administration?" *Public Administration Review*, Vol. 58, No. 1 (Jan.-Feb., 1998), p. ii.
② Ibid..

反映了民主价值的角度，更不是从是否拥有女性的服务特质的角度，应当说，西蒙依然是从效率的角度去认识公共行政的合法性问题的。这样一来，虽然西蒙没有对自己的意见作出充分的论证，却代表了一种在公共行政合法性建构问题上启发人们思考的新思路。从西蒙的意见出发，也许可以把公共行政合法性问题的讨论导向规范与技术相统一的方向上去。

第二节 公共性视角下的公共行政

一 公民主义兴起中的新定义

在公共行政学的发展史上，关于公共行政概念的定义本身就蕴涵着两种不同的研究取向：一种强调其"公共"的方面；另一种则强调其"行政"的方面。当然，在很长一个时期内，公共行政的"公共"方面并未受到足够的重视，"行政"才是学者们关注的重心，而且在公共行政的实践中得到了完整的建构。大致是在第二次世界大战之后，学者们重新发现了公共行政的"公共"内涵，从而使对公共性问题的探讨成为公共行政研究中的一种学术倾向。尤其是20世纪60年代后期出现的"新公共行政运动"，更是对公共行政的"公共"内涵作出了一种独特的诠释，为我们理解公共行政的概念提供了一种全新的视角。尽管新公共行政运动很快就沉寂了下去，但这次运动的出现却标志着人们关于公共行政的两种不同理解形成了一种理论上的平衡，使"公共性"的视角在公共行政研究中获得了应有的话语地位。

对公共行政公共性的探讨基本上属于规范研究的范畴，新公共行政运动的衰落并没有造成公共行政规范研究的衰落。随着一种抽象的明诺布鲁克观点的破裂，在研究途径多元化的条件下，公共行政的规范研究反而走向了繁荣。尤其是"公共性"的视角，在公共行政的理论研究中占据了重要地位。正如哈蒙所说："作为一个社会实践的范畴，由于公共行政基本所关注的是承担或有助于负有公共目的以及对于国家意志负有责任的机构之社会实践活动，因为这样的特质，所以或多或少有别于其他社会实践的范畴。不管是在事实或原则上，'公共性'（publicness）这个观念涵盖的是那些负有责任的机制或者其他达致公共同意的方法，而这些机制或方法乃决定了这些实践活动的有效性或合法性。"①因此，无论是对公共行政的实践还是研究来说，"公共性"都是至关重要的。在"公共性"的视角下，新公共行政运动的追随者与革新者们为公共行政的概念注入了更加丰富的内涵。

今天看来，新公共行政运动的最大理论贡献就是提出了重视公共行政"公共"方面的要求，但在如何定义"公共"一词的问题上，不仅新公共行政运动，而且整个公共行政研究领域中的学者们都没有给出一个明确的答案。在某种意义上，正是无法明确定义"公共"一词的内涵，才使得公共行政的概念一直存在着多义的理解，能够转化为实践的总是这个概念之下的一部分内容。甚至，随着每个人都开始人云亦云地谈论"公共"，随着人们毫无外延边界地使用"公共性"概念，"'公共'一词的崇高含义已经被稀释得仅仅意味着一个政治单元界限内的享乐主义的、没有差别的'每个人'了。不幸的是，当那一崇高的含义受到抛弃的时候，公共行政作为民主的一个必要而独特部分的存在理由也就失去了。不同于艺术品，行政并不是一件为了自己而存在和仅仅去做就够了的事情，它需要服务于一个更高的目的并因其而得到证明。因此，在一个民主制度中，'公共'应当指涉这个政治共同体的公民，其公民权利和义务得到了所有人的明确理解。一个民主政治共同体的存在理由是实现它所宣称的价值，'公共'行政就是实现这些价值的一种必要（但不充分）的和独特的行政形式"②。

根据这种意见，"公共"的内涵应当被定义为"公民"，因而，强调公共行政的公共方面也就等于强调公共行政对公民的责任，即促进公民整体的利益和价值。只有这样，公共行政才能成为使民主得以实现的一种形式。通过对公共概念的这一分析，哈特（David K. Hart）为新公共行政运动关于公共行政官员作为公民而不是民选官员之代表的主张提供了理论上的证明，特别是包括他的论文在内的名为"公民精神与公

---

① Michael M. Harmon：《公共行政的行动理论》，吴琼恩、陈秋杏、张世杰译，五南图书出版公司1993年版，第16页。

② David K. Hart, "The Virtuous Citizen, the Honorable Bureaucrat, and 'Public' Administration," *Public Administration Review*, Vol. 44, Special Issue: Citizenship and Public Administration (Mar., 1984), pp. 111–120.

共行政"的特辑在《公共行政评论》杂志上的推出,标志着公民主义在公共行政研究中的正式兴起。

弗雷德里克森认为,公民主义本是公共行政研究中的一种传统视角。比如,锡拉丘兹大学的麦克斯韦尔学院全名叫做"Maxwell Graduate School of Citizenship and Public Affairs",南加州大学的公共行政学院原名也是"School of Citizenship and Public Administration",体现了早期公共行政学者对公民权利、公民精神等问题的关注。然而,进入20世纪30年代,行政原则成了学者们的口头禅;40年代,效率与理性决策等主题又占据了学术讨论的中心舞台,公民主义就此失落了。"尽管这些问题对于从事公共行政实践与研究的人是至关重要的,但人们对于公民精神和公民在民主政府中的角色却没有多少兴趣。关于民主理论的问题和政府伦理的问题,更是很少被人们提及。到20世纪60年代末和20世纪70年代初,政府变得极其庞大。与大多数制度一样,公共行政正在经历一场身份危机,公民们对我们社会中大多数制度的支持开始不断下降。公民主义(civism)在公共行政中消失了。公民主义的复兴将为公共行政的实践与研究提供必要的支持,这不仅是一个公共行政发现其身份的问题,而且也是为了变得更有效率。"①

在弗雷德里克森看来,复兴公民主义首先是出于重塑公共行政合法性的要求:"恢复政府的合法性以及公民对政府的支持,是需要政府对公民的关切的,政府应当对公民的需要作出回应。就公共行政的实践和教育而言,这意味着重新强调这一领域的公共方面以及民主理论的基本问题。如果公共行政希望变得有效率,那么将其付诸实践的人就必须更加熟悉代表性以及直接性的民主、公民参与、正义原则和个人自由原则等问题。"② 同时,复兴公民主义也是出于回应社会变革的需要:"公民们需要的是变革,而且是根本性的变革。公共机构正在面临的恰是与他们现在所做的完全不一样的东西。为了满足变革的需求,我们对机构和人员进行了削减。由于入学率的下降,我们对教师队伍进行了削减。然

---

① H. George Frederickson, "The Recovery of Civism in Public Administration," *Public Administration Review*, Vol. 42, No. 6 (Nov.-Dec., 1982), pp. 501–508.

② Ibid..

而，我们却更难判定公民们关注的重点是什么。削减是一种短期策略，我们所需的恰恰是一种长期变革。公共行政需要强化其创新能力和开发替代方案的能力。能够带来创新、变革与回应性的，在我看来，正是一种'新公民主义'（new civism）。未来的高效率的公共行政应当是属于紧密联系于公民精神、公民整体以及直接与公民打交道的公共官员的效能的。"①

最为根本的，复兴公民主义将是重建政治共同体的重要途径："对于公民精神、正义和自由的共同承诺是存在于整个共同体之中的。然而，当代美国却出现了一种共同体感的明显失落。所以，我们所面对的最大的观念和理论问题就是共同体感的重建。我们必须发现确立共识的新方法，这种方法既运用了现代技术，又能够保证人们完整而直接地参与到政策过程之中。没有一种强烈的共同体感，公共行政将继续构成对公民的威胁，而且，也会继续成为民选官员的替罪羊。"② 在弗雷德里克森看来，根据以上这些理由，复兴公民主义，或者说倡导"新公民主义"，是一项势在必行的事业。

作为新公共行政运动的代表人物之一，弗雷德里克森在公民主义之中所读出的是民主，因而，弗雷德里克森认为，复兴公共行政的公民主义在实质上正是要根据民主的要求来重建公共行政。具体地说，民主的要求在公共行政这里所应体现的就是直接性、正义与自由。"民主过程的直接性是公共行政的一个基本问题。""民主理论的第二大观念是正义。……政府，尤其是民主政府，通过它们的决策过程而与什么是和什么不是正义的问题打着日常性的交道。""自由是民主理论中与公共行政有着重要联系的第三大观念。当然，宪法中对自由有着许多规定——表达、宗教、出版，等等。就公共行政官员而言，自由体现在两个方面：首先，政府有责任保障社会中每一个体的自由；其次，更重要的是，政府有责任确保政府本身不会侵犯这些自由。"③

从这些方面看，根据公民主义建构起来的公共行政实际上是能够承

---

① H. George Frederickson, "The Recovery of Civism in Public Administration," *Public Administration Review*, Vol. 42, No. 6 (Nov. – Dec., 1982), pp. 501–508.

② Ibid..

③ Ibid..

担起政治部门的许多职能的。但是，仅仅满足这些条件，还不能够判定公共行政已经转化为了民主行政。如果说民主行政作为一种理念是值得提倡的话，那么，是否能够满足在行政过程中推动民主参与和实现行政官员与公民的直接互动，还要看公共行政是否会威胁到政治过程中的民主。因为，公共行政并不是一个孤立的系统，它与政治系统间的联系是非常紧密的，民主行政必须具有与政治民主相互呼应和相互支持的功能，才有着值得倡导的意义。弗雷德里克森看到了这一问题，并试图对这一问题作出回答。

弗雷德里克森说："对于公务员和公民之间的民主过程的直接参与难道不会侵蚀选举民主的过程吗？如果公共行政官员对于他或者她的特权与责任及其与民选官员的特权与责任之间的边界并不敏感的话，那么，这一问题的答案将是肯定的；如果公共行政官员一心向往的是自我实现或者权力的话，这一问题的答案也是肯定的。但是，如果公共行政官员只是将民选官员、公民以及公务员都包括在内的决策过程的一部分，且这一过程不受公务员的关切、需要和利益支配，那么，这一问题的答案就毫无疑问是否定的。"① 也就是说，民主并不仅仅反映在选举过程中，在决策过程中它有着更为根本的价值。然而，从现实情况看，正是缺乏对当选官员行为的有效约束，致使决策过程中存在着不民主甚至反民主的问题。

所以，民主行政所要求的是让决策过程向与公民有着日常性接触的行政官员开放，以对民选官员形成某种制衡，并使公民的诉求与利益要求能够在决策过程中得到体现。当然，即使参与到了决策过程之中，行政官员与民选官员间也仍然有着分工和职权上的差异，而不能取代民意代表在决策过程中的作用。但是，通过鼓励公共行政官员与公民的直接接触和互动，可以使公民在决策过程中得到代表，也只有当决策的过程充分反映了公民的诉求时，行政才具有民主的属性。因此，这不仅不是对选举过程中的政治民主的威胁，反而是对政治民主的发展与增强。

在1988年召开的第二次明诺布鲁克会议上，弗雷德里克森关于公

---

① H. George Frederickson, "The Recovery of Civism in Public Administration," *Public Administration Review*, Vol. 42, No. 6 (Nov.-Dec., 1982), pp. 501–508.

民主义的倡议得到了文特里斯等人的积极响应。文特里斯认为:"如果公共行政认真对待它所运行其中的与之相互依赖的环境,那么,其实践就不再能够舒适地局限于摩天大厦般的组织,而必须以某种方式扩散到集体宿舍之中。在集体宿舍中,人们对于相互依赖才真正有着直接感受。简言之,公共行政实践必须进一步扩展到那些在个体与国家之间起着调解作用的公民和志愿团体之中。通过这样做,公民团体就能够被转化为鼓励公民参与和责任的活生生的民主实验室。作为培育公民精神的潜在的教育手段,公民团体可以成为重要的公共论坛(在公共管理者的帮助下),可以促进关于公共问题的相互关联性质以及公共互赖性对政治体之影响的批判性讨论。"① 只有这样,公共行政的实践与研究才能摆脱里根时代"经济学化"了的公共哲学的控制,并根据公共行政的独特性而建立起一种真正的公共哲学——一种以公民为中心的公共哲学。在弗雷德里克森与文特里斯等人的倡导下,公民主义引起了越来越多的学者的关注,继起的讨论发展成了20世纪后期公共行政研究中一股引人注目的思潮,并成为90年代兴起的参与治理浪潮的重要理论依据。

二 行政伦理研究的影响

如果说"行政"的概念中包含着"价值中立"的内涵,那么,"公共"一词则必然是价值的体现。因而,公共行政绝不仅仅是一个技术性的概念,相反,"公共行政必须被理解为并在实践中表现为一种独特的行政形式,必须明确地反映出这个国家建立于其上、对公民至关重要的自然法价值。'公共'行政必须被视为一种'道德努力'的形式"②。也就是说,从公共性的视角看,公共行政是一种具有道德内容的社会治理行动。因而,关于公共行政的研究必须关注伦理问题,必须重视公共

---

① Curtis Ventriss, "Toward a Public Philosophy of Public Administration: A Civic Perspective of the Public," *International Journal of Public Administration*, Vol. 20 (4-5), 1997, pp. 1041-1069. 本文首发于1989年第2期的《公共行政评论》杂志,该期杂志为第二次明诺布鲁克会议的特辑。

② David K. Hart, "The Virtuous Citizen, the Honorable Bureaucrat, and 'Public' Administration," *Public Administration Review*, Vol. 44, Special Issue: Citizenship and Public Administration (Mar., 1984), pp. 111-120.

行政的道德层面。尤其是在20世纪70年代初的"水门"事件后，政府官员的道德品质更成了公众关注的核心问题。

于是，就在公民主义兴起的同时，行政伦理也发展成了公共行政学中的一个重要分支学科，甚至形成了一场声势浩大的政府伦理运动。"虽然社论作家和国会委员会已经将他们的注意力从水门和CIA事件上转移开了，但在学术界，这些事件则靠可以被称为'政府伦理'的运动而存续了下来。本科生和研究生现在被给予了（并经常被要求）'应用伦理学'的课程；建立了研究中心（纽约的哈斯廷中心、马里兰的哲学与公共政策中心）；组织了会议；创办了杂志（《哲学与公共事务》）；设立了资助；写作了博士论文。哲学、政治科学、公共行政与公共政策的教授们，全都变成了这一运动的主力军，在高校入学率不断下降和学术部门面临财政困难的时期，伦理学则是一桩大生意。"①

不过，尽管伦理教育成了"一桩大生意"，但在许多学者看来，当时大学中的公共行政学院却没能做好这桩"生意"。比如，利拉（Mark T. Lilla）就指出："今天为公共服务作准备的学生没有接受到可以被称为道德教育——它类似于劝导高洁品性的宗教教育——的教育；他们接受的是一种相当奇特的哲学探讨，它允许他们为他们的行动找出老练的借口，而没有为他们作好在一个民主制度中负责任地行动的准备。道德是一种生活方式，而不是一种分析方法，通过将抽象的伦理推理引入公共行政研究，这场伦理运动帮助建立起了一个道德真空，而不是填满它。……通过对哲学研究和公共行政实践的目的进行混淆与折中，这场伦理运动只能被指望制造出新一代的诡辩家，而不是复活一种道德的公共服务传统。"②

也就是说，当时的行政伦理教学过于抽象，过于注重分析，因而忽略了行政伦理的现实关怀，忽略了公共行政所处的政治语境。"因此，在公共政策和公共行政学院中，重点必须首先落实在关于民主的道德教育上，而不是像在哲学系中学习到的那种道德哲学。当前所理解的应用

---

① Mark T. Lilla, "Ethos, Ethics, and Public Service," *Public Interest*, No. 63, (Spr., 1981), pp. 3–17.

② Ibid..

伦理学事实上在教导未来的公共官员如何用崇高的理由为他们的行动辩护，而没有教导他们是何种义务与德性构成了民主政府中的个人道德生活，更没有让他们把这种理解转变成习性。显而易见，在一个学习公共政策的学生仅仅拥有形式分析的技能的时代，在一个本科学校对于民主政府的态度充其量是含糊不定的时代，关于民主的道德教育是迫在眉睫的事情。"①

利拉的观点在罗尔那儿得到了共鸣。罗尔认为，当时的行政伦理教育主要来自于以罗尔斯为代表的政治哲学和人际关系学派中的人本主义心理学，而这两大来源都是不适用于公共行政的。就前者来说，要读懂罗尔斯，必须具备康德哲学的基础知识，而要读懂康德，首先又得读懂休谟，这显然不是公共行政专业的学生所需要的，在某种意义上，甚至是多余的。因此，"满足于在伦理课程中获得对政治哲学的一知半解，对于学生或哲学本身，都是不公平的。出于这一理由，我们必须到其他地方寻找伦理课程的基础"②。就后者而言，"在人本主义心理学中，重要的是个体的人，而不是他如何被雇用的。由于我们的问题的出发点是基于某种（公共）雇用的裁量权而来的结果，所以，基于个体的人的规范性体系是不符合我们的目的的"③。也就是说，人本主义心理学无法解释公共部门与私人部门的区别，因而无法突出政府伦理的独特性，进而不符合公共行政教育的需要。有鉴于此，罗尔提出："作为对政治哲学和人本主义心理学的一种替代，我建议，既然公共行政的学生渴求特定政体（regime）中官僚机构的领导职位，那就应该了解政体的价值，并把这种政体价值作为伦理反思的出发点。"④ 也就是说，一个特定政体的政体价值应当成为该政体中公共行政官员从事行政活动的基本伦理原则。

罗尔进一步强调说："'政体价值'的目的不是为了让所有官僚保

---

① Mark T. Lilla, "Ethos, Ethics, and Public Service," *Public Interest*, No. 63, (Spr., 1981), pp. 3–17.

② John A. Rohr, "The Study of Ethics in the P. A. Curriculum," *Public Administration Review*, Vol. 36, No. 4 (Jul. – Aug., 1976), pp. 398–406.

③ Ibid..

④ Ibid..

持一致。不存在所有官僚都必须采纳的、对美国经验唯一'权威'的解释。重要的是让他们接受这样一种道德义务，使他们保持与美国人民价值的接触。而如何解释这些价值，则是官僚自己才能作出的决策。……官僚，与其他所有人一样，如果打算保持其道德完整性，就必须忠于其最内在的信念。可喜的是，'政体价值'将使官僚有能力完善其内在政治信念的内容。在坚持官僚'遵从良心'的义务时，我并不是在建议他仅仅'做他自己的事情'。不幸的是，在流行的宣教中，这两组表达已经混在了一起。我希望我的方法将提供给官僚一种被启迪的良心，它将引导他去与他所服务的政治社会开展对话，并严肃地思考其价值。在使自己服从于这种约束之后，他将能够自由地遵从其良心。"[1]

在这里，罗尔遇到了伦理学中的一大难题，即外部规范与内部动机间的协调问题，在这个问题上，罗尔的解决方案是宣誓仪式。他认为，通过宣誓的行为，公共行政官员作出了认同于政体价值的选择，因而，也就把政体价值变成了他的"被启迪的良心"。进而，当他"遵从良心"而行动的时候，就会作出有利于维护和促进政体价值的行为选择，就能够实现外部规范与内部动机的统一，并能够实现自身行为的道德化，使自己的行为符合其所服务的政治社会的需要。这样的话，公共行政就变成了实现政体价值的工具，而不再是仅仅服务于效率目标。

库珀也认为："只是在一种特定的意义上，公共行政才是一种工具性的实践。它存在的理由在于，为诸如公共卫生、计划、会计、执法与教育等其他实践的繁荣而创造和维持组织的以及其他的框架。支持这些实践的理由在于，它们提供了一个民主的公民集体直接或通过他们的代表决定的、符合其集体利益的东西。因此，公共行政不应在'古典范式'——它假设了政治与行政的分离——的意义上被理解成工具性的。公共行政的实践所涉及的远不仅仅是从属于政客的行政角色，功能理性的支配也不意味着它是行政官员唯一合法的思维方式。相反，正是公共行政官员作为公民受托者的角色，产生了与践行内含于这一角色之中的

---

[1] John A. Rohr, "The Study of Ethics in the P. A. Curriculum," *Public Administration Review*, Vol. 36, No. 4 (Jul. – Aug., 1976), pp. 398–406.

与信任有关的某些内在的善与德性。"①

具体地说,"对行为与政策最根本的检验应当是,它在多大程度上有利于公民整体利益的实现。实现组织或公共行政实践者的利益应当成为第二位的考虑。除非一项行动首先产生了显著的公共利益,否则,即使它增强了组织或促进了实践者的利益,也不能被认为是可以接受的"②。也就是说,公共行政应当促进公共利益的实现。"公共行政与私营部门管理的区别在于:政府有义务增进社会的公共利益。从道德和常识的角度来看,公共行政必须服务于'更崇高的目的'。即使社会大众对于公共利益的具体内容迭有争议,但是其作为公共行政管理者的职责所在和其行为的指南,却是毋庸置疑的。因此,当他们的行为未能符合公共利益要求时,便可能要受到把部门利益或个人私利置于公共利益之上的批评。公共行政面临的核心问题在于,确保公共行政管理者能够代表并回应民众利益。否则民主制度便可能无以为继。"③

可以看到,美国公共行政研究中的伦理探讨与公民主义有着异曲同工之效,在政治民主的大前提下,它们所关注的,都是民主行政实现的可能性。库珀就是根据公民权的概念来理解行政责任的。他认为:"在现代民主行政体制中,恢复并深化公民权所包含的意义是极为重要的。如果体现民主的公民权所包含的意义和现实性日趋衰微,民主行政就不可能实现。公共行政人员的责任应在理解公民责任的基础上建立起来。"④ 进一步来说,"公共行政人员的这种综合受托责任表明:那些拥有这些角色的人一定要清醒地认识到,他们最首要的义务是公民义务。无论何时,当发现所供职的机构疏于为公民的利益着想,更没有为公民的最大利益着想时,所有的公共行政人员,实际上是所有的公共雇员都有责任去维护他们的公民利益。做不到这一点就是违背了受托责任,也

---

① Terry L. Cooper, "Hierarchy, Virtue, and the Practice of Public Administration: A Perspective for Normative Ethics," *Public Administration Review*, Vol. 47, No. 4 (Jul. – Aug., 1987), pp. 320–328.

② Ibid..

③ [美] 罗森布鲁姆、[美] 克拉夫丘特:《公共行政学:管理、政治和法律的途径》第5版,张成福等校译,中国人民大学出版社2002年版,第9页。

④ [美] 库珀:《行政伦理学:实现行政责任的途径》,张秀琴译,中国人民大学出版社2001年版,第48页。

是对公民责任的否定。这是最基本类型的伦理关怀问题"①。

由此看来，行政伦理与公民主义实际上是互为表里的，它们都突出了公共行政对于公民的责任，都要求公共行政促进公民整体以及由这一整体所构成的特定政体价值的实现。在这两种学术流派中，"公共"都是从公民的角度得到理解的，公共行政相对于公民的责任，就是其公共性的源泉所在。

三 新公共管理运动之后

20世纪80年代以来，在新自由主义的理论旗帜下，公共部门中掀起了一场以市场化、私有化为基本内容的政府改革运动，这一运动促进了公共管理概念在公共领域中的再度流行，从而使公共行政概念的运用环境变得严重恶化。在这场后来被命名为"新公共管理运动"的改革运动的冲击下，公共行政变成了低效与浪费的代名词，自"水门"事件以来本就不断下滑的社会形象更是一落千丈。然而，进入90年代中期，正当"新公共管理运动"的命名运动开始不久，这场运动所存在的弊端开始逐渐显现，这一运动的支持者们也开始反思市场化、私有化的局限性等问题，并重新对公共行政学者们所强调的民主等规范性价值作出了承认。在此背景下，公共行政学者找到了反击的机会，并在公共行政领域掀起了一场反新公共管理的学术运动，为基于公共性的公共行政概念进行正名。在某种意义上，在新公共管理运动之后，公共行政的研究中所发生的一场学术运动恰恰是一场为公共行政正名的运动。

作为一场崇奉"企业家精神"的政府改革运动，新公共管理将"公共"从公共行政的概念中剥离了出来，使公共行政重新变成了一种技术性的实践。尽管它也自称"公共"管理，但这里的公共却不是以公众、公民为内容的公共，而是以市场为基本内容的，是在把市场的原则和私人领域中的经营方式、方法引进到公共领域中的意义上的"公共"。因而，新公共管理实质上是一种市场化的管理，当它被应用于公共行政领域的时候，就对公共行政的概念作出了一种市场化的改造。

---

① ［美］库珀：《行政伦理学：实现行政责任的途径》，张秀琴译，中国人民大学出版社2001年版，第47页。

哈克（M. Shamsul Haque）认为，这种市场化的理解是错误的主张。"如果公共行政中的公共是建立在以市场为中心的假定基础上（正如公共选择视角所坚持的）的，那么，每当市场考量占据了优势（正如近来的私有化运动所取得的那样），这一领域就很容易被迫强化用市场规范替代公共规范，尽管它将导向更严重的规范混淆。"① 弗雷德里克森也认为："在当代公共行政理论中，其中一个占主导地位的理论就是所谓的公共选择理论，这个理论主要是建立在功利主义的逻辑基础之上的。倡导公共选择理论的研究者和实践者主张最低限度的政府，认为政府存在的目的只是为人们进行成本和利益的竞争制定规则。这种理论倡导的是极其简便易行的运算，这是方法论专家们的强项。运用电脑、合适的软件和数据，分析者就可以计算出资源的最佳配置方案。这种理论把公共行政的作用降低为只是作决策，即从最小限度的政治接受度出发，计算个人成本和利益的分配。除了日复一日的日常性工作（毕竟这是我们最擅长的）之外，这样的公共行政完全丧失了目的。"②

公共行政中的"公共"所指的如果不是市场，那么，究竟是什么？对于这一问题，弗雷德里克森的回答是，公共行政中的"公共"具有四大要件，分别是宪法、公民精神、回应性与爱心："公共行政的公共的一般理论的第一个要件是，它必须建立在宪法基础之上。人民主权原则、代议制政府原则、权利法案中的公民权利、程序性正当的法律程序、分权制衡，以及联邦宪法和州宪法中的许多规定，都是这种理论的基础，这种基础是稳固的、不可动摇的。""公共行政的公共的一般理论的第二个要件是，这种理论必须建立在得到了强化的公民精神的理念基础上；在有些地方，人们把这种理论一直称为'品德高尚的公民'理论。人们认为，一个好政府必须有一群它所代表的好公民。得到了强化的公民精神的观念应该成为一种公共行政的承诺，这是恰当的。""公共的一般理论的第三个要件是发展和维持这样一种制度和程序，它能够听到集体的和非集体的公共的利益要求，并能够对他们的要求作出

---

① M. Shamsul Haque, "The Intellectual Crisis in Public Administration in the Current Epoch of Privatization," *Administration & Society*, Vol. 27, No. 4 (November, 1996), pp. 510 – 536.

② ［美］弗雷德里克森：《公共行政的精神》，张成福等译，中国人民大学出版社 2003 年版，第 25 页。

回应。""公共的一般理论的第四个要件是这种理论必须建立在乐善好施与爱心的基础之上。乐善好施,或者对他人的爱心,是关键。"① 也就是说,一种具有公共性的公共行政必须以宪法原则为基础,有助于公民精神的生成和培育,能够及时回应公民的需要,并且满怀爱心地对待其每一位公民。弗雷德里克森把这些要件概括为"公共行政的精神",认为在这种精神的指导下公共行政就会成为一种真正的"公共"行政。

在很大程度上,市场导向也就是"顾客导向",因而,反新公共管理运动的学者们在批判新公共管理运动对公共概念的市场化理解时,也对其顾客导向表达了反对。登哈特认为:"与政府互动的并不简单地是顾客,而是公民。……与政府进行直接交易——例如,购买一张彩票——的人的确可以被视为顾客。然而,从政府那里接受一种职业服务——例如,教育——的人则可以更恰当地被称为当事人。当然,我们也是政府的臣民——我们要纳税,要遵守规制,并且要遵守法律。最为重要的是,我们是公民,并且政府提供的大部分服务似乎都属于这一范畴。"②

在这里,登哈特重申了公民主义的立场,认为"在一个民主社会中,对民主价值观的关注在我们思考治理系统方面应该居于首要位置。尽管诸如效率和生产积极性这样的价值观不应该被丢弃,但是它们却应该被置于由民主、社区和公共利益构成的更大环境中"③。所以,登哈特强调,在公共行政中,"政府工作人员必须认识到公共服务不是一个经济思维的产物,而是一个政治思维的产物。那意味着改进服务的问题需要关注的不仅仅是'顾客'的需要,而且还要关注权力在社会中的分配情况。从根本上说,在新公共服务中,提供服务是拓宽公共参与和扩大民主公民权的第一步"④。在此意义上,20世纪90年代以来的反新公共管理运动可以被看作是80年代兴起的公民主义的一种发展,其基

---

① [美]弗雷德里克森:《公共行政的精神》,张成福等译,中国人民大学出版社2003年版,第39—42页。
② [美]珍妮特·V.登哈特、[美]罗伯特·B.登哈特:《新公共服务:服务,而不是掌舵》,丁煌译,中国人民大学出版社2004年版,第58页。
③ 同上书,第168页。
④ 同上书,第61页。

本内核是要强调公共行政在维护公民权利与鼓励公民参与上的责任。总之，反新公共管理运动实际上应当被定位为一场"参与治理"运动，它是根据公民权的要义而要求参与社会治理的运动。

"参与治理"运动在进入21世纪之后得到了进一步的发展，这场运动的反对对象也从新公共管理运动扩展到了整个现代公共行政。全钟燮看到，"现代公共行政的基本特征表现为，行政管理思路适应于一种稳定的组织环境，在这种环境中，服务和日常运作不需要太多的创新；在这种环境中，民众的价值和需求应该保持稳定；在这种环境中，组织对各种外部因素，如政治、顾客、技术和经济具有可预测性。但是，在当今全球化的世界里，没有一个组织能够如此平静。在快速变迁的社会中，社会现象不可能保持如此稳定，社会发展动力和社会持续变迁不断地将新的价值观、新的思想意涵、新的结构和新的网络引入。因此，直面后工业化社会动荡、不断演进的社会环境是每一个组织不可逃避的任务。环境、组织、信息技术和民众价值观的复杂性迫切需要行政管理者通过与民众的互动、对话和信息分享，促成新的理解和思维方式，促成与民众的广泛合作"①。

全钟燮将公共行政与民众的互动看作一个社会建构的过程，是通过向社会开放而接受社会建构的过程。这是与传统的行政建构或政治建构不同的，它强调的是公共行政与外部公众的关系。在全钟燮看来，"公共行政受到外界环境的影响；同时，它也通过解决社会中今天和未来的问题来影响社会。公共行政的现实是由客观化的社会因素以及行政管理者的主观行为来决定的。公共行政存在于社会世界（也就是公共）的背景中：它不是社会中一个孤立的实体。一个社会环境能改变行政管理者思维和计划的方向，同时，行政管理者根据他们的知觉、知识和体验解释着社会环境。通过与环境和公民的互动，行政管理者建构了社会环境的意义。因此，公共行政是一个正在进行中并存在于社会、制度、行政知识和个体之间的辩证发展过程"②。根据这一公共行政的建构思路，

---

① ［美］全钟燮：《公共行政的社会建构：解释与批判》，孙柏瑛、张钢、黎洁等译，北京大学出版社2008年版，第2—3页。

② 同上书，第51页。

通过鼓励公民参与，公共行政不仅得到了社会的建构，而且也参与到了对于社会的建构之中。因而，公共行政与其所处的社会环境之间形成了一种真正的互动。正是在这种互动的基础上，公共行政才成为真正"公共"的行政——一种为"公共"所有、在"公共"之中、为"公共"服务并不断重塑着"公共"的行政。

随着参与治理浪潮的出现，自80年代以来的公民主义与行政伦理的发展在公共行政领域中汇流到了一起，共同增益了公共行政概念的公共性内涵。根据学者们的看法，它们在公共行政中鼓励公民参与的追求，既是对公民权的承认，也成了行政官员的道德义务实现的途径。对于公共行政而言，公民权的实现是一种外在要求，而行政官员的道德义务，则是一种内在的驱动力。当公民权与行政官员的道德义务结合到了一起，就转化为了鼓励公民参与的行动。在公民对公共行政过程的参与中，公共行政才真正成为"公共"的行政，公共行政概念中"公共"方面的价值，也才真正地凸显了出来。

第三节 "后现代主义"语境中的公共行政

一 在"后现代转向"之中

"后现代主义"是20世纪后期最为重要的哲学思潮与文化运动，当这股思潮渗入公共行政的研究中后，也对公共行政的理论产生了广泛影响。作为一种反传统主义——亦即反现代主义——的文化取向，后现代主义对工业社会的社会建制与话语体系进行了全面解构，其中，也包含着一些求新精神，为人们重新审视近代以来的理论与实践提供了富有启发意义的新视角。尽管后现代主义主要反映在思维活跃的哲学和文化领域，但其影响却遍布整个社会科学体系，渗透到了社会科学每一个领域的研究之中，成为社会科学研究中的一种反传统的方法和路径。

公共行政的研究大致是在20世纪90年代初期开始受到后现代主义的影响，很快就形成了一场声势浩大的学术运动。当然，公共行政研究长期以来是理性精神最为坚定的领域，当后现代主义渗入这一领域后，公共行政的研究者对后现代主义的接受程度表现出了很大的差异。总的说来，在公共行政研究中，后现代主义并没有像在其他社会科学领域中那样大获全胜，行政学者有保留地运用了后现代主义的理论和方法。公共行政研究中的后现代主义特征主要反映在以"话语"为主题的讨论和著述之中，一般说来，只有那些探讨"话语"问题的学者及其作品，才被归入后现代主义的名下。所以，公共行政研究领域中的后现代主义运动也更多地被称作"话语运动"（Discourse Movement）。[①] 与哲学和文化研究领域以及其他社会科学领域中的后现代主义相比，被称作"后现代公共行政"的学术运动在思维方式上远未达到后现代主义的水准，公共行政研究中的一些所谓后现代主义观点还显得极其幼稚，在其他学科的后现代主义面前，这些公共行政学科中的后现代主义者还处在一个准备接受启蒙的阶段。尽管如此，公共行政的研究中毕竟呈现出了后现代主义语境，从而使人们获得了把握公共行政概念的一个新的视角。

在20世纪，公共行政理论被建构起来之后经历过多次转型，例如，"明诺布鲁克会议"的召开与"黑堡宣言"的发表等，就是这些转型的标志性事件。从一个角度看，这样的转型是具有根本性转变的意义的，从效率转向了公平与合法性等规范性价值本身就意味着公共行政指导原则的根本性改变。但是，从另一个角度看，这样的转型又根本谈不上发生了实质性的改变，因为，无论效率、公平还是合法性，都是"现代性"的表现形式，无论公共行政是以效率、公平还是以合法性为基本的价值追求，都依然是现代主义意义上的公共行政。所以，尽管有许多学者认为20世纪出现了几次公共行政学的"范式转型"，但在后现代主义者看来，这样的转型是根本不存在的。20世纪的几场公共行政学运动都只不过是在同一范式下所作出的细枝末节上的调整，都没有超出现代主义范式。即便是作为80年代以来最有影响力的理论重建运动标志的"黑堡宣言"，也恰恰是现代主义公共行政的代表性文献。不过，1990年，"黑堡宣言"的执笔人之一怀特（Orion F. White）与马歇尔（Gary S. Marshall）在他们合作发表的《黑堡宣言与后现代辩论》一文

[①] Orion F. White, Jr., "The Ideology of Technocratic Empiricism and the Discourse Movement in Contemporary Public Administration: A Clarification," *Administration & Society*, Vol. 30, No. 4 (September, 1998), pp. 471 – 476.

中，从后现代主义的角度对黑堡宣言进行了重新解读。这可以看作是公共行政研究开始了"后现代转向"的标志。

马歇尔与怀特认为，黑堡宣言是一种现代主义的宣示，并且，如果说这种宣示与以往的现代主义话语有什么区别的话，那就是，黑堡宣言代表了现代主义的一种高级形式（high modernism）。"在行政被明确视为创造进步、解决社会问题与带来更好的社会条件的意义上，'宣言'是现代的，其核心承诺是理性，这种承诺反映在公共利益之中，并由公共机构加以履行。在'宣言'超越了古典行政思想中过时了的科学主义与理性工具主义的意义上，它是现代主义的高级形式，它提供了程序，一种能够激发理性，而不是像古典理性工具主义那样宣称其包含了理性的结构化的互动或对话形式。就此而言，'宣言'所采取的立场很像哈贝马斯及其'理想话语条件'，在原则上能够激发自由的行动与合理的社会政策。'宣言'相当明确地包含了它自己的'理想程序条件'。"①

作为一种"重新聚焦美国对话"（黑堡宣言的副标题）的努力，黑堡宣言默认了一种理想对话条件的存在，因而它在本质上仍然是理性主义的，也就是现代主义的。"正是在关于理想对话条件的问题上，现代主义——甚至高度现代主义——与后现代主义有着最明显的区别。因为，从后现代的观点看，原则上是不可能指明这样的理想条件的。对后现代主义而言，'宣言'仅仅是一种话语的实例，而且我们是无法从中归纳出适用于其他话语的理想条件的。……因此，作为一种理论、一种理解方式与一种社会经验形式，后现代主义对'宣言'构成了一种根本性的挑战。"② 在后现代主义的视角下，"黑堡宣言"由于默认了一个理想条件而使其不再具有切题性。

马歇尔与怀特对"黑堡宣言"所进行的后现代反思在黑堡学派内部引起了强烈的反响。1996年，在他们出版的第二部集体性著作《重建民主公共行政》中，黑堡学派就将后现代的概念放入了书名的副标

---

① Gary S. Marshall and Orion F. White, Jr., "The Blacksburg Manifesto and the Postmodern Debate: Public Administration in a Time Without a Name," *The American Review of Public Administration*, Vol. 20, No. 2 (June, 1990), pp. 61–76.

② Ibid..

题中,并公开承认:"公共行政(各种制度中最为现代的一个)必须存在于其中的世界是后现代的。"① 公共行政已经进入了一种"后现代语境",而且,公共行政学者们对后现代主义寄予了极大期望。在麦克斯怀特(O. C. McSwite)的论述中可以看到这一点:"从强烈支持社会治理积极角色的观点来看,后现代主义的状况为复兴公共利益的观念与清楚界定公共行政在美国治理结构与过程中的角色,创造了一种机会。"② "就像后现代主义者可能会说的,成败的关键是直面人所注定要遭遇苦难与死亡这一无法回避的事实。……这一直面也带来了一种安慰,即我们能够与他人一道融入共同体,并发现最终只存在于此的指导与支持。在我们看来,这种指导与支持就是公共利益,公共利益也是回答我们治理制度合法性问题的答案。"③ 也就是说,后现代主义被移植到了公共行政之中后,大大地增强了公共利益观念的现实性,并有助于通过公共利益的观念来重塑公共行政在民主治理中的合法性。这就是学者们从"新公共行政运动"和"黑堡宣言"走向后现代主义后所抱持的一种希望。

马歇尔和怀特都看到,公共利益是包含在公共行政理论中的一个"理想对话条件",但是,在对公共行政进行后现代主义改造时是否需要保留这一"理想对话条件"却是一个在学者们那里存在着分歧的问题。很明显,麦克斯怀特把公共利益当做公共行政的合法化策略,表明他们是在后现代语境中对公共行政作出一种现代主义的回应的,所阐释的仍然是黑堡宣言的主题,只不过在形式上涂上了后现代主义的色彩。对这种做法,马歇尔表达了不同的看法。马歇尔在与乔杜里(Enamul Choudhury)合作的《公共行政与公共利益:再现曾经迷失的概念》一文中质问道:"对于公共行政来说,后现代主义提出了这样的问题:在一个进步、理性与意义受到了严重挑战的时代,还能够存在一种关于公

---

① Gary L. Wamsley, James F. Wolf, "Can a High‑Modern Project Find Happiness in a Postmodern Era?" In Gary L. Wamsley, James F. Wolf, (Eds.), *Refounding Democratic Public Administration: Modern Paradoxes, Postmodern Challenges*, Thousand Oaks: Sage Publications, 1996, p. 24.

② O. C. Mcswite, "Postmodernism, Public Administration, and the Public Interest," In Gary L. Wamsley, James F. Wolf, (Eds.), *Refounding Democratic Public Administration: Modern Paradoxes, Postmodern Challenges*, Thousand Oaks: Sage Publications, 1996, p. 199.

③ Ibid., p. 223.

共利益的集体性表达吗?"①

马歇尔和乔杜里自己的回答是:"在与其他制度领域之间的边界日益模糊的过程中,公共利益的概念对于公共行政所具有的独特意义已经失去了重要性。……公共利益含义的泛化——不同的制度价值彼此交织,并存在一种持续性的紧张——已经导致了一种身份危机,也导致了一种公共部门制度框架下的表达危机。"② 也就是说,作为一种集体性表达的结果,公共利益在后现代语境中的表达则因为多元化和碎片化而变得模糊不清了。这时,如果人们仍然拿着这种模糊不清的公共利益观念来指导公共行政的实践,就会使公共行政陷入危机之中。当然,马歇尔和乔杜里也没有主张抛弃公共利益的观念,而是认为公共利益的观念依然具有存在的必要性,只不过,它不应是一种现代主义的对抗式的(oppositional)公共利益观念,而应是一种后现代主义的合成式的(compositional)公共利益观念。

马歇尔和乔杜里认为:"在后现代话语中,行政术语与行动的含义不是通过对抗的形式得到解释,而是通过合成的形式得到理解的,后者使迥然不同的利益与身份都在行政决策中得到了包容。正是在这种合成的行动中,智慧的有效性得到了检验。合成行动无法取得稳固的身份或利益,也不能依靠逻辑推理来表达这种利益或那种身份的丰富含义。将公众以一种更加紧迫而有意义的方式捆绑在一起是一种合成的行动,因此不需要一种元叙事来谱写意义。"③ 也就是说,合成行动不是一种通过逻辑推理去表达和实现公共利益的理性行动,而是由行动的紧迫性或价值凸显出来的公共利益。这种公共利益反过来把行动者捆绑到了一起,使行动的过程具有更多的包容性与灵活性。所以,合成行动既不会排斥公共利益的非理性表达,也不会让公共利益被书写成一种理性的元叙事。由于不再有关于公共利益的元叙事,因此也就自然不会因为元叙事的失效而使公共行政陷入合法性危机之中。

---

① Gary S. Marshall and Enamul Choudhury, "Public Administration and the Public Interest: Re-Presenting a Lost Concept," *American Behavioral Scientist*, Vol. 41, No. 1 (September, 1997), pp. 119–131.

② Ibid. .

③ Ibid. .

在后现代主义的视野中,合法化的问题已经不再有意义。由于公共行政无须去考虑合法性的问题,因而也就可以从此开始专注于如何更好地行使其职能,而不是如何替其职能辩护。"一种关于公共利益的合成式的理解,最有希望使公共机构切合处于它们的权威与专长之下的人们的需要。包容而不是同化(后者是传统主义者所寻求的)、相互关联而不是分化(后者是现代主义者所寻求的),进入 21 世纪后,这些将是我们欢迎的公共利益的符号,它们将对我们产生激励的效果,将不再有一种普适性的叙事可以宣称代表我们中的任何一个。然而,这一立场也使我们意识到,我们都需要对以公共利益的名义所采取的行动负责。"①

根据这种后现代主义的主张,公共利益并不是一种远离我们的抽象的普适性叙事,而是我们每一个人的具体的诉求。因而,以公共利益为旨归,也就会要求公共行政既不出于统治的需要而同化异质性利益诉求,也不会出于竞争性管理的需要而区分近似的利益诉求,而是需要鼓励不同利益诉求之间的相互包容性,使它们的利益诉求能够在这种包容中被归并到公共利益之中。可见,尽管两对作者都谈到了公共利益,但在麦克斯怀特那里,公共利益的观念是在后现代状况中维护现代主义公共行政的工具,而在马歇尔和乔杜里这里,公共利益的观念是公共行政主动迎接后现代状况所应面对的挑战。可以说,马歇尔和乔杜里所描述的公共利益概念更加符合后现代主义的观点,因为它体现了一种法默尔所说的"差异的伦理学"。

法默尔认为:"在社会政治的要义上,后现代主义符合一种差异伦理学,注重边缘化的声音。在这一语境下,解构应当理解成对这样一些确定性的剧烈干扰,它们形塑了我们关于事物的本质是什么和我们应当做什么的主张。在公共行政的语境中,它可以被用来质疑我们用来建造现代主义公共行政的那些假设。"② 从这一界定来看,马歇尔和乔杜里对于公共利益的概念所作出的是一种后现代主义的解构,而这种解构也

---

① Gary S. Marshall and Enamul Choudhury, "Public Administration and the Public Interest: Re – Presenting a Lost Concept," *American Behavioral Scientist*, Vol. 41, No. 1 (September, 1997), pp. 119 – 131.

② David John Farmer, "Derrida, Deconstruction, and Public Administration," *American Behavioral Scientist*, Vol. 41, No. 1 (September, 1997), pp. 12 – 27.

对现代主义的公共行政概念发起了挑战。不过，在麦克斯怀特的近乎后现代宣言的一段论述中，我们又看到了他们与马歇尔和乔杜里之间的一致观点："现代主义本身是一项无效的计划，因此，公共行政必须放弃将现代主义作为其时代参照点，并将自己转变成一项后现代的事业。这意味着，公共行政必须首先不再是'制度主义的'，相反，它必须提供灵活的组织设置，以帮助公共行政官员服务于公民，并与公民开展直接的合作，不是为了'实现进步'，而是为了不断发现彼此共处的体面方式。"①

总的说来，尽管在他们之间存在着许多分歧，但麦克斯怀特最后还是得出了与马歇尔和乔杜里类似的结论，即在后现代语境中，公共行政必须放弃为了实现进步而鼓励对抗的取向，必须强调公民与公民之间以及公民与行政官员之间的合作关系。事实上，这也是邓纳德所主张的："如果我们假定一种适者生存的场景，我们就把政府建构成了霍布斯所预见的那种控制导向的政府。如果相反，我们假定一种相互依赖和共同创造的场景，我们也许就创造了一种不同的政府——更加关注如何支持合作性的关系，而不是控制它们。这是政府的一种根深蒂固的思考习惯，比如，社会变革要求革命，而通过政府的介入，这种革命可以得到节制。后现代转向为一种参与到社会进化之中的开明政府的出现提供了机会，它在这种参与中发展其民主身份，而不仅仅是调节不同意志之间的破坏性对抗，进而使这种对抗得到永久化。我们的政府有机会通过允许系统中的多样性去创造一种新的社会秩序——同样具有民主的包容性并因而同样不那么暴力——来推进我们的美国谋划。"② 所以，最为关键的问题是，在后现代的语境中，公共行政必须改变其控制导向，而不是出于控制的需要去鼓励社会群体之间的对抗。只有这样，才能帮助社会及其治理方式实现共同的进化。

---

① O. C. McSwite, "Jacques Lacan and the Theory of the Human Subject: How Psychoanalysis Can Help Public Administration," *American Behavioral Scientist*, Vol. 41, No. 1 (September, 1997), pp. 43–63.

② Linda F. Dennard, "The Democratic Potential in the Transition of Postmodernism: From Critique to Social Evolution," *American Behavioral Scientist*, Vol. 41, No. 1 (September, 1997), pp. 148–162.

二 现代主义与后现代主义的交锋

公共行政研究领域中的后现代主义思潮在20世纪90年代中期收获了大量成果,《公共行政的语言》(1995)、《后现代公共行政》(1995)以及《公共行政的合法性》(1997)都是在这一时期问世的,《行政理论与实践》和《美国行为科学家》杂志也分别在1996年和1997年各自推出了一期后现代主义特辑,使后现代主义研究成为"黑堡宣言"发表之后公共行政领域中最引人注目的一场学术运动。

对于美国公共行政学来说,"黑堡宣言"之所以重要,是因为它体现了学者们对美国"政体价值"的一种承诺,也可以看作是对美国政治传统与治理安排的一种维护,因而,它有助于解决公共行政在美国治理体系中的合法性这一长期困扰公共行政学者的历史性难题。但是,从马歇尔与怀特的分析中又可以看到,"黑堡宣言"对于合法性问题的回答无助于公共行政去迎接后现代的挑战。作为一种高度现代主义的宣示,"黑堡宣言"使公共行政研究深深陷入了一种基础主义的泥潭,从而无法回应后现代所呈现出来的差异化的趋势。因此,作为现代主义的一个代表性和典范化的文本,"黑堡宣言"成了现代主义者与后现代主义者争论的焦点,双方都试图通过对"黑堡宣言"观点的重述或批判来表达自己的学术主张。

怀特是"黑堡宣言"的执笔者,也是第一位根据后现代主义的观点重新审视"黑堡宣言"的学者,更是"黑堡宣言"的一位坚定的捍卫者。从前面的引文中可以发现,怀特与麦克斯怀特尽管吸纳了很多后现代主义的观念,却没有要与"黑堡宣言"决裂的想法。相反,在那本因为运用了话语分析的方法而被视为后现代主义作品的《公共行政的合法性》中,麦克斯怀特对合法性这一"黑堡宣言"的核心主题作出了更加细致的分析,甚至将美国公共行政学的整个历史都看成是持续地寻求合法性的过程。所以,麦克斯怀特其实是在后现代主义的名义下推进了现代主义的"未完成的谋划"(哈贝马斯语)。

与之相反,《后现代公共行政》的作者福克斯和米勒则明确表达了对于黑堡宣言的反对。在福克斯和米勒看来,"从根本上说,宪政主义不适合我们的原因在于它太保守了。在可敬但令人感到不自在的伯克的意义上说，它是反动的。以宪法研究的方式来为公共行政辩护反而是向后看。……宪政主义（以及一定程度上《黑堡宣言》的创始人所依赖的同一东西）在替代模式方面的言论没有什么可骄傲的，因为它的论证已堕落为一种狡辩和歪曲，缺乏实在的指向物；并且从工具主义的性质讲，它似乎太依赖于既有治理结构"①。也就是说，"黑堡宣言"所遵循的实际上是一种"存在即为合理"的实用主义逻辑，因而，它对于公共行政合法性的论证其实是对不合理现实的一种屈服。与之不同，在后现代语境中，由于"后现代状况将会：（1）进一步强化传统的循环模式与民主理想之间本已微弱的联系；（2）使得宪政主义成为一个不可能合法化的策略；（3）阻碍公民社区的发展，而后者正是社群主义管理的前提"，② 所以，这样的屈服将变得不再可行，公共行政要想继续存在下去，必须抛弃包括"黑堡宣言"在内的所有现代主义的合法化策略，并将自己变成一种鼓励自由对话的"公共能量场"。只有这样，才能使公共行政真正成为民主的一种实现形式，从而彻底解决公共行政的合法性问题，也就是彻底解决"民主政治中的官僚制"③ 角色的问题。

应当看到，虽然福克斯和米勒宣称他们没有义务对公共行政进行合法化，④ 但他们的论述却实实在在地提供了一种公共行政的合法化方案，并且，这样的方案还主要是以哈贝马斯和吉登斯这些现代主义者的理论为基础的。在此意义上，《后现代公共行政》其实也只是一部现代主义的公共行政学作品，至多也只能说它是一部不纯粹的现代主义作品。当然，我们不应为此而苛责福克斯和米勒，没有必要批评他们不够后现代；相反，我们应当从中看到，现代主义在公共行政的实践与研究中有着根深蒂固的基础，要想使公共行政实现一种后现代转向，显然是一件非常困难的事情。所以，在"黑堡宣言"的另一位批评者斯派塞

---

① ［美］福克斯、［美］米勒：《后现代公共行政》，楚艳红等译，中国人民大学出版社2002年版，第28页。
② 同上书，第7页。
③ ［美］麦克斯怀特：《公共行政的合法性：一种话语分析》，吴琼译，中国人民大学出版社2002年版，第11页。
④ ［美］福克斯、［美］米勒：《后现代公共行政》，楚艳红等译，中国人民大学出版社2002年版，第38页。

(Michael W. Spicer)身上，我们也同样看到了现代主义与后现代主义的纠结。

在2001年出版的《公共行政与国家：后现代视角》中，斯派塞根据英国保守主义政治哲学家奥克肖特的区分指出了近代两种不同的政治传统，即欧洲大陆的目的性国家（purposive state）传统和英美海洋国家的公民联合（civil association）传统。斯派塞认为，尽管美国在政治上承袭的是英国17世纪以来的公民联合传统，但在行政上则更多地受到了普鲁士目的性国家观念的影响。"尽管公共行政领域的作者可能很少关注国家的概念，但他们的作品却包含了对于一种特定国家观念的强烈暗示，这种观念在政治思想与实践的历史中拥有一段漫长的谱系。在这种观念中，国家被视为一种目的性的联合，被视为一种也许类似于教会、工厂、军队或者医院的组织，而政府则被视为这样一个组织的管理者。这种观念将国家视为一种公民的集合，他们的活动受到一个强大的目的性政府的组织与管理，它代表他们去追求某些前后一致的实质性价值或目的。……然而，追求这样一种目的性的治理与行政方式，可能是不切实际的，因为我们的宪政体制反映的不是一种目的性联合，而是一种公民联合的观念。在后一种关于国家的观念中，男男女女们只是在他们/她们同意一系列非工具性的行为规则的意义上才认为他们/她们是彼此联系在一起的，这些规则并不是为了促进他们中的任何人可能分享的任何特定的实质性集体愿望，而只是为了帮助解决这些个体在——或者独自或者与他人一道——追求其各自目的时可能产生的冲突。"[1] 也就是说，美国的政治传统与行政设置存在着冲突。而且，正是由于政治与行政上的这种不协调，才产生了"民主政治中的官僚制"的问题，才产生了公共行政的合法性问题。

根据斯派塞的分析，目的性联合在本质上是一元论的，它通过行政国家的官僚化而得到了建制化；公民联合则是多元论的，它在美国得到了宪法的确认。因而，"黑堡宣言"向宪法价值的回归实际上应当被解读为在公共行政中引入多元主义的要求，是把这种在公共行政中引入多

---

[1] Michael W. Spicer, *Public Administration and the State: A Postmodern Perspective*, Tuscaloosa: The University of Alabama Press, 2001, pp. 125–126.

元主义看作与美国的多元政治结构——达尔所谓的"多头政体"——相协调的唯一路径。一旦公共行政做到了这一点，也就能够从根本上证明公共行政在美国政治结构中的合法性了。在这一点上，黑堡宣言的主张与后现代状况的要求并不矛盾，反而是一致的。"后现代状况向我们展示的，是一种极端多元主义的并不完全令人宽慰的状况：一系列极度多样化且看似无法并存的叙事、文化、语言游戏与道德框架，并且没有一种公认的标准或框架可以判断其中某一些比另一些更好，或更加真实。……如果关于我们当前政治状况的这一评价是正确的，那么，把国家视为一种目的性联合、政府视为一种目的性组织（teleocracy）的观点就具有内在的问题，甚至存在着潜在的危险。毕竟，目的性国家的观念假定并接受了一种宏大叙事或故事的存在，这种故事通过某种方式将人类状况的改善确立为国家应当追求的实质性目的。在这种故事中，男男女女将通过财富的创造、财富的平均分配、与自然和谐共处或遵循某种神旨而获得'自由'。相反，后现代状况则正好否定了一种共同的宏大政治元叙事存在的可能性，而正是这种元叙事，可以被用来赋予我们的政治世界以共同的意义。"①

后现代公共行政保留了后现代主义在哲学等领域中的理论特征，表达了对目的性国家这样一种宏大叙事的否定，认为这种宏大叙事只能助益于当权者利益的实现，而不能帮助实现后现代状况中"差异的复仇"。"随着后现代状况的出现，越来越可能发生的是，当被用于实现特定的实质性目标与价值时，公共行政官员的行为就不可避免地被那些没有分享这些目标与价值的群体视为一种镇压。"② 要避免这种情况的发生，公共行政就需要一种能够包容差异的叙事。在斯派塞看来，这种叙事就是公民联合。"公民联合将比目的性联合更有能力处理那些不可通约的价值之间的剧烈冲突，这种冲突在一种后现代的政治文化中变得日益显著。"③ 因此，"如果公共行政这一研究领域的目的是更好地理解公共行政的实践，并提供可能的改进，那么，根据我的观点，就应当拒

---

① Michael W. Spicer, *Public Administration and the State: A Postmodern Perspective*, Tuscaloosa: The University of Alabama Press, 2001, p. 95.
② Ibid., p. 101.
③ Ibid., p. 104.

绝把公共行政视为目的性国家的一种工具的观念。相反，我们在思考公共行政的时候，需要依据国家是一种公民联合的观点。一旦将公共行政视为一种公民联合，我们就能够更好地理解历经几个世纪而传承给我们的有限治理体系中的政治权力，认识到它的分散而有限的性质，并能够与之相协调而不是相冲突。我们也就会通过有利于减少压制与减轻冲突的方式来处理后现代政治与社会生活中日益增加的文化多样性"①。可见，在后现代的理解中，公共行政需要汲取美国宪法传统中的公民联合观念。

　　从理论发展的逻辑来看，"黑堡宣言"可以说是介于现代公共行政与后现代公共行政之间的。或者说，"黑堡宣言"更多地具有现代公共行政的色彩。但是，经过一系列的转化与置换，到了马歇尔与怀特那里，则转换成了质疑"黑堡宣言"有效性之依据的后现代观点，而在斯派塞的笔下，则变成了对"黑堡宣言"理论主张的现实前提进行诘问。由于考虑的是"黑堡宣言"的现实前提而不是对其文本的怀疑，因而批评的性质发生了根本性的改变。所以，尽管斯派塞不满于黑堡学派对于宪政主义的论证方式，② 但他客观上却替"黑堡宣言"作了一种重要的补充性证明，所以，也使"黑堡宣言"的性质发生了改变，即摇身一变而成为后现代文本。随着"黑堡宣言"被改造成一篇具有后现代主义性质的公共行政宣言，作为公民联合的公共行政也就成了又一种独特的公共行政概念。尽管我们很难说公共行政的概念已经变成了将奥克肖特与以赛亚·伯林奉为导师的斯派塞所宣称的那样是一种后现代主义的公共行政概念，但是，就公共行政的概念包含了公民联合的内容而言，它实际上已经在观念上实现了对官僚制、文官体系等各个方面的解构。

三　"反行政"所进行的解构

　　正当许多学者还试图在"黑堡宣言"的文本中注入后现代公共行政的内容时，法默尔在物理学的"反物质"概念的启发下提出了一种

---

① Michael W. Spicer, *Public Administration and the State: A Postmodern Perspective*, Tuscaloosa: The University of Alabama Press, 2001, pp. 107-108.

② Michael W. Spicer and Larry D. Terry, "Legitimacy, History, and Logic: Public Administration and the Constitution," *Public Administration Review*, Vol. 53, No. 3 (May-Jun., 1993), pp. 239-246.

更具有后现代特征的公共行政视角，这就是"反行政"（anti-administration）概念的提出。

在1995年出版的《公共行政的语言》中，经过对现代性与后现代性这两种视角的反复对比，法默尔提出了"反行政"的理论主张。法默尔认为："在现代性的心灵模式内思考公共行政，被认为就是去寻找可靠的知识，坐收已经牢固的理性思考之利。而在后现代性的心灵模式内思考公共行政，则被认为就是清理因抛弃被视作现代性的虚假认识和其他幻觉而来的根本后果。"① 因此，"后现代性意味着公共行政的所有谋划都应改变。这些改变是源自这样一个事实，即所有后现代行政都应把目标瞄准其职能的实施，且是以我们称作反行政的方式"②。

为什么要采取"反行政"的方式？在法默尔看来，这是基于后现代性的"他在性"之要求。与现代性以理性的自我意识为中心不同，后现代性要求正视"道德的他者"，面向他者而开放，并承受这种开放可能带来的不理性的后果。具体地说，后现代性的他在性包含四个要素，分别是：向他者开放、偏爱差异性、反对元叙事和颠覆已建立的秩序。因而，从他在性出发去思考公共行政，就会提出如下四个要求："第一个方面即向他者开放意味着公共行政的实践应这样来建构和实施，即它就是反权威主义；它还意味着鼓励以服务为主的态度。这一态度意味着行政管理应力图使其所有的决策向共同体开放，不应把官僚文本的玩意强加于他人。它还意味着需要一种实质的无政府主义，后者是伴随着以地方共同体的方式来行动的微观政治的发展而形成的。……第二个方面就是对差异性的偏爱和承认没有优先的意义存在。公共行政的实施应力图避免各就各位和类型化。第三个方面就是反对元叙事。就行政管理者是元叙事和不切实际的基础的解构者而言，反对元叙事意味着反行政。反对元叙事意味着正义根本不存在基础，道德控制根本不存在基础。……第四个方面是颠覆已有的建制的紧迫性。绝大多数的行政本质上是拥护行政建制的。"③ 显然，所有这些要求都是站在既有的或者

---

① ［美］法默尔：《公共行政的语言——官僚制、现代性和后现代性》，吴琼译，中国人民大学出版社2005年版，第8页。
② 同上书，第372页。
③ 同上书，第372—373页。

说现代性的公共行政的对立面的，因而，根据这些要求所建构起来的行政模式就应当是一种"反行政"。

法默尔认为，在现代主义的语境中，公共行政的概念是与官僚制联系在一起的，在某种意义上，现代性的公共行政就是一种官僚行政。因而，"反行政"首先必须是一种反官僚制的行政形式，"它可以被理解为一种同时朝向否定行政—官僚权力和否定韦伯式的理性—等级前景的行政"①。通过对官僚制的否定，"一种朝向反行政的转向包含一种朝向完全不顺从的政治的进步，这种政治不是在国家—公民关系，而是在公民—公民的相互关系中寻求心理能量的"②。因此，"反行政提供了一种支持无政府主义、竞争性的文化多元主义以及多样性的前景"③。具体来说，"反行政不是某种'我列举出来，你相信并遵循'的东西。拿开放性这一反行政意识来说，它是一种拒绝被化简为一系列规定的开放性，是一种需要从读者（听者）那里获得输入的开放性，当涉及不平凡的公共行政思考与公共行政行动时，它需要理解上的空间与距离。它是一种既从主流观点也从边缘或被排斥的观点——不被邀请加入讨论的观点——寻求理解的开放性"④。在这里，法默尔其实呼应了斯派塞的观点，即现代公共行政只体现了当权者的利益，因而，本质上是一元论的。与现代性公共行政相反，"反行政"则应当具有多元主义的特征，尤其需要对那些非当权的他者的利益予以特殊的照顾。由于具有了这一特征，"反行政"的观念也自然而然地得到了斯派塞的认同。

斯派塞认为："通过其对权力的否定，反行政有助于制衡提倡一元论的政治和行政压力，并因此保护被我们视为重要的那些互不相容且不可通约的价值的多样性。事实上，反行政的实践只有在一个多元化的世界中才是有意义的。这是因为，如果一元论者认为存在某些支配一切并

---

① David John Farmer, "Derrida, Deconstruction, and Public Administration," *American Behavioral Scientist*, Vol. 41, No. 1 (September, 1997), pp. 12 – 27.

② David John Farmer, "The Discourse of Anti – Administration," In Jong S. Jun, (Ed.), *Rethinking Administrative Theory: The Challenge of the New Century*, Westport: Praeger, 2002, p. 281.

③ David John Farmer, "Derrida, Deconstruction, and Public Administration," *American Behavioral Scientist*, Vol. 41, No. 1 (September, 1997), pp. 12 – 27.

④ David John Farmer, "Mapping Anti – Administration: Introduction to the Symposium," *Administrative Theory & Praxis*, Vol. 23, No. 4, 2001: 475 – 492.

彼此相容的目标的观点是正确的，那么，如前所述，公共行政的适当角色就仅仅是去发现实现这些目标的最为有效的手段。在这样一个一元论的世界中，反行政的实践没有存在的必要，事实上，反行政可能恰恰被视为实现一元论目标的一种阻碍。"[1]

不过，需要注意的是，与法默尔把"反行政"看作现代主义公共行政的替代模式不同，斯派塞在一定程度上所坚持的依然是现代主义的立场，认为"反行政"是现代宪政主义的一个构成要素："本文所提倡的公共行政的宪政主义途径是与法默尔的反行政观念相一致的。由于其对行政独立性的强调，这一途径可以被认为使一种反行政的实践成为可能，甚至在某种程度上鼓励了它。……将公共行政用作一种反对既有权力的手段的反行政主义观念，不仅不是与宪政主义途径对立的，反而是我们的盎格鲁—美利坚宪政传统不可分割的一部分。它在很大程度上根源于17世纪的斗争，当时许多地方政府官员参与到了反对斯图亚特王朝在英国建立一种绝对主义统治体系的斗争之中。"[2] 在这里，斯派塞实际上是把"反行政"与分权制衡的宪政原则等同了起来，这也是斯派塞与特里（Larry D. Terry）批评"黑堡宣言"时所提出的观点。

斯派塞坚持一种经典的观点，即认为公共行政与政治部门之间具有一种分权制衡的关系，并把这种制衡关系看作是公共行政符合于宪法逻辑的基本方面。由于公共行政具有符合宪法逻辑的方面，所以具有合法性。[3] 因此，当斯派塞使用"反行政"的提法时，实际上是完全不同于法默尔的，法默尔已经完全抛弃了对公共行政合法性问题的关注，而斯派塞则把"反行政"作为一个概念纳入公共行政合法性的探讨之中，走到了用"反行政"的概念为现代性公共行政辩护的立场上去了。在此意义上，斯派塞所说的"反行政"其实是与后现代公共行政理论没有任何关系的。

---

[1] Michael W. Spicer, "Value Pluralism and its Implications for American Public Administration," *Administrative Theory & Praxis*, Vol. 23, No. 4, 2001: 507 - 528.

[2] Ibid..

[3] Michael W. Spicer and Larry D. Terry, "Legitimacy, History, and Logic: Public Administration and the Constitution," *Public Administration Review*, Vol. 53, No. 3 (May - Jun., 1993), pp. 239 - 246.

尽管斯派塞努力把"反行政"的概念拉回到现代主义的理论框架中来，但学者们关于这一概念的认识还是更多地受到了法默尔的影响，即把"反行政"理解为一个后现代主义的范畴。在后现代的意义上，康尼汉姆（Robert Cunningham）与施奈德（Robert A. Schneider）都努力发掘"反行政"的开放性与包容性内涵："现代行政已经变成了一个单向度的观念，完全具体化为韦伯式的法律—合理性治理。这种行政模式在许多美国公民眼中已经不再具有合法性了。悖论、辩证法、双极性与多向度性是鼓励读者考虑对于公共行政有用的多重真理的语汇。反行政并未明确或强调某种特定的治理关系形式。它开放而不是关闭了对话。"①

麦克斯怀特也指出了"反行政"对于理性原则的背叛："它对以抽象为基础的承诺的憎恶，以及对一种关于原则的自觉理性共识之可能性的否定，都是为了谋求一种感觉上新鲜的社会关系。这使一种迥然不同的公共行政模式的出现成为可能。反行政所做的是，寻求激发人际纽带（the human bond）这一最古老的人际联系。一种主要旨在支持社会纽带的公共行政将在当今世界的治理中承担起一种引人注目的角色。"②

伯克斯（Richard C. Box）也对"反行政"如何消解既有权威的问题作了描述："'反行政'（anti-administration）似乎是公共行政学理论中一个奇怪的名称。同样，这一理论的内容也显得与公认的公共管理学目标相悖，因为它主张管理者应该分散权力和控制，质疑他们自己的目标，在承担职责时更具'试探性'。像重塑/新公共管理/管理主义运动一样，反行政是对作为一种繁冗的、墨守成规的专门技术和专门术语的官僚机构的一种回应。可是，新公共管理理论使技术控制与效率得以最大化，而反行政则犹如在镜像中一样，把对公共行为的决断从管理者转移到公众。"③

---

① Robert Cunningham and Robert A. Schneider, "Anti-Administration: Redeeming Bureaucracy by Witnessing and Gifting," *Administrative Theory & Praxis*, Vol. 23, No. 4, 2001: 573 - 588.
② O. C. McSwite, "The Psychoanalytic Rationale for Anti-Administration," *Administrative Theory & Praxis*, Vol. 23, No. 4, 2001: 493 - 506.
③ Richard C. Box：《私人生活与反行政》，载戴黍、牛美丽等编：《公共行政学中的批判理论》，中国人民大学出版社2008年版，第69—70页。

经过"反行政"的解构,"围墙已成过去;商品已成过去。我们所理解的那种官僚制也已成为过去。在文本的世界中,有的只是多样化的书写,但思维方式是根茎的、非线性的和游牧式的"①。也就是说,传统的公共行政概念已经彻底烟消云散了,剩下的只是一个可以任意书写的文本世界。而在这个没有标准答案的文本世界中,如全钟燮与里维拉(Mario A. Rivera)所说,"公共行政已经变得与它必须应对的制度机制和问题同样支离破碎而不相协调了"②。当然,后现代公共行政并未形成统一的理论框架,它在何种意义上与哲学、文化等研究领域中的后现代主义精神是一致的,也是很难作出回答的问题,而且,在一些被认为属于后现代主义代表的公共行政学者那里,也总是在现代性与后现代性之间夹缠不清。但是,在公共行政的研究中,"反行政"的提法或概念被提出来之后,则有可能成为我们理解和把握后现代公共行政的切入点。

"反行政"这个概念可能意味着后现代公共行政比其他领域中的后现代主义都更加激进。因为,在其他领域中,后现代主义虽然强烈地要求对现代性的价值和实存物等一切存在形态进行解构,却不是站在一个完全对立的立场上的。也就是说,对现代性的解构并不能等同于反现代性。然而,当我们把"公共行政"与"反行政"两个概念放置在一起的时候,却明显地看到后现代公共行政反现代公共行政的立场。也正是这种"反行政"的立场,赋予了公共行政概念新的内涵。尽管法默尔在描述后现代公共行政时认为解构是一个永无终点的连续统,但在事实上,"反行政"的概念是包含着建构性内容的,这可能也是后现代公共行政与其他领域中的后现代主义之间的不同之处。

总之,随着后现代公共行政理论尤其是"反行政"概念的出现,我们关于公共行政概念的所有传统理解全都受到了解构,甚至是受到了否定。然而,对于公共行政的概念建构与理论探索来说,解构并不是终

---

① [美]法默尔:《公共行政的语言——官僚制、现代性和后现代性》,吴琼译,中国人民大学出版社2005年版,第340页。

② Jong S. Jun and Mario A. Rivera, "The Paradox of Transforming Public Administration: Modernity Versus Postmodernity Arguments," *American Behavioral Scientist*, Vol. 41, No. 1 (September, 1997), pp. 132–147.

点。从哲学上的后现代主义近年来逐渐向建构性的后现代主义转型的情况来看，后现代公共行政理论对于公共行政概念及其研究的解构，可能意味着公共行政学即将进入一个重新建构的时代。在这个问题上，公共行政研究完全可以超越所谓建构性的后现代主义而走在时代潮流的前列，甚至引领整个人文社会科学的发展。要做到这一点，在新的时代中，我们就需要"重估一切价值"，进而突出那些对于人类社会未来的发展有着积极意义的价值，明确公共行政在全球化、后工业化这一历史背景下的实践走向。就这一目的而言，以往人们关于公共行政的观念都可以成为一个重要的参照系，它可以帮助我们更好地理解时代对人类的社会治理方式所提出的要求。正是由于这一原因，我们对公共行政的概念作出了上述考察。

参考文献

Adams, W. G. S.. "University Education in Public Administration," *Public Administration*, Vol. 4, No. 4 (October, 1926), pp. 431-433.

[英] 安德鲁·海伍德:《政治学》,张立鹏译,中国人民大学出版社2006年版。

[美] 奥斯特罗姆:《美国行政管理危机》,江峰等译,北京工业大学出版社1994年版。

Appleby, Paul H.. "Toward Better Public Administration," Public Administration Review, Vol. 7, No. 2 (Spring, 1947), pp. 93-99.

Aristotle. *Politics*, Translated by J. E. C. Welldon, London: Macmillan And Co., Limited, 1912.

Aristotle. *Politics*, Translated by Benjamin Jowett, Oxford: Clarendon Press, 1916.

Banerjea, Pramathanath. *Public Administration in Ancient India*, London: Macmillan and Co., Ltd., 1916.

Barbier, Paul. "Loan-Words from English in Eighteenth Century French," *The Modern Language Review*, Vol. 16, No. 2 (Apr., 1921).

Banovetz, James M.. "Needed: New Expertise in Public Administration," *Public Administration Review*, Vol. 27, No. 4, Special Issue (Nov., 1967), pp. 321-324.

B. L. M.. "Constitutional Law: Delegation of Legislative Power to Administrative Officers: Discretion to Grant or Refuse Licenses and Permits, and Power to Make Rules," *California Law Review*, Vol. 15, No. 5 (Jun., 1927), pp. 408-415.

Bozeman, Barry. *Public Management and Policy Analysis*, New York: St. Martin's Press, 1979.

Bozeman, Barry. (Ed.). *Public Management: The State of the Art*, San Francisco: Jossey – Bass Publishers, 1993.

Brown, John. *A Sermon Preached at a Public Administration of Baptism*, Coventry: M. Lewis, 1764.

Brown, B., Stillman II, R. J. & Waldo, D.. "A Conversation with Dwight Waldo: An Agenda for Future Reflections," *Public Administration Review*, Vol. 45, No. 4 (Jul. -Aug., 1985), pp. 459 – 467.

Bruce, Willa. (Ed.). *Classics of Administrative Ethics*, Boulder: Westview Press, 2001.

Burke, Edmund and Payne & Edward John. *Burke, Select Works*, New Jersey: The Lawbook Exchange, LTD., 2005.

Campbell, Alan K.. "Old and New Public Administration in the 1970's," *Public Administration Review*, Vol. 32, No. 4 (Jul. – Aug., 1972), pp. 343 – 347.

Chandler, J. A.. "Public Administration or Public Management?" *Teaching Public Administration*, Vol. 8, No. 1 (Spring, 1988), pp. 1 – 10.

Chandler, J. A.. "Public Administration: A Discipline in Decline," *Teaching Public Administration*, Vol. 11, No. 2 (Autumn, 1991), pp. 39 – 45.

Chandler, Ralph Clark. (Ed.). *A Centennial History of the American Administrative State*, New York: The Free Press, 1987.

［美］查尔斯·T. 葛德塞尔：《为官僚制正名——一场公共行政的辩论》，张怡译，复旦大学出版社2007年版。

陈可风：《罗马共和宪政研究》，法律出版社2004年版。

Cooper, Terry L.. "Hierarchy, Virtue, and the Practice of Public Administration: A Perspective for Normative Ethics," *Public Administration Review*, Vol. 47, No. 4 (Jul. – Aug., 1987), pp. 320 – 328.

Crecine, John P.. "University Centers for the Study of Public Policy: Organizational Viability," *Policy Sciences*, Vol. 2, No. 1 (Mar., 1971), pp. 7 – 32.

Cunningham, Robert & Schneider, R. A.. "Anti – Administration: Redeeming Bureaucracy by Witnessing and Gifting," *Administrative Theory & Praxis*, Vol. 23, No. 4, 2001: 573 – 588.

Dahl, Robert A.. "The Science of Public Administration: Three Problems," *Public Administration Review*, Vol. 7, No. 1 (Winter, 1947), pp. 1 – 11.

戴黍、牛美丽等编:《公共行政学中的批判理论》,中国人民大学出版社 2008 年版。

[英] 戴维·米勒、韦农·波格丹主编:《布莱克维尔政治学百科全书》,邓正来等译,中国政法大学出版社 1992 年版。

Day, John Percival. *Public Administration in the Highlands and Islands of Scotland*, London: University of London Press, 1918.

邓正来、[英] 亚历山大编:《国家与市民社会———一种社会理论的研究路径》,中央编译出版社 1999 年版。

Denhardt, Robert B.. "The Continuing Saga of the New Public Administration," *Administration & Society*, Vol. 9, No. 2 (August, 1977), pp. 253 – 261.

Denhardt, Robert B. & Jennings, Edward T. Jr.. "The Future of Public Administration: The Pursuit of Excellence," *Dialogue*, Vol. 6, No. 3 (Spring, 1984).

Denhardt, Robert B. & Denhardt, Janet V.. *Public Administration: An Action Orientation*, Belmont: Wadsworth, 2006.

Dennard, Linda F.. "The Democratic Potential in the Transition of Postmodernism: From Critique to Social Evolution," *American Behavioral Scientist*, Vol. 41, No. 1 (September, 1997), pp. 148 – 162.

Dickinson, John. "Judicial Control of Official Discretion," *The American Political Science Review*, Vol. 22, No. 2 (May, 1928), pp. 275 – 300.

Dimock, Marshall E.. "What is Public Administration," *Public Management*, Vol. 15, No. 9, (September, 1933), pp. 259 – 262.

Dimock, M. E., Dimock, G. O. & Koenig, L. W.. *Public Administration*, Revised Edition, New York: Rinehart & Company, Inc., 1958.

Diver, Colin S.. "Engineers and Entrepreneurs: The Dilemma of Public Management," *Journal of Policy Analysis and Management*, Vol. 1, No. 3, (Spring, 1982), pp. 402 – 406.

Douglass, Bruce. "The Common Good and the Public Interest," *Political Theory*, Vol. 8, No. 1 (Feb., 1980), pp. 103 – 117.

Dror, Yehezkel. "Policy Analysts: A New Professional Role in Government Service," *Public Administration Review*, Vol. 27, No. 3 (Sep., 1967), pp. 197 – 203.

Drucker, Peter F.. *The Age of Discontinuity: Guidelines to our Changing Society*, New York: Harper & Row, 1969.

Duncan, Colin. (Ed.). *The Evolution of Public Management: Concepts and Techniques for the 1990s*, London: The Macmillan Press Ltd, 1992.

Eaton, Dorman Bridgman. *Civil Service in Great Britain: A History of Abuses and Reforms*, BiblioBazaar, LLC, 2009.

Elmore, Richard F.. "Graduate Education in Public Management: Working the Seams of Government," *Journal of Policy Analysis and Management*, Vol. 6, No. 1, (Fall, 1986), pp. 69 – 83.

Ely, Richard T.. *Ground Under Our Feet: An Autobiography*, New York: The Macmillan Company, 1938.

Etzioni, Amitai. "The Third Sector and Domestic Missions," *Public Administration Review*, Vol. 33, No. 4 (Jul. – Aug., 1973), pp. 314 – 323.

［美］法默尔：《公共行政的语言——官僚制、现代性和后现代性》，吴琼译，中国人民大学出版社2005年版。

Farmer, David John. "Derrida, Deconstruction, and Public Administration," *American Behavioral Scientist*, Vol. 41, No. 1 (September, 1997), pp. 12 – 27.

Farmer, David John. "Mapping Anti – Administration: Introduction to the Symposium," *Administrative Theory & Praxis*, Vol. 23, No. 4, 2001, pp. 475 – 492.

Ferlie, E., Ashburner, L., Fitzgerald, L. & Pettigrew, A.. *The New Public Management in Action*, Oxford: Oxford University Press, 1996.

Ferlie, E., Lynn, L. E. & Pollitt, C.. (Eds.). *The Oxford Handbook of Public Management*, New York: Oxford University Press, 2007.

Finer, Herman. "State Activity before Adam Smith," *Public Administration*, Vol. 10, No. 2 (April, 1932), pp. 157 – 178.

Finer, Herman. "Better Government Personnel," *Political Science Quarterly*, Vol. 51, No. 4 (Dec., 1936), pp. 569 – 599.

Frederickson G. H.. "Creating Tomorrow's Public Administration," *Public Management*, Vol. 53, (November, 1971), pp. 2 – 4.

Frederickson, H. George. "Public Administration in the 1970s: Developments and Directions," *Public Administration Review*, Vol. 36, No. 5, Special Bicentennial Issue: American Public Administration in Three Centuries (Sep. – Oct., 1976), pp. 564 – 576.

Frederickson, H. George. "The Recovery of Civism in Public Administration," *Public Administration Review*, Vol. 42, No. 6 (Nov. – Dec., 1982), pp. 501 – 508.

Freund, Ernst. "The Substitution of Rule for Discretion in Public Law," *The American Political Science Review*, Vol. 9, No. 4 (Nov., 1915), pp. 666 – 676.

Friedrich, C. J. & Mason, E. S. (Eds.). *Public Policy*, Cambridge, Massachusetts: Harvard University Press, 1940.

Fry, Brian R. & Nigro, Lloyd G.. "Max Weber and US Public Administration: The Administrator as Neutral Servant," *Journal of Management History*, 1996, 2 (1).

[美] 福克斯、[美] 米勒：《后现代公共行政》，楚艳红等译，中国人民大学出版社2002年版。

[美] 弗雷德里克森：《公共行政的精神》，张成福等译，中国人民大学出版社2003年版。

[美] 弗雷德里克森：《新公共行政》，丁煌、方兴译，中国人民大学出版社2011年版。

Gale, Esson M.. "Public Administration of Salt in China: A Historical Survey," *Annals of the American Academy of Political and Social Science*,

Vol. 152, China (Nov., 1930), pp. 241-251.

Garson, G. D. & Overman, E. S.. *Public Management Research in the United States*, New York: Praeger Publishers, 1983.

Gaus, John M.. "Personnel and the Civil Service," *The North American Review*, Vol. 215, No. 799 (Jun., 1922), pp. 767-774.

Gaus, J. M., White L. D., & Dimock, M. E.. *The Frontiers of Public Administration*, New York: University of Chicago Press, 1936.

Gaus, John Merriman. *Reflections on Public Administration*, Tuscaloosa: The University of Alabama Press, 1947.

Gaus, John M.. "Trends in the Theory of Public Administration," *Public Administration Review*, Vol. 10, No. 3 (Summer, 1950), pp. 161-168.

Gilby, Thomas. *Principality and Polity, Aquinas and the Rise of State Theory in the West*, London: Longmans, Green, 1958.

Golembiewski, Robert T.. *Perspectives on Public Management: Cases and Learning Designs*, Itasca, Ill.: F. E. Peacock, 1968.

Golembiewski, Robert T. & White, Michael J.. *Cases in Public Management*, Illinois: Rand McNally, 1973.

Goodnow, Frank J.. "The Work of The American Political Science Association," *Proceedings of the American Political Science Association*, Vol. 1, First Annual Meeting (1904), pp. 35-46.

Goodnow, Frank J.. "The Growth of Executive Discretion," *Proceedings of the American Political Science Association*, Vol. 2, Second Annual Meeting (1905), pp. 29-44.

Goodnow, Frank J.. *The Principles of the Administrative Law of the United States*, New Jersey: The Lawbook Exchange, Ltd., 2003, Originally Published in 1905 by G. P. Putnam's Sons.

Goodnow, Frank J.. *Politics and Administration: A Study in Government*, London: Macmillan & Co., Ltd., 1914.

Goodnow, Frank J.. "Private Rights and Administrative Discretion," *The Virginia Law Register*, New Series, Vol. 3, No. 6 (Oct., 1917), pp. 416-430.

[美] 古德诺:《政治与行政》, 华夏出版社 1987 年版。

Gray, Andrew & Jenkins, Bill. "From Public Administration to Public Management: Reassessing a Revolution?" *Public Administration*, Vol. 73, No. 1 (Spring, 1995), pp. 75 – 99.

Gulick, Luther. *The National Institute of Public Administration: A Progress Report*, New York: The National Institute of Public Administration, 1928.

Gulick, Luther. "Politics, Administration, and the 'New Deal'," *Annals of the American Academy of Political and Social Science*, Vol. 169, The Crisis of Democracy (Sep., 1933), pp. 55 – 66.

Gulick, Luther & Urwick, L. (Eds.). *Papers on the Science of Administration*, First Published 1937 by the Institute of Public Administration, New York, This Edition Published by Routledge, London and New York, 2003.

Gunnell, John G.. "The Founding of the American Political Science Association: Discipline, Profession, Political Theory, and Politics," *American Political Science Review*, Vol. 100, No. 4 (November, 2006), pp. 479 – 486.

Habermas, Jürgen. *The Structural Transformation of the Public Sphere*, Translated by Thomas Burger with the assistance of Frederick Lawrence, Massachusetts: The MIT Press, 1989.

[德] 哈贝马斯:《公共领域的结构转型》, 曹卫东等译, 学林出版社 1999 年版。

Hamilton, A., Jay, J. & Madison, J.. *The Federalist Papers*, New York: Cosimo, Inc., 2006.

[美] 汉密尔顿、杰伊、麦迪逊:《联邦党人文集》, 程逢如等译, 商务印书馆 1980 年版。

Haque, M. Shamsul. "The Intellectual Crisis in Public Administration in the Current Epoch of Privatization," *Administration & Society*, Vol. 27, No. 4 (November, 1996), pp. 510 – 536.

Hargrove, Erwin C.. "Theory and Practice in Public Management," *Journal of Policy Analysis and Management*, Vol. 8, No. 3 (Summer, 1989), pp. 518 – 520.

Harmon, Michael M.:《公共行政的行动理论》, 吴琼恩、陈秋杏、张世杰译，五南图书出版公司 1993 年版。

Harmon, Michael. "PAT – Net Turns Twenty – Five: A Short History of the Public Administration Theory Network," *Administrative Theory & Praxis*, Vol. 25, No. 2, 2003, pp. 157 – 172.

Harrell C. A. & Weiford, D. G.. "The City Manager and the Policy Process," *Public Administration Review*, Vol. 19, No. 2 (Spring, 1959), pp. 101 – 107.

Hart and Hart. "Why the Gore Report Will Probably Fail," *International Journal of Public Administration*, 1997, 20 (1).

Hart, David K.. "The Virtuous Citizen, the Honorable Bureaucrat, and 'Public' Administration," *Public Administration Review*, Vol. 44, Special Issue: Citizenship and Public Administration (Mar., 1984), pp. 111 – 120.

何华辉、许崇德：《分权学说》，人民出版社 1986 年版。

［德］黑格尔：《法哲学原理》，范扬、张企泰译，商务印书馆 1979 年版。

Herring, E. Pendleton. *Public Administration and the Public Interest*, New York: McGraw – Hill Book Company, Inc, 1936.

Hobbes, Thomas. *Leviathan*, Cambridge: Cambridge University Press, 1904.

Honey, John C.. "Research in Public Administration: A Further Note," *Public Administration Review*, Vol. 17, No. 4 (Autumn, 1957), pp. 238 – 243.

Honey, John C.. "A Report: Higher Education for Public Service," *Public Administration Review*, Vol. 27, No. 4, Special Issue (Nov., 1967), pp. 294 – 321.

Hood, Christopher. "A Public Management for All Seasons?" *Public Administration*, Vol. 69, No. 1 (Spring, 1991), pp. 3 – 19.

Hood, Christopher. "The 'New Public Management' in the 1980s: Variations on a Theme," *Accounting, Organizations and Society*, Vol. 20, No. 2/3, (1995), pp. 93 – 109.

Hotoman, Francis. *Franco – Gallia*, Translated into English by the Author of the Account of DENMARK. London: Printed for Edward Valentine,

At the Queen's Head against St. Dunstan's Church, Fleetstreet, 1711.

［英］胡德：《国家的艺术：文化、修辞与公共管理》，彭勃、邵春霞译，上海人民出版社2008年版。

Hunton, Philip and Henry & Ferne. *A Treatise of Monarchy*, London: Printed for E. Smith and are to be Sold by Randal Taylor near Stationers – Hall, 1643.

Imrie, J. D.. "Impressions of the Joint Universities Conference on the Study and Teaching of Public Administration," *Public Administration*, Vol. 10, No. 2 (April, 1932), pp. 115 – 119.

Ingraham, P. W., Rosenbloom, D. H. & Edlund, C.. "The New Public Personnel and the New Public Service," *Public Administration Review*, Vol. 49, No. 2, Special Issue: Minnowbrook II. Changing Epochs of Public Administration (Mar. – Apr., 1989), pp. 116 – 126.

景跃进：《"行政"概念辨析》，《教学与研究》2003年第9期。

［美］杰伊·D.怀特、盖·B.亚当斯：《公共行政研究——对理论与实践的反思》，刘亚平、高洁译，清华大学出版社2005年版。

Joint Committee on Planning and Cooperation. *A Directory of International Organisations in the Field of Public Administration*, Brussels, Belgium, 1936.

Jun, Jong S. & Rivera, Mario A.. "The Paradox of Transforming Public Administration: Modernity Versus Postmodernity Arguments," *American Behavioral Scientist*, Vol. 41, No. 1 (September, 1997), pp. 132 – 147.

Jun, Jong S.. (Ed.). *Rethinking Administrative Theory: The Challenge of the New Century*, Westport: Praeger, 2002.

K. A. 埃利亚森、简·克伊曼：《导论》，载 Kjell A. Eliassen, Jan Kooiman 编：《公共组织管理——当代欧洲的经验与教训》第2版，王满船等译，国家行政学院出版社2003年版。

Kaufman, Herbert. "Organization Theory and Political Theory," *The American Political Science Review*, Vol. 58, No. 1 (Mar., 1964), pp. 5 – 14.

Kaufman, Herbert. "Administrative Decentralization and Political Power," *Public Administration Review*, Vol. 29, No. 1 (Jan. – Feb., 1969), pp. 3 – 15.

Kelly, Rita Mae. "An Inclusive Democratic Polity, Representative Bureaucracies, and the New Public Management," *Public Administration Review*, Vol. 58, No. 3 (May – Jun., 1998), pp. 201 – 208.

Kettl, Donald F.. "The Global Revolution in Public Management: Driving Themes, Missing Links," *Journal of Policy Analysis and Management*, Vol. 16, No. 3 (1997), pp. 446 – 462.

Kingsley, J. Donald. "Review: Political Ends and Administrative Means: The Administrative Principles of Hamilton and Jefferson," *Public Administration Review*, Vol. 5, No. 1 (Winter, 1945), pp. 87 – 89.

Kirwan, Kent A.. "Woodrow Wilson and the Study of Public Administration: Response to Van Riper," *Administration & Society*, 1987, 18 (2).

［美］库珀：《行政伦理学：实现行政责任的途径》，张秀琴译，中国人民大学出版社2001年版。

Lancaster, Lane W.. "Private Associations and Public Administration," *Social Forces*, Vol. 13, No. 2 (Dec., 1934), pp. 283 – 291.

Laski, Harold J.. "Introduction to the Study of Public Administration by Leonard D. White," *Economica*, No. 21 (Dec., 1927), pp. 379 – 380.

Lawson, George. *An Examination of the Political Part of Mr. Hobbs his Leviathan*, London: R. White, 1657.

Leland, T.. *The Orations of Demosthenes, on Occasions of Public Deliberation*, Vol. 2, London: William Johnston, 1763.

Leiserson, Avery. "Review: Politics in Administration – In Modern Dress," *Public Administration Review*, Vol. 5, No. 2 (Spring, 1945), pp. 168 – 172.

Lepawsky, Albert. "Graduate Education in Public Policy," *Policy Sciences*, Vol. 1, No. 4 (Winter, 1970), pp. 443 – 457.

Levitan, David M.. "Political Ends and Administrative Means," *Public Administration Review*, Vol. 3, No. 4 (Autumn, 1943), pp. 353 – 359.

［美］里查德·J. 斯蒂尔曼：《美国公共行政重建运动：从"狂热"的反国家主义到90年代"适度"的反国家主义（下）》，闻道译，

《北京行政学院学报》2000 年第 1 期。

Lilla, Mark T.. "Ethos, Ethics, and Public Service," *Public Interest*, No. 63, (Spr., 1981), pp. 3–17.

Long, Norton E.. "Bureaucracy and Constitutionalism," *The American Political Science Review*, Vol. 46, No. 3 (Sep., 1952), pp. 808–818.

[法] 卢梭:《社会契约论》,何兆武译,商务印书馆 2005 年版。

[英] 洛克:《政府论》,下篇,叶启芳等译,商务印书馆 1964 年版。

[美] 罗森布鲁姆、[美] 克拉夫丘特:《公共行政学:管理、政治和法律的途径》第 5 版,张成福等校译,中国人民大学出版社 2002 年版。

Ludwig, C. C.. "Cities and the National Government Under the New Deal," *The American Political Science Review*, Vol. 29, No. 4 (Aug., 1935), pp. 640–648.

Lynn, Laurence E. Jr.. "The New Public Management: How to Transform a Theme into a Legacy," *Public Administration Review*, Vol. 58, No. 3 (May – Jun., 1998), pp. 231–237.

Lynn, Laurence E. Jr.. *Public Management: Old and New*, Taylor & Francis e – Library, 2006.

[美] 麦克斯怀特:《公共行政的合法性:一种话语分析》,吴琼译,中国人民大学出版社 2002 年版。

Marini, Frank. (Ed.). *Toward a New Public Administration: The Minnowbrook Perspective*, Scranton: Chandler Publishing Company, 1971.

Marshall, Gary S. & White, Orion F. Jr.. "The Blacksburg Manifesto and the Postmodern Debate: Public Administration in a Time Without a Name," *The American Review of Public Administration*, Vol. 20, No. 2 (June, 1990), pp. 61–76.

Marshall, Gary S. & Choudhury, Enamul. "Public Administration and the Public Interest: Re – Presenting a Lost Concept," *American Behavioral Scientist*, Vol. 41, No. 1 (September, 1997), pp. 119–131.

Martin, Daniel W.. "French Antecedents of American Public Administration," *Public Administration Review*, Vol. 47, No. 4.

Martin, Daniel W.. "The Fading Legacy of Woodrow Wilson," *Public Administration Review*, Vol. 48, No. 2.

Martin, Roscoe C.. "Political Science and Public Administration: A Note on the State of the Union," *The American Political Science Review*, Vol. 46, No. 3 (Sep., 1952), pp. 660 – 676.

Marx, Fritz Morstein. (Ed.). *Public Management in the New Democracy*, New York: Harper & Brothers, 1940.

Marx, Fritz Morstein. "Bureaucracy and Dictatorship," *The Review of Politics*, Vol. 3, No. 1 (Jan., 1941), pp. 100 – 117.

Marx, Fritz Morstein. "The Lawyer's Role in Public Administration," *The Yale Law Journal*, Vol. 55, No. 3 (Apr., 1946), pp. 498 – 526.

Marx, Fritz Morstein. (Ed.). *Elements of Public Administration*, New York: Prentice – Hall – Inc, 1946.

Mathews, David. "The Public in Practice and Theory," *Public Administration Review*, Vol. 44, Special Issue: Citizenship and Public Administration (Mar., 1984), pp. 120 – 125.

McSwite, O. C.. "Jacques Lacan and the Theory of the Human Subject: How Psychoanalysis Can Help Public Administration," *American Behavioral Scientist*, Vol. 41, No. 1 (September, 1997), pp. 43 – 63.

McSwite, O. C.. "The Psychoanalytic Rationale for Anti – Administration," *Administrative Theory & Praxis*, Vol. 23, No. 4, 2001, pp. 493 – 506.

Melton, James Van Horn. *The Rise of the Public in Enlightenment Europe*, Cambridge: Cambridge University Press, 2001.

[法] 孟德斯鸠：《论法的精神》，张雁深译，商务印书馆1995年版。

Meriam, Lewis. "Frontiers of Public Administration and Public Welfare," *Social Service Review*, Vol. 11, No. 1 (Mar., 1937), pp. 26 – 32.

Mill, John Stuart. *Utilitarianism; Liberty; Representative Government*, London: J. M. Dent & Sons Ltd, 1910.

[英] 密尔：《代议制政府》，汪瑄译，商务印书馆1984年版。

［英］密尔:《论自由》,许宝骙译,商务印书馆1998年版。

Millett, John D.. "A Critical Appraisal of the Study of Public Administration," *Administrative Science Quarterly*, Vol. 1, No. 2 (Sep., 1956), pp. 171–188.

［奥］米塞斯:《官僚体制·反资本主义的心态》,冯克利、姚中秋译,新星出版社2007年版。

Mises, Ludwig von. *Bureaucracy*, New Haven: Yale University Press, 1946.

Montesquieu, Charles de Secondat. *The Spirit of Laws*, Translated by Thomas Nugent, Vol. 2, Fifth Edition, London: J. Nourse and P. Vaillant, 1773.

Montesquieu, Charles de Secondat. *Esprit Des Lois*, Paris: Librairie De Firmin Didot FrÈres, 1849.

Moore, Mark H.. "A Conception of Public Management," In *Teaching Public Management*, 1984, pp. 1–12.

Moran, M., Rein, M. & Goodin, R E. (Eds.). *The Oxford Handbook of Public Policy*, Oxford: Oxford University Press, 2006.

Mosher, Frederick C.. "Research in Public Administration: Some Notes and Suggestions," *Public Administration Review*, Vol. 16, No. 3, (Summer, 1956), pp. 169–178.

Mosher, Frederick C.. "The Public Service in the Temporary Society," *Public Administration Review*, Vol. 31, No. 1 (Jan. – Feb., 1971), pp. 47–62.

Mosher, Frederick C. (Ed.). *American Public Administration: Past, Present, Future*, Tuscaloosa: University of Alabama Press, 1975.

Mosher, William E.. "The Profession of Public Service," *The American Political Science Review*, Vol. 32, No. 2 (Apr., 1938), pp. 332–342.

Nedham, Marchamont. *A True State of the Case of the Commonwealth*, London: The Newcomb, 1654.

"New Notes and Announcements," *City Manager Magazine*, Vol. 8, No. 11 (November, 1926), pp. 22–24.

"New Notes," *Public Management*, Vol. 8, No. 12 (December, 1926), p. 29.

Ott, J. S., Hyde, A. C. & Shafritz, J. M.. (Eds.). *Public Management: The Essential Readings*, Chicago: Lyceum Books/Nelson – Hall Publishers, 1992.

Overman, E. S. & Garson, G. D.. "Themes of Contemporary Public Management," *Public Administration Quarterly*, Vol. 7, No. 2, (Summer, 1983), pp. 139 – 161.

Overman, E. Sam. "Public Management: What's New and Different?" *Public Administration Review*, Vol. 44, No. 3 (May – Jun., 1984), pp. 275 – 278.

Papon, Jean. *Trias Judiciel du Second Notaire*, par Jean de Tournes, 1575.

彭和平、竹立家等编译：《国外公共行政理论精选》，中共中央党校出版社1997年版。

Pestritto, Ronald J.. *Woodrow Wilson and the Roots of Modern Liberalism*, Lanham: Rowman & Littlefield Publishers, Inc., 2005.

［美］乔·萨托利：《民主新论》，冯克利、阎克文译，东方出版社1998年版。

Rabin, J. & Bowman, J. S. (Eds.). *Politics and Administration: Woodrow Wilson and American Public Administration*, New York: Marvel Dekker Inc., 1984.

Perry, James L. & Kraemer, Kenneth L.. *Public Management: Public and Private Perspectives*, Palo Alto, CA: Mayfield Pub. Co., 1983.

Pfiffner, John M.. *Public Administration*, New York: The Ronald Press Company, 1935.

Pfiffner, John M.. *Public Administration*, Revised Edition, New York: The Ronald Press Company, 1946.

Pinney, Harvey. "Institutionalizing Administrative Controls," *The American Political Science Review*, Vol. 38, No. 1 (Feb., 1944), pp. 79 – 88.

Porter, David O. & Olsen, Eugene A.. "Some Critical Issues in Government Centralization and Decentralization," *Public Administrative Review*, Vol. 36, No. 1 (Jan. – Feb., 1976), pp. 72 – 84.

Powell, Thomas Reed. "Separation of Powers: Administrative Exercise of Legislative and Judicial Power," *Political Science Quarterly*, Vol. 28, No. 1 (Mar., 1913), pp. 34 – 48.

Prichard, Frank P.. "The Study of the Science of Municipal Government," *Annals of the American Academy of Political and Social Science*, Vol. 2 (Jan., 1892), pp. 18 – 25.

Quade, E. S.. "Why Policy Sciences?" *Policy Sciences*, Vol. 1, No. 1 (Spring, 1970), pp. 1 – 2.

［美］全钟燮：《公共行政的社会建构：解释与批判》，孙柏瑛、张钢、黎洁等译，北京大学出版社2008年版。

Remington, G. C.. "Profit and Loss in Public Administration," *The Australian Quarterly*, Vol. 8, No. 29 (Mar., 1936), pp. 89 – 91.

Rhodes, R. A. W.. "Introduction," *Public Administration*, Vol. 69, No. 1 (Spring, 1991), pp. 1 – 2.

Rhodes, R. A. W. with Dargie, C., Melville, A & Tutt, B.. "The State of Public Administration: A Professional History, 1970 – 1995," *Public Administration*, Vol. 73, No. 1 (Spring, 1995), pp. 1 – 15.

Rhodes, R. A. W.. "One – way, Two – way, or Dead – end Street: British Influence on the Study of Public Administration in America since 1945," *Public Administration Review*, Vol. 71, No. 4 (July – August, 2011), pp. 559 – 571.

Riper, Paul Van. "The American Administrative State: Wilson and the Founders – An Unorthodox View," *Public Administration Review*, 1983, 43 (6).

Roberts, Alasdair. "Demonstrating Neutrality: The Rockefeller Philanthropies and the Evolution of Public Administration, 1927 – 1936," *Public Administration Review*, Vol. 54, No. 3 (May – Jun., 1994), pp. 221 – 228.

Rohr, John A.. "The Study of Ethics in the P. A. Curriculum," *Public Administration Review*, Vol. 36, No. 4 (Jul. – Aug., 1976), pp. 398 – 406.

Rohr, John A.. *Ethics for Bureaucrats: An Essay on Law and Values*, Second Edition, New York: Marcel Dekker, Inc. , 1989.

Rosenfarb, Joseph. *Freedom and the Administrative State*, New York: Harper & Brothers Publishers, 1948.

Rousseau, Jean – Jacques. *Du Contract Social*, Paris: Librairie Georges Bellais, 1903.

Rutgers, Mark R.. "Can the Study of Public Administration do without a Concept of the State? Reflections on the Work of Lorenz Von Stein", *Administration & Society*, Vol. 26, No. 3.

Rutgers, Mark R.. "The Meaning of Administration: Translating Across Boundaries", *Journal of Management Inquiry*, 1996 (5) .

Rutgers, Mark R.. "Beyond Woodrow Wilson: The Identity of the Study of Public Administration in Historical Perspective," *Administration & Society*, 1997 (29) .

［美］萨拜因：《政治学说史》，盛葵阳等译，商务印书馆1990年版。

Sayre, Wallace S.. "Trends of a Decade in Administrative Values", *Public Administration Review*, Vol. 11, No. 1 (Winter, 1951), pp. 1 – 9.

Sayre, Wallace S.. "Premises of Public Administration: Past and Emerging", *Public Administration Review*, Vol. 18, No. 2 (Spring, 1958), pp. 102 – 105.

Shafritz, Jay M. & Hyde, Albert C.. *Classics of Public Administration*, China Renmin University Press, 2004.

Shaw, Albert. "Presidential Address: Third Annual Meeting of the American Political Science Association", *The American Political Science Review*, Vol. 1, No. 2 (Feb. , 1907), pp. 177 – 186.

Simon, Herbert A.. *Administrative Behavior*, Third Edition, New York: The Free Press, 1976.

Simon, H. A. , Smithburg, D. W. & Thompson, V. A.. *Public Administration*, New Brunswick, New Jersey: Transaction Publishers, 1991.

Simon, Herbert A.. "Why Public Administration?" *Journal of Public*

Administration Research and Theory: *J - PART*, Vol. 8, No. 1 (Jan., 1998), pp. 1-11.

Simon, Herbert A.. "Guest Editorial: Why Public Administration?" *Public Administration Review*, Vol. 58, No. 1 (Jan. - Feb., 1998), p. ii.

Sir Hore, Adair. "Officials and Policy," *Public Administration*, Vol. 5, No. 4 (October, 1927), pp. 461-470.

Sir Clarke, Geoffrey. "Business Management of the Public Service," *Public Administration*, Vol. 8, No. 1 (January, 1930), pp. 10-15.

［美］斯蒂福斯：《公共行政中的性别形象：合法性与行政国家》，熊美娟译，中央编译出版社2010年版。

Spicer, M. W. & Terry, L. D.. "Legitimacy, History, and Logic: Public Administration and the Constitution," *Public Administration Review*, Vol. 53, No. 3 (May - Jun., 1993), pp. 239-246.

Spicer, Michael W.. *The Founders, the Constitution, and Public Administration: A Conflict in World Views*, Washington D. C.: Georgetown University Press, 1995, pp. 3-4.

Spicer, Michael W.. "Value Pluralism and its Implications for American Public Administration," *Administrative Theory & Praxis*, Vol. 23, No. 4, 2001, pp. 507-528.

Spicer, Michael W.. *Public Administration and the State: A Postmodern Perspective*, Tuscaloosa: The University of Alabama Press, 2001.

Stahl, O. Glenn. "Democracy and Public Employee Morality," *Annals of the American Academy of Political and Social Science*, Vol. 297, Ethical Standards and Professional Conduct (Jan., 1955), pp. 90-97.

Stillman, II, Richard J.. "Woodrow Wilson and the Study of Administration: A New Look at an Old Essay," *The American Political Science Review*, 1973, 67 (2).

Stillman, II, Richard J.. "The Peculiar 'Stateless' Origins of American Public Administration and the Consequences for Government Today," *Public Administration Review*, 1990, 50 (2).

Stever, James A.. *The End of Public Administration: Problems of the Profession in the Post – Progressive Era*, New York: Transnational Publishers, Inc., 1988.

Stone, Donald C.. "Administrative Management: Reflections on Origins and Accomplishments," *Public Administration Review*, Vol. 50, No. 1 (Jan. – Feb., 1990), pp. 3 – 20.

Swift, Jonathan. *Gulliver's travels*, Edited by Robert DeMaria, London: Penguin Classics, 2003.

Terry, Larry D.. "Administrative Leadership, Neo – Managerialism, and the Public Management Movement," *Public Administration Review*, Vol. 58, No. 3 (May – Jun., 1998), pp. 194 – 200.

The President's Committee on Administrative Management. *Administrative Management in the Government of the United States*, Washington: United States Government Printing Office, 1937.

Tocqueville, Alexis Henri C. M. Clérel. *De la Démocratie en Amérique*, Paris: Michel Levy Freres, 1868.

［法］托克维尔：《论美国的民主》，董果良译，商务印书馆1988年版。

［法］托克维尔：《旧制度与大革命》，冯棠译，商务印书馆1996年版。

United Nations Technical Assistance Programme. *A Handbook of Public Administration*, New York: United Nations, 1961.

Ventriss, Curtis. "The Current Dilemmas of Public Administration: A commentary," *Dialogue*, Vol. 6, No. 4 (Summer, 1984).

Ventriss, Curtis. "Toward a Public Philosophy of Public Administration: A Civic Perspective of the Public," *International Journal of Public Administration*, Vol. 20 (4 – 5), 1997, pp. 1041 – 1069.

Waldo, Dwight. "Development of Theory of Democratic Administration," *The American Political Science Review*, Vol. 46, No. 1 (Mar., 1952), pp. 81 – 103.

Waldo, Dwight. *The Study of Public Administration*, New York: Random House, 1955.

Waldo, Dwight. "Organization Theory: An Elephantine Problem," *Public Administration Review*, Vol. 21, No. 4 (Autumn, 1961), pp. 210 – 225.

Waldo, Dwight. "The Administrative State Revisited," *Public Administration Review*, Vol. 25, No. 1, Twenty – Fifth Anniversary Issue (Mar., 1965), pp. 5 – 30.

Waldo, Dwight. "Public Administration," *The Journal of Politics*, Vol. 30, No. 2 (May, 1968), pp. 443 – 479.

Waldo, Dwight. "Developments in Public Administration," *Annals of the American Academy of Political and Social Science*, Vol. 404, American Higher Education: Prospects and Choices (Nov., 1972), pp. 217 – 245.

Waldo, Dwight. *The Administrative State: A Study of the Political Theory of American Public Administration*, With a New Introduction by Hugh T. Miller, Second Printing by New Brunswick: Transaction Publisher, 2007.

Walker, Harvey. "An American Conception of Public Administration," *Public Administration*, Vol. 11, No. 1 (January, 1933), pp. 15 – 19.

Wamsley, Gary L.. "On the Problems of Discovering What's Really New in Public Administration," *Administration & Society*, Vol. 8, No. 3 (November, 1976), pp. 385 – 400.

Wamsley, G. L., Goodsell, C. T., Rohr, J. A., White, O. F. & Wolf, J. F.. "The Public Administration and the Governance Process: Refocusing the American Dialogue," *Dialogue*, Vol. 6, No. 2 (Winter, 1984).

Wamsley, Gary L. & Wolf, James F. (Eds.). *Refounding Democratic Public Administration: Modern Paradoxes, Postmodern Challenges*, Thousand Oaks: Sage Publications, 1996.

王悦:《论罗马共和国早期的执政官》,《史学集刊》2007 年第 4 期。

Weber, Max. *Wirtschaft and Gesellschaft: Grundriß der verstehenden Soziologie*, Mohr Siebeck, 1980.

[英] 维尔:《宪政与分权》,苏力译,三联书店 1997 年版。

Wengert, Egbert S.. "The Study of Public Administration," *The American Political Science Review*, Vol. 36, No. 2 (Apr., 1942), pp. 313–322.

White, Leonard D.. "The Second International Congress of Public Administration," *The American Political Science Review*, Vol. 18, No. 2 (May, 1924), pp. 384–388.

White, Leonard D.. "Developments in Public Administration, 1929," *The American Political Science Review*, Vol. 24, No. 2 (May, 1930), pp. 397–403.

White, Leonard D.. *Trends in Public Administration*, New York: McGraw–Hill Book Company, Inc., 1933.

White, Leonard D.. *Introduction to the Study of Public Administration*, New York: The Macmillan Company, 1935.

White, Leonard D.. "Administration as a Profession," *Annals of the American Academy of Political and Social Science*, Vol. 189, Improved Personnel in Government Service (Jan., 1937), pp. 84–90.

White, Orion F. Jr.. "The Ideology of Technocratic Empiricism and the Discourse Movement in Contemporary Public Administration: A Clarification," *Administration & Society*, Vol. 30, No. 4 (September, 1998), pp. 471–476.

Wildavsky, Aaron. "The Once and Future School of Public Policy," *The Public Interest*, Number 79, (Spring, 1985), pp. 25–41.

Willoughby, W. F.. *Principles of Public Administration*, Washington: The Brookings Institution, 1927.

Willoughby, William F.. "A General Survey of Research in Public Administration," *The American Political Science Review*, Vol. 24, No. 1, Report of the Committee on Policy of the American Political Science Association (Feb., 1930), pp. 39–51.

Willoughby, Westel Woodbury. "The Value of Political Philosophy," *Political Science Quarterly*, Vol. 15, No. 1 (Mar., 1900), pp. 75–95.

Willoughby, W. W.. "The American Political Science Association," *Political Science Quarterly*, Vol. 19, No. 1 (Mar., 1904), pp. 107–111.

Wilson, Woodrow. "The Study of Administration," *Political Science Quarterly*, *Vol.* 2, No. 2 (Jun., 1887), pp. 197–222.

Wilson, Woodrow. *Congressional Government: A Study in American Politics*, Boston: Houghton Mifflin, Co., 1901.

Wolf, Charles. "Policy Analysis and Public Management: Strengths and Limits," *Journal of Policy Analysis and Management*, Vol. 1, No. 4, (Summer, 1982), pp. 546–551.

［美］西德尼·M. 米尔奇斯、［美］迈克尔·尼尔森：《美国总统制：起源与发展》，朱全红译，华东师范大学出版社 2008 年版。

［美］西蒙：《管理行为》，詹正茂译，机械工业出版社 2004 年版。

［英］夏克尔顿：《孟德斯鸠评传》，刘明臣等译，中国社会科学出版社 1991 年版。

［古希腊］亚里士多德：《政治学》，吴寿彭译，商务印书馆 1965 年版。

［古希腊］亚里士多德：《政治学》，颜一、秦典华译，中国人民大学出版社 2003 年版。

颜昌武、马骏：《公共行政学百年争论》，中国人民大学出版社 2009 年版。

［美］珍妮特·V. 登哈特、［美］罗伯特·B. 登哈特：《新公共服务：服务，而不是掌舵》，丁煌译，中国人民大学出版社 2004 年版。

竺乾威等编：《公共行政学经典文献》（英文），复旦大学出版社 2000 年版。

后　记

　　本书的写作工作是从 2009 年开始的。本来，这项写作任务是交给张桐做的，张桐也曾就这一专题与我合作发表了四篇文章。2010 年，张桐读研究生后就开始联系出国之事，这项工作也就放下了。2011 年底，张乾友完成了他的博士学位论文，申请答辩没有得到批准，处于无事可做的时期，我就让乾友接手继续这项工作。我之所以执著地要把这项工作完成，是因为我认为这项基础性的工作已经到了必须去做的时候。综观中国公共行政学甚至整个公共管理学界，基本概念使用上的随意性之大是难以描述的，许多学者并不关注概念的内涵与外延，往往根据自己的理解随意地使用这个学科中的基本概念，造成了对话的困难。

　　公共行政概念使用上的这种混乱状况在其他学科中很少见到，其原因似乎很难理解。也许是由于我国的行政学恢复和重建的历史较短，较早一批在这个学科中从事研究工作的人大都来自其他学科，他们在进入这个学科的时候已经成为"学者"，所以，不屑于从学科的基础做起，不愿意再做一些基本功，因而，对那些属于基本概念、基础知识范畴的东西很少了解。这一情况对中国行政学的发展产生了极大的制约作用，特别是给这个学科的教学带来了严重的消极影响，使青年学生在学习中遇到了许多困难。如果不对这个学科的基本概念进行内涵和外延上的厘定，也就意味着我们始终处在这个学科基础知识不牢的境地。在缺乏一个学科必要的基础知识的条件下，又如何去谈学科的发展问题，又如何去实现这个学科的本土建构呢？

　　当然，我们处在一个大变革的时代，许多现实问题需要学者们去解决，事实上，学者们也在就现实问题发表意见方面表现了非常积极的态度。可是，学者们是根据经验去提出现实问题的解决方案还是根据专业知识去思考现实，显然是一个不用思考就能够回答的问题。明白是一回事，但做起来又是另一回事。从学界的现状看，许多学者徒有专家的身份却并不拥有扎实的专业知识，更多的时候是根据经验和直觉去到政府部门提供咨询服务的。我们经常听到一些专家抱怨说，他们的意见并没有得到实践部门的重视，实践部门往往是出于程序性的要求而把他们（专家）当做装点门面的工具利用了一下。但是，专家们为什么不去反省一下自身：在有着丰富实践经验的人面前去根据经验要一些"小聪明"，又如何能够让实践部门的人去接受你的意见呢？另一种情况是，每一个政府部门每年都有大量的所谓"研究课题"，学者们更是趋之若鹜。然而，许多课题的结项成果都被封存了起来，只有极少数的成果得到了实践部门领导人的肯定。这些成功的课题案例却很快地使专家明白了其中的道理：第一，要会揣摩实践部门领导人的意图；第二，要敢说实践部门领导人想说而不便说的话。唯有专业知识和专业素养引不起学者们的重视。我们认为，专家和学者们只有通过自己的专业知识的掌握和专业素质的培养才能赢得尊重。可是，这方面的工作却没有人愿意去做，人们总是满足于对专业知识的一知半解，特别是对于这个学科的基础知识，更是觉得可有可无。这种状况是不应继续存在下去的，当我们的学生成长起来之后，应当成为真正熟悉专业知识的一代专家。所以，我坚持要做这件人们不愿意去做却又是非常必要的工作，即通过对公共行政这门学科的最基本概念进行梳理，让青年学生们了解我们这个学科是怎么回事儿。

其实，公共行政学科的历史并不长，其专业知识的积累并没有繁复到难以驾驭的程度。但是，在其基本概念的历史演进中，我们还是不难发现，一些基本概念的产生以及其内涵的获得和外延的扩展，都是与其特定的历史背景联系在一起的，都反映了其所在时代需要解决的特定问题的知识建构过程，学者们对概念的选择、使用和赋予什么样的新内容，都反映了解决实践问题的追求。因而，我们对公共行政基本概念所进行的历史性考察是为了让学生掌握一种方法，那就是，任何时候都从自己所在的时代要求出发去把握概念的合理性，并准确地和创造性地去使用概念。

在我们的时代，人们乐意于也习惯于去谈论创新的问题，但是，科学研究只有在前人的基础上才能找到发展的路径，任何一门学科都不可能在无视前人的研究和理论建构成果的基础上取得新的进展。所以，熟悉一个学科的历史，特别是了解这个学科的一些基本概念的成长和演变过程，对于科学创新而言，是不可缺少的功课。另一方面，中国学者在近年来更加乐意于谈论"本土化"的问题，可是，"本土化"显然包含着一个什么东西"本土化"的问题。对于公共行政学科而言，如果我们不了解西方学者说过什么、想过什么和提出过什么理论的话，又怎么可能去谈论"本土化"的问题呢？我们这本书也包含着这一目的，那就是通过对公共行政学科最基本概念的考察去让中国学者首先了解西方有着什么样的公共行政学，然后再在这一基础上去思考"本土化"的问题。不过，在写这本书的时候，我们希望锁定的读者群主要是学生，即提供一个学习读本，我们更多地把精力放在了知识方面的介绍上，而并未涉及公共行政学本土化的问题。

这是我与乾友合作的第三本书。乾友是我的学生，但是，在与乾友的合作中，我向他学习了很多。了解我的人一定会发现，与我自己独立发表的成果相比，我与乾友合作的这些作品有着一些风格上的不同。这可以证明我受到了乾友的影响。乾友有着很强的叙事能力，这一点是我所不及的。我长期以来已经习惯于思想和理论的阐释，在叙事方面存在着明显的不足。在我与乾友合作的作品中，这一点得到了弥补。当然，从思想史上看，能够像亚里士多德和黑格尔那样把叙事与阐释完美地结合到一起的人也是不多的，但每一位我们记忆中的思想家和学者们都对历史作出了贡献，而且，像尼采和萨特那样叙事能力极差的人也都为后人所敬仰。所以，我们也就没有必要去追求把叙事与阐释相结合的境界了。最为重要的是，像亚里士多德和黑格尔那样的思想家们是一些令人敬畏而不可攀援的高峰，我们怎敢怀有向他们学习的冲动呢？不过，认识自己的不足却是必要的。认识到自己的不足才会"知足"，"知足者常乐"也是一种境界。正是认识到了自己在叙事能力方面的不足，而乾友与我的合作又使这种不足得到了一些弥补，所以，我喜欢与乾友合作的成果甚于自己独立发表的成果。

收入这本书的，除了我与乾友合作的文章之外，还包括我与张桐合作的四篇文章。对于这项研究来说，张桐做了很多工作，他出国深造是一件好事，是为成就大事业而做的必要准备，但中断了这本书的写作还是让我感到些微遗憾的。乾友在叙事方面的特长也显现在其对资料和文献甄别方面的精细上，在把我与张桐合作的四篇文章收入本书的过程中，乾友发现了许多错误，并加以改正。在做学问的过程中，我们都会遇到这样的情况，一些西方学者的作品也是属于二流或三流的，他们的意见也是经不起推敲的，甚至是错误的。所以，文献甄别工作就显得非常重要，事实上，这也是做学问的基本功。乾友在这方面已经养成了良好的学术品质，他对我与张桐合作发表的四篇文章进行修正，让我感到无比欣慰。在这本书的写作中，我和乾友用对读者负责的要求激励自己，但是，基础性研究是出力不讨好的事情，虽然我们勉力而为，但其中的错谬肯定是难免的。

张康之
2012年9月